权威·前沿·原创

皮书系列为

“十二五”“十三五”国家重点图书出版规划项目

BLUE BOOK

智库成果出版与传播平台

贵州蓝皮书

BLUE BOOK OF GUIZHOU

贵州法治发展报告（2020）

ANNUAL REPORT ON DEVELOPMENT OF RULE OF LAW IN GUIZHOU (2020)

主　编 / 吴大华

社会科学文献出版社
SOCIAL SCIENCES ACADEMIC PRESS (CHINA)

图书在版编目(CIP)数据

贵州法治发展报告. 2020 / 吴大华主编. -- 北京:
社会科学文献出版社, 2020.7
(贵州蓝皮书)
ISBN 978-7-5201-6848-9

Ⅰ. ①贵… Ⅱ. ①吴… Ⅲ. ①社会主义法治-研究报
告-贵州-2020 Ⅳ. ①D927.73

中国版本图书馆 CIP 数据核字 (2020) 第 115984 号

贵州蓝皮书
贵州法治发展报告(2020)

主　　编 / 吴大华

出 版 人 / 谢寿光
责任编辑 / 薛铭洁

出　　版 / 社会科学文献出版社·皮书出版分社 (010) 59367127
地址: 北京市北三环中路甲 29 号院华龙大厦　邮编: 100029
网址: www.ssap.com.cn
发　　行 / 市场营销中心 (010) 59367081　59367083
印　　装 / 天津千鹤文化传播有限公司

规　　格 / 开 本: 787mm×1092mm　1/16
印 张: 27　字 数: 408 千字
版　　次 / 2020 年 7 月第 1 版　2020 年 7 月第 1 次印刷
书　　号 / ISBN 978-7-5201-6848-9
定　　价 / 168.00 元

贵州蓝皮书·法治卷
编 委 会

何英彩　韩德洋　蒋　炜　颜　源　罗　素
吕　静　李亚卿　龙明卿　余红梅　卢　飏
赵传灵　欧枝凡　唐桂新　朱　兴　李　钰
曹晓莉　宁立标　龙怀亮　陈国江　赵燕华
陈优海　王亮海　徐　涛　黄　余　徐　力
任光焰　饶良灿

主要编撰者简介

吴大华 法学博士后，经济学博士后；贵州省社会科学院党委书记，贵州省法治研究与评估中心主任、贵州省社会科学院大数据政策法律创新研究中心主任；二级研究员，华南理工大学、云南大学、贵州民族大学、贵州师范大学博士生导师；国家哲学社会科学“万人计划”领军人才、全国文化名家暨“四个一批”人才、国务院政府特殊津贴专家、贵州省核心专家。主要研究方向：刑法学、民族法学（法律人类学）、犯罪学、马克思主义法学、循环经济。主要社会兼职：中国法学会常务理事、中国世界民族学会副会长、中国民族法学研究会常务副会长、中国人类学民族学研究会副会长暨法律人类学专业委员会主任委员、中国犯罪学研究会常务理事、中国刑法学研究会常务理事、贵州省法学会副会长兼学术委员会主任、贵阳仲裁委员会副主任，以及贵州省人大常委会、贵州省人民政府法律顾问室、贵州省高级人民法院、贵州省人民检察院咨询专家。

先后出版《中国少数民族犯罪及其对策研究》《依法治省方略研究》等专著13部，合著《法治中国视野下的政法工作研究》《侗族习惯法研究》等35部，主编23部；发表法学论（译）文300余篇；主持国家社会科学基金重大项目“建设社会主义民族法治体系、维护民族大团结研究”、中宣部马工程重点课题暨国家哲学社会科学重点项目“贵州省牢牢守住生态与发展两条底线研究”、国家社会科学基金重点项目“中国共产党民族法制思想研究”等国家级科研课题6项；主持“中国少数民族传统法律文化及其现代转型研究”等省部级科研课题10余项。

王　飞　贵州省社会科学院法律研究所所长、研究员、法学博士，兼任贵州省法治研究与评估中心研究员、贵州师范大学和贵州民族大学硕士生导师，国家民委首届民族问题研究中青年专家、贵州省人民政府特殊津贴专家、贵州省甲秀文化人才。主要研究方向：刑事法学、民族法学、地方法制。主要社会兼职：中国人类学民族学研究会法律人类学专业委员会副主任委员。主持国家社会科学基金课题1项，出版《民族文化背景下的犯罪与矫正——对两所监狱少数民族服刑人员的法律人类学考察》等专著2部，发表《论少数民族习惯法的自主发展与人权保障》《关于城市少数民族流动人员权益保障的思考》等学术论文50余篇。

潘志成　贵州民族大学法学院教授、硕士生导师、法学博士、中国社会科学院法学研究所·贵州省社会科学院联合培养博士后，兼任贵州省法治研究与评估中心研究员。主要研究方向：法律史学、民族法学。主要社会兼职：中国人类学民族学研究会法律人类学专业委员会秘书长。出版《西南民族传统法文化的历史与现状考察》《清代贵州苗疆的法律控制与地域秩序》著作2部，合著或副主编作品10部，发表学术论文20余篇，主持或参与国家级、省部级课题5项。

摘　要

本报告立足于贵州省人大常委会法工委、省高级人民法院、省人民检察院、省司法厅、省公安厅等有关部门的资料，关注贵州省法治建设和依法治省的重大举措，全面反映2019年贵州省法治发展的进程，深入解读其中的重点、难点和热点问题，对贵州省今后的法治发展形势予以分析，并在此基础上提出对策建议。

本报告指出，2019年以来，贵州省地方法治建设紧密围绕贵州省委重大决策部署，取得了多方面的成就，地方立法工作有序推进，司法行政工作稳步发展，司法审判工作发展迅速，检察工作取得新成效，监察体制改革成绩显著，为服务全省经济跨越发展、维护社会公平正义、促进社会和谐稳定营造了良好的法治环境。

针对当前贵州省在法治建设中面临的突出矛盾和问题，本报告提出了进一步推动贵州地方法治建设的对策建议：一是加强法治政府建设，助推政府治理能力现代化建设；二是全面系统总结贵州省及其他省（区、市）应对新冠肺炎疫情的成功经验，修订完善《贵州省突发公共卫生事件应急预案》，加强和改进突发公共事件应急管理法治体系，统筹推进应急管理各项工作法治化；三是总结法治扶贫“贵州经验”，构建法治减贫长效机制；四是深化大数据关键环节法治保障，充分释放大数据效能；五是依法推动打好污染防治攻坚战，推进生态文明法治示范区建设；六是按照市场化、法治化、国际化要求，打造服务和效率高于周边、成本和负担低于周边的营商环境新高地；七是依法化解地方政府性债务，切实防范政府债务风险；八是聚焦监督问责、健全规章制度，深入推进监察体制改革。

Abstract

Based on the relevant data collected from such departments as People's Standing Congress Committee of Legal Affairs of Guizhou Province, People's High Court of Guizhou Province, People's Procuratorate of Guizhou Province, Justice Department of Guizhou and Department of Public Security of Guizhou, this report is concentrated on the major initiatives of the development of the rule of law in Guizhou Province. Having analyzed the important, difficult and hot issues with a full reflection of the progress in promoting the rule of law in 2019 and with prediction on future development of the rule of law in Guizhou, this report proposes some suggestions.

It is held in this report that since the year of 2019, the local construction of the rule of law in Guizhou Province has been carried out closely around the major decisions of the provincial committee and the provincial government, and that such achievement as the improvement of local legislation, the steady development of judicial administration, the rapid development of judicial work, the new development concerning procuratorate work, and the reform of discipline inspection and supervision system, has been obtained. Such achievement provides a good environment of the rule of law for the leaping-forward economic development, the social fairness and justice and the harmony of the society.

In view of the current prominent conflicts and problems facing the construction of the rule of law in Guizhou Province, this report puts forward some suggestion. Firstly, further improve law-based government in order to promote the modernization of governance capacity. Secondly, summarize the experience obtained in the fight against COVID - 19 and renew the contingency plan in Guizhou, and further improve public emergency management system and the relevant work. Thirdly, summarize "the Guizhou Experience" on poverty alleviation with legal mind and method. Fourthly, improve legal safeguard for Big

Data industries to ensure the development of such industry. Fifthly, continue to fight against pollution and advance the development of ecology civilization. Sixthly, build the highland for business-friendly environment with higher efficiency and lower cost. Seventhly, dissolve government debt according to law and prevent the debt risk. Finally, focus on supervision and establish rules and regulations system, and further advance the systematic reform in such field.

目录

Ⅰ 总报告

Ⅱ 专题研究报告

Ⅲ 司法实践篇

Ⅳ 法治指数篇

Ⅴ 政策法治篇

Ⅵ 附 录

皮书数据库阅读**使用指南**

CONTENTS

I General Report

II Subject Reports

Ⅲ Investigation Reports

Ⅳ Index of the Rule of Law

Ⅴ Policy and the Rule of Law

Ⅳ Appendices

总 报 告

General Report

B.1
2019~2020年贵州法治发展现状及对策研究*

贵州省社会科学院课题组**

摘 要： 本报告对2019~2020年贵州地方法治发展的基本情况进行了总

* 本文得到2020年度“贵州省哲学社会科学创新工程”（项目编号：20CXGCZD09）资助。

** 课题组成员：吴大华（贵州省社会科学院党委书记，贵州省法治研究与评估中心主任，二级研究员、法学博士、博士生导师）、潘善斌（贵州民族大学法学院教授、法学博士、博士生导师，贵州省法治研究与评估中心研究员）、王飞（贵州省社会科学院法律研究所研究员，贵州省法治研究与评估中心研究员，法学博士）、兰元富（贵州民族大学法学院副教授，贵州省法治研究与评估中心研究员）、潘志成（贵州民族大学法学院教授，贵州省法治研究与评估中心研究员，法学博士、中国社会科学院法学研究所·贵州省社会科学院联合培养博士后）、胡月军（贵州省社会科学院法律研究所副研究员，贵州省法治研究与评估中心研究员，法学博士）、胡长兵（贵州省社会科学院法律研究所副研究员，贵州省法治研究与评估中心研究员，法学博士）、张帆（贵州民族大学法学院教授、法学博士、博士生导师，贵州省法治研究与评估中心研究员）、郭婧（贵州民族大学副教授，贵州省法治研究与评估中心研究员，法学博士）、张可（贵州省社会科学院法律研究所副研究员，贵州省法治研究与评估中心研究员，法学博士）、孟庆艳（贵州省社会科学院法律研究所副研究员，贵州省法治研究与评估中心研究员）、吴月冠（贵州省社会科学院大数据政策法律创新研究中心副主任，副研究员）、贾梦嫣（贵州省社会科学院法律研究所副研究员，贵州省法治研究与评估中心研究员）、田松林（贵州省人大常委会办公厅秘书，贵州民族大学2019级博士研究生）、王向南（贵州省社会科学院法律研究所助理研究员）、张雁琳（贵州民族大学法学院硕士研究生）。

结，并在此基础上提出了进一步推动贵州法治建设的对策建议：一是加强法治政府建设，助推政府治理能力现代化建设；二是全面系统地总结贵州省及其他省（区、市）应对新冠肺炎疫情的成功经验，修订完善《贵州省突发公共卫生事件应急预案》，加强和改进突发公共卫生事件应急管理法治体系，统筹推进应急管理各项工作法治化；三是总结法治扶贫“贵州经验”，构建法治减贫长效机制；四是深化大数据关键环节法治保障，充分释放大数据效能；五是依法推动打好污染防治攻坚战，推进生态文明法治示范区建设；六是按照市场化、法治化、国际化要求，打造服务和效率高于周边、成本和负担低于周边的营商环境新高地；七是依法化解地方政府性债务，切实防范化解政府债务风险；八是聚焦监督问责、健全规章制度，深入推进监察体制改革。

关键词： 法治政府　法治扶贫　生态文明法治　监察体制改革　贵州

一　2019～2020年贵州地方法治发展的基本情况

（一）地方立法工作有序推进

2019年贵州省人大以习近平新时代中国特色社会主义思想为指导，坚持党的领导、人民当家做主、依法治国有机统一，深入贯彻落实党中央和贵州省委有关决策部署，认真履行宪法法律赋予的职责，为贵州经济社会发展贡献了“人大力量”。

2019年，贵州省人大审议法规草案21件（其中通过15件①），批准法

① 按照通过的时间先后顺序，这15部地方性法规依次分别是《贵州省河道条例》《贵州省林地管理条例》《贵州省法律援助条例》《贵州省义务教育条例》《贵州省人力资源市场条例》《贵州省无线电管理条例》《贵州省生态环境保护条例》《贵州省全民阅读促进条例》《贵州省大数据安全保障条例》《贵州省宗教事务条例》《贵州省城镇燃气管理条例》《贵州省电梯条例》《贵州省农作物种子条例》《贵州省古树名木大树保护条例》《贵州省反家庭暴力条例》。

规27件，针对6件法律法规和决议开展执法检查，听取审议专项工作报告19次，开展专题询问1次，备案审查97件规范性文件，组织人大代表集中调研视察20次，任免国家机关工作人员105人次①。此外，2019年贵州省人大做出2个决定②，批准毕节市2件地方性法规③，通过《贵州省组织实施宪法宣誓制度办法》及《贵州省组织实施宪法宣誓制度办法修正案》，废止4件地方性法规④。立法工作涉及社会民生保障、生态文明建设、大数据建设、历史文化保护、毕节试验区建设等多方面。

1. 社会民生保障领域立法

近年来贵州省城市化进程加快，电梯数量以每年20%的速度递增，目前全省电梯保有量10.5万余台，其中住宅电梯7万余台。电梯已经成为大多数民众日常生活的刚需，涉及电梯的矛盾纠纷屡见不鲜，电梯安全已被社会各界广泛关注，尽快制定电梯方面的地方性法规是民心所向。2019年9月27日，贵州省第十三届人民代表大会常务委员会第十二次会议通过《贵州省电梯条例》，用立法保障广大人民群众乘坐电梯的安全需要，可谓贵州省人大立法工作“为民服务解难题”的一次具体实践。

2019年9月27日，贵州省第十三届人民代表大会常务委员会第十二次会议通过《贵州省城镇燃气管理条例》，立法保障贵州省燃气事业健康发展。该《条例》设置专章厘清和规范管道燃气管理部门、燃气经营者、燃气用户相关行为及法律责任，明确燃气经营行政许可和许可后监管，培育多

---

① 资料来源：贵州省人民代表大会常务委员会副主任孙永春：《贵州省人民代表大会常务委员会工作报告》（2020年1月17日在贵州省第十三届人民代表大会第三次会议上）。

② 做出的2个决定，分别是《贵州省人民代表大会常务委员会关于修改〈贵州省林地管理条例〉等地方性法规个别条款的决定》《贵州省人民代表大会常务委员会关于贵州省耕地占用税适用税额的决定》。

③ 批准的2件地方性法规，分别是《毕节市织金古城保护条例》《毕节市城乡规划条例》。

④ 废止的4件地方性法规，分别是1997年11月21日贵州省第八届人民代表大会常务委员会第三十一次会议通过的《贵州省河道管理条例》、2002年9月29日贵州省第九届人民代表大会常务委员会第三十一次会议通过的《贵州省农作物种子管理条例》、2009年3月26日贵州省第十一届人民代表大会常务委员会第七次会议通过的《贵州省环境保护条例》、2012年11月29日贵州省第十一届人民代表大会常务委员会第三十一次会议通过的《贵州省宗教事务条例》。

元化信息技术服务市场体系。

2019 年 12 月 1 日，贵州省第十三届人大常委会第十三次会议表决通过《贵州省反家庭暴力条例》，针对家庭暴力隐蔽性强、取证难、易反复等特点，依据《反家庭暴力法》，借鉴外省（区、市）经验，总结贵州反家庭暴力工作经验，重点细化和明确了一系列预防和处置措施。

2. 生态文明建设领域立法

2019 年 1 月 17 日，贵州省第十三届人民代表大会常务委员会第八次会议通过新的《贵州省河道条例》，这为加强贵州省境内河道保护与管理、保障防洪安全、防止水质污染等方面提供了法律保障。

此外，贵州古树名木资源丰富，种类多、数量大，全省 9 个市州、88 个县（市、区）均有分布。随着贵州城市化进程加快，保护古树名木大树面临诸多问题，比如在城市、交通等基础设施和重大工程项目建设中损害、随意移植、砍伐古树名木大树的现象禁而不绝，保护管理古树名木大树责任不明确，缺乏必要保护经费，对破坏、损害古树名木大树的违法犯罪行为处罚力度小等。贵州作为国家三个生态文明试验区之一，有必要尽快建立健全古树名木大树法治保障机制。有鉴于此，2019 年 12 月 1 日贵州省第十三届人民代表大会常务委员会第十三次会议通过《贵州省古树名木大树保护条例》，对古树名木大树的认定、养护、保护与管理及违反条例的法律责任等做出明确规定。

3. 大数据建设领域立法

2019 年 8 月 1 日，贵州省第十三届人民代表大会常务委员会第十一次会议通过《贵州省大数据安全保障条例》。该《条例》以建立健全综合保障、综合治理的全方位大数据安全保障体系为目标，以数据全生命周期为主线，以主体责任和监管责任为重点，对大数据安全保障的重点问题和主要方面做出规定并设置了相关法律责任。该《条例》是贵州省通过法治保障大数据安全的最新成果，也是全国首部保障大数据安全的省级地方性法规。该《条例》有利于加强全社会大数据安全意识，形成全社会共同参与大数据安全建设的良好局面，同时也为中国大数据产业健康发展提供地方实践经验。

4. 历史文化保护领域立法

2019年9月27日，贵州省第十三届人大常委会第十二次会议批准《毕节市织金古城保护条例》，这是毕节市依法享有自主立法权以来首个历史文化保护方面的地方性法规，为织金县域经济发展和全域旅游提供了法治保障。

5. 毕节试验区建设领域立法

2019年3月29日，贵州省第十三届人大常委会第九次会议批准《毕节市城乡规划条例》，这是《立法法》修改后贵州省首个地方性城乡规划条例，有利于加强毕节试验区城乡规划管理，统筹城乡建设、协调城乡空间布局，促进生态资源保护、改善人居环境，保障城乡规划“一张蓝图绘到底”，从而为毕节试验区“打赢攻坚战、建设示范区”提供法治保障。

2019年，习近平总书记在设立地方人大常委会40周年之际做出重要指示，充分肯定地方人大及其常委会过去40年的工作，对创造性做好新时代地方人大工作提出明确要求，为推进新时代地方人大工作提供了遵循。在此，回顾贵州人大过去40年的工作，很有必要。

1979年7月，全国人大五届二次会议通过《关于修正中华人民共和国宪法若干规定的决议》和地方组织法有关规定，要求县和县以上地方各级人大选举产生同级人大常委会。1980年1月，贵州省人大五届二次会议选举产生了贵州省人大常委会。1979～2019年，贵州各级人大及其常委会认真履行宪法法律赋予的职责，极大地推动了贵州民主政治建设、有力保障了贵州改革发展稳定大局。回顾过去40年，全省人大机关以政治建设为统领，全面加强党的建设，各级人大代表、常委会组成人员和人大机关干部履职能力不断提高，工作成效主要体现在以下五方面。一是做好立法工作。截至2020年元旦，贵州出台法规371件，至今全部有效，其中多部具有贵州特色的地方性法规在全国范围内具有开创性意义，诸如《贵州大扶贫条例》《贵州省生态文明建设促进条例》《贵州省大数据发展应用促进条例》等。2019年9月，中共中央政治局常委、全国人大常委会委员长栗战书在省级人大立法工作交流会上点赞贵州立法工作。二是开展监督工作。紧紧围绕贯彻落实党中央及贵州省委有关重大决策部署，综合运用执法检查、专题询问、工作评议等多种监督方式，开展大扶贫条例执法检查、“贵州环保行”等活动，为打好三大攻坚战、实施三大战略行动贡献人大力量。三是开展重大事项决定工作。围绕贵州工作实际，依法决定了一系列涉及本地经济、政治、文化、社会建设和生态文明建设等方面的重大事项，例如做出关于依法推动打赢脱贫攻坚战的决议、设立“贵州生态日”等。四是规范人事任免工作。坚持党管干部原则和人大依法任免工作程序，使党组织推荐的人选经过法定程序成为国家机关领导人员。五是创新代表工作。做好代表议案建议办理和督办工作，创新开展“脱贫攻坚，人大代表在行动”活动，切实提高代表履职积极性、主动性、创造性。

（二）司法行政工作稳步发展

2019 年，贵州省司法行政系统紧扣一个统筹，履行四大职能，具体开展了以下五个方面的工作。

1. 着力完善制度机制，统筹推进全面依法治省工作

贵州省委全面依法治省委员会成立并召开第一次会议，提请印发《中共贵州省委全面依法治省委员会2019 年工作要点》。推动建立委员会工作规则、协调小组工作规则和办公室工作细则等运行机制和工作制度，建立贵州省委依法治省办常态化工作机制和工作制度。指导全省 9 个市（州）建立市（州）委全面依法治市（州）委员会和相关工作机制。推动建设人民满意的公共法律服务体系、开展易地扶贫搬迁法治示范点创建等“五件实事”任务落实。根据中央依法治国办统一部署，严密组织开展贵州省食品药品监管执法司法督察、“营造法治化营商环境、保护民营企业发展”专项督察和 2019 年法治政府建设考核。

2. 做好行政立法工作，提高行政立法质量

深入贯彻落实习近平总书记“发展要高质量，立法也要高质量”的重要指示和省级人大立法工作交流会精神，确保立法工作方向正确。认真贯彻落实习近平总书记对 500 米口径球面射电望远镜保护的重要批示精神，按照省委省政府主要领导要求，按时完成《贵州省 500 米口径球面射电望远镜

电磁波宁静区保护办法》立法工作，为“中国天眼”正常运行提供法治保障。为认真贯彻习近平总书记“用最严格制度最严密法治保护生态环境”的重要指示精神，贵州省人大组织起草了全国第一部生态环境保护省级地方性法规《贵州省生态环境保护条例》。为有效解决贵州生态环境法规制度不适应当今社会形势的问题，贵州省人大推动制定了《贵州省节约用水条例（草案）》，为促进生态文明建设和经济社会可持续发展提供了法治保障。聚焦大扶贫、大生态、大数据战略行动，扎实推进了《贵州省无线电管理条例》《贵州省社会信用条例（草案）》《贵州省人民调解条例（草案）》《贵州省生态环境保护条例》《贵州省政府数据共享开放条例》等立法工作。为做好2020年行政立法工作，在编制立法计划过程中，通过贵州日报、门户网站、微信公众号等途径邀请社会各界提出立法项目建议并对立法项目进行投票推选，共有10万余名公众关注支持，投票数达60万张。召开专家论证会，对每个立法项目的政治性、必要性、可行性、合法合理性进行评估，确保每个立法项目都更有利于实现公共利益最大化。制定《贵州省行政规范性文件制定和监督管理规定》，严格法规规章清理和规范性文件合法性审核，切实维护法制统一。

3. 加强公共法律服务工作，服务保障改善民生

推进公共法律服务三大平台建设，全省统一的“12348”公共法律服务热线平台正式运行，实现全省县级公共法律服务中心和乡级公共法律服务站建设全覆盖。开展易地扶贫搬迁安置点法律服务工作，共解答群众法律咨询36112人次，调解纠纷6833件，受理法律援助案件2697件。扩大贵州省刑事案件律师辩护全覆盖试点范围，组织律师开展民营企业“法治体检”活动，组织开展农民工劳动合同普查与体检工作。深化律师行业党建工作和队伍建设，全省共有律师8646名，律师事务所772家，较2018年全省新增律师1301人。完成贵州省2019年国家统一法律职业资格考试组织实施工作，客观题、主观题考试组织实施均实现“零失误”。开展“大排查 早调解 护稳定 迎国庆”专项活动，共调解各类矛盾纠纷88178件，调解成功84444件。指导贵阳满帮（货车帮）互联网人民调解委员会积极调解各类物

流纠纷，使其成为全国645万名会员及货主、车主的“调解之家”。组建律师应急法律服务团参与“7·23”水城县特大山体滑坡灾害和思南县特大交通事故的救援和善后处置工作，提供法律服务，获得司法部肯定。实施“法治扶贫”贵州法律援助志愿者行动，派遣新一批“法治扶贫”律师志愿者到部分边远贫困和律师资源紧缺的地区开展法治帮扶工作。

4. 以“七五”普法为抓手，切实做好法治宣传工作

贵州印发《2019年度普法依法治理工作要点》，举办2019年度贵州省普法骨干培训班。推动把“七五”普法工作纳入贵州省直部门专项目标考核，完成2019年度贵州省国家工作人员统一在线学法考试工作。开展“扫黑除恶专项斗争”法治宣传教育活动。严密组织实施“宪法宣传周”活动、“12·4”国家宪法日系列宣传活动，在贵州省国家机关组织开展“学宪法，讲宪法”主题活动，开展贵州省首届“十大法治人物”评选活动。对贵州省的全国民主法治示范村（社区）进行复核检查，85个全国民主法治示范村（社区）获保留、4个全国民主法治示范村（社区）被撤销。通过新媒体“黔微普法”微信公众号发布信息437期1250条，现有关注用户182万。根据2019年每周法治舆情中心监测数据，在全国372个司法行政微信公众号中，“黔微普法”连续40余周排名第一；在2019年9月通报的贵州省政府系统政务新媒体运行检测报告中，“黔微普法”影响力排名全省第一。“免费法律咨询”平台共解答咨询1141条。在人民网、新华网等中央和省主流媒体刊发稿件2000余篇。

5. 积极适应新职能新使命，全面加强新时代队伍建设

开展机构改革与改革后评估工作，进一步优化机构职能，提高工作效率和水平。严格干部选拔任用，开展4名正处级领导干部、5名副处级领导干部、8名处级非领导干部的选拔任用工作。深入推进公务员职务与职级并行改革，推进全省监狱、戒毒场所执法勤务警员职务序列改革。严格干部监督考核，召开2018年度厅机关正处级领导干部述职大会，组织完成两局班子中处级干部的考核，完成2018年度领导干部个人有关事项报告的填报、录入、抽查核实和查核验证等。组织省司法厅新任职领导干部参加宪法宣誓活

动，组织新晋升职务人民警察重温入警誓词。召开省司法厅和直属机关党风廉政建设工作电视电话会议。坚持司法行政机关人民警察招录省级统一组织实施，面向社会公开招录人民警察237名。落实招录便捷机制，录用2019年毕业生3人，配合司法行政系统所属院校在贵州省招生159人。抽调170名人民警察参与司法部组织的援派工作。推进省司法厅机关干部下沉司法所蹲点，选派干部到基层司法所锻炼。印发《2019年度干部教育培训计划》，举办贵州省2019年行政立法等培训20期、全省人民调解大讲堂视频培训3次，组织民警参加上级及其他单位部门组织的各类培训118期。

（三）审判工作发展迅速

2019年，贵州全省各级法院共受理各类案件77.85万件，同比上升21.62%，审执结案件73.46万件，同比上升22.07%，是司法改革前的近3倍，结案标的金额1609.25亿元。其中，贵州省高级人民法院受理案件1.52万件，同比上升14.55%，审执结案件1.28万件，同比上升13.53%，是司法改革前的4倍多，为贵州省经济社会发展和法治建设提供了有力的司法保障。①

1. 围绕中心，服务大局

全力服务保障脱贫攻坚战，全省法院审结各类涉贫、涉农案件3443件，结案标的金额1.49亿元，减、缓、免诉讼费3112万元。依法开展扫黑除恶专项斗争，中央督导组督办的101件案件全部按时审结，并已发生法律效力。审结黑恶势力及“保护伞”案件574件、涉及4572人，排查线索937条，向有关部门和单位发出司法建议429条。助推贵州省国家生态文明试验区建设，基本实现环境生态司法保护全覆盖。在最高人民法院第三届优秀裁判文书评选活动中，除获一、二、三等奖，获特等奖者占获该荣誉人数的1/3，在全国法院仅此一家。

2. 司法为民，化解矛盾

真心实意为人民服务，推行微信＋人民陪审员立案模式，设置人民法庭

① 《贵州省高级人民法院工作报告（摘要）》，《法制生活报》2020年1月20日，第2版。

和法官工作站（点）2039个，是2018年前的6.2倍，“跨域立案”在全省上线运行。借助群众参与的方式多元解决纠纷，创建发展新时代“枫桥模式”，推进“分调裁审”机制改革，设立“民歌法庭”“美丽侗乡法庭”等。保障民生多一份温情，依法保护民生权益，审结就业、教育、消费者权益保护、人身损害赔偿等案件5.63万件，审结婚姻家庭继承类案件7.41万件，化解矛盾率达99.78%。化解涉诉矛盾一包到底，开展“老案积案化解”“百日攻坚战”“清仓见底”等专项行动，推广网上信访、视频接访，依法解决人民群众合理诉求，一些长年积访老案得到有效化解。

3. 精心审判，强化执行

审结一审刑事案件2.73万件，同比下降2.44%，判处罪犯3.97万人。其中，审结毒品犯罪案件3070件、涉及3947人，依法审理贪污贿赂、渎职犯罪案件414件、涉及537人，再审改判刑事案件45件、涉及51人，依法宣告27名被告人无罪，依法对1693名服刑罪犯予以特赦，占全国特赦人数的7.2%。审结一审民商事案件40.55万件，同比上升21.86%，结案标的金额1248亿元。其中，审结民间借贷、合同及物业纠纷、婚姻等传统民商事案件14.92万件。审结涉民营企业案件14.83万件，结案标的金额771.08亿元。审结知识产权案件1649件，发布《贵州法院知识产权司法保护状况》白皮书。受理一审行政案件1.19万件，审结1.1万件，同比分别上升5.76%和8.79%。行政机关主要负责人出庭应诉率达35.16%，提出司法建议203条。依法审理国家赔偿案件96件，赔偿金额657.89万元，发放司法救助金1766.12万元。受理执行案件21.84万件，执结20.2万件，执行到位金额356.75亿元，创新执行长效机制，突出执行工作联合威慑力。

4. 高质量推进审判体系和审判能力现代化

全面落实司法责任制，探索实施“一案三查”制度，落实合议庭办案权责清单，开展“千件案件大评查”，久押不决案件全部“清零”。强力推进司法体制综合配套改革，建立法官+法官助理+书记员的“1+N+N”审判单元模式，缓解人案矛盾。加快提升智慧法院建设，初步建成“五网一云一中心”，推进“智慧诉讼服务”优化升级。

5. 不断加强法院队伍建设

持续狠抓党风廉政建设，开展违法违纪典型案例巡展，8900多名人民警察接受警示教育。扎实开展实战大练兵活动，开展“促公信，促平安”主题大调研。2019年，全省法院共有76个集体和379名个人受到省委、省政府和最高人民法院等省部级奖励表彰。三年来共有29名人民警察因公负伤和殉职。

（四）检察工作取得新成效

2019年，全省检察机关在最高人民检察院和中共贵州省委的坚强领导下，在省人大及其常委会的有力监督下，坚持以习近平新时代中国特色社会主义思想为指导，忠诚履行维护国家政治安全、确保社会稳定大局、促进社会公平正义、保障人民安居乐业的职责任务，各项工作取得了新成效，得到最高人民检察院和中共贵州省委的充分肯定。①

1. 自觉坚持党的领导，主动接受人民监督

认真贯彻落实《中国共产党重大事项请示报告条例》，制定向省委请示报告工作规定，向最高人民检察院和中共贵州省委请示报告重大事项和重要工作91次。主动接受人民监督，走访各级人大代表3162人次，梳理代表意见建议447条，贵州省是全国检察机关信息100%公开的4个省份之一。省检察院“两微四端一网”发布信息9200余条，阅读量3000万人次。

2. 落实法律监督布局，忠实履行职责使命

做优刑事检察，依法批捕各类犯罪30912人，起诉39357人。审查起诉职务犯罪640人，立案查办司法工作人员相关职务犯罪28件34人。监督立案820人，撤案943人，追捕1810人，追诉2976人，不批捕12368人，不起诉11134人。审查减刑、假释、暂予监外执行案件49111件，对1848件特赦案件开展监督。做强民事检察，办理民事监督案件4536件，对942件不符合监督条件的依法做出不支持监督决定，对认为确有错误的民事裁判提

① 《贵州省人民检察院工作报告（摘要）》，《法制生活报》2020年1月20日，第2版。

出抗诉或再审检察建议，再审改变率88.4%，提出检察建议1799件，被法院采纳1653件。批捕拒不执行判决、裁定犯罪22人，起诉42人。开展虚假诉讼专项监督，立案办理371件，提出监督纠正意见248件。做实行政检察，办理生效裁判监督案件341件，对不符合监督条件的219件，依法做出不支持监督决定。办理国有资产等领域案件842件，对行政机关改进工作、完善治理，提出检察建议488件，采纳率100%。做好公益诉讼检察，立案办理公益诉讼案件7765件，提起诉讼213件，同比上升209%，法院已判决173件。发出检察建议61件。2件案件入选最高检典型案例，1件案件被收入“推进中国法治进程十大行政诉讼案例”。

3. 围绕中心服务大局，切实扛起政治责任

全力做好脱贫攻坚服务工作，依法打击破坏易地搬迁、生态补偿、扶贫项目实施等妨害脱贫攻坚的刑事犯罪，批捕2497人，起诉2760人。深化农民讨薪讨债专项监督，帮助5687名农民工追回7753万元“血汗钱”。依法妥善处理农村青壮年农民“醉驾”未造成严重后果等轻微刑事案件，不批捕820人，不起诉930人。省检察院为长顺县协调项目29个，涉及资金2.1亿余元，帮扶的12个贫困村先后出列。服务经济高质量发展更加积极有为。批捕破坏金融管理秩序等犯罪嫌疑人274人，起诉226人。出台服务保障民营经济发展46条措施，建立涉企案件强制措施责任清单制，批捕侵犯企业、企业家合法权益犯罪嫌疑人1180人，起诉1188人。开展“走进商会、走进园区”等活动793次，提供法律咨询1277次。召开检察长、董事长“两长”座谈会128次。

4. 坚持以人民为中心，竭力彰显为民情怀

着力维护民生民利。批捕生产销售有毒有害食品、假药劣药等犯罪嫌疑人110人，起诉205人。开展打击治理人民群众反映强烈的电信网络违法犯罪、骚扰电话、网络黑产等专项工作，批捕555人，起诉584人。对暴力伤医等犯罪坚持零容忍，批捕79人，起诉63人。深化特殊人群保护。严惩性侵、拐卖等侵害未成年人犯罪，批捕2532人，起诉2876人。省检察院与省教育厅等12家单位联合出台《关于在密切接触未成年人行业建立违法犯罪

人员从业限制制度的意见》，2300名检察院警察兼任中小学法治副校长。2个集体被授予“全国青少年维权岗”称号，5个集体、4名个人获评全国维护妇女儿童权益先进集体、先进个人。坚决打击侵害老年人、残疾人合法权益犯罪，批捕766人，起诉1078人。提升检察服务水平，办理来信来访9051件，100%实现7日内程序回复、3个月内办理过程或结果答复。坚持以案释法，发布典型案例118件。

5. 锻造过硬检察队伍，大力加强组织保障

突出政治建检，组织青年警察职业道德与思想政治等培训班，举办检察长政治能力培训班。大力推进检察文化建设，《我是检察官》系列微电影《苗岭密码》入选中央政法委平安中国“十大微电影”作品，被第七届亚洲微电影艺术节评为“平安中国单元”最佳作品。突出素质强检，制定《新时代贵州检察教育培训工作意见》，举办各类培训班38期，培训4336人次，41个集体、60名个人受到省级以上表彰。突出从严治检，实现对全省9个市州检察院党组巡视全覆盖，对省检察院机关3个党支部开展整治形式主义、官僚主义专项巡视，完成对27个基层检察院党组政治巡察。

（五）监察体制改革成绩显著

党的十八大以来，从严治党、加强党风廉政建设，日益成为党和国家的重要关注点。2017年10月，党的十九大决定，全面实施监察体制改革，构建集中统一、权威高效的国家监察体系，实现对行使公权力的公职人员监察全覆盖。贵州监察体制改革按照中央确定的时间表和路线图，蹄疾步稳，成绩显著。

2017年11月，贵州省深化监察体制改革试点工作小组成立，省委书记孙志刚任组长；12月，省委办公厅印发《贵州省深化国家监察体制改革试点实施方案》。

2018年，贵州监察改制工作按照“前期准备、转隶组建、细化实施、总结评估”四个阶段有序推进。机构方面：1月5日，省内首家监察委员会贵阳市监委正式挂牌；1月10日，首家县级监委铜仁松桃县监委设立；2月

2日，省监委成立；2月13日，六盘水市六枝特区监委挂牌。至此，省市县三级98家监委全面完成组建。同时，各级纪委监委贯彻合署办公要求，快速实现了职能、人员、工作有效融合。制度方面：制定了《省纪委省监委业务工作程序规范（试行）》等37项规范性文件，涵盖信访举报、线索处置、审查调查、案件审理等执纪执法监督的诸多领域。工作实效方面：2018年全省纪检监察机关立案18925件，审查调查人数为2017年的140%，精准运用“四种形态”处理干部44114人次，同比增长38.3%。

2019年，贵州监察改革的主要工作包括：全面完成地方县级以上纪委监委机关内部的监督检查与审查调查的部门分设；深化派驻机构改革，推动监察职能向企业、高校、乡镇（街道）等末端拓展延伸，打通监管的“最后一公里”。一是制定省级“1+3”改革文件和《省纪委省监委机关与派驻机构日常联系暂行办法》，分类推进省直部门派驻机构改革和省管金融企业、省管企业与省属高校纪检监察改革；二是出台《关于推动监察职能向各类开发区延伸的指导意见》，理顺开发区纪检监察体制；三是明确纪检监察机关的内设部门与派驻机构的关系，按照“室管地区、组管部门，室主协调、组助实施”的思路，创新分工负责、协调配合、室组一体的工作机制。

通过真抓实干、坚持勇于担当，贵州监察改革的制度优势不断转化为切实的治理效能。2019年，全省纪检监察机关立案审查调查17656件，运用监督执纪“四种形态”处置47003人，其中第一、二种形态处置43878人，占比达93.4%，推动实现正风肃纪、反腐倡廉由“惩治极少数”向“管住大多数”转变。

二　进一步推动贵州法治建设的对策建议

（一）加强法治政府建设，助推政府治理能力现代化建设

2019年，贵州省充分利用“互联网+”、大数据技术，持续推进法治政府建设。一是善用信息化手段和智能化管理，着力提升贵州政务服务能力。

贵州省着力统筹“一云一网一平台”建设，“一网通办”建设成效突出。截至2019年底，全省省级政务服务事项网上可办率达到100%，市县网上可办率平均达到91.64%[①]，政务服务网覆盖五级4027个部门、60万个事项[②]；全面打通10个地区、22个省直部门共61个自建系统218个数据接口，营业执照、身份证、机动车驾驶证等6个电子证照实现在政务服务中的应用；在全国率先建成政务服务“好差评”系统，把全省各级窗口人员集中纳入评价。线下，2019年全省新改扩建投入使用政务服务大厅26个，取消部门自建分厅238个[③]，线上线下相结合，全面提升政务服务体验。

二是推动简政放权和“放管服”改革，进一步改善营商环境。通过提高政务服务效率和透明度，下放审批事项、优化审批流程、创新审批方式，加快涉企事项和涉多部门事项的办理进度。截至2019年底，全省企业开办时间压缩至平均每家3.2天[④]，建筑许可审批事项省级层面压减至84项，不动产一般登记、抵押登记实现5个工作日内办结[⑤]；各级政务服务平台共推出40余种通用性“集成套餐”，200余种民生类、热点类、营商环境重点项目类“特色套餐”，方便企业、群众办事。[⑥]

三是完善依法决策制度体系。2019年5月26日，贵州省人民政府公布《贵州省行政规范性文件制定和监督管理规定》，从行政规范性文件的制定主体、权限、程序、内容、责任等方面提出具体要求，提出“法律、法规、规章和上级行政规范性文件已经做出明确规定的，或者现行文件已有部署且仍然适用的，不得重复发文、照搬照抄”等，防止滥发行政规范性文件。

---

① 《贵州政务服务能力建设取得新突破》，载《贵州日报》2020年1月5日，第2版。

② 《贵州省级政务服务网上可办率达到100%，在全国率先建成“好差评”系统》，央广网，https：//baijiahao.baidu.com/s？id＝1654865098770126343&wfr＝spider&for＝pc，2020年1月5日。

③ 《贵州政务服务能力建设取得新突破》，载《贵州日报》2020年1月5日，第2版。

④ 《在线访谈丨省级政务全部网上办！贵州法治政府建设取得积极成效》，天眼新闻，https：//baijiahao.baidu.com/s？id＝1653992075175333441&wfr＝spider&for＝pc，2019年12月26日。

⑤ 资料来源：2019年贵州省政府工作报告。

⑥ 《贵州政务服务能力建设取得新突破》，载《贵州日报》2020年1月5日，第2版。

四是全面推行行政执法“三项制度”[①]。在2017年国务院办公厅将贵州省毕节市、贵安新区确定为“三项制度”试点的基础上，2019年3月31日，贵州省人民政府办公厅印发《关于全面推行行政执法公示制度执法全过程记录制度重大执法决定法制审核制度的实施意见》，从总体要求、任务措施、信息化建设、组织保障等方面对全省“三项制度”推进工作提出要求；截至2019年底，贵州省行政执法监督管理平台已经完成基础建设工作并上线运行。

法治政府建设是推进政府治理能力现代化中的重要一环。根据《法治政府建设实施纲要（2015～2020）》和《贵州省法治政府建设实施方案（2017～2020）》要求，2020年，贵州省要把政府工作全面纳入法治轨道，基本建成职能科学、权责法定、执法严明、公开公正、廉洁高效、守法诚信的法治政府，实现政府职能依法全面履行，依法行政制度体系完备，行政决策科学民主合法，宪法法律严格公正实施，行政权力规范透明运行，人民权益切实有效保障，依法行政能力普遍提高。2020年，围绕贵州省总体战略部署和重点工作，应当着重从以下方面继续推进法治政府建设，助推政府治理能力现代化。

1. 编制高质量“十四五”规划，加强重点领域的政府立法，加强人才储备，适应产业发展和全面开放新格局

贵州省提出，2020年，要推动资源要素向实体经济聚集、措施政策向实体经济发力，加快振兴十大千亿级工业产业，推动数字经济与实体经济深度融合，大力促进服务业创新发展，推动现代物流枢纽建设，加快构建全面开放新格局等[②]。经济社会发展需要法治政策保驾护航；尤其是在全面开放新格局下，如何加强与泛珠三角、成渝地区协作，真正参与国际国内产业分工，仍是新兴课题。此时，一方面应当集思广益，科学编制“十四五”规划，加强数字经济发展、基层治理、文化发展等重点领域的政府立法，为产

① 三项制度，即行政执法公示制度、执法全过程记录制度、重大执法决定法制审核制度。

② 2019年贵州省政府工作报告。

业发展提供强有力的保障；另一方面，仍要进一步培养领导干部以法治思维和法治方式处理问题，同时通过引进、培养等方式加强法治人才储备，提升各级各部门治理能力现代化水平，只有这样才能充分适应现代产业发展模式和语境，充分适应全面开放格局。

2. 继续深入推进简政放权和行政执法工作，进一步提升营商环境

贵州省提出，要“按照市场化、法治化、国际化要求，着力打造服务和效率高于周边、成本和负担低于周边的营商环境新高地”①。要实现这一目标，一方面需要进一步推进简政放权，深化“放管服”改革，切实为企业“松绑”。受到2020年春节期间新冠肺炎疫情影响，2020年中小企业的生存将面临前所未有的严峻考验。只有在法定权限内实施最大限度的减税降费政策，切实降低企业经营成本和负担，提高政府服务效能，才能全力促进和保护企业发展。在“松好绑”的同时，提升行政执法工作的科学化、规范化，真正为企业“护好航”，双管齐下，切实改善省内营商环境。

3. 完善创新基层社会治理，全面推进基层政务服务标准化、规范化

近年来，贵州省在政务服务中善用互联网技术，有效提高了政务服务效率，提升企业与人民群众的服务体验，取得了很好的成效。在此基础上，一方面确保基层政务服务标准化、规范化发展，构建完整的省－市－县政务服务系统，加强数据共享，提升服务效能；另一方面，继续鼓励基层社会治理创新，畅通和规范群众诉求表达、利益协调、矛盾化解等机制，争取在创新发展中形成一些可复制、可推广的经验。

4. 不断加大政府信息公开力度，做到政府信息应公开尽公开

政府信息公开一直是法治政府建设中备受关注的环节。近年来贵州省政府信息公开工作总体情况较好，特别是主动公开信息数量、质量稳步提升；2017年以来，通过推进网站集约化，中国·贵州政府门户网站云平台上线运行，进一步整合资源，提高政府门户网站的规范化建设。下一步，应当着力加强基层政府和政府工作部门信息公开，确保各级部门切实做到应公开尽

① 2019年贵州省人民政府工作报告。

公开。同时，除公开的一般信息外，还应通过新闻发布会、网站专题等多种形式，进一步加强重点领域公开和政策解读，及时回应社会关切，畅通政府与社会沟通渠道。

（二）全面系统总结贵州省及其他省（区、市）应对新冠肺炎疫情的成功经验，继续修订完善《贵州省突发公共卫生事件应急预案》，加强和改进突发公共事件应急管理法治体系，统筹推进应急管理各项工作法治化

2019 年底，湖北省武汉市等多个地区发生新型冠状病毒引发的肺炎疫情（以下简称新冠肺炎疫情），疫情迅速蔓延到全国各地，给人民群众的生命安全和身体健康造成了巨大威胁。疫情发生后，贵州省与全国一道，在党中央、国务院的统一部署下，全力以赴坚决打赢疫情防控阻击战。近年来，贵州省在应急管理特别是突发公共卫生事件应急管理方面积累了一些好的经验做法，形成了一套较为完善的组织体系、法治体系和保障体系。新冠肺炎疫情对贵州省应急管理工作发出挑战，也考验着贵州省治理体系和治理能力。同时贵州省在应对此次疫情过程中也暴露出一些短板和不足，在应急管理法治建设等方面还要加强和改进。

1. 贵州省应急管理法治建设取得的主要成就

（1）组织体系较为健全。应对突发公共事件需要强有力的组织体系，指导和规范事件的应急处置，有效预防、控制和消除突发公共事件及其危害，保障公众身心健康与生命安全，维护社会和谐稳定。贵州省为应对突发公共事件专门成立了省级应急指挥部，统一领导、指挥和协调省内特别重大、重大突发公共事件的应急处置工作，应急指挥部各成员单位按照职责分工负责相应工作。新冠肺炎疫情发生后，贵州省委、省政府高度重视，第一时间召开会议传达学习党中央、国务院有关精神，对贵州省疫情防控工作进行安排部署。成立省委书记、省长任组长的贵州省应对新冠肺炎疫情防控领导小组，对疫情防控工作进行统一领导和指挥。根据《贵州省突发公共卫生事件应急预案》，结合贵州省新冠肺炎疫情防控形势，省政府启动突发公

共卫生事件一级响应。领导小组印发一系列文件，对疫情防控工作进行安排部署和统筹调度，全力以赴确保坚决打赢疫情防控阻击战。

（2）较为完备的法治体系。应对突发公共事件需要完备的法治体系保障，从立法、执法、司法、守法各个环节发力，提高依法防控和治理能力水平，真正让应对突发公共事件走上法治化轨道。近年来，贵州省不断制定完善应急管理方面的法律法规，初步形成了符合贵州省实际的应急管理法律法规体系，这些法律、法规、规章和规范性文件包括：针对公共卫生的《贵州省爱国卫生工作条例》《贵州省城市市容和环境卫生管理条例》《贵州省生活饮用水卫生监督管理条例》，针对公共安全的《贵州省安全生产条例》《贵州省道路交通安全条例》《贵州省人民防空条例》等，针对食品安全的《贵州省食品安全条例》《贵州省农产品质量安全条例》《贵州省粮食安全保障条例》《贵州省牲畜屠宰条例》等，针对气象灾害的《贵州省气象条例》《贵州省气象灾害防御条例》，针对地震灾害的《贵州省防震减灾条例》，针对洪水灾害的《贵州省防洪条例》，针对生物灾害的《贵州省动物防疫条例》，针对火灾防控的《贵州省消防条例》《贵州省森林防火条例》，针对生态环境的《贵州省生态环境保护条例》《贵州省环境噪声污染防治条例》《贵州省水污染防治条例》《贵州省大气污染防治条例》《贵州省水资源保护条例》《贵州省生态文明建设促进条例》《贵州省湿地保护条例》等。2005年，为有效预防、及时控制和处置贵州省发生和可能发生的突发公共事件，贵州省政府颁布实施了《贵州省突发事件总体应急预案》。2018年，为适应突发公共卫生事件应急处置需要，经贵州省政府同意，贵州省政府办公厅修订了《贵州省突发公共卫生事件应急预案》。新冠肺炎疫情发生后，省委、省政府坚决贯彻执行党中央、国务院的统一部署，结合国家法律法规和贵州省实际，制定出台了大量配套政策措施，有效提高了疫情防控的针对性和实效性。

（3）较为迅速的响应体系。深入推进应急管理能力和体系现代化是适应突发公共事件应急管理的时代需要。将突发公共事件作为政府需要着力防范化解的重大安全风险，建立健全风险研判机制、决策风险评估机制、风险防控协同机制、风险防控责任机制。制定贵州省突发事件应急预案编制指南、贵州省生产安全事故应急预案管理办法实施细则、贵州省自然灾害应急预案，成立省应急救援总指挥部及专项应急指挥部，建立应急救援指挥体系，推进大数据与应急管理的深度融合，加快“贵州应急管理云”建设，初步形成一套完整的应急响应体系。2018年，根据《贵州省机构改革方案》及贵州省省级机构改革实施意见，贵州省组建应急管理厅，对相关应急管理职能进行了整合，负责全省应急管理工作；组建贵州省卫生健康委，对相关职能进行明确，负责突发公共卫生事件方面的应急处置相关工作。机构改革也对相关部门的应急管理职能进行了明确。新冠肺炎疫情发生后，贵州省有关部门结合自身职责，在队伍、物资、资金、信息等方面依法给予了有力保障。

2. 贵州省应急管理法治建设存在的主要问题

（1）管理体系不够健全。贵州省省级、县级应急管理部门机构改革已经完成，但相应机构队伍等还有待进一步完善，全方位、立体化的应急管理组织体系还未形成。虽然明确了应急管理“党政同责、一岗双责、齐抓共管、失职追责”的要求，但各级各部门在应对各类突发公共事件中的工作职责有待进一步细化，责任体系有待进一步健全。贵州省应急预案编制修订指南、省级总体应急预案等需要进一步修改完善，公共卫生类、自然灾害类、安全生产类、社会安全类等专项应急预案亟须修订完善。贵州省还没有突发公共事件监测预警、风险评估、隐患治理、应急通信、应急演练、应急装备等技术标准，应急管理标准体系还不够健全。没有省级突发公共事件风险管理办法，应急物资储备和综合管理方面的保障体系还不健全。

（2）基层基础不够扎实。社区应急管理基础薄弱，在应急管理班子、机制、预案、队伍、物资、演练等能力建设方面有欠缺。城乡综合防治方面，交通、水利、通信、供水、供电、供气、广播电视等基础设施保障能力有待加强。新冠肺炎疫情暴露出城乡公共环境治理方面还存在短板和死角。应急管理基地、灾备中心等物资装备保障准备不够充分，新冠肺炎疫情发生后，多地都是临时新建改建确诊病例定点收治医院，应急物资多数需要紧急调度筹集。专业应急救援队伍建设有待加强，救援能力较弱，红十字会、共青团、基层社区等组织社会力量协同参与应急救援的能力不足。

（3）预警防控不够到位。突发公共事件监测预报基础设施建设滞后，灾害监测网络体系不够完善，预测预警能力较弱。风险管控和隐患排查治理体系不够健全，新冠肺炎疫情警示相关监管部门对餐饮（野味）行业加强监管。另外，各地区各行业预警信息发布较为分散，没有完全实现多种类、跨领域的预警信息汇总、分析和研判机制，信息发布的及时性不够。涉及应急管理、公共卫生、公安、气象、地震、水利、交通运输、自然资源、生态环境、消防救援、宣传、网信等领域的风险研判机制还不健全。风险评估、联防联控、信息发布等应急管控机制还不够健全。

3. 加强和改进贵州省应急管理法治建设的对策建议

（1）健全应急管理体系。坚持用法治方式抓好突发公共事件应急处置工作，既服从服务经济社会发展大局，落实好突发公共事件防控各项工作措施，又维护好社会秩序，确保人民群众生命安全、经济社会持续健康发展。加快建立健全以应急管理组织体系、责任体系、预案体系、政策法规标准体系、风险预测预警体系、应急指挥体系、物资保障体系、科技信息体系为主要内容的应急管理体系。提高应急保障能力，特别是针对突发公共卫生事件，要进一步做好应急储备，着力解决重点卫生防疫物资储备严重不足问题，深入查找公共卫生事件应急储备体系存在的短板，在储备的品类、规模、结构等方面进行优化调整，切实提升储备能力。注重关键物资生产能力布局，在关键物资保障方面注重优化产能的区域布局，做到关键时刻拿得出、调得快、用得上。

（2）用好联防联控机制。为应对新冠肺炎疫情，中央印发文件要求建立健全防护网络，加强联防联控，构筑群防群治抵御疫情的严密防线。国务院建立联防联控机制，印发文件对加强社区防控做出了相关规定。有关部门出台了相关配套政策措施，有关地区出台了大量贯彻落实的具体措施，疫情防控工作取得明显成效。应对突发公共事件，应当立足基层、联防联控，健全自治、法治、德治相结合的城乡基层治理体系，不断强化应急管理基层工作依靠群众、服务群众的理念，充分依靠人民群众打赢突发公共事件群防群控群治战争。司法机关依法严惩妨害预防、控制突发公共事件等各类犯罪，依法严惩危害公共安全和市场秩序的犯罪行为。各级行政机关依法维护防控秩序、市场秩序、社会秩序，根据价格法、消费者权益保障法、治安管理处罚法等，对严重扰乱市场秩序、哄抬物价、囤积居奇、制假售假等行为依法查处、严肃处理。

（3）强化普及法治理念。依法做好突发公共事件应急处置工作，根据突发事件应对法等有关规定，结合贵州省实际制定完善相应配套的具体制度，并建立督导检查机制。总结新冠肺炎疫情防控工作中存在的问题及薄弱环节，对传染病防治、野生动物保护等方面法律法规的实施情况进行认真评估，坚持问题导向、目标导向、效果导向，着力补短板、强弱项，及时修改完善疫情防控相关法律法规，组织开展执法检查，推动制定出台生物安全等方面法律法规。加大公共卫生领域法律执行力度，特别是加强餐饮（野味）行业乱象综合治理，加强市场监管，加大执法检查力度，坚决取缔和严厉打击非法野生动物市场和贸易。按照系统完备、科学规范、运行有效的原则，加快构建贵州省突发公共事件应急管理法律体系，健全相关配套制度。加强普法宣传教育，切实提高人民群众法治意识，推动全社会形成广泛参与、积极支持和依法应对突发公共事件的氛围，统筹推进应急管理各项工作走在法治轨道上。

（三）基于法治扶贫“贵州经验”构建法治减贫长效机制

2019 年，贵州省运用法治思维和法治方式，结合有效经验深化扶贫开发工作，实现了脱贫攻坚工作居全国前列，减贫人数排全国首位。尽管历史和地理环境等因素使贵州省脱贫攻坚任务非常艰巨与繁重，但是作为全国脱贫攻坚主战场的贵州省始终以习近平新时代中国特色社会主义思想为指导，坚持把脱贫攻坚作为头等大事和第一民生工程来抓，形成了很多受到国家有关部门充分肯定、可推广的法治扶贫模式。

1. 易地扶贫搬迁法治体系助建“省级样板”

贵州省成为易地扶贫搬迁的“省级样板”① 离不开科学的法治理念与法治方式。作为全国搬迁人数最多的省份，2019 年 12 月贵州完成易地扶贫安置 188 万人，不愧于国务院办公厅的表扬激励。② 同时，各地方在法治护航工作上也形成了各具特色的易地扶贫搬迁法治模式，合力形成贵州省易地扶贫搬迁法治体系，全方位保障脱贫攻坚工作在法治化轨道上深入开展。

贵州省高级人民法院根据脱贫攻坚工作实际需要，因地制宜，先后制定实施《关于为全省脱贫攻坚提供司法保障和服务的意见》《关于为实施乡村振兴战略提供司法服务和保障的实施意见》《关于提高服务保障意识强化易地扶贫搬迁中审判执行工作的实施意见》《关于充分发挥审判职能作用加强对农村留守儿童合法权益保护的指导意见》等指导性文件③。2019 年，贵州省高级人民法院以原则性和灵活性相结合为工作原则，依法加大力度执行涉易地扶贫搬迁案件，以多部门联动为工作机制，切实保障执行到位。④

贵州省司法厅强力推进易地扶贫搬迁人民调解工作，截至 2019 年 12 月贵州全面完成 188 万人易地扶贫搬迁，实现易地扶贫搬迁安置区人民调解组织全覆盖，设立人民调解委员会 409 个，配备人民调解员 2019 人。各地方司法局创新矛盾纠纷解决工作方式，法治服务常态化，为安置区社会秩序稳定提供了有力支撑，矛盾纠纷排查化解成效显著。⑤ 例如，黔东南州司法局的“六抓

---

① 王永平：《“六个坚持”：打造易地扶贫搬迁省级样板》，《中国社会科学报》2019 年 8 月 8 日，第 4 版。

② 贵州省因易地扶贫搬迁工作积极主动、成效明显受到国务院办公厅表扬激励。参见 http：//www. gov. cn/zhengce/content/2019 – 05/10/content_ 5390354. htm，最后检索时间：2020 年 4 月 20 日。

③ 韩德洋：《不忘初心　牢记使命　奋力推动新时代人民法院工作更好更高更强创新发展》，《人民法院报》2019 年 9 月 12 日，第 5 版。

④ 范力、左春林：《发人深省！省法院发布一批涉及易地扶贫搬迁典型案例》，http：//www. ddcpc. cn/fp/201912/t20191203_ 716648. shtml，最后检索时间：2020 年 2 月 9 日。

⑤《贵州省实现易地扶贫搬迁安置区人民调解组织全覆盖》，http：//www. guizhou. gov. cn/xwdt/dt_ 22/bm/201912/t20191227_ 37561295. html，最后检索时间：2020 年 2 月 9 日。

六实”工作法[①]；贵州锦屏县公安局三江派出所“五个一”工作法[②]等，均取得良好成效。

作为民族自治州，黔东南州法治护航易地扶贫搬迁工作已成体系。在普法宣传方面，黔东南州建立法律审查“四个先行”[③] 程序，从源头上预防隐患。黔东南州以“六建”为抓手构建了安置点社会治安综合防控能力立体化。截至2019年11月，实现“人在格中走、事在格中办、过程网上走”。[④] 2019年，凯里市上马石搬迁社区服务中心法治示范点受到国家民委的高度肯定，被国务院评为全国民族团结进步模范集体。[⑤]

作为全省移民搬迁人数最多的州（市），黔西南州运用大数据创新打造易地扶贫搬迁安置区网格化的社会治理亮点。在大数据智能化、一体化的协助下，黔西南州实现了安置区采集基础信息一体化；部门力量联勤联动化；多源数据共享化；政法综治专业数据、政府部门管理数据汇聚整合化；全州社会治理大数据中心提供数据服务智能化，大大提高了安置点预测预警预防

---

① “六抓好六实现”工作法：一是抓好组织领导，实现基础保障工作稳定可靠。二是抓好组织建设和队伍建设，实现矛盾纠纷排查化解运行规范化。三是抓好矛盾纠纷排查化解，实现搬迁安置区和谐稳定。四是抓好矛盾纠纷激化预防预警，实现“化早化小”。五是抓好源头治理和普法宣传教育，实现强化群众法治理念。六是抓好方式方法创新，实现基层法治建设“新招”百花齐放。参见《贵州省实现易地扶贫搬迁安置区人民调解组织全覆盖》，http：//www. guizhou. gov. cn/xwdt/dt_ 22/bm/201912/t20191227_ 37561295. html，最后检索时间：2020年2月9日。

② “五个一”工作法：为社区群众搭建一个“微平台”；入户开展安全检查，填写一张“体检表”；与每户成员合影拍摄一张全家福；入户开展一次法制宣传，送一个法制礼包；为群众递上一张警民联系卡。参见石福涛《贵州锦屏：法制扶贫跟进异地扶贫安置小区迎着幸福来》，http：//news. sina. com. cn/c/2019 - 07 - 23/doc - ihytcitm4101266. shtml，最后检索时间：2020年2月9日。

③ “四个先行”：政策项目立项，风险评估先行；政策项目设计，合法性审查先行；政策项目实施，法律顾问先行；政策项目落实，法治宣传先行。参见《贵州黔东南：全力抒写易地扶贫搬迁法治保障大文章》，http：//gz. people. com. cn/GB/n2/2019/1101/c194827_ 33498133. html，最后检索时间：2020年4月20日。

④ 杨羽：《贵州黔东南：全力抒写易地扶贫搬迁法治保障大文章》，http：//m. people. cn/n4/2019/1101/c1288 - 13353072. html，最后检索时间：2020年2月9日。

⑤ 黔东南州司法局：《安居乐业　法治同行——黔东南州多形式打造易地扶贫搬迁法治保障示范工程》，http：//sfj. qdn. gov. cn/sfdt/xsdt/201911/t20191118_ 16754314. html，最后检索时间：2020年2月9日。

能力。[①]

2.“贵州式禁毒扶贫方法”深化治理工作

贵州省“阳光工程”等先进案例前些年就已经成为国家禁毒工作创新发展鼓励推广的典型。近年来，贵州省聚焦禁毒和扶贫工作，创建了“以则孔村帮扶模式”“盘州回归体验中心”等许多有效的治理新模式，形成“贵州式禁毒扶贫方法”体系化，禁毒扶贫工作新模式成熟化。其有效做法是，按照“实现禁毒脱贫是目标，预防因毒致贫是关键”的工作思路，遏制毒品源头，防止因毒致贫、因毒返贫，具体来说即是，第一，建立部门联动，齐抓共管的共治体系；第二，建立源头预防，关口前移实施方案；第三，推行强力打击、减少消费毒品的治理措施；第四，树立强化管控、降低库存的工作目标；第五，明确扩展渠道，助力脱贫的治理价值。[②]

2019 年，黔西南州“六全”禁毒体系，让其成为禁毒示范城市，补充完善了贵州省禁毒工作法治治理体系。该治理体系的具体工作体现为以下三个方面：第一，制定可视化、扁平化、智能化、一体化为特征的学校毒品预防教育制度。第二，充分运用现代科技推进全民毒品预防教育宣传。从黔西南州到所辖县，再到所辖的乡，分级进行党政的“十进活动”[③] 禁毒宣教工作，促进“N”个部门联动，形成渠道多元、形式多样的宣教体系，用情、理、法相结合推进毒品预防教育宣传工作，实现网络禁毒宣传工作的常态化。第三，打造禁毒宣传精品工程，形成禁毒文化产品。

在管控吸毒人员方面，多管齐下：第一，从戒毒治疗、心理矫正、帮扶救助、就业扶持等多维度构建以社区为单位的戒毒社区康复“阳光驿站”

① 王家梁、王鹤霖：《黔西南州破解基层社会治理工作难题　发挥政法力量助力易地扶贫搬迁》，《法制日报》2019 年 12 月 17 日，第 2 版。

② 李建永：《泽如凯风　惠如时雨——贵州省禁毒扶贫工作的创新与实践》，《中国禁毒报》2019 年 8 月 30 日，第 1 版。

③ “十进活动”：推动毒品预防教育宣传进学校、进社区、进单位、进家庭、进场所、进农村、进行业、进网络、进道德讲堂、进讲习所。参见黔西南州禁毒办、黔西南州公安局新闻中心《黔西南州“六全”构建社会治理禁毒扶贫新体系》，《黔西南日报》2019 年 12 月 16 日，第 4 版。

模式。在示范点推进社区戒毒社区康复规范化、专业化。现已实现所有社区建立康复驿站，平均一个社区设2名专业人员。开创“一院三中心”① 制度，解决戒毒场所容量有限难题，实现病残吸毒人员应收尽收。第二，各级综治办牵头，全面实现吸毒人员管理网格化。该州按属地标准，将全部吸毒人员的信息纳入全省吸毒人员社会化管控网络平台。第三，联动全州各级各相关部门，对社区戒毒社区吸毒人员的康复服务管理实行严管严控。对社区贫困涉毒人员的基本信息、行动去向严格监控，防止复吸致贫、因毒返贫的发生。

构建跨区域协作的“全警禁毒”联动机制、“全要素监管制毒物品体系”以及“全方位毒情监测预警体系”②。2019年，在该州开展了“禁毒2019清剿”“禁毒扫黑除恶”“打零收戒”等专项行动，“5·14”陆空邮的立体查缉体系与堵源截流查缉机制下的“净边”行动③，以及乡（镇、街道）和村（居）“4+4无毒害”系列创建活动。

3. 法律援助“长短双计”全方位为扶贫项目“把脉会诊”

为更好实现精准扶贫效果，贵州省内各级司法部门与行政部门“长短双计”共同打造脱贫攻坚“把脉会诊”式的法律援助活动。贵州省司法厅开展“扶贫制度保障、扶贫执法监督、扶贫法治宣传、扶贫决策参谋、扶

① “一院三中心”：黔西南州政府引进民营资本2000余万元，以“公助、民建、联管”方式建设兴义和谐阳光医院，设立州特殊病康复中心、病残吸毒人员收治中心、自愿戒毒中心。参见《黔西南州特殊病康复“一院三中心”建成启用，冉博、王松、王林、高峰等领导出席揭牌仪式》，https：//www.sohu.com/a/280287008_20024671，最后检索时间：2020年4月20日。

② “全方位毒情监测预警体系”：加强对重点地区、重点场所、重点人员、重点车辆等信息收集和情报研判，建立情侦联动工作机制，不断提升情报工作能力水平。建立完善州、县（市、区）两级重点整治机制，将存在突出毒品问题的乡（镇、街道）列为重点整治对象，明确相关成员单位包保督导强力整治。参见陈春萍、殷学择《禁毒，为人民决战决胜！——写在全国禁毒重点整治暨扶贫工作会议召开之际》，《黔西南日报》2019年12月17日，第1版。

③ “净边”行动：联合邮政、商贸等相关部门开展物流、邮政寄递业公开查缉，严格寄递业实名登记、收寄验视、责任追究等制度。参见陈春萍、殷学择《禁毒，为人民决战决胜！——写在全国禁毒重点整治暨扶贫工作会议召开之际》，《黔西南日报》2019年12月17日，第1版。

贫纠纷化解、扶贫法律顾问”等六大法治扶贫行动。[①] 贵州省遵义市正安县人民法院立足审判职能，探索出服务脱贫攻坚工作的“四个一”模式[②]。

2020年是全面建成小康社会目标的实现之年、全面打赢脱贫攻坚战的收官之年、全面转向乡村振兴战略实施的关键之年。按照《中共中央国务院关于抓好“三农”领域重点工作确保如期实现全面小康的意见》的要求，建议贵州省在总结法治扶贫工作推广经验、可持续经验的基础上，当务之急还需根据当前扶贫工作的现实问题，建立贵州省法治扶贫长效机制。

在法治扶贫长效机制权利保护的主体方面：相较于法治扶贫体系的关注对象，法治扶贫长效机制所关注的权利群体应有所变化。2020年，贵州省法治扶贫体系的关注对象主要是未摘帽的贫困地区的贫困户和巩固脱贫成果的返贫户，仍属绝对贫困群体。2020年以及2020年以后的法治扶贫长效机制的对象不再是绝对贫困群体，而是相对贫困群体。在划分标准上不建议以区域为标准，而应以致贫因素为标准。其原因：一是2020年以后，我国从根本上消灭了绝对贫困，取得了历史性成就；二是随着我国经济迅速发展、城镇化步伐日益加大、户籍制度改革以及全球化消费社会的到来，人口流动性增强和生活成本提高，划定贫困人口的现行标准滞后于社会的发展现状与需要。因为生活、工作环境变化，突发事件、灾害和灾难或因其他因素陷入贫困的群体应该成为贵州省法治扶贫长效机制关注的对象，其合法权利需要受到法律的保护。

在法治扶贫长效机制权利保护的路径方面：首先，由于致贫因素的不确定性，建议贵州省法治扶贫长效机制立足于坚持和完善中国特色社会主义制度、推进国家治理体系和治理能力现代化，加大法治政府建设。法治政府建设换挡提速、法律服务工作与社会发展同频共振，乡村振兴、法治建设都需要政府治理能力现代化、合法化、科学化，故相关法规规章需要相继颁布实

---

① 汪军、李春惠：《贵州司法行政系统“长短双计”助脱贫》，http：//www.chinanews.com/sh/2019/04－26/8821351.shtml，最后检索时间：2020年4月20日。

② “四个一”模式：建好一支法治扶贫小分队；上好一堂法治扶贫讲座；开展好一次巡回审判；制定好一份村规民约。

施，以继续积极发挥地方贫困治理立法方面的推动作用。其次，贵州省应继续发挥大数据、金融等关键作用，促进产业发展，对于贵州省法治扶贫工作中形成的政策与可持续经验，建议用法律的形式将其固定，依法解决在乡村振兴和现代化建设过程中遇到的相对贫困问题。最后，在符合国家扶贫战略的总体要求下，在国家总体战略之下，将瞄准式扶贫让位于普惠治理，建立经济可持续发展、人权有效保障和公共服务公平实施的法治扶贫长效机制。

（四）深化大数据关键环节法治保障，充分释放大数据效能

近年来，贵州在发力大数据发展与应用过程中不断强化法治保障。在2016年贵州省颁布全国首部省级大数据地方性法规《大数据发展应用促进条例》；在2017~2018年，贵阳市陆续出台设区市大数据领域系列地方性法规《贵阳市政府数据共享开放条例》《贵阳市大数据安全管理条例》《贵阳市健康医疗大数据应用发展条例》等；2019年贵州省颁布全国首部省级大数据安全地方性法规《大数据安全保障条例》，同时贵州省正加快制定政府数据共享开放条例。贵州大数据法治建设正随着贵州大数据战略行动的纵深推进而不断细化。

近年来，贵州聚焦大数据安全关键环节，在大数据发展应用过程中，不断强化底线思维、探索大数据安全发展应用。贵阳市2016年首创城市级真实网络安全攻防演练，2017年获批建设国内首个大数据及网络安全示范试点城市、获批建设大数据协同安全技术国家工程实验室，2018年获批建设国家首个大数据安全靶场、首个大数据安全认证示范区，2019年成立国家技术标准创新基地（贵州大数据）大数据安全专业委员会。在贵阳市探索出台《贵阳市大数据安全管理条例》一年之后，贵州省即在省级层面颁布《贵州省大数据安全保障条例》，其中规定的措施更加细化，在全省层面为大数据安全及其发展应用活动提供法治保障。《贵州省大数据安全保障条例》具有一系列特点，值得重视关注：首先，该条例探索以大数据全生命周期为主线全面规制和防范化解大数据应用各环节、各领域的安全风险；以大数据产生、存储、传输、使用、流通、消亡等环节形成的全生

命周期主线来构建数据安全法律制度。其次，该条例坚持以大数据安全保障大数据发展的思路，建设性设置“支持与保障”专章条款，旨在通过明确鼓励支持措施，强化对大数据安全产业发展的保障，进而实现对大数据在各领域发展应用的安全保障支持，充分发挥大数据安全的保障性、建设性作用。再次，该条例对危害大数据安全的一系列行为，包括危害网络安全、关键信息基础设施安全、个人信息安全的行为，一一明确细化了法律责任，为依法执法提供了依据和规范，有利于各部门间协同维护大数据安全。

当前，贵州正在加快制定省级政府数据共享开放条例，着眼通过法治手段保障和推进政府数据更大范围统一共享、更高程度对社会开放，促进大数据效用进一步释放。基于贵州大数据应用在全省各行业和各环节工作中不断发展和深化的特点，建议紧紧聚焦大数据关键环节加强法治保障，以充分释放大数据效能。

1. 深化政府数据应用法治保障，制定好《贵州省政府数据共享开放条例》

一是要科学、合理、适度界定政府数据的外延。基于历史原因，全省乃至全国都存在着政府工作范围几乎涵盖经济社会生活的方方面面，政府、社会、企业、自然人之间的活动交织重叠等情况；同时，随着经济社会发展和治理能力与治理体系现代化建设推进，政府不再包办经济社会发展领域的全部工作，而是通过发挥市场主体、社会组织、自然人等主体的积极作用，建构小政府、大社会格局。在这一历史发展过程中，政府数据的外延必然也是动态调整、优化和逐渐限定范围的。为此，政府数据范围界定，一方面应基于政府工作尚具有广泛性的现实而要具有包容性，另一方面政府数据外延法律界定应有可以适时限缩的弹性。二是要设置好政府数据共享开放的约束和激励法律机制。有效量化政府数据采集部门的法定责任，防止无限扩大或范围不明。有效分解政府数据采集部门的主体责任，促进数据共享部门之间的责任均衡。有效建立数据共享部门之间的利益反馈和激励机制，增加政府数据深度融合的内生动力。三是要设置好促进政府数据向社会平等开放的机制。在坚持开放为原则、不开放为例外，要求社会对政府数据合理、适度利用的同时，可以考虑设置尽职免责机制。一方面，对政府数据开放实施部门及其直接工作人员在履行好相关规程和职责后，予以尽职免责；另一方面，对利用政府数据进行运营、挖掘大数据效能的企业、平台、个人等主体，予以尽职免责。以降低政府数据开放系列环节所涉主体的顾虑，促进政府数据释放更多、更新效能。

2. 深化扶贫工作大数据应用法治保障

贵州作为全国脱贫攻坚主战场，在易地扶贫、健康扶贫、教育扶贫、精准扶贫等一系列工作中涌现出诸多探索尝试，精准扶贫大数据平台等不少创新都结合了大数据应用手段，体现了贵州实践特点。与此同时，大数据与大扶贫相结合过程中的法治保障尚需进一步加强。通过立法、执法、司法等工作，进一步细化扶贫大数据应用相关环节、完善法治保障。明确扶贫数据采集部门和工作人员的职责范围，强化其数据保护责任和数据使用激励。明确扶贫数据开放规则，设置扶贫数据开放使用惠及扶贫工作、扶贫对象的规范。加强对扶贫对象个人信息数据保护，创新扶贫领域大数据清洗加工规范，设置更全面的敏感信息防护规则。

3. 深化环境保护工作大数据应用法治保障

环境保护工作事关多彩贵州新未来战略目标的实现，也是守好生态和发展两条底线的重要体现。近年来贵州省在环境保护领域不断创新大数据应用，着力建设全省统一的环境数据信息系统，不断提高环境监测治理工作的信息化水平。2019 年出台的《贵州省生态环境保护条例》中设置多个条款规范环境保护数据的采集、存储和应用工作。环境保护行政执法部门和生态法庭等司法部门要进一步用好这些环境保护领域大数据应用规范条款，促进环境数据对经济社会发展支持效用的发挥；在此基础上，进一步促进环境保护数据中政府数据、社会数据、企业数据之间的相互共享融通，尤其是要强化对环境保护数据提供企业的激励和支持。

4. 深化市场监管工作大数据应用法治保障

市场监管水平是国家治理能力和治理体系现代化水平的突出体现；贵州结合大数据、信息化应用提升市场监管水平，加强大数据在市场主体、市场秩序、知识产权、产品服务质量以及食品、药品等关键领域监管的应用，健全食品安全大数据、信用大数据、法人信息基础数据库。为此，可以考虑面向市场监管领域诸多大数据细分应用的通用需求，着眼于市场主体、活动、秩序等相关要素设置统一市场监管数据法律规范，以统筹、协调和保障当前市场监管领域各类大数据应用健康发展、持续释放大数据红利。

5. 深化应急管理工作大数据应用法治保障

应急活动涉及经济社会发展的各个方面，需要协同各个公共部门、市场主体、社会组织和自然人，这意味着需要广泛、深度、动态、准确的数据支撑，亦需要大数据精准快速分析。在2020年初的新冠肺炎疫情应急工作中，确诊病例、疑似病例、密切接触人员、疫情严重地区返乡人员等数据信息持续实时更新；防疫医疗机构、防疫人员、防疫物资、民生物资等应急调度决策措施不断出台；全国范围联防联控、防疫重点人群排查、网络信息传播、交通管控等一系列活动持续开展；这些应急活动背后也伴随着应急数据的不断采集、汇聚、更新、分析、预测等大数据应用活动。从长效机制来看，应急管理工作大数据应用亟待法治保障。一是要明确应急状态下数据采集与个人信息之间的法律界限。比如，疫情防控工作需要及时公布确诊病例的活动轨迹，严格来说个人的活动轨迹属个人信息保护范畴，然而为保护与确诊病例活动轨迹有交集的不特定第三人以及所有可能受影响的人的生命健康安全，法律应允许政府部门在疫情防控的必要限度内公开其活动轨迹信息。但政府部门采集的确诊病例姓名、联系方式、民族、身份证号码、私密活动等个人隐私信息则应保密，对于其他推测到个人身份的信息亦应匿名处理。二是要明确应急信息采集单位及个人法律职责。本次疫情处理中，组织动员的力量已远远超出应急管理、卫健等行政部门，居委会、村委会、学校等机构也被切实动员起来，联防联控；在辖区居民、村民、学生家庭相关个人身份信息、活动信息、联系方式等调查排查收集活动中，应赋予居委会、村委会、学校等机构及其工作人员何种职权和责任，亟须法律规范。原则上可以赋予其在应急状态下的个人信息采集的权力，但同时应明确予以保密的责任，以免出现个人信息不当泄露、当事人受歧视排挤等情况发生。三是要扩大应急信息等数据开放。一方面，增加全社会主体获取疫情数据的时效性和透明度，便于相关单位和个人及时采取联动行动；另一方面，向科学家和企业及时开放疫情应急数据，便于其进行大数据关联分析研究应用，使疫情早日得到控制。完善相关应急数据开放法律条款，设置尽职免责机制，促进数据更快速地支撑决策、指导行为。四是要细化应急措施中涉及数据等虚拟财产的征用法律规范。企业数据通常关涉其核心竞争力，基于数据等虚拟财产的可复制性特点，一旦征用企业数据资产、信息系统用于疫情防控，如因应急需要再将该数据共享给其他企业或发生数据泄露情况，则该企业的核心竞争力将受到严重威胁，故对企业数据的征用应设置不同于实物资产的补偿法律规则，同时宜通过法律规则特别限制数据资产应急使用的范围和时限。

（五）依法推动打好污染防治攻坚战，推进生态文明法治示范区建设

1. 开展生态环境保护执法检查，依法推动打好污染防治攻坚战

2019 年，贵州省委、省政府认真贯彻落实习近平总书记对贵州工作的重要指示批示精神，高度重视生态建设，将“大生态”作为全省三大发展战略之一，把打好污染防治攻坚战作为决胜全面建成小康社会必须完成的重大政治任务。贵州省人大常委会开展生态环境保护执法检查，用法治力量推动“蓝天保卫”“碧水保卫”“净土保卫”“固废治理”和“乡村环境整治”五场标志性战役向纵深推进，切实巩固污染防治攻坚战成效。

2019 年 5 月开始，省人大常委会各副主任分头带队，采取全省上下联动、明察和暗访相结合的方式，对全省 9 个市州开展《关于依法推进打好污染防治攻坚战开创百姓富生态美多彩贵州新未来的决议》执法检查。通过执法检查，发现有些地方面临着经济发展与环境保护的双重压力，在污染防治的举措与成效方面还有一些短板，地方财政投入不足、产业结构偏重、资源能耗偏大、环保基础设施薄弱，特别是农村的污水收集系统不健全、不完善，一些主要河流废水治理进度缓慢。贵州省人大常委会各位副主任分别

领题对中央环保督察“回头看”反馈问题整改落实情况进行监督。贵州省人大常委会听取审议2019年度全省环境质量状况和环境保护目标完成情况，督促加强和改进环境执法工作。2019年9月，贵州省人大常委会开展“美丽乌江拒绝污染”贵州环保行动，督促推动乌江流域磷化工企业转型升级，加强污染源头治理，完善乌江生态环境治理机制。2019年，贵州开展“守护多彩贵州·严打环境犯罪”执法专项行动，始终保持监管执法高压态势。到11月底，全省行政处罚案件1121件，罚款总计1.3亿元，查办《环境保护法》配套办法及移送涉嫌环境污染犯罪案件共计130件。全省共有49家企事业单位和21人被列入生态环境保护失信黑名单。

2. 完善生态文明法治保障机制，推进生态文明法治示范区建设

生态文明法制建设稳步推进。为更好地依法保护生态环境，根据新修订的环境保护法，重新制定生态环境保护条例，用最严格的法规制度保护环境、治理污染。2019年5月，贵州省十三届人大常委会第十次会议通过了《贵州省生态环境保护条例》。该条例采取了“生态环境”一体化保护模式，属于立法体例上的创新。制定了河道条例、古树名树大树保护条例，修改了林地管理条例等地方性法规，审议了固体废物污染环境防治条例、节约用水条例，开展林业有害生物防治、世界自然遗产保护、红枫湖百花湖水资源环境保护、垃圾分类等立法调研。

完善生态文明建设标准体系，助推国家生态文明试验区建设。出台了《贵州省生态文明建设标准体系框架》《贵州省生态文明建设标准体系明细表》，要求各行业自觉对标生产，在保障生态的同时实现效益最大化。出台了《农村生活污水处理水污染物排放标准》，为全省农村生活污水治理提供了标准。出台了《贵州省生态环境保护失信黑名单管理办法》，完善环境“守信激励、失信惩戒”机制。出台了《贵州省生态环境损害修复办法（试行）》，明确对生态环境进行修复的主体和范围。出台了《贵州省生态环境随机抽查执法事项清单》，对全省生态环境随机抽查执法事项清单进行了统一规范。

全力助推国家生态文明试验区建设，基本实现环境生态司法保护全覆

盖。贵州省高级人民法院争取最高人民法院出台《关于支持贵州省加快建设生态文明试验区重大部署的意见》，为贵州司法服务保障生态文明建设提供了全方位的支持。签署《长江经济带 11 +1 省市高级人民法院环境资源审判协作框架协议》，积极推动构建长江经济带区域环境资源司法协同互动机制。增设环境生态保护法庭，将全省的绿水青山全部纳入司法管辖，加强对国家生态文明试验区和威宁草海、雷公山国家级自然保护区环境资源可持续发展，红枫湖环境保护，乌江流域环境污染综合治理的司法服务保障。积极探索生态环境司法保护新模式和生态环境修复责任落实的新途径，通过发布种植令、放养令、修复令，建立生态修复责任基地，建设司法生态公益林、湿地公园等司法措施，加大对绿水青山的保护。2019 年 6 月，在最高人民法院发布的 5 件“人民法院保障生态环境损害赔偿制度改革典型案例”中，“息烽诚诚劳务公司、开磷化肥公司赔偿协议司法确认案”和“贵阳市生态环境局诉六盘水双元铝业公司、阮正华、田锦芳生态环境损害赔偿诉讼案”两个案件同时入选。全省法院依托生态文明贵阳国际论坛，广泛参与国际环境司法交流；受最高人民法院委托，贵州省高级人民法院代表全国法院在南美国际环境保护大会上发言，以贵州为主介绍中国环境生态司法保护经验，得到国际同行的高度评价。《人民日报》专题介绍贵州省环境资源审判庭探索环境司法专门化的新路径。

不断推进生态司法修复工作。全省检察机关始终坚持恢复性司法理念，在惩罚违法犯罪的同时，修复受损生态环境，实现打击违法与保护生态环境。2019 年，贵州省人民检察院和贵阳市人民检察院在贵阳市双龙航空港经济区建成全国首个省级层面生态修复示范基地，示范带动全省检察机关把生态优先、绿色发展落实到司法职责的“最后一公里”。深入推进生态环保检察协作机制。为深化赤水河、乌江流域生态环境保护，省检察院推动建立重庆、云南等六省市长江上游生态环保检察协作机制，最高人民检察院对贵州等省市共护“一江碧水、两岸青山”的做法给予高度肯定。积极推动生态环保教育。贵州省人民检察院建立了全国第一个生态环境保护警示教育基地。2019 年，“平坝区人民检察院诉贵州省宏泰化工有限责任公司污染环境案”入选最高人民法院、最高人民检察院、公安部、司法部、生态环境部联合发布的五个环境污染刑事案件典型案例。

3. 进一步加大生态环保法治建设，全面完成生态文明法治示范区建设任务

2020年是全面建成小康社会和“十三五”收官之年，是脱贫攻坚决战决胜之年，是奋力推动经济社会高质量发展的关键之年，是贵州国家生态文明试验区建设方案实施的最后一年。优良生态环境是贵州最大的发展优势和竞争优势。在新的一年中，贵州要进一步加大生态环保法治建设，全面推进生态文明制度体系建设和治理能力现代化，全面完成生态文明法治示范区建设任务。

一是进一步推进生态文明法规制度建设。尽快出台《贵州省固体废物污染防治条例》《贵州省节约用水条例》，加快《贵州省自然灾害防治条例》《贵州省陆生野生动物保护条例》《贵州省林业有害生物防治条例》《贵州省垃圾分类管理条例》等立法进程，完善绿色生产和消费的法律制度，形成具有贵州特色的生态文明建设的法规体系。

二是强化生态环境保护治理。要坚决抓好中央生态环境保护督察“回头看”反馈问题和长江经济带警示片发现问题的整改，深入推进污染防治“五场战役”，协同推进“双十工程”、磷化工企业“以渣定产”。持续开展大气污染治理，推进长江经济带固体废物排查整治。实施长江经济带发展负面清单。全面完成农村人居环境整治三年行动，进一步加强农村“厕所革命”、垃圾处理、污水治理、村庄清洁行动、村容村貌整治提升等。要严格生态环境执法监管，强化生态环境执法与司法联动，通过“双随机、一公开”“五个一批”和纳入环保信用“黑名单”等监管措施，加大执法监管力度。持续开展“守护多彩贵州·严打环境犯罪”执法专项行动，依法严厉打击各类环境犯罪行为。

三是深入推进生态环境保护司法改革。要进一步推进生态环境司法保护集成化改革，强化涉及生态环境的民事行政诉讼监督，进一步完善司法与行政执法衔接机制，增强打击生态环境违法犯罪行为的合力。全面实施生态环境损害赔偿制度，构建跨行政区划生态环境公益保护的协调机制。

（六）按照市场化、法治化、国际化要求，打造服务和效率高于周边、成本和负担低于周边的营商环境新高地

2019 年，贵州省对标国际一流水平和国内先进经验，以深刻转变政府职能为核心，以市场主体需求为导向，积极营造稳定、公平、透明、可预期的良好环境，有力地助推贵州民营经济民营企业发展。2019 年，贵州省引进 500 强企业 21 家，市场主体突破 300 万户，招商引资到位资金和实际利用外资都增长 15%。2019 年上半年，贵州省民营经济占全省 GDP 比重达到 56%，增加值同比增长 9.5%，总计完成近 4050 亿元。

1. 营商环境制度保障能力进一步提升，行政服务水平进一步提高

（1）健全优化营商环境制度规范，为提升营商环境提供制度保障。针对第三方对贵州营商环境评估所发现的问题，贵州省印发《贵州省营商环境优化提升工作方案》（黔府办发〔2019〕12 号），就“开办企业”“办理建筑许可”“获得用电用气用水”“登记财产”“获得信贷”“纳税”等 17 方面提出 45 条措施，在内容上涵盖企业创办、日常运营、融资支持、退出市场等生命周期的 5 个阶段，对优化营商环境指标作了量化，进一步破除制约企业发展的机制体制障碍。

（2）强化营商环境行政服务，深入实施服务民营经济六大专项行动。实现行政审批权力“大瘦身”，进入全国省直部门行政审批事项较少的省份之列。建成全省企业开办“一网通办”平台，实现企业设立登记、印章刻制、申领发票等事项“一次提交、信息共享、同步办理、限时办结”，提前实现“将企业开办时间压缩至 3 个工作日以内”目标，不断落实国家减税降费政策以及降成本措施，清理拖欠民营企业、中小企业账款，切实为企业减负，共计为实体经济企业降低用能成本、税费、融资成本、物流成本、制度性交易成本等 685 亿元。

（3）推进营商环境监督整治，向破坏、扰乱营商环境的行为“宣战、亮剑”。依托“服务民营企业省长直通车”，及时回应民营企业诉求，对企业反映的省内有关地方不履行招商引资承诺等 26 个重点问题进

行查办。加大对破坏营商环境案件的查处力度，2019 年贵州省共查处案件 46 件，问责处理 66 人，通过媒体曝光典型案件 32 件。按照世界银行营商环境评估标准对全省 88 个区县营商环境开展第三方评估、排名和公开发布。

2. 贵州省建设营商环境新高地的政策法治对策建议

2020 年贵州省政府工作报告提出，“着力打造服务和效率高于周边、成本和负担低于周边的营商环境新高地”“全面落实放宽民营企业市场准入的政策措施”“建立清理和防止拖欠民营企业中小企业账款长效机制”“深入实施服务民营企业六大专项行动”，实现民间投资5200 亿元左右。为此，贵州省建设营商环境新高地需要在下述方面发力。

一是进一步推进《关于营造更好发展环境支持民营企业改革发展的意见》《外商投资法》《外商投资法实施条例》《优化营商环境条例》等法律法规规范性文件贯彻落实，强化统筹协调和宣传、学习、培训，推动相应配套细则措施出台落地。进一步制度化地提升贵州营商环境。

二是深化“放管服”改革，促进有效投资稳增长。进一步加大产业大招商力度，完善招商引资标准化流程和体系，提升民间投资便利化水平，围绕畅通政企对接渠道、提升投资意愿响应和项目落地效率，建立一套详细的招商引资项目投资流程，进一步在全省形成一个电话诉求、一个专班响应、一套办理流程的规范化、标准化项目落地响应工作体系。

三是进一步把法治政府、诚信政府建设的各项任务落细落实，加大营商环境整治力度，厚植营商环境“土壤”。继续狠抓政府诚信建设，将优化营商环境工作纳入年度目标责任考核体系和营商环境建设工作纳入日常监督检查，建立督查制度，强化监督检查。继续加大对破坏营商环境行为的惩处和责任追究力度，对不作为乱作为、破坏营商环境的人和事实行“零容忍”，发现一起、查处一起、曝光一起。

四是进一步坚定市场化改革方向，坚持践行先进理念、对标发达地区，构建更具竞争力、吸引力的营商环境，需继续按照市场化、法治化、国际化要求，对标先进地区营商环境建设标准，建立大数据评价可视化系统和第三方数据核验机制，丰富健全营商环境评价体系。继续委托第三方开展评估考核，评估反映各区县市优化营商环境工作成效。

（七）依法化解地方政府性债务，切实防范债务风险

公开数据显示，2018 年，财政部下达贵州省政府债务限额 9361.5 亿元（一般债务限额 5601.47 亿元，专项债务限额 3760.03 亿元），其中，省本级政府债务限额 1330.91 亿元（一般债务限额 1004.02 亿元，专项债务限额 326.89 亿元）。2018 年 12 月快报反映，全省政府债务余额 8368.43 亿元，加上利用置换政策转化的债务合计余额 8834.15 亿元（一般债务余额 5326.48 亿元，专项债务余额 3507.66 亿元），其中，省本级政府债务余额 1091.96 亿元（一般债务余额 908.91 亿元，专项债务余额 183.05 亿元）①。截至 2018 年底，贵州省政府债务未超过本地区政府债务限额，但债务规模位居全国第六，债务率已经超过 100% 的警戒线。② 据统计，2016 ~ 2018 年，贵州省发行的政府置换债券数额分别为 2434.73 亿元、2028.53 亿元和 1580.73 亿元，将存量债务平均年限从 4.2 年拉长至 6.1 年；平均成本率从 7.8% 降至 3.5%，2015 ~ 2018 年累计节约利息约 1000 亿元，极大缓解了集中还本付息压力。③ 2019 年全省政府债务余额未公布，但是随着贵州省高铁、高速公路集中建设期结束，全省地方政府债务应呈现放缓趋势。

然而，除纳入财政预算的政府债务外，包括城投债在内的政府隐性债务管控风险更高。有研究称，如将 2017 年底各地城投企业债务与政府显性债务相加作为各地地方政府的整体债务规模，与各市州的综合财力进行比较来

---

① 贵州省财政厅：《贵州省 2018 年全省和省本级预算执行情况与 2019 年全省和省本级预算草案的报告》，贵州省人民政府网站，http：//www. guizhou. gov. cn/ztzl/gzsczzjxxgkzl_ 1794/gzssbjczysjsgjf/201902/t20190218_ 2261969. html，2019 年 1 月 27 日。

② 《贵州审计厅：部分地区隐性债务短期偿债压力较大》，《21 世纪经济报道》，https：//m. 21jingji. com/article/20190826/herald/03819965f55546883a7cb92f0ae24041. html，2019 年 8 月 16 日。

③ 《边借债边发展，隐性债务仍严峻　贵州地方债难题怎么解》，载《中国新闻周刊》2019 年第 4 期。

估算地方整体债务负担，所有市州的债务率都超过150%。① 此外，部分地区存在违规违法举债情况②。2019年，贵州省部分平台公司再次出现偿债危机和债务风险。

2020年，应从以下方面着力，依法化解地方政府债务，切实防范债务风险。

1. 严控政府隐性债务，引导隐性债务规范化、阳光化

在《省人民政府关于加强政府性债务管理的实施意见》《省人民政府办公厅转发国务院办公厅关于妥善解决地方政府融资平台公司在建项目后续融资问题相关事项的通知》《贵州省政府债务风险评估和预警管理暂行办法》《关于政府性债务管理“七严禁”的通知》《贵州省地方政府性债务管理问责暂行办法》等文件基础上，2019年12月26日，贵州省第十三届人民政府第48次常务会议审议了《贵州省地方政府性债务和政府隐性债务管理问责办法》，为进一步规范政府隐性债务管理提供依据。下一步，一是在尽快出台问责办法的基础上，应当加强对政府性债务和政府隐性债务情况、政府平台公司举债情况的调查、巡查、审计等工作，对地方政府、平台公司违规举债、未按照规定用途使用资金、违规出具保函等情况进行坚决、严肃查处。二是遏制隐性债务增量，严禁违法违规新增债务。

2. 推动现有融资平台转型，化解债务风险

一是建立现代企业制度，完善法人治理结构。二是在全面摸清融资平台各项隐性债务规模的情况下，对平台公司进行整合，储备适应现代商业格局的各类人才，推进其向生产性经营性实体发展，为化解隐性债务风险奠定基础。

---

① 《边借债边发展，隐性债务仍严峻，贵州地方债难题怎么解》，载《中国新闻周刊》2019年第4期。

② 如审计署《2018年第二季度国家重大政策措施落实情况跟踪审计结果》（2018年第48号公告）指出：2017年12月，贵州省毕节市纳雍县人民政府通过贵州省雍泰建设工程有限公司向建信信托有限责任公司取得信托贷款4亿元，统一安排用于农村饮用水等项目建设，并承诺上述贷款由财政资金偿还。截至2018年5月，纳雍县人民政府通过县属企业借款形成政府隐性债务4亿元。

3. 加强地方政府债务信息公开

根据财政部《地方政府债务信息公开办法（试行）》[①] 要求，对地方政府债务所涉有关事项[②]，应当坚持以公开为常态、不公开为例外原则，按照预算法、政府信息公开条例等法律法规和制度规定予以公开，切实加强地方政府债务信息透明度，自觉接受监督，防范债务风险。

（八）聚焦监督问责、健全规章制度，深入推进监察体制改革

十九届四中全会指出，党和国家监督体系是党在长期执政的条件下实现自我净化、自我完善、自我革新、自我提高的重要制度保障。全会对健全和完善党和国家的监督制度提出了新要求，对纪检监察工作的高质量发展确立了新任务。

1. 聚焦主题，服务大局

2020 年是全面建成小康社会的目标之年。当前，贵州尚存 9 个未摘帽的深度贫困县和 3 个剩余贫困人口超过 1 万人的拟摘帽县，为确保如期实现上述目标，贵州纪检监察机关必须围绕决战脱贫攻坚、决胜同步小康，开创百姓富、生态美的多彩贵州新未来，全力提供坚强的纪律保障。

紧扣“护民生、促脱贫”主题，深耕扶贫腐败问题治理。加大对扶贫民生领域问题督查督办、直查直办和通报曝光力度，强力纠治数字脱贫、盲目决策、虚假摘帽等形式主义官僚主义问题，严肃查处贪污侵占、吃拿卡要、优亲厚友等黑手染指扶贫资金的违法违纪行为。其中，对农村“组组通”项目建设、农村产业扶贫资金、农村贫困人口大病专项救治和城乡医疗救助资金管理使用等关键领域开展专项监察、靶向整治，凡失职失责的一律从严处分。

---

① 财预〔2018〕209 号，2018 年 12 月 20 日发布，2019 年 1 月 1 日起实施。

② 该办法所称地方政府债务包括地方政府一般债务和地方政府专项债务；地方政府信息包括预决算公开范围内的地方政府债务限额、余额等信息以及预决算公开范围之外的地方政府债券发行、存续期、重大事项等相关信息；重大事项是指可能引起地方政府一般债权、专项债券投资价值发生增减变化，影响投资者合法权益的相关事项。

靠前督查，应战重大突发事件。总体平稳运行的社会生活，偶尔会被某些紧急事件所干扰中断，尤其重大事故一旦出现，往往成为一段时间内首先要解决的任务。短期内，纪检监察工作必须以其为中心，遵守党委政府的统筹调度，依纪依法全力督导，坚决查处作风漂浮、推诿扯皮、敷衍塞责、弄虚作假等应急管理中的失职渎职行为。近期暴发的新冠肺炎疫情中，贵州纪委监委立足本职，坚决贯彻落实中央和省委重要决策部署，督战防控，遏制蔓延，以严明的纪律规矩有力保障了疫情阻击战的胜利。一些市州例如铜仁纪委监委及时查处通报了3起应对新冠肺炎疫情防控工作履职不力问题。

2. 健全制度，注重治理成效

《监察法》确立了监察体制改革的基本架构，监察法治建设的深化还需要相关配套立法的适时跟进。要点之一是，鉴于现有法律体系业已比较成熟，新监察法制的创设、糅入与整合须高度重视纪法间的贯通、法法中的衔接等问题。

依据贵州监察实践，对全国人大常委会审议中的《公职人员政务处分法（草案）》积极进言建议。已有学者主张，考虑到该问题的复杂性，加之此前过渡性的《公职人员政务处分暂行规定》尚可适用，应对该草案稳步完善，不宜追求从速立法。重要的还有，近期着力协助中央纪委、国家监委关于《中国共产党党员权利保障条例》的修订和《监察法实施条例》的制定，以及中期的监察官法、留置所条例等的立法调研准备。监察法实施条例可在现行的《监察机关监督执法工作规定》基础上修缮而成，亦可保留后者独列新法。

创新举措，做实做严日常监管，下大力气破解基层监察中不敢监督、不愿监督、不善监督、不会监督的一些实务难题。十九届中央纪委四次全会公报要求，加强上级纪委监委对下级纪委监委的领导。落实这一规定，除了坚持监督执纪、调查处置工作向同级党委报告的同时必须向上级纪委监委报告外，还可斟酌考量一些干部人事任用方面的新方式新方法，以利于排除地方保护主义的种种阻碍。例如湖北出台了下级监委领导班子的提名和考察以上级纪委监委会同组织部门为主的措施，这使得基层机关拥有了靠山，从而顶得住压力、打得了硬仗，有效减免了地方领导可能施加的不良影响。

3. 提升素质，优化队伍

行政监察需要一支作风过硬的队伍，“打铁的人”自己先得千锤百炼，化身为“铁打的人”，必须加强队伍的专业化、纪律化建设，促进履职能力的法治化、现代化。

纪委监委的机构合署和人员融合已经基本实现，前一阶段未及处理的一些相关遗留问题应当陆续着手解决。比如整体转隶环节中，抢抓建制效率轻视个人意愿，如今时间充裕，可按公务员遴选的正常程序予以若干适当的转职转岗等微调，力求人、职匹配。

扎实锻造高素质专业化队伍。面临纪检监察职能叠加合并的新形势，突出多元教育培训规划，持续开展分级分类的全员大学习、业务大比武，运用现场观摩、协作办案等实战实操方式，全力培养纪法贯通熟稔的人才，练强业务内功，弥补知识短板。

严格纪律。正如中央纪委国家监委多番提示的，监督者更要遵纪守法，避免权力滥用。为此，一方面不断完善内部督查机制，摸排廉政风险隐患，严防“灯下黑”；另一方面主动自觉地接受外部监督，稳步推进特约监察员制度，常态化开展“纪检监察开放日”活动等。

专题研究报告

Subject Reports

B.2

新时代贵州省社会发展领域重大风险评估研究*

贵州省人民检察院课题组**

摘 要： 新时代贵州省社会发展在就业、食品安全、医疗卫生、脱贫攻坚、生态环境等领域已出现令人振奋的变化，党委政府在其中发挥着基础性、支撑性、保障性作用。变化既是机遇也伴随风险。从提升党委政府公共治理能力的角度审视，当前贵州省就业、食品安全、医疗卫生、脱贫攻坚、生态环境等领域还存在风险防控机制不健全、社会保障不到位、政府监

* 本文得到2020年度“贵州省哲学社会科学创新工程”（项目编号：20CXGCZD09）资助。

** 课题组负责人：傅信平，贵州省人民检察院党组书记、检察长。课题组成员：杨承志，贵州省人民检察院副检察长；张可，贵州省社会科学院法律研究所副研究员；付文利，贵州省人民检察院研究室副主任；樊京京，贵州省人民检察院检察官助理；陈红伍，贵州省人民检察院检察官助理；范思力，贵州省人民检察院检察官助理。

管不彻底、公共治理技术不先进等问题，应结合新时代贵州省社会发展形势，明确努力方向，提升公共治理能力，进一步满足贵州人民日益增长的美好生活需要。

关键词： 新时代　社会发展　风险评估　贵州

当前，贵州省正处于全面建成小康社会关键时期，也处于社会主要矛盾变化时期，社会发展领域出现了一些新变化。在适应这些社会发展新变化时各地党委政府还存在公共治理不到位、社会参与度不够、公众舆论引导力度不足等问题。这些问题党委政府一旦处理不好，很有可能引发群体性事件等，甚至危及社会稳定。课题组结合贵州省委省政府前期梳理出的贵州省重大风险点，选择贵州省就业、食品安全、医疗卫生、脱贫攻坚、生态环境等社会公众普遍关心、党委政府治理作用明显的领域重点分析，就当前相关领域出现的风险隐患进行评估分析并提出防范化解建议。

一　新时代贵州省社会发展领域出现的新变化

（一）产业发展给就业格局带来的变化

1. 第一、二、三产业就业容纳空间变化明显

从2015～2017年贵州各行业就业人数情况看，非私营单位就业容纳空间仍呈“三二一”格局。如非私营单位中，教育行业（第三产业）依然是吸纳就业的大户，制造业（第二产业）吸纳就业能力开始降低（见图1）。

与非私营单位就业情况相比，私营单位就业容纳空间变化倾向“一三二”格局。从具体行业就业人数变化看（见图2），私营单位中，农、林、牧、渔业吸纳就业人员仍最多，2015～2017年平均增长率为8.2%。但紧排第二位的批发和零售业就业人数与第一位差距正缩小，2015年相差213813

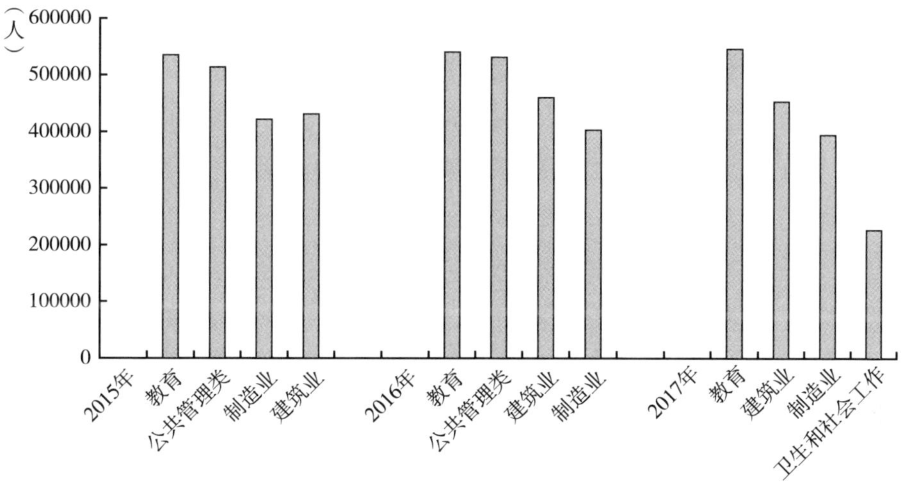

图1　2015～2017年贵州省非私营单位就业人数主要行业分布

资料来源：2016～2018年《贵州统计年鉴》。

人，2016年相差179162人，2017年相差148753人，同时制造业就业人数增长较快，2015～2017年平均增长率为13.55%。[①]

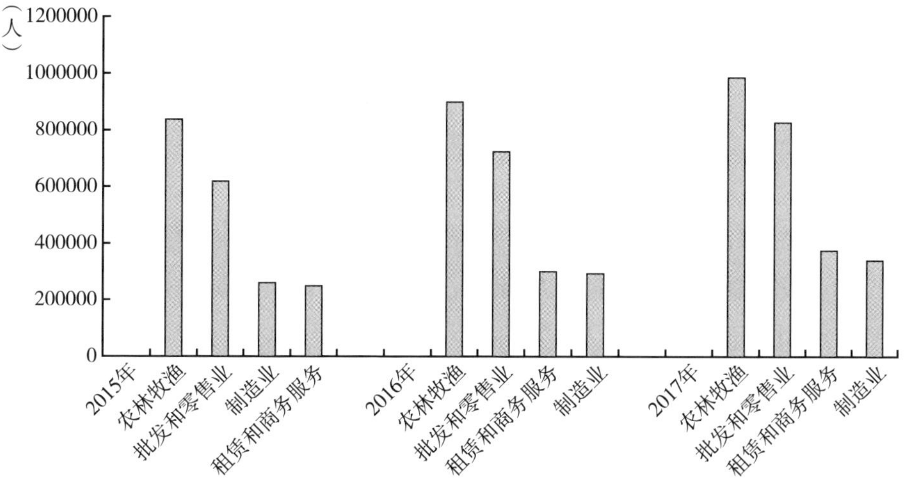

图2　2015～2017年贵州省私营单位就业人数主要行业分布

资料来源：2016～2018年《贵州统计年鉴》。

① 资料来源：2016年、2017年、2018年《贵州统计年鉴》。

2. 大数据、大旅游、大健康等新兴产业成为拉动就业的新增长点

大数据产业引领贵州电子信息制造业、软件和信息技术服务业“提速升级”。2018 年，贵州 1625 户实体经济企业与大数据实现深度融合，“上云用云”企业突破万户。同时，电子信息制造业增加值增长 11.2%，规模以上软件和信息技术服务业、互联网和相关服务营业收入分别增长 21.5% 和 75.8%。全省旅游业、旅馆业发展呈“井喷”势头。2015～2018 年实现旅游总收入平均增速 39.25%（见图 3）。大健康产业初具规模。2017 年，全省大健康产业机构 13800 余家。①

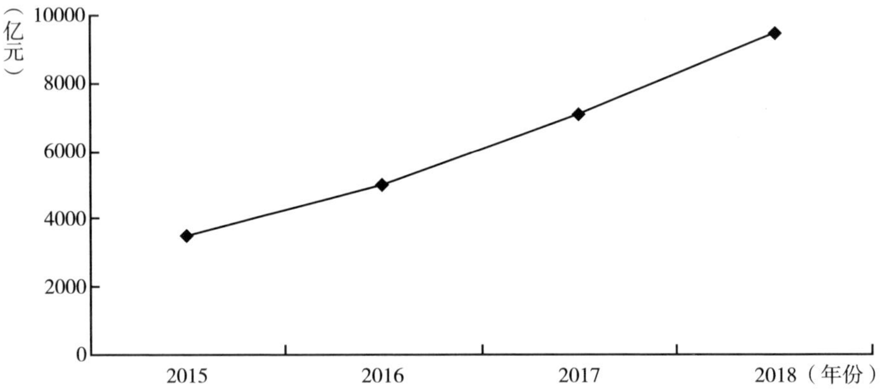

图 3　2015～2018 年贵州省旅游收入情况

从上述变化不难看出，当前贵州省就业领域需要关注的是：第二产业与第三产业现有就业人员如何有序流动，社会新增就业人员如何分流。当前，第三产业中不同行业的收入差距很大，2018 年平均工资前三位行业与后三位行业大多属于第三产业。② 按照全面建成小康社会要求，今后贵州省就业格局调整一方面要顺应本省产业发展大趋势，另一方面要进行局部调整。

① 马璐：《贵州大健康产业发展路径研究》，《贵州商学院学报》2018 年第 3 期。

② 私营单位和非私营单位年平均工资最高的三个行业分别是信息传输、软件和信息技术服务业，金融业，科学研究和技术服务业；年平均工资最低的三个行业分别是农、林、牧、渔业，住宿和餐饮业，居民服务、修理和其他服务业。

（二）食品安全和医疗卫生的需求发生新变化

1. 食品安全和医疗卫生服务的购买能力快速提升

《2017 年贵州省国民经济和社会发展统计公报》显示，城乡居民消费性支出快速攀升（见图4）。2018 年城镇居民人均食品消费已达到6722. 91 元，农村居民人均食品消费为 3153. 61 元。2015～2018 年贵州城镇居民人均医疗保健消费支出从 872. 24 元增加到 1174 元，贵州农村居民从 449. 64 元增加到 602. 48 元，分别增长了 34. 59% 和 33. 99%。贵州广大城乡人民群众对食品和医疗卫生服务的需求已经从“有没有”转变为“够不够”“好不好”的更高阶段。

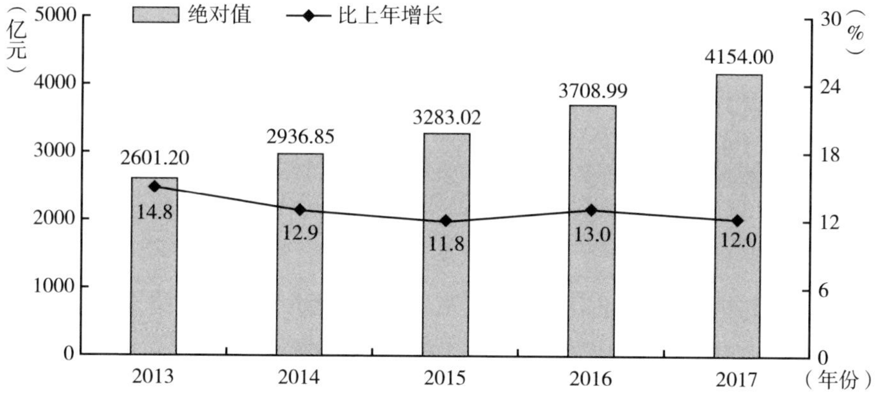

图 4　2013～2017 年社会消费品零售总额及其增长速度

2. 食品安全和医疗卫生服务质量诉求增多

随着人民群众对食品安全、医疗卫生安全认识水平的提高，相应诉求也在增加。《贵州省 2017 年度 12315 平台数据分析报告》显示，2017 年全省商品类消费举报为 1503 件，其中，食品 290 件，占 19. 29%；烟酒饮料 218 件，占 14. 50%。民众对医疗事故的维权意识也在不断增强，2017 年贵州省医疗损害责任纠纷诉讼案件 201 件，比上年增长 15. 42%。[①]

① 龚精诚：《贵州省 2015－2017 年医疗纠纷案件调查》，《法制博览》2018 年第 28 期。

3. 食品安全与医疗卫生重大公共事件传播更快更广泛

根据贵州省通信管理局发布的《2018 年贵州省互联网发展报告》，2018 年贵州省网民数量达到 1958 万人，手机上网用户达到 3330.9 万户，月户均使用流量接近 9G。现在任何一个食品安全、医疗卫生安全公共事件，都可能在几秒钟内传遍全省、全国甚至全球，产生极大的影响。

当前食品行业、医疗卫生行业既要实现公共服务的目的，又要在一定程度上满足居民日益提高的消费需求。党委政府除了要关注食品安全和医疗卫生安全、加强对相关违法犯罪的打击，营造更好的市场环境，还要关注并引导舆情，消除公众误解，促进食品、医疗卫生行业健康发展。

（三）脱贫攻坚有重大发展

2013～2018 年，贵州省累计减少贫困人口 768 万，贫困发生率累计减少 22.5 个百分点，实现 33 个贫困县脱贫摘帽，减贫人数和减贫幅度位居全国前列。2019 年，贵州省减少农村贫困人口 124 万，贫困发生率下降到 0.85%。

一是农村社会公共基础设施建设发生巨大变化。在交通方面，以“县县通”“组组通”为主干，实现了高速公路到县、柏油路到乡镇、硬化路到村组，通村到组入户。通信设施全覆盖，有线网络和无线网络全省乡村全覆盖。[①] 贫困村饮用自来水、动力电、4G 网络全覆盖，城乡物流逐步普及。开展农田水利设施改造、垃圾统一堆放运送、农村厕所革命、厨灶改造等工作，农村居民生活条件大大改善。学校、村委会办公大楼、卫生室、村民活动室、敬老院、幼儿园等设施得到新建和改善。

二是经济组织形式从一元向多元调整。近些年，在“三变”改革的指引下，贵州实现全省县级以上农业产业化龙头企业 4178 家，联结 11016 个合作社、211.82 万农户，增收总额 144.18 亿元，户均增收 6835 元。[②] 根据

① 周跃辉：《下好交通基础设施“先手棋”》，《当代贵州》2019 年第 23 期。

② 2019 年 9 月 23 日下午，中共贵州省委宣传部、省政府新闻办组织在多彩贵州文化创意园新闻发布厅举行“壮丽 70 年·奋斗新时代”贵州省庆祝新中国成立 70 周年系列新闻发布会第二十三场：农村产业革命。

贵州省农村农业厅通报的数据，截至2019年4月底，贵州省已确认集体经济组织成员1228.19万人，量化资产总额达到57.62亿元。

三是经济结构发生变化和调整。在传统种植作物基础上，逐步扩大向茶叶、中药材、经果林等经济作物调整。根据国家统计局数据，贵州人均园林水果产量从2016年的47.44公斤，增长到2018年81.84公斤，增幅42.03%。养殖业主要是从农户散养向规模化饲养转变。

政府大规模的投入正推动农村经济社会发展迅速步入现代化轨道。贵州总结的农村产业发展“八要素”，充分体现出乡村经济社会发展中政府、市场、村民三者应有的互动关系。政府有为、市场有位、村民有利，乡村振兴就能实现。反过来看，脱贫攻坚巩固提升过程中存在的风险也是来源于三者实践中不同程度的缺位。

（四）生态环境保护成效显现

1. 水环境质量水平不断提高

近年来，贵州大力推进流域横向生态补偿，新增55个水源地、依法依规调整优化34个水源地保护区，对1649个农村千人以上集中式饮用水源地开展环境隐患排查及专项整治。全省设省市县乡村五级河长22755名，聘请河湖监督员、保洁员近2.5万人，实现各类水域全覆盖，全省出境断面水质优良率保持100%。从表1可以明显看出，贵州水资源总量从2015年起不断减少，但水质量不断提高。

表1　2013～2017年贵州水资源变化情况

年份	水资源总量(亿立方米)	满足规定水质类别的断面占总监测断面百分比(%)
2013	759.78	82.3
2014	1213.12	81.2
2015	1153.72	87.1
2016	1066.1	96.0
2017	1051.51	94.7

资料来源：贵州省生态环境状况公报。

2. 空气环境质量不断提高

近年来，贵州深入开展扬尘污染治理和工业企业大气污染综合治理行动，持续推动火电机组超低排放改造，强化对水泥、焦化等行业稳定达标排放的监督。深入开展散烧燃煤治理行动，划定高污染燃料禁燃区和限燃区，持续推进燃煤锅炉淘汰，大力发展城市清洁能源，让“贵州没有雾霾”成为常态。建成省级和贵阳市重污染天气监测预警应急体系，启动以贵阳市、安顺市、遵义市为重点的黔中城市群大气污染联防联控规划。启动开展县级以上城镇高污染燃料禁燃区划定工作。建成在用机动车环境监管平台，实现国家、省、市、站点四级联动。从表2可看出，近年来贵州空气污染治理力度不断加大。

表2　2013～2017年贵州空气污染治理情况

年份	烟(粉)尘排放总量(万吨)	完成废气治理项目(个)
2013	26.45	51
2014	37.79	50
2015	28.68	66
2016	20.43	50
2017	19.68	47

资料来源：贵州省生态环境状况公报。

3. 森林资源更加丰富

2016～2018年，贵州完成退耕还林957.4万亩。2013～2018年，贵州森林面积从约860万公顷提高到约970万公顷，森林覆盖率从50%提高至57%，2018年全省林业总产值突破3000亿元。

4. 农村地区环境质量明显改善

近年来，贵州省积极推进建制镇垃圾处理设施建设，统筹推进农村生活垃圾治理。2018年中央、省级财政投入30034万元支持424个行政村开展以农村饮用水源地保护、农村污水及垃圾处理为主的环境整治。加大对农村厕所改造力度，全省完成93.7万户农村户用厕所改造，完成5320个村级公共厕所改造。

贵州省先期生态环境治理属于“保护先于恢复，建设先于整改”。这得益于贵州发展理念的更新和良好的自然基础条件。随着生态环境治理不断深入，除却制度机制上的障碍，贵州省在治理技术、治理体系、社会参与等方面遇到的困难丝毫不亚于发达地区，一些久拖不决的难题会逐渐成为该领域的风险隐患。

二　贵州省社会发展领域面临的重大风险

（一）就业领域重大风险

1. 收入分配机制运转不灵

据国家统计局统计，2016 年居民收入占 GDP 比重为 62.1%。根据 OECD（经合组织）数据，2015 年美国、英国的居民收入占其 GDP 比重分别为 75.6%、68.4%。居民收入占比相较国外不高，说明政府和企业仍占有较多社会财富，再分配调节力度仍需加大。2017 年贵州省政府财政总收入增长率为 9.9%，非私营单位就业人员平均工资增长率为 8.3%，私营单位就业人员平均工资增长率为 7%，居民收入增长依然慢于政府部门。根据贵州省人社厅统计数据，2018 年全省全口径城镇单位就业人员年平均工资为 67952 元，最高为 74681 元，最低为 62418 元，按中等收入高于平均收入两倍计算，居民中等收入预期应为 149362 元。但社会对中等收入的预期也已超过该标准。根据世界银行和胡润榜分类，家庭年收入能达到 50 万左右的属于标准中等收入群体。

收入再分配环节，政府在居民社会保障方面虽然加大了投入，根据贵州省统计局发布的数据，2019 年 1～11 月，全省公共预算收入 1605.78 亿元，支出 4967.62 亿元，在扶贫支出上增长 128.5%，卫生健康支出增长 15.4%，但距离社会保障需求仍有差距。比如住房领域，根据国家统计局发布的数据，2016～2018 年贵州省地方财政住房保障支出从 291.73 亿元降至 275.59 亿元。而 2016～2018 年，贵州省城镇人口从 1570 万人增长为 1711

万人，增长率为8.24%，房地产住宅投资从1243.6亿元增长为1557.85亿元，增长率为20.17%，住宅商品房平均销售价格从3704元/平方米增长为5129.19元/平方米，增长率为27.79%，政府在住房保障支出上仍有较大增长空间。

第三次分配以公益慈善为主，但其目前对贵州省居民收入的贡献基本可以忽略不计。2016年全省社会福利企业仅有32家，占全省社会福利机构数量的0.13%。2015年各类社会组织捐赠款仅为0.9亿元，而2015年全省孤儿人数就已经达到21047人，假设捐赠款全部用作孤儿救助，平均每人仅能获得4276.14元救助，还不到当年全国农村居民人均消费支出的一半。

2. 民营企业吸引高层次创新创业型人才乏力

虽然这几年贵州省通过搭建人才交流平台、拓宽人才引进渠道提升人力资源质量，但高层次创新创业型人才引进难度依然很大，政府“引才入黔”工作成效仍不够。① 根据贵州社情民意调查中心发布的《2017年贵州省民营经济发展环境指数调查报告》，贵州民营企业就业岗位在不断增加，却招不到人，尤其是一些专业人才。一些企业家反映：这些年社会平均工资增长过快，社保缴费基数不断提高，社保成本持续增加、熟手招收贵、新人培养成本大、实际待遇和就业者期望值有落差，想进国企、机关事业单位的就业者居多。民营企业一旦进入发展瓶颈期，就会选择依赖型、投资型发展路径，不再关注技术、信息、研发人才等要素，而是更多关注劳动力、资本等生产要素。民营企业就业贡献降低，被社会淘汰的风险加大，不仅不能创造就业岗位，还会增加失业人员。2018年末，我国小微企业法人贷款不良率为3.16%，单户授信500万元以下小微企业贷款不良率5.5%，靠融资运转带来的风险已经显现。②

① 相关分析详见贵州省社会科学院2015~2016年、2016~2017年、2017~2018年对贵州省社会发展形势的分析与预测。

② 一般商业银行贷款不良率警戒线在1%~3%，具体比例以各家银行当年贷款额等基础数据为准。

3. 部分行业低收入人员社会保障仍被忽视

过去农民工被欠薪一直是政府关注的重点。2014 年贵州省追发劳动者工资，农民工占比为58%，2015 年农民工占比为 53.7%。[①] 2016 年贵州省检察机关对农民工欠薪开展调研，发现造成农民工欠薪现象的三个因素：雇用主体经营管理不规范、行政监管履职不到位、务工人员法律意识和寻求法律救济能力薄弱。上述因素其实在当前一些新兴行业、城市务工人员、农转非务工人员中同样存在。比如物流快递、网约车、工程建设、房地产中介、美容服务等人员可替代性强、技能要求低的行业，现在普遍存在行业发展不稳定、政府监管不到位、人员维权难度高等问题。上述行业人员所呈现的文化程度低、技能提升空间有限、临时性雇佣关系等特点也与农民工并无二致。随着城镇化步伐加快、中小城市吸纳人员增多，这部分人员受科学技术发展、产业结构调整、行业整合等因素影响较大，很容易失业，劳动权益得不到保障，极易引发集体性事件，造成社会负面影响。

（二）食品安全领域重大风险

1. 转基因方面的风险

自从转基因技术问世以来，就一直在国内面临着巨大争议。在国外也曾爆发“普兹泰事件”[②]“班蝶事件”[③]“奥地利转基因玉米事件”[④] 等一系列争议性事件，引发全球激烈争论、外媒大肆报道。在中国，对直接供人们食用的转基因食品到底是否安全、有无潜在的危害的争论也不断引发社会关

① 参见 2014 ~2015 年贵州省人力资源和社会保障事业统计公报。

② 英国基因研究领域的资深专家阿帕德·普兹泰 1999 年 10 月在著名国际期刊《柳叶刀》上发表了文章，指出转基因土豆可能会对消化道造成影响。

③ 1999 年 5 月，康奈尔大学的一个研究组在《自然》杂志上发表文章，声称用带有转基因抗虫玉米花粉的马利筋（一种杂草）叶片饲喂美国大斑蝶，导致 44% 幼虫死亡，由此引发转基因生物环境安全性的争论。

④ 2008 年 11 月 11 日，奥地利政府发布最新科学研究，研究显示，称长期食用 Mon810 转基因玉米的实验鼠生育能力有所下降，而且后代重量轻、体质弱。

注。转基因食品也给贵州带来一定的社会风险。一是转基因农作物种子非法流入贵州并被大量种植。种子安全涉及国家农业基本安全。转基因农作物相比非转基因农作物，在产量、质量方面要高出许多，农民从经济效益出发，具有追求种植转基因作物的动力。但主要转基因农作物的种源，大多由国外农业公司（如美国孟山都公司等）控制，如果我国的农作物生产形成对外国公司的种源依赖，将对我国的农业生产安全造成巨大风险。二是转基因食品话题引发重大网络舆情甚至社会冲击。通过学者抽样统计，结果表明，当前贵州地区消费者对转基因食品认知程度并不高①，甚至有一定误解。因此不排除某些与转基因食品有关的偶发事件被别有用心的人利用，借助网络引发社会大众恐慌。

2. 贵州经济农产品外部市场风险

近年来，贵州省委、省政府大力发展高效经济作物，确定了茶叶、中药材、食用菌、蔬菜、水果等 12 个农业优势产业，取得了非常明显的效果。由于本地市场容量有限，贵州经济农作物的重要销售市场是外省甚至国际市场，这就对贵州经济农作物的产品质量提出了更高要求。由于市场竞争激烈以及市场壁垒的客观存在，不排除一些地区尤其是国际市场，对贵州输出的农产品恶意提高质量检测标准。比如制定严苛农药残留标准让贵州输出的农产品因检测不过关无法进入相关市场。

（三）医疗卫生领域重大风险

1. 医疗事故风险

一是医疗事故造成严重后果的风险。根据《医疗事故处理条例》等规定，造成患者死亡或多人伤残的医疗事故属于较为重大的医疗事故。重大医疗事故大多因为医院管理严重疏漏和医生严重不负责任而产生。一起医疗事故不仅会引发负面社会影响，还会消解人民群众对医疗机构的信任。二是医患冲突风险。对于医疗事故，还有一套严格的认定程序。实践中，医疗事故

① 杨亮、余洪、余乐乐：《贵州公众认知转基因食品情况研究》，《现代食品》2018 年第 1 期。

鉴定还存在鉴定程序复杂，透明度不够，部分鉴定结论不客观、不公正，不同鉴定机构鉴定结论不一致甚至相互冲突，权威性得不到患者方认可等问题。即便医疗本身无过错，一些医生在诊疗过程中态度生硬、强硬、傲慢，也会激化患者的对抗心理与过激情绪。三是“医闹”引发的风险。当前我国许多正常的医疗结果也会导致医患冲突，产生所谓的“医闹”。全国各地包括贵州都曾出现过“医闹”严重干扰医疗卫生机构正常工作秩序、贬损医疗卫生机构和医生形象的事件。这些“医闹”敲诈勒索屡屡得逞，往往是“小闹小解决、大闹大解决”，进一步助长了社会上的“医闹”风气，对医疗卫生事业健康发展造成了很大的风险隐患。

2. 输入性疫情防控风险

现代社会，随着全球人口数量的急剧增长、世界各地人员往来交流的高效与频繁，以及人类对自然资源的高度开发，人类社会面临烈性传染病的风险也越来越高。根据国家统计局发布的甲乙类法定报告传染病发病人数，病毒性肝炎、梅毒、淋病等传染病发病人数每年仍呈十万甚至百万以上规模（见表3）。贵州作为世界知名旅游目的地和休闲度假胜地，外地游客人流量很大，2019 年 1 ~7 月贵州省旅游总人数已达到 70326.89 万人次，输入性疫情风险不可忽视。

表 3　2014 ~2018 年我国甲乙类法定报告传染病发病人数分布

单位：人

指标	2018 年	2017 年	2016 年	2015 年	2014 年
病毒性肝炎发病人数	1280015	1283523	1221479	1218946	1223021
肺结核发病人数	823342	835193	836236	864015	889381
梅毒发病人数	494867	475860	438199	433974	419091
细菌性和阿米巴性痢疾发病人数	91152	109368	123283	138917	153585
淋病发病人数	133156	138855	115024	100245	95473
猩红热发病人数	78864	74369	59282	68249	54247
艾滋病发病人数	64170	57194	54360	50330	45145

资料来源：国家统计局。

（四）脱贫攻坚领域重大风险

1. 数字脱贫的风险

一是贫困户收入统计不精准的风险。贫困户收入统计往往以时间节点为界。某一统计节点内该贫困户具有劳动能力，可以从事务工活动增加收入，且当年风调雨顺、经济效益好，家庭副业、集体经济组织收入可观，该贫困户收入达到或超过贫困标准线。若该贫困户收入不可持续，即使评估年顺利减贫摘帽了，扶贫政策和力度不减，这部分脱贫对象也随时有返贫风险。二是扶贫资金弄虚作假的风险。2019 年上半年，贵州省已单独安排省级财政专项扶贫资金每县 1 亿元，共计 16 亿元，用于解决深度贫困县突出困难问题和短板瓶颈。共安排中央和省级财政专项扶贫资金 32. 19 亿元，占全年到县资金总量的 37. 8% 。极贫乡镇子基金拨付 23. 42 万元，支持 20 个极贫乡镇脱贫攻坚。可以说这些资金最终是否严格落实到位，直接影响脱贫效果。从 2019 年 1 ~10 月全省检察机关办理涉脱贫攻坚案件来看（见表 4），涉脱贫资金案件和影响脱贫工作案件仍存在一定数量，扶贫资金一定程度上存在被侵占、挪用等情形，同时也存在贫困户浪费脱贫资金的情况，比如将补助款项用于赌博等。

表 4　涉脱贫扶贫案件情况

检察环节	件数	人数	涉案资金（万元）	主要罪名
涉脱贫资金案件（逮捕）	28	42	1083. 25	贪污、受贿、挪用特定款物、挪用资金、诈骗、盗窃、职务侵占、挪用公款
涉脱贫资金案件（起诉）	38	47	3244. 89	贪污、受贿、挪用特定款物、挪用资金、诈骗、盗窃、职务侵占、挪用公款
影响扶贫工作犯罪案件（逮捕）	337	588	2070. 5	盗窃、诈骗、职务侵占、故意毁坏财物、扰乱社会秩序、赌博
影响扶贫工作犯罪案件（起诉）	460	824	2992. 86	盗窃、诈骗、职务侵占、故意毁坏财物、扰乱社会秩序、赌博

资料来源：贵州省检察院统一业务应用系统。

2. 易地扶贫搬迁后续风险

一是搬迁后是否具有持续稳定收入来源存在一定风险。贵州省易地扶贫搬迁188万人进行城镇化安置区集中安置，入住安置住房后，其生活来源是否长期有保障？相对城镇生活而言，农村生活成本低廉，主要依靠种地和家庭养殖等副业收入维持。进城后，搬迁贫困户脱离其最基本的生产资料能否具有长期稳定性收入直接关系其生计问题，不排除演化为异地新贫困可能。二是搬迁后生活习惯及文化差异导致一定风险。农村群众长期散居，习惯自由散漫，其生活习惯和文化与城镇居民存在一定差异。突然集中居住，虽有独立空间，但是其一部分生活行为已被纳入公共管理，必须符合公共利益。若个性不能克制，不能尽快习惯公共生活，缩短与城镇文化之间的差距，群众之间必然产生摩擦和纠纷，对社区治安形成一定压力。

3. 产业扶贫的风险

一是土地承包经营权等权属纠纷风险。产业发展需要集中使用土地。集中使用土地必然造成对原有土地边界的调整，尽管实践中可以通过卫星定位确定农户承包地的边界及亩数。但仍存在农户土地承包经营权、使用权和股权之间的关系问题。如果产业发展好，农民每年能分红，企业和农户各得其所，美美与共，相安无事，那是最好不过。若市场效益不佳，入股农户想重耕其地，此时原有土地边界已无法确认，容易因土地权属产生纠纷。二是以发展产业为名套取扶贫资金的风险。“龙头企业＋合作社＋农户”被实践证明是一种可行的产业发展模式，是有效将贵州“三变”改革付诸实践的重要方式。由于扶贫产业大部分有政府资金支持，不排除一些企业打着发展产业项目的幌子套取国家扶贫资金的风险。三是红利分配风险。在扶贫产业项目中，龙头企业前期资金投入多，在前期分红中股份占比较大无可厚非，但是如果龙头企业所占股份长期居高，必然引起入股农户不满。毕竟，涉及土地承包经营权入股产业，往往签订一个协议，龙头企业即可使用村民承包地十几年甚至更长时间。

（五）生态环境保护领域重大风险

1. 生态保护持续性难以保障的风险

当前，贵州部分地方财力有限，个别地区甚至存在生存发展与生态保护的矛盾，从而导致生态保护持续性难以保障的风险。长期以来，生态环境基础设施主要依靠国家和省级项目和资金有限的投入，但安排资金比例较低，资金不足影响了项目建设、效益发挥，持续性规模投入难以保障。

2. 存在严重影响农村群众生命、健康、财产的环境污染风险

随着网络购物的快速发展，有的农村地区快递废弃包裹堆积如山，大量生活垃圾随意丢弃，不少地方污水横流、垃圾围村，排水、排污、绿化、杂物堆放、家畜饲养等实际问题还没有根本解决。特别是近年来发生在农村地区的环境污染违法犯罪行为，对当地土壤、空气以及水流环境造成了严重的破坏，对农村群众生命、健康、财产产生严重侵害。

3. 矿产资源开发导致的环境风险

贵州是矿产资源大省之一，矿产资源分布广泛，矿种较多，成矿地质条件好，现已发现122种矿产资源，矿床、矿点3000余处，已探明储量的有76种，计1481处产地。其中有40种储量居全国前10位，有21种列第1～3位。由于贵州矿山的开采面较大，开采历史较长，生态恢复难度也较大。据统计，2017年贵州全省生产磷石膏1376万吨，实际利用量738.4万吨，利用率为53.6%。但是，省内某些大型企业的磷矿开发所带来的磷石膏堆存问题也造成了一系列环境风险，特别是直接威胁乌江、清水江流域的生态环境安全。

三　防范化解贵州省社会发展领域重大风险的对策建议

1. 完善民营企业收入按要素分配机制

一是完善知识要素参与分配机制。对入职民营企业的科研人员、技术人员，政府要保障其与入职国家机关、事业单位、国有企业的科研技术人员享有同等政策待遇，帮助民营企业落实住房、落户、子女入学、社保缴纳、公积金缴纳等引才优惠政策到位。要及时细化修改地方性法规，在科技成果入股、岗位分红权激励等方面提出更具可操作性的措施，让中小微企业发展初期能够掌握更多吸引留住人才的办法，让各类人才能够有更为稳定的职业收

入发展预期。[①] 二是拓宽居民财产性收入渠道。通过数据共享、技术支持、政策扶持等方式鼓励金融机构研发大众化理财产品，丰富债券基金、货币基金等基金产品。地方各级政府可以根据社区治理、环境保护、旅游开发等经济社会发展实际需要，设立一定数量的临时性兼职有酬公益岗位，合理安排工作时间，鼓励居民利用业务时间参与社会公益工作。及时修改2009年制定的《贵州省就业促进条例》，发挥互联网、大数据、大旅游拉动灵活就业的优势，鼓励、引导民营企业职工开辟第二职业，鼓励离退休人员再就业，形成“能者多劳、多劳多得”的勤劳致富导向。

2. 优化职业技能培训补贴制度

一是提升职业技能培训内容的知晓率。让社会上更多的人知晓职业技能培训对于提高自己劳动报酬的意义、知晓获得职业技能培训的方法和周期，适时向社会发布培训机构名单，列明不同技能培训的收费标准和政府补贴比例，畅通培训机构与个人双向选择的渠道。二是简化职业技能培训补贴申请程序。对劳动者按个人发展需求参加培训、获得相应资质的，政府应提供有别于企业、培训机构的申请补贴简易程序，便于个人获得相应补贴。对企业在职员工自主参加社会技能培训的，可借鉴北欧国家做法，政府按“薪水支付+劳动产值”补贴企业，要求企业允许职工全额带薪脱产参加技能培训，同时加强对企业落实职工培训权利保障的监管。

3. 加强食品医疗卫生方面的科普宣传

根据《科学技术普及法》的要求，由政府主导、公众参与，加强食品医疗卫生方面的知识普及，及时更新公众对相关方面的理念，提高公众的科学素养，引导公众用科学眼光看待食品质量、医疗技术、卫生疫情等领域出现的新现象、新问题。政府要提倡“坚持理性务实、不迷信权威、敢于怀疑批判”的科学精神，承认技术客观局限性。以互联网为依托，推动政府和社会继续搭建更多的科普知识分享交流平台，鼓励科学工作者与公众就社

① 2004年修正的《贵州省民营科技企业条例》第12条规定：“鼓励单位或者个人以其合法拥有的知识产权或者资金向民营科技企业投资入股、合作开发和联营。其利益分配依法确定。”

会当前的食品医疗卫生问题开展线上对话，鼓励科学工作者依法结社，主动发声批判伪科学，推动科学文明发展。

4. 继续发挥领导干部在农村产业发展“八要素”中的带头作用

农村产业发展“八要素”是针对农村产业发展的规律摸索总结出来的，是经过实践检验的经验总结。“产业选择、培训农民、技术服务、资金筹措、组织方式、产销对接、利益联结、基层党建”互为补充，共同形成推动农村产业革命的内生动力。长远看，“八要素”配置应以市场为主导，但目前各地基于“八要素”形成的产业链还处于成长期，仍需依靠政府扶持抵御市场风险，帮助其解决基层组织软弱涣散、利益分配不公正问题和打击违法犯罪。政府主导调动各种资源的模式还将在一定时期继续贯穿“八要素”各环节，这就需要上级党委政府继续将“八要素”与地方领导干部政绩评价进行捆绑，每年对地方党政一把手落实“八要素”情况进行考评，考评结果作为提拔或问责的依据，督促地方领导干部继续作为，带领村民致富。

5. 聚焦重点打好污染防治攻坚战

深入开展扬尘染污和“散乱污”企业综合整治，加强大气环境质量管控，严防污染天气发生。建立健全水环境质量应急管理机制，统筹好水资源管理、水环境保护和水生态修复，统筹好城市和农村污染防治，抓好饮用水水源地突出问题整治、黑臭水体和农业农村污染防治。在生态移民搬迁、生态环境保护资金使用、矿产资源开发等领域拓展公益诉讼案件范围。

6. 深入实施农村人居环境整治工程

按农村人居环境整治三年行动工作的要求，扎实推进农村人居环境大整治。加强乡村建筑风貌引导，按照美好环境与幸福生活共同缔造的要求，选择部分村庄开展共同缔造试点，形成试点成果。坚持绿色、经济、适用、美观原则，围绕小康房建设，以功能布局为重点，形成具有人文特征、民族特色、地方特点的贵州民居新范式。

7. 依法治疫，打好重大疫情防控攻坚战

新冠肺炎疫情已经给全国乃至全世界人民的生命健康带来了前所未有的冲击，新冠肺炎疫情引发的经济、社会发展领域的重大风险问题日益凸显。为此，要在党中央的统一安排部署下，牢固树立“疫情就是命令，防控就是责任”的理念，全国、全省一盘棋，充分发挥法治在疫情防控中的重要、关键性作用，依法治疫，对于破坏和阻碍疫情防控的行为予以坚决打击，时刻以人民群众生命健康为主，同时也要注意保障按时复工复产，为贵州省经济持续发展和按时高质量打赢脱贫攻坚战发挥应有的贡献和作用。

8. 充分发挥检察机关参与社会治理的作用

一是通过建议、督促、监督、起诉等多种方式，打造双赢多赢共赢的公共治理格局。发挥检察机关在促进依法行政、公正司法方面的作用，通过前期充分调研选取特殊领域、特定类别、重点环节，开展针对行政执法活动、民事诉讼活动、行政诉讼活动的专项检察监督工作，在纠正行政不作为、乱作为以及司法错误的同时帮助政府部门、司法机关寻找公共治理中存在的风险点，共同研究出台防范化解公共治理风险的措施方案。二是继续深入开展检察机关服务和保障脱贫攻坚专项工作，积极参与贫困地区农村基层社会综合治理工作，践行“枫桥经验”，促进农村矛盾纠纷化解。探索检察职能向基层延伸新模式，通过巡回、派驻、包片等灵活多样的方式，促进检力下沉到农村乡镇、街道社区，更好地了解社情民意，加强法治宣传，协助当地社会治安综合治理中心排查化解社会矛盾纠纷，协调村委会、居委会、社区中心采取一定的预防风险措施，争取降低重点乡镇社区违法犯罪发生率。

B.3

贵州建设国家生态文明法治示范区中期进展研究*

潘善斌**

摘　要： 自2017年10月《国家生态文明试验区（贵州）实施方案》批准实施以来，贵州生态文明法治示范区建设取得重大进展，主要体现在：生态环境保护地方立法进一步加强，生态环境保护法规体系日趋完善；实现生态环境保护司法机构全覆盖，生态环境保护司法机制不断创新；深入推进生态环境保护综合行政执法改革，推进生态环境治理体系和治理能力现代化建设；创新生态环境损害赔偿制度，完善生态环境损害修复机制。今后，贵州需进一步推进生态文明法规制度建设，深入依法推进污染防治攻坚战，进一步深化生态环境保护司法体制机制改革。

关键词： 国家生态文明试验区　生态文明法治示范区　法治能力现代化

* 本报告为司法部2019年度“国家法治与法学理论研究项目”——《国家生态文明法治示范区建设综合评估》（项目编号：19SFB5018）前期研究成果，为贵州民族大学“多彩贵州文化省部共建协同创新中心”资助项目成果。

** 潘善斌，贵州民族大学学科建设办公室主任、教育评估中心主任，法学博士，教授，博士生导师，主要从事生态环境法治研究。

2016 年 8 月，中共中央办公厅、国务院办公厅印发《关于设立统一规范的国家生态文明试验区的意见》，贵州与福建、江西成为首批国家生态文明试验区[①]。2017 年 9 月，中办、国办印发《国家生态文明试验区（贵州）实施方案》（以下简称《方案》），要求贵州以建设“多彩贵州公园省”为总目标，深入实施大生态战略，全力打造“生态文明法治建设示范区”，形成一批可复制可推广的重大制度经验。三年多来，贵州以习近平总书记生态文明思想为指引，牢记总书记“守好发展和生态两条底线”的嘱托，大胆创新、勇于实践，产出了一批可在全国复制推广的重大生态文明法治建设成果，提前完成中期建设各项任务，对完善国家生态文明法治体系、加快生态文明法治能力现代化发挥积极作用。

一 贵州国家生态文明法治示范区建设目标和试验任务

《方案》提出，贵州要全力开展生态文明法治建设创新试验，2020 年前建设成为“国家生态文明法治建设示范区”。在国家设立的福建、江西、贵州和海南四个国家生态文明试验区中，唯有贵州生态文明试验区的战略定位有五个，其他省均为四个，贵州也是唯一承担建设“国家生态文明法治建设示范区”任务的省份。

《方案》要求，通过生态文明法治试验探索，形成若干可操作、有效管用的生态文明法律制度成果。到 2020 年率先建成较为完善的生态文明建设的法治体系，形成一批可在全国复制推广的重大法治成果，建成国家生态文明法治示范区。

《方案》提出，贵州国家生态文明法治示范区建设应重点围绕四个领域开展创新实验。一是完善生态环境保护地方性立法。对凡是不符合绿色经济发展、生态文明建设要求的地方性法规、政府规章和规范性文件进行全面清

① 2018 年 4 月，《中共中央国务院关于支持海南全面深化改革开放的指导意见》发布，提出将海南省定位为国家生态文明试验区，海南成为第四个国家生态文明试验区。2019 年 5 月，中共中央办公厅、国务院办公厅印发《国家生态文明试验区（海南）实施方案》。

理和修订，加快构建省级绿色法规体系。二是实现生态环境保护司法机构全覆盖。继续推动环境资源案件专门化审判，完善生态环境保护检察运行模式，严格依法有序推进环境公益诉讼，探索生态恢复性司法机制，建立生态文明律师服务团，健全环境保护行政执法与刑事司法协调联动机制。三是健全生态环境保护行政执法体制。建立权威统一的环境执法体制，实施跨区域、跨流域环境联合执法、交叉执法，推动环境执法重心向市县下移。四是建立生态环境损害赔偿制度。开展生态环境损害赔偿制度改革试点，探索建立与生态环境赔偿制度相配套的司法诉讼机制。

二　生态文明法治示范区建设取得重大进展

2016年以来，贵州坚持以目标为引领、以问题为导向，围绕国家生态文明法治示范区建设的战略定位和目标任务，全力推进开展生态文明法治建设创新试验，完成了《方案》中既定的各项制度性创新，取得一系列重大标志性成果，并在全国得到复制和推广。

（一）加强生态环境保护地方立法，生态环境保护法规体系日趋完善

完成地方性法规、规章和规范性文件清理工作。按照国务院关于开展生态环境保护法规、规章、规范性文件清理的部署和要求，贵州省在2017年开展了全面清理生态环保地方性法规、规章和规范性文件的工作，在对生态环境法规规章体系评估的基础上，一批省政府规章被废止和修订，一批规范性文件被废止或宣布失效或修改。

完成《贵州省生态文明建设促进条例》《贵州省环境保护条例》等重点法规的修订工作。《贵州省生态文明建设促进条例》是全国首部省级层面的生态文明建设地方性法规，为做好该条例的修订工作，2017年贵州省人大在贵州省十二届人大常委会第二十九次会议上听取和审议省人民政府关于该条例实施情况的报告，并开展专题询问。2018年11月29日，贵州省第十三届人民

代表大会常务委员会第七次会议通过了该条例的修订。为更好地依法保护生态环境，根据国家新修订的环境保护法，贵州省人大重新制定生态环境保护条例，用最严格的法规制度保护环境、治理污染。2019 年 5 月，贵州省十三届人大常委会第十次会议通过了《贵州省生态环境保护条例》。该《条例》采取了“生态环境”一体化保护模式，属于立法体例上的创新。

制定和修订了一批生态文明建设领域的法规，开展相关立法的前期调研。在省级层面上，制定了河道条例、古树名树大树保护条例，修改了林地管理条例等地方性法规，审议了固体废物污染环境防治条例、节约用水条例，开展林业有害生物防治、世界自然遗产保护、红枫湖百花湖水资源环境保护、垃圾分类等方面的立法调研。在市州层面上，贵阳市对《贵阳市建设生态文明城市条例》《贵阳市阿哈水库水资源环境保护条例》《贵阳市绿化条例》《贵阳市环城林带建设保护办法》《贵阳市南明河保护管理办法》《贵阳市公园和绿化广场管理办法》等进行了修订，废止了《贵阳市水污染防治规定》。黔东南州《黔东南苗族侗族自治州㵲阳河流域保护条例》、黔南州《黔南布依族苗族自治州天然林保护条例》、黔西南州《黔西南布依族苗族自治州草地生态畜牧业发展条例》、毕节市《毕节市饮用水水源保护条例》、铜仁市《铜仁市梵净山保护条例》、遵义市《遵义市海龙屯保护条例》、六盘水市《六盘水市城市地下综合管廊管理条例》、安顺市《安顺市城镇绿化条例》等，极具生态文明法制建设的地方特色。此外，部分自治县积极开展生态文明建设立法工作，如威宁县修改了《威宁彝族回族苗族自治县草海保护条例》《威宁彝族回族苗族自治县水资源保护管理条例》，道真县出台了《道真仡佬族苗族自治县城镇绿化管理条例》等。

出台了一系列绿色发展的标准和办法。出台了《贵州省生态文明建设标准体系框架》《贵州省生态文明建设标准体系明细表》，要求各行业自觉对标生产，在保障生态的同时实现效益最大化。出台《农村生活污水处理水污染物排放标准》，为全省农村生活污水治理提供了标准。出台了《贵州省生态环境保护失信黑名单管理办法》，完善环境“守信激励、失信惩戒”机制。出台了《贵州省生态环境损害修复办法（试行）》，明确造成突发环境事件、破坏生态环境等八种行为的单位或个人，要对生态环境进行修复，让生态环境及其生态系统得到恢复。出台了《贵州省生态环境随机抽查执法事项清单》，对全省生态环境随机抽查执法事项清单进行了统一明确规定。

2019 年 9 月，全国人大常委会在天津召开省级人大立法工作交流会，贵州省做了大会交流发言，栗战书委员长对贵州生态环保立法工作给予了肯定。

（二）实现生态环境保护司法机构全覆盖，生态环境保护司法机制不断创新

一是建立立体化、全覆盖的环境资源司法保护机制。出台了《关于服务和保障国家生态文明试验区（贵州）建设的意见》《关于深入推进生态环境保护司法管辖全覆盖的意见》等，在全国率先设置环保法庭并成立生态环境保护检察机构，推动公检法配套的环境资源专门机构实现全覆盖。增设了环境生态保护法庭，将全省的绿水青山全部纳入司法管辖，加强对国家生态文明试验区和威宁草海、雷公山国家级自然保护区环境资源可持续发展，红枫湖环境保护、乌江流域环境污染综合治理的司法服务保障，生态环境和资源保护审判专门化机构实现全覆盖，贵州成为国内最早形成审判机构布局合理的生态环境资源审判机构体系的省份。

二是持续推进环境资源审判专门化发展。探索在新形势下推动环境资源审判专门化发展的新方法新路径，依托贵阳铁路运输法院设立了生态环境保护专门法院，探索审理跨行政区划涉生态环境案件的新路。适时调整了环境资源审判的案件范围，进一步夯实环境资源审判的业务基础。加强了队伍建设，通过法学和环境科学的综合培训，着力提升司法队伍的能力水平，培养了一批具有理论素养和实践经验的专家型法官和审判团队，确保环境资源审判队伍的专业化、精英化。《人民日报》专题介绍贵州环境资源审判庭探索环境司法专门化的新路径。

三是创新环保司法手段和方式。各级人民法院坚持问题导向，运用网上立案、视频开庭等信息化手段解决当事人路程远、诉讼成本高等问题。强化巡回审判，尽力到案发地开庭，积极参与非集中管辖地生态环保宣传，不断

满足非集中管辖地的环境司法需求，扩大环境资源审判的效果。

四是全力推进生态环境公益诉讼。出台《关于支持检察机关依法开展公益诉讼工作的实施意见》《关于全面加强新时代公益诉讼工作的意见》《关于协同推进公益诉讼工作的实施意见》，积极探索生态环境案件的特殊程序规则，大胆尝试裁判方式创新，在全国率先开展由检察机关提起环境行政公益诉讼。开展公益诉讼试点期间，全省提起公益诉讼案件数、发现线索数、诉前检察建议数、法院审结数等指标均位列全国第一。2018 年 3 月，“贵州省铜仁市江口县人民检察院诉铜仁市国土资源局、贵州梵净山国家级自然保护区管理局不依法履职案”入选最高人民检察院发布的“十大检察公益诉讼典型案例”。2019 年 3 月，“六枝特区人民检察院诉丁旗镇政府案”被收入“推进中国法治进程十大行政诉讼案例”，“榕江县人民检察院诉栽麻镇人民政府不履行传统村落保护行政公益诉讼案”入选 2019 年最高人民检察院公益诉讼典型案例。

五是完善生态环境司法与行政执法衔接机制。贵州是在全国最早探索建立生态环境司法与行政执法衔接机制的省份。健全行政执法和刑事司法衔接配合机制，充分运用司法建议促进环境监管执法。加强与司法鉴定主管部门的沟通，推动培育环境损害司法鉴定机构和完善司法评估鉴定机制。建立协调联动工作机制，形成环境司法保护合力。加强环境保护司法职能部门之间的协调联动，完善环境刑事案件移送、受理、立案、通报程序。2018 年以来，省人民检察院与省生态环境厅、省公安厅联合部署“守护多彩贵州 · 严打环境犯罪”执法专项行动、严厉打击涉危险废物环境违法犯罪行为专项行动、长江流域污染环境违法犯罪集中打击整治专项行动，推动污染环境违法犯罪集中打击整治工作向纵深发展，并联合对中央环保督察反馈的 36 件环境污染违法案件开展挂牌督办。贵州省生态环境厅、贵州省公安厅、贵州省人民检察院联合对修文县岩鹰山饮用水源保护区问题整改等 11 件突出环境违法案件实施省级挂牌督办。

六是建立区域间生态环境司法保护合作机制。不断加强区域间生态环境司法保护合作，签署《关于赤水河乌江流域跨区域生态环境保护检察协作机制的意见》，与重庆、四川、云南联合开展赤水河、乌江“两河”流域跨区域生态环境保护工作，建立起司法协作机制，共同筑牢长江上游生态环境保护司法屏障。四省三级检察机关联合同级河长办同时开展“三级两长护河大巡察”活动，有效推进河湖生态治理和保护。省内各级检察机关也结合办案实际，突破地域限制，建立协作机制，如赤水河流域的遵义市与泸州市、习水县与古蔺县、赤水市与重庆市合川区，以及乌江流域的沿河县与酉阳县等相邻地区的检察机关，分别签订了生态保护检察协作机制，形成检察合力。2019年4月底，贵州、重庆、四川、云南、青海、西藏六省区市检察机关建立了长江上游生态环境保护跨区域检察协作机制，省际检察协作不断深化实化。

七是率先建立为生态文明建设服务的律师团。“贵州省生态文明律师服务团”是全国首个专门为生态文明建设服务的专业律师团，同时还成立了全国首家专业的生态环境保护人民调解委员会“国浩律师（贵阳）事务所生态环境保护人民调解委员会”。律师团成立以来，在环境公益诉讼案件代理、生态环境资源领域立法和生态环境纠纷多元化解决等方面发挥了积极作用。律师服务团在全国首例生态环境损害赔偿磋商案中探索的司法确认程序，被写入2018年1月1日实施的《生态环境损害赔偿制度改革方案》。

（三）深入推进生态环境保护综合行政执法改革，推进生态环境治理体系和治理能力现代化建设

一是统一生态环保执法职责的行使。2018年11月，《贵州省机构改革方案》得到中央批准。按照获准的方案组建贵州省生态环境厅，整合相关部门污染防治和生态保护执法职责、队伍，相对集中行政执法权，统筹执法资源和执法力量，统筹原属于省环境保护厅的职责以及其他政府职能部门的生态环保职责，即生态和城乡各类污染物排放监管与行政执法职责，由组建后的省生态环境厅统一行使①，推动建立生态环境保护综合执法队伍。

① 《贵州省机构改革方案》提出：“组建省生态环境厅。将省环境保护厅的职责，以及省发展和改革委员会的应对气候变化和减排职责，省国土资源厅的监督防止地下水污染职责，省水利厅的编制水功能区划、排污口设置管理、流域水环境保护职责，省农业委员会的监督指导农业面源污染治理职责等整合，组建省生态环境厅，作为省政府组成部门。”参见《贵州日报》2018年11月5日，第1版。

二是进一步规范生态环境执法行为。按照中办、国办《关于深化生态环境保护综合行政执法改革的指导意见》的要求，贵州省委、省政府下发《关于严禁生态环境保护领域“一刀切”的通知》，坚决制止生态环境保护领域“一刀切”行为。制定《贵州省环保系统严格规范公正文明执法的意见》，组织各市（州）开展规范环保执法试点，推动全省环保系统严格规范公正文明执法。制定《贵州省环境保护厅重大行政执法决定法制审核办法（试行）》《贵州省环境保护行政处罚自由裁量基准（暂行）》《贵州省环境保护厅行政执法公示规定》《贵州省环境保护厅行政执法全过程记录办法》《贵州省分类处理环境信访诉求问题法定途径清单》等，编制并公布实施环保部门权责清单及行政权力运行标准化流程图，推进规范执法。依法处理中央环保督察反馈问题和信访投诉案件。出台《贵州省生态环境系统重大行政执法决定法制审核办法》，规范和监督生态环境行政执法行为。要求各级生态环境行政机关依法做出重大行政许可、重大行政处罚、重大行政强制等重大行政执法决定以及法律、法规、规章规定的其他重大行政执法决定之前，必须按照法律法规进行法制审核，未经审核或者审核未通过的，不得做出行政执法决定，不得以法制审核意见代替行政执法案件审理委员会决定。

三是积极推动跨区域环境联合执法、交叉执法。为共同保护好都柳江流域良好的水生态环境，贵州与湖南、重庆签订了《共同预防和处置突发环境事件框架协议》，省内9个市、州也与相邻市、州就环境执法联合联动互相签订《区域环境联合执法协议》。比如黔东南州生态环境局和柳州市生态环境局签订《都柳江流域市（州）级跨区域环境联合交叉执法协议》。为加强都柳江流域跨区域环境联合执法、交叉执法，及时查处跨区域生态破坏和环境污染违法行为，有效推动解决流域水环境污染问题，确保都柳江流域水环境质量得到持续改善，2019年9月3~5日，贵州省、广西壮族自治区生态环境厅和黔东南州、柳州市生态环境局在贵州省从江县、广西壮族自治区三江县组织开展都柳江流域省级跨区域联合交叉执法活动。2019年8月6~8日，贵州省铜仁市生态环境局和湖南省怀化市生态环境局，在贵州省玉屏县、大龙开发区，湖南省新晃县组织开展㵲阳河流域省级跨区域联合交叉执法活动。

（四）创新生态环境损害赔偿制度，完善生态环境损害修复机制

一是率先实施生态环境损害赔偿制度改革。2018 年 7 月，贵州省出台《生态环境损害赔偿制度改革实施方案》①，该方案实施以来，贵州率先建立了生态环境损害赔偿磋商制度和生态损害赔偿协议的司法登记确认制度，率先突破赔偿权利人主体资格限制；率先成立了生态环境保护人民调解委员会；率先研究制定了生态环境损害的赔偿诉讼规则。探索建立生态环境损害担责、追责体制机制，为国家全面推行生态环境损害赔偿制度积累了经验。

二是出台全国首部省级政府层面的生态环境损害赔偿磋商规范性文件。出台《贵州省生态环境损害赔偿磋商办法》，探索创建了第三方组织磋商、公众监督磋商、司法确认磋商协议等方式。全国首例获司法确认的生态环境损害赔偿磋商案，为国家出台相关规定提供借鉴。

三是积极探索环境生态司法保护新模式和生态环境修复责任确定的新途径。通过发布种植令、放养令、修复令，建立生态修复责任基地、建设司法生态公益林和湿地公园等司法措施，加大对绿水青山的保护。2019 年 6 月，在最高法院发布的 5 件“人民法院保障生态环境损害赔偿制度改革典型案例”中，“息烽诚诚劳务公司、开磷化肥公司赔偿协议司法确认案”和“贵阳市生态环境局诉六盘水双元铝业公司、阮正华、田锦芳生态环境损害赔偿

① 该方案提出 9 项重要试点内容：启动条件和管辖职责；明确赔偿范围；确定赔偿义务人；明确赔偿权利人；实施赔偿磋商；完善赔偿诉讼规则；执行和监督；规范生态环境损害鉴定评估；建立健全生态环境损害赔偿基金管理使用制度。该方案结合贵州省实际，有着四大亮点和特色：一是明确赔偿权利人，积极开展赔偿权利人主体资格研究；二是建立行政协议司法登记确认制度，就突发环境事件、渔业污染、水土破坏、矿山生态地质环境破坏等，根据生态环境损害鉴定评估报告，达成赔偿协议；三是规范生态环境损害鉴定评估，对于生态损害较小，责任认定无争议，损害损失金额在 50 万元以下的案件，可采用专家证人出具专家意见的简易评估认定程序；四是设立贵州省生态环境损害赔偿基金会，加强生态环境损害赔偿基金管理。

诉讼案”两个案件同时入选。全省法院依托生态文明贵阳国际论坛，广泛参与国际环境司法交流。受最高人民法院委托，贵州省高级人民法院代表全国法院在南美国际环境保护大会上发言，以贵州为主介绍我国环境生态司法保护经验，得到国际同行的高度评价。全省检察机关始终坚持恢复性司法理念，在惩罚违法犯罪的同时，督促生态环境修复。2019 年，贵州省人民检察院、贵阳市人民检察院在贵阳市双龙航空港经济区建成全国首个省级层面生态修复示范基地，示范带动全省检察机关把生态优先、绿色发展落实到司法职责的“最后一公里”。2018 年以来，贵州省人民检察院联合自然资源部门，共建立“补植复绿”基地 160 个，累计发出并落实生态修复检察建议 2379 份，督促补种树木复绿 5. 8 万亩。

四是规范生态环境损害诉讼规程和生态环境损害修复治理机制。贵州省高级人民法院出台《关于审理生态环境损害赔偿案件的诉讼规程（试行）的通知》，规范了生态环境损害诉讼规程。制定《贵州省生态环境损害赔偿制度改革试点工作实施方案》，积极推进检察机关提起生态损害赔偿诉讼，着力构建“补植复绿”“矿山修复”、异地修复、第三方替代修复、提供公益服务冲抵罚金等多种方式的生态环境损害修复治理机制。

五是进一步规范生态环境损害修复工作。为进一步解决生态环境损害赔偿工作中“如何修复、怎么修复、谁来修复”等问题，有效规范生态环境损害修复监督管理工作，2019 年 10 月 18 日，贵州省生态环境厅印发《贵州省生态环境损害修复办法（试行）》，进一步明确了生态环境损害修复条件、方式、程序等，有力地推进了生态环境损害赔偿制度改革工作。

三　国家生态文明法治示范区建设展望

2020 年是全面建成小康社会和“十三五”收官之年，是脱贫攻坚决战决胜之年，是奋力推动经济社会高质量发展的关键之年，是贵州国家生态文明试验区建设方案实施的最后一年。优良的生态环境是贵州最大的发展优势和竞争优势，贵州要进一步加大生态环保法治建设，全面推进生态文明制度体系建设和治理能力现代化，全面完成生态文明法治示范区建设任务。十九届四中全会通过的《中共中央关于坚持和完善中国特色社会主义制度 推进国家治理体系和治理能力现代化若干重大问题的决定》，提出了我国生态环境治理应遵循的理念、坚持的原则和路径，体现了习近平生态文明思想的核心内容，为进一步建设国家生态文明法治示范区提供了根本遵循。

一是要进一步推进生态文明法规制度建设。尽快出台《贵州省固体废物污染防治条例》《贵州省节约用水条例》，加快《贵州省自然灾害防治条例》《贵州省陆生野生动物保护条例》《贵州省林业有害生物防治条例》《贵州省垃圾分类管理条例》等立法进程，完善绿色生产和消费的法律制度，形成具有贵州特色的生态文明法规体系。贵州农村生态文明立法相对滞后，应加强乡村生态环境保护立法，加快《贵州省乡村清洁条例》立法进程，探索制定《贵州省乡村人居环境治理条例》，切实解决广大乡村垃圾治理、生活污水处理、农业面源污染治理和村容镇貌管理短板等问题；针对农村环境综合整治，尤其是农村垃圾收集、转运、处理，研究制定农村清洁条例，加快“农村白色垃圾、塑料薄膜、限制性施用化肥农药、畜禽零星（分散）养殖等领域”地方性立法进程。研究制定贵州省生态文明教育条例、贵州省绿色消费促进条例等，切实加强全民生态文明教育，推动全民绿色消费行动。同时，出台相关生态环境保护、绿色发展等配套制度，确保生态环境保护法律法规落地生根、有效实施。

二是要深入依法推进污染防治攻坚战。坚持激励和约束并举，在完善顶层设计、推进标本兼治方面下功夫，深化生态环境领域体制改革，不断完善督察整改体制机制。加强监管执法，扎实推进各类生态环境问题整改。农村环境整治暨生活污水治理工作任务还很艰巨，农村生活污水治理设施建设比例还不够高，由于项目、资金、建管养用机制不完善等原因，全省农村污水问题没有得到根本解决，全省部分生活垃圾填埋场还存在渗漏、收集处理渗滤液设施设备及在线监控设备运行不正常等问题。各类渣场、尾矿库管理不规范、设施不完善、运行不正常、整改投入高、环境风险多等问题较为突出，自然保护地划定不科学导致违法违规项目多的现象依然存在。部分风景名胜区内不仅有人工商品林、矿业权，甚至有县城、乡镇存在其中等，如处置不当，将导致经济、生态、民生等一系列新问题。要加大农村环境综合整治力度，加大对污水处理厂、垃圾填埋场、尾矿库渣场等重点设施的运行监管，查处的违法环境问题应限时整改完成，确保治污设施规范运行管理。

三是要进一步深化生态环境保护司法体制机制改革。贵州环境司法工作虽取得了一定的成绩，但与人民群众日益增长的对美好生态环境的需求还有一定差距；环境资源司法保障的需求与环境资源审判工作发展不平衡、人民群众环境权益司法保障不充分之间的矛盾仍然十分突出；环境资源审判工作力度及能力与国家生态文明试验区建设和打赢污染防治攻坚战的重大任务要求还存在着较大差距；司法体制综合配套改革及严格控制省以下人民法院内设机构规模与环境资源审判专门机构和体制机制建设存在一定的冲突。应进一步协调整合环境资源审判机构设置，进一步完善环境资源审判专门规则，尤其是环境公益诉讼和生态环境损害赔偿诉讼规则。应高度重视审判实践中对新情况新问题的研究，不断总结司法实践经验，创造更多环境司法的贵州经验。应紧紧围绕长江经济带的发展，聚焦黑臭水体、固体废物和尾矿污染的治理，探索全流域、跨区划环境治理机制，服务打好污染防治攻坚战，服务保障长江经济带的发展。

B.4

贵州农村“三变”改革过程中的法律问题及对策研究*

张 帆 熊 敏 林露峰**

摘 要： 党的十九大报告提出了“产业兴旺、生态宜居、乡风文明、治理有效、生活富裕”的乡村振兴战略。在此背景下，本文结合贵州农村“三变”改革实践，积极破解贵州农村“三变”改革过程中存在的突出法律问题，目的是帮助化解影响农村改革的不稳定因素，促进农村资源要素优化配置与合理利用，提高实施者和参与者在改革过程中防范经营风险的意识和能力，为贵州农村“三变”改革持续稳定健康发展创造良好法治环境。

关键词： 农村“三变”改革 法治环境 贵州

一 农村“三变”改革释义

结合党中央、国务院提出的一系列深化农村经济体制综合改革的重大

---

* 本文系2016年度中华人民共和国司法部法治建设与法学理论研究部级科研专项任务项目《新形势下少数民族地区农村法律服务现状调查与研究：以贵州A县为例》（项目编号为16SFB5003）阶段性研究成果。

** 张帆，法学博士，贵州民族大学法学院教授，博士研究生导师，主要从事法理学、马克思主义法学中国化等研究；熊敏，硕士研究生，贵州东煌生态科技发展有限公司景观与室内工程部高级专业经理；林露峰，贵州民族大学法学院民族法学方向硕士研究生。

举措[1]，农村“三权”促“三变”改革也逐渐演变成为全面深化改革的重点，并对农村经济发展产生了积极的影响。这表明加强农村“三变”改革的最终落脚点就是推进农民脱贫致富以实现农村全面小康。[2]

（一）农村“三变”改革的阐释

“三变”改革的主要对象是农村经济较为贫困的地区，尤其是集体经济资产欠缺的地区。按照农村经济体制综合改革要求，这些地区借助“资源变资产，资金变股金、农民变股东”的手段，通过激活农民个体、集体组织拥有的资源，吸引社会资本投入，利用公司、合作社等经营主体的生产经营方式，扩大提高集体经济资产的规模，推动农村经济发展，保障农民增收，最终实现农村与全国同步小康。发端于贵州六盘水“三变”改革的成功案例表明，“三变”改革就是将农村的土地、资金和劳动力加以集中，推动农业发展方式的转变，一定意义上，维护了农民、农村集体和企业之间的合法权益。

（二）农村“三变”改革的要素

农村“三变”改革的内容可以归纳为活、聚、富[3]，即实施“资源变资产”，盘活农村资源，保证农村资产保值增值，让沉睡的资源活起来；实施“资金变股金”，整合农村各类资金发挥最大效益，让农村分散的资金聚起来；实施“农民变股东”，改变农民生存形态、发展形态，转变农民投资方式、创业方式、就业方式和增收方式，最终目的是让农民发家致富。基于贵州农村

---

① 2017年中央一号文件要求：“从实际出发探索发展集体经济有效途径，鼓励地方开展资源变资产、资金变股金、农民变股东等改革，增强集体经济发展活力和实力”。2016年，国内部分省区市开展以“资源变资产、资金变股金、农民变股东”为主要内容的改革试点，探索“村社一体、合股联营”的农村经济发展新模式和集体经济有效实现形式，旨在盘活农村“三资”（资源、资产、资金），激活农民“三权”（土地承包经营权、住房财产权、集体收益分配权），建立农业增效、农民增收、集体资产增值的长效机制。

② 引自黄延信，余葵等《对农村集体产权制度改革若干问题的思考》，《农业经济问题》2014年第4期。

③ 转引自六盘水市原市委书记李再勇于2015年5月14日在六盘水市“三变”改革专题会上的讲话。

“三变”改革实践，笔者认为农村“三变”改革完备可行的基本要素归纳为四类：其一，富民产业。目前农村主要围绕“牛、羊、药、果、薯、菜”支柱产业发展。其二，经营主体。主要体现为公司、合作社、家庭农场。其三，可变资产，换言之，就是农村所有可以获得收益的资源。其四，项目扶持，鼓动社会各类资本投入涉农的各类扶持产业资金项目。各要素间通过股份合作进行连接，实现无事不股。结合上述四类要素，不仅要重点强调农村“三变”改革的核心要素而且强调各要素间的相互关系。① 就国家层面而言，通过“三变改革”使国家、村集体、农民与社会资本之间的生产关系会发生变化。②

二　贵州农村“三变”改革过程中存在的法律问题

与全国经济发展状况相比，贵州的经济发展水平相对滞后，为改善贵州农村贫困的现实状况，贵州在贯彻落实深化农村经济体制综合改革举措中，在六盘水因地制宜地率先提出了农村“三权”促“三变”改革政策，此项改革实践得到中央层面的认可，并入选了2016年度“中国三农创新榜”。但在贵州“三变”改革的推行与实施过程中，由于确保农村“三变”改革相关制度滞后，部分改革甚至突破已有理论基调与制度框架，“三变”改革仍然面临一些尚待破解的法律难题。调研资料显示，参与改革主体对农村“三变”改革政策的认识不到位、缺乏上下联动的基层生产组织，农村社会保障体系有待健全等。为此，贵州农村“三变”改革仍面临政策风险、市场风险、社会风险和法律风险等。③

① 产业是“三变”改革的基础，经营主体是“三变”改革的载体，可变资源是“三变”改革的条件，项目是“三变”改革的杠杆。

② 引自许惠渊《保护农民权益的关键在于深化农村集体产权改革——兼谈农村产权改革的具体形式》，《开发研究》2005年第1期。

③ 2019年8月，课题组对贵州省安顺市普定县进行调研和问卷调查。本次共发放问卷300份，共收回有效问卷298份，有效率为99.33%。与受访者相关的变量情况为：（1）受访者性别，男性占比73.90%，女性占比26.10%；（2）受访者民族，汉族占38.50%，少数民族占61.50%；（3）受访者文化程度，中专及以上占1.70%，高中占2.50%，初中占70.60%，小学及以下占25.20%；（4）受访者职业，从事农业生产者占31.90%，务工者占68.10%。

（一）农民对政策法规认识不够

据调研材料，农民在“三变”改革实施过程中对政策法规的重视度不够，法律意识不强[①]，突出表现在：第一，农民的维权意识不强。农村土地应该归农村集体所有，农民享有土地承包经营权有一定的期限，在有限的承包期限内，由于土地的收益比较低，所以农民往往很容易忽略土地的长期收益。“三变”改革以来，农村土地的财产潜能日渐突出，农村集体所有的土地也将通过改革逐渐内化为农民的财产收益。这种情况下，为了维护自身的合法权益，农民需要提升维权意识。第二，农民对“合法的私有财产受法律保护”的意识模糊。[②] 改革实施过程中，不管是赋权、确权，抑或易权，甚至是将资源转变为资产等，都必定涉及农民合法财产权的保护。第三，农民不能完全正确理解各种复杂的法律关系。“三变”改革实施过程中，各个环节可能会涉及相关的政策法规，譬如土地法、农村土地承包经营法、农村土地流转办法、公司法[③]等。在改革的具体操作过程中，为避免法律风险，农民需要对政策法规是否有效、是否适用等问题予以密切关注。第四，农民在“三变”改革实施过程中还存在自身权益保障问题。譬如，六盘水市在“三变”改革中面临农民变股东的利益保障难题，究其原因：一是确股规则尚

① 2019 年 8 月，课题组对贵州省六盘水六枝特区进行调研和问卷访谈。本次共发放问卷 200 份，共收回有效问卷 200 份，有效率为 100%。与受访者相关的变量情况为：（1）受访者性别，男性占比 74.00%，女性占比 26.00%；（2）受访者民族，汉族占 40.00%，少数民族占 60.0%；（3）受访者文化程度，中专及以上占 1.70%，高中占 2.50%，初中占 70.60%，小学及以下占 25.20%；（4）受访者职业，从事农业生产者占 31.90%，务工者占 68.10%。

② 《宪法》第 13 条第 2 款明确规定：国家依照法律规定保护公民的私有财产权和继承权。

③ 《公司法》第 27 条：“股东可以用货币出资，也可以用实物、知识产权、土地使用权等可以用货币估价并可以依法转让的非货币财产作价出资；但是，法律、行政法规规定不得作为出资的财产除外。对作为出资的非货币财产应当评估作价，核实财产，不得高估或者低估作价，法律、行政法规对评估作价有规定的，从其规定。”《公司法》第 28 条：“股东应当按期足额缴纳公司章程中规定的各自所认缴的出资额。股东以货币出资的，应当将货币出资足额存入有限责任公司在银行开设的账户；以非货币财产出资的，应当依法办理其财产权的转移手续，股东不按照前款规定缴纳出资的，除应当向公司足额缴纳外，还应当向已按期足额缴纳出资的股东承担违约责任。”

未完全形成。在资源变资产的过程中，如何做到既维护入股农户的财产收益权，又确保企业生产经营的长期稳定，这是一个难题。二是经营主体尚在起步阶段，金融介入少，还未经历经济周期和行业周期波动的影响，农民利益受风险爆发冲击的可能性大，可见，政府和经营主体风险防范意识薄弱。

（二）权利主体责任欠缺

调研资料显示，“三变”改革中的主体责任体现在三方面：一是现行制度设计者对农村集体经济组织、农民和股东、社员及合伙人就资格取得与丧失、权利义务之享有与承担等问题存在认识差异，存在政府干预偏多的现象；二是农村集体经济组织、农民用于出资之用益物权、资源存在出资不实、财产价值评估认定不准、市场交易不活跃等问题；三是鉴于运营商的运行机制合法性不足，农民股东的主体身份不清。同时“村企合一”在主体建设方面仍然存在问题①，一是推广实施“村企合一”的部分村社在村支两委与公司分开方面存在“两张皮”现象，这与“村企合一”本质相悖；二是很多推广实施“村企合一”的村支委班子在公司发展上虽然全心全意，但在村级规划发展、组织建设、村民自治管理等方面对充分发挥主体责任有所忽视。三是部分村支两委干部主体履行责任的能力相对较弱，一部分人打算成立村级公司，目的是获取私利。四是绝大多数村支两委对所管理的村域内的资源缺乏认识，搞不清楚是否优质资源、以及如何发挥优质资源的优势，对市场风险存在恐惧心理，缺乏实施“村企合一”的主体责任和信心。

（三）多元保障机制不健全

农民对改革中的多元保障机制认识不到位，存在风险保障机制、利益驱动机制与制衡机制等不健全的情况。比如笔者在安顺市普定县、贵阳市开阳县、毕节市等地调研过程中发现，如果农村集体和村民入股的经营实体受到自然风险和市场风险的影响，就很可能出现经营性亏损。为减少这种经营性

① 详见安顺市“三权”促“三变”改革资料汇编。

亏损，应积极建立健全经营风险的补偿机制，如新型经营主体保证金制度、政府性风险补偿保障金制度、主体资格审核制度和项目审查制度等。同时还应该及时引导村民、村集体组织和参与改革的新型经营主体依法签订合同，形成股份联结的合作机制，引导建立股权收益分配机制和土地增值收益分配机制，保障农村集体经济组织和农民依法履行股东职责、行使股东权利、积极参与重大决策。例如对盘州市娘娘山联村和岩脚村在“三变”改革过程中，没有健全村集体的租金和集体的股份分红收入、集体经济发展过程中的自营收入、各受益主体的投资收益和转移性收入等作用机制。改革中普遍存在的法律问题显示对改革中的受益者不公，直接原因是缺乏完善的多元保障机制。

（四）农村产权保护乏力

农民身份的取得途径、集体经济组织的封闭、农村产权的无偿性是导致农村产权具有身份性的主要因素。农村产权的身份性曾把农民牢牢地附着在土地上，虽然历史上它曾发挥一定的社会保障功能，但对农村产权的流转能力和经济价值产生了不可忽视的负面影响，增大了受让农村产权的成本和风险，对农村产权的自由流转和抵押融资以及未来农业发展等产生了不利影响。例如，在贵州安顺市平坝区关于土地确权的调研中发现，农村土地在确权规则上存在承包地与宅基地的公平观分离，开展土地确权工作中并非由村民自治来主导土地确权。例如，在平坝区塘约村①创立的“七权同确”中明

① 遵照贵州省委原书记陈敏尔指示，按照省委常委要求，由省委政研室牵头，省农委、安顺市委、平坝区委有关同志参与组成联合调研组，多次赴塘约村调研“塘约经验”，基本要义表现在三个方面：一是狠抓农村产权制度这个基础性改革。围绕“地”的问题开展七权同确，让分散的资源聚集化、模糊的产权清晰化、集体的资产市场化，壮大集体经济，增加农民财产性收入。二是狠抓农业经营这个关键性改革。围绕“钱”的问题开展合股联营，丰富和完善双层经营“统”的功能，推进农民由“分”到更高层次的“合”，让农民获得持续稳定的收益。三是狠抓乡村治理这个保障性改革。围绕“人”的问题推进抱团发展，优化党总支 + 支部 + 党小组的乡村治理结构，组织带领群众艰苦创业、艰苦奋斗，抱团致富、抱团发展。塘约村与时俱进深化农村改革，结合实际念好了“改革经”，归纳起来就是“三改革三提高三起来”，即通过统筹推进农村产权制度改革，提高市场化水平，让资源活起来；推进农业经营制度改革，提高产业化规模，让钱包鼓起来；推进村级治理制度改革，提高组织化程度，让力量聚起来。

显存在法律问题，如国家扶贫权（职责）与集体所有权在利益基础上是否存在异同，两者在如何实现方面的关系如何，国家扶贫权（职责）借由集体所有权实现的法理依据以及其有效地实现路径如何设计等。

（五）农地流转受制约

在安顺市“三权”促“三变”改革的资料汇编中，通过分析发现，当前农村土地流转存在一些问题：一是法定流转方式不符合农民的基本要求，即五种流转方式有重复规定之嫌，农民自由流转的权利没有得到充分保护。二是农村土地权属不明确。三是“增人不增地，减人不减地”制度带来土地分配和收益分配不均。这主要体现在无地农民空有“农民”之名，却无土地之实，无地农民无法享受土地权益。四是土地折价入股存在农地价格评估机制不科学、农地流转市场不健全等问题。

（六）农村基层党组织社会治理能力弱与监管不力

当前，农村“三空”村落大量涌现；农村基层党组织的凝聚力弱化，同时对村民的服务方式发生了变化，导致传统基层党组织主导基层社会治理的能力和权威性、影响力下降；农村基层党员队伍日渐涣散，一些地方党员加入务工队伍出外打工。笔者在与贵州省自然资源资产管理部门主管领导、工作人员进行座谈或单独访谈中发现自然资源监管乏力：一是自然资源监管乏力与自然资源资产监管机制的缺位具有内在关联性；二是贵州推行自然资源资产产权制度和用途管制改革力度不够，譬如，推行水务一体化管理改革和国有林场改革，推进生态文明建设机构改革和集体林权制度改革、不动产统一登记等方面缺乏对自然资源资产管理的监管机制，这会严重影响自然资源资产管理的效率提升。

（七）专业合作社章程有待完善

在贵州安顺市调研发现，该市制定的农民专业合作社章程的条款存在诸多不合理现象：一是成员大会召开次数不够。召开成员大会目的在于对合作社重大事务进行表决，例如《某县中药材种植专业合作社章程》第 19 条明确规定每年召开成员大会的次数为12次，事实上，成员大会一般每年只召开了1～4次。二是理事会人数设定不合理。按照《某县中药材种植专业合作社章程》第23条规定理事会由4名成员组成，实际上，该社理事会人数设定只有1～2人。三是对非货币财产设定的评估方法不合理。对非货币财产进行估价应按照有关法律规定由专门的资产评估机构进行评估，准确作价，而不应由合作社全体成员进行评估[①]。四是成员大会代表、理事会成员和监事成员的任期过短[②]。五是农民经济合作社章程中的某些条款与政策法规存在一定的冲突：首先，农民经济合作社章程中的某些条款与《农民专业合作社法》的规定相冲突[③]；其次，农民经济合作社章程中的某些条款与章程的基本原则相背离。[④]

三　贵州农村“三变”改革中法治环境优化的对策

调研资料显示，贵州农村“三变”改革除涉及农村集体产权制度外，还涉及农业经营支持保护制度和农村社会治理制度等领域，可见，要优化农村“三变”改革的法治环境，既需要法律制度和治理模式创新，又需要保障农村“三变”改革目标的实现。

（一）促进“三变”改革中的法律体系建设

贵州农村“三变”改革实践探索需要理论界做更多的反思，但必须坚持

① 按照《某县农副产品开发专业合作社章程》第5条规定：成员以非货币财产出资的，由全体成员评估作价（或由法定资产评估机构评估作价）。

② 按照《某县某镇某某烤烟专业合作社章程》第19条规定，成员代表任期1年，可以连选连任；第24条规定理事长和理事任期2年，可连选连任；第29条规定监事长和监事任期1年，可连选连任。由合作社章程可知，成员代表、监事长和监事的任职期限为1年，理事长和理事任职期限为2年。为更好地开展合作社的工作，成员大会代表、理事和监事的任期应该一致，设定为3～5年。

③ 比如《某县农副产品开发专业合作社章程》明确规定法人代表和理事长应由不同的人担任，而《农民专业合作社法》却规定，法人代表和理事长须由同一人担任。

④ 比如章程的一个基本原则——“权力分离和制衡”，根据该原则，监事会的职责就应是对理事会、理事会成员、财务管理人员等管理机构及相关人员的行为进行监督，而对合作社的具体事务不应拥有表决权。

把握好两方面：一是农村改革的政策设计与法律跟进的关系。农村土地“三权分置”等有很多创新和实践空间，但需明确把握新时期如何解决“三农”问题的关键抓手。改革必须坚持于法有据。二是农村土地制度改革的制度设计与农村实际差异间存在矛盾。如何在统一改革和制度安排下使其适用于不同农村地区，并为不同农村地区设计同一政策，需要统筹考量。同时“三变”改革应当理顺政府与市场的关系，坚持市场导向以实现土地的自由流动，积极发挥政府的监管作用。从法律上确定地方政府在土地确权、赋权、易权中的角色定位、建立有利于土地承包经营权当事双方自主流转的合法长效机制，健全农村集体经营性建设用地的交易规则，完善地方立法制度，使改革于法有据。

（二）健全“三变”改革中的“村社一体”制度

“村社一体”的内在机制和要素统一于合作社[①]，“村社一体”的基础是农民集体土地公有制。贵州省安顺市社科联党组书记、常务副主席高守应认为，乡镇要认真抓好“村企合一”的监督管理，特别是对村级公司的财务监督和管理，既要发挥村支“两委”在组织建设、村民自治管理的领头羊作用，同时又要促进“村企一体”的公司发展，以壮大集体实力。[②] 在此基础上，贵州省在“三变”改革过程中应当做好五个方面的事：一是加强对“三变”的宣传力度，充分调动农民群众参与改革的积极性；二是积极培育市场经营主体；三是增强农业专业合作社的服务功能；四是提高风险防范意识，完善风险防控机制；五是加强法律制度建设，确保农民权益有法可依。国家政策已经对农村集体经济组织进行了宏观顶层设计，因此，在立法上，首先应尊重农村集体经济组织法人的本质特征[③]；其次根据农村集体经济组织法人的特征有针对性地做好相应的制度设计；最后确保农村集体经济

① 这里提及的“合作社”与农民专业合作社不同，有一定的创新性。

② 高守应：《普定“村企合一”：解决农村发展中“空心”“空巢”“空壳”的有效途径》，《中国农村法治论坛》（第6卷），法律出版社，2018。

③ 其意指农村集体经济组织本质上应为经济组织；其次应建立起一般立法与特别立法相结合的农村集体经济组织法人制度。

组织（法人）的形式有不止一种选择，但这并不代表所有的农村集体经济组织能取得法人资格。从贵州安顺普定龙场乡秀水村调研的“秀水五股模式”① 的经验看，在传统判定标准中农村集体经济组织成员权与土地权益分配统一挂钩，并不能很好地解决当代人之间以及当代人与下代人之间的矛盾，而应当将集体经济组织成员权和土地权益分配进行分离。

（三）建立健全“三变”改革中的运行机制

“三变”改革过程中，不管是新型公司还是普通公司，都存在股东退出的问题。调研发现，有些方面会直接影响农村集体以及农民的利益，比如农村集体或是农民在新公司中退出股份时会遇到一些障碍。如果我们把农村集体和农民股份退出看得太宽，或者出现农村集体和农民股份退出的情况，会对企业的经营产生很大的影响。此种情况并不符合农村“三变”改革的政策初衷。因此，当农村集体或农民与企业在“三变”改革中发生股权纠纷时，就目前解决措施而言，只能按照《公司法》规定和司法解释进行处理。② 为了使农民股东在他们想要

---

① 贵州“秀水五股”模式：人头股，占比 10%，凡是户口在秀水村的常住村民，都有股份；土地股，占比 30%，村民以土地入股，每分土地为一股，按股分红，每年每亩土地分红不到 1000 元的，由兴伟集团公司从企业利润中进行补足；效益股，占比 30%，在项目建设期间，村民轮流投工投劳累计工分，经村民代表大会认可后按股分红；孝亲股，占比 5%，百善孝为先，孝亲在当前，凡秀水村年龄在 65 岁以上村民，均享有养老金；发展股，占比 25%，主要用于增加集体经济积累、后续发展投入、贫困学子补助、受灾患病群众救助等。“秀水五股”模式，让秀水这个原来的贫困村踏上小康路，农民成股东。村民由原来的保守、怀疑，变成了如今的思想解放、甩开膀子奔小康，首先在思想上脱了贫。

② 《公司法》第 71 条：“有限责任公司的股东之间可以相互转让其全部或者部分股权，股东向股东以外的人转让股权，应当经其他股东过半数同意，股东应就其股权转让事项书面通知其他股东征求同意，其他股东自接到书面通知之日起满三十日未答复的，视为同意转让，其他股东半数以上不同意转让的，不同意的股东应当购买该转让的股权；不购买的，视为同意转让，经股东同意转让的股权，在同等条件下，其他股东有优先购买权，两个以上股东主张行使优先购买权的，协商确定各自的购买比例；协商不成的，按照转让时各自的出资比例行使优先购买权，公司章程对股权转让另有规定的，从其规定。”第 74 条：“有下列情形之一的，对股东会该项决议投反对票的股东可以请求公司按照合理的价格收购其股权：公司连续五年不向股东分配利润，而公司五年连续盈利，并且符合本法规定的分配利润条件的；公司合并、分立、转让主要财产的；公司章程规定的营业期限届满或者章程规定的其他解散事由出现，股东会会议通过决议修改章程使公司存续的，自股东会会议决议通过之日起六十日内，股东与公司不能达成股权收购协议的，股东可以自股东会会议决议通过之日起九十日内向人民法院提起诉讼。”

退换股份时权益得到最大的保护，全国层面上的司法行政部门可以为他们聘请专业律师，解决“三变”改革中出现的法律问题，这将是非常有益的办法。

（四）强化“三变”改革中的产权制度

对安顺市平坝区土地确权的调研材料进行分析，在“三变”改革中还要更加注意农用地的局部调整具有一定合理性、宅基地不可能实现类似于承包地的调整与均分、农村土地确权应慎重使用村民自治等制约因素。贵州省社会科学院吴大华认为，明确农村土地权的归属，应当注意两个问题，一是改革实践过程中，属农村集体经济组织的权能，都应当由村委会和村民小组实行；二是在司法实践中，因土地纠纷诉诸法院的，其适格当事人应当是村委会（村民小组）①。当然，改造农村产权身份性的路径是将产权流转作为获得农民身份的市场渠道，借鉴社区股份（合作）制重塑集体经济组织成员权、合理设置农民身份转换的条件，消除农民对失地问题的过度忧虑、加快城乡基础设施和公共服务均等化建设。此外，结合集体经营性建设用地“入市”的实践探索提出建议：一是村级层面规划体制改革创新；二是集中区入市的交易机制创新，把零星、地处偏远的建设用地，整合置换为指标，使用地票原理，实现土地发展权的跨区域流动；三是集体成员资格认定与入市利益分配规则的创新。

（五）健全“三变”改革中的农地制度

贵州省社会科学院吴大华教授认为，从简化流转方式、尊重和保护农民在土地流转中的自由和权利、扩大入股主体范围等方面完善法定流转方式；“增人不增地，减人不减地”与“大稳定，小调整”相协调，应当发挥村委会作为基层群众自治组织的作用，建立市场专业价值评估机构，培育市场专业评估人员，制定统一的市场评估标准，发挥市场资源配置作用，通过逐步

---

① 吴大华主编《农村“三变”改革法治保障研究》，法律出版社，2018。

完善农地流转程序等方面健全土地流转市场。可以从建立土地流转市场、搭建土地流转网络信息平台、建立专业权威的土地价格评议机构等方面建立健全土地经营权流转市场体系。西南政法大学卢代富提出，农村土地“三权分置”中“放活土地经营权”，需要确立硬法与软法合力而治的治理理念，积极发挥与“放活土地经营权”有关的市场准入法治体系、市场秩序法治体系、宏观调控法治体系、社会分配法治体系等方面的作用，修订《农村土地承包法》或出台专门法律，明确土地经营权概念及其债权属性，畅通土地经营权抵押权实现的救济渠道，并在各地试点经验基础上完善配套基础制度。[①] 农村土地流转中，政府的角色包括农村土地流转的组织领导者、改革推动者、制度供给者、运行监管者和服务提供者。为此，我们应当着力开展以权力配置为核心的简政放权、以市场分配法律机制为保障的监管以及以政府分配法律机制为保障的创新服务。通过明确村集体与农户的土地承包关系和简化经营权流转程序与明确“三权”利益关系来实现简化流转方式，简化抵押贷款手续、采取贴息政策鼓励诚信、倡导和实施农业保险、落实政府风险补偿、推行经营权证普惠制、改革制度化设计、成立产权交易中心并规范运作。

（六）完善“三变”改革中的权益制度

没有集体经济活动就没有集体分配，集体也将很难发展。“塘约经验”[②]

① 卢代富：《农村土地“三权分置”的法理解读、问题解析与法治保障》，《中国农村法治论坛》（第6卷），法律出版社，2018。

② 贵州省安顺市平坝区的一个小村庄，经过短短三年的农村改革就发生了奇迹，形成了“塘约经验”，其核心要义在于它有一个好的基层党组织。具体体现在3个方面：第一，抓农村产权制度这个基础性制度改革，做好了“地”的文章。实行七权同确，让分散的资源聚集化、模糊的产权清晰化、集体的资产市场化；同时，壮大集体经济，增加农民财产性收入。第二，抓农业经营这个关键性改革，做好了“钱”的文章。组织老百姓合股联营，丰富和完善双层经营“统”的功能，推进农民由“分”到更高层次的“合”。第三，在让农民获得持续稳定的收益的同时，抓乡村治理这个保障性改革，做好“人”的文章。优化“党总支＋支部＋党小组”的乡村治理结构，在党的领导下自治、法治、德治三治合一，从而推动村民抱团发展、抱团致富，出台《红九条》，促进村庄形成好的社会风尚。

正是体现村社一体化。应当运用合作社这种组织形式，给成员分配利益，给成员集体分配利益，其中集体成员利益可由地租、股金、集体分配利益收入（包括集体的风险担保利益）、劳动收入等方面构成。鉴于此，我们应当建立合理、完善的农民股东保底分红利润分配模式。在农民股东与非农股东的利益分配上需要注意：一是两者的冲突可以通过协商、自治来解决，对于结果可以通过公司章程的方式来固定；二是为了降低农民的风险，农民股东有保底分红，但这相对于非农股东来说可能就有失公平了，这里实际可以通过政府的财政支持等手段来调节。

西南政法大学经济法学院杨青贵博士认为，资产收益扶贫的权利设计与运行以及长效扶贫资产收益公平分享机制的构建是资产收益扶贫的核心环节和关键内容。就前者而言，需要明确立足扶贫股的功能指向，进而明确扶贫股的法律性质，确定扶贫股的权利归属、权利内容的范畴，以对贫困人口的保障性为基点，坚持扶贫股的优先性；就后者而言，应当以基本生存权保障的实际需求为核心依据，建立收益保底机制和股权分红制度，探索以赋予扶贫股为主，并以协同性为思路，建立财政、投资、金融等政策支持措施及社会保障等制度支持。

（七）强化“三变”改革中的政策扶持力度

农民专业合作社章程既是合作社登记设立和成为法人组织的法定要件，又是其内部良好运行的基本准则，它对内自我管理、约束与规范，对外便是开展一切经济活动的基础，主要体现在《农民专业合作社法》《农民专业合作社登记管理条例》当中。根据现行法律规定，农民专业合作社章程的内容主要分为必备条款与任意条款，故农民专业合作社章程具有法定性和任意性特征。鉴于此，农民经济合作社首先应当注重农民主体的人合性，其次应当强调引入资金投资的资合性，这体现了农民经济合作与促进农业和农村经济发展的政策性等主体性质不可分割。因此，农民经济合作社所涉及的对内、对外重要事项都应在农民专业合作社章程中规定合作社成员的主体地位。

与经济发达国家相比较，我国农民经济合作社目前存在整体力量弱，规模化、现代化、专业化程度低的问题。为此，各级政府需要加大《农民专业合作社法》的普及力度，加大对农村村民委员会人员的培训教育力度，采取多种手段，通过宣传与教育相结合，一是对基层领导干部进行国家政策以及典型性的教育，让其充分了解国家政策、管理制度及其操作流程；二是提升农民整体意识，宣传普及法规及国家政策，分析典型性案例，提高农民和干部的整体认识；三是形成切实可靠的规范管理机制。地方政府强化自身能力以帮助合作社解决发展中遇到的困难，通过业务指导，提供技术支持和政策咨询，引导合作社真正走向市场。在落实政府扶持政策方面，把最优惠的政策给予规划前景好、示范带动效益高的合作社，实质审查合作社章程中的禁止性内容，同时对合作社章程中的任意性规范进行政策技术性审查。

结　语

贵州省委省政府结合贵州发展实际，通过探索发展集体经济有效途径，积极鼓励在贵州区域内开展资源变资产、资金变股金、农民变股东的“三变”改革。本文结合贵州改革实践，通过对调研材料的整理与分析，对贵州推行的“三变”改革和实施过程中存在的突出法律问题进行研究分析。

诚然，我们应该充分认识到，在“三变”改革政策的实施过程中存在诸多的法律问题，如少数民族和非少数民族地区“增人不增地，减人不减地”导致的土地分配不均问题、土地分配不均导致利益分配差异问题、作为股东的农民在保底分红过程中如何设立分红模式问题、农村流转市场健全问题、土地流转中农民权益保障问题、重点加快农村社会保障法治化建设问题、建立覆盖全国的社会保障信息服务网络问题、创新基层社会治理法治化建设问题等。但还需要在“三变”改革政策的推行与实施过程中逐渐优化法治环境，主要体现在：一是在改革过程中，不断探索、推广和运用好经验和好制度。解决好在改革过程中存在的地方、区域差异，增强人民对改革的信赖，做好民心的安抚工作，同时对于改革过程中发现的问题要加强研究与探讨，必要时对于通常性的问题可以制定相应的规章制度甚至法规。以加快促进“三变”改革配套法律制度的制订、修改及完善。二是在改革过程中，要重视改革的质量，不能顾此失彼，改革的进展固然重要，但改革任务保质保量完成更为重要。在当前国家强调依法治国的要求下，要注意在立法、司法、执法、守法方面符合国家法治精神的要求，带动其他主体共同提升法律意识。在法律制度框架下各主体履行各自的权利与义务，并对各自主体的合法行为有稳定的法律预测，执法过程中各执法主体在处理纠纷时只有公正高效，理性解决“三变”改革中出现的各种矛盾冲突，才能保障“三变”改革工作不背离方向，为此，有必要加强“三变”改革参与主体的法制培训。三是对于改革过程中的风险把控，需要建立完善的防控监管体系。比如针对引入的企业不具备经营实力、引入的产业与当地情况不相适应、管理监管上的漏洞等问题，需要设置防控监督体系提前防范，即对“三变”改革中相关风险进行预防式拦截，当然，对于不可预见的风险，我们只有争取最大限度地减少损失。毋庸置疑，发挥“三变”改革中政策作用，推动农村经济发展，不仅需要从政策法律制度方面入手，还需要法学理论界与司法行政实务界的不断努力。

参考文献

王永平、周丕东：《农村产权制度的创新探索——基于六盘水市农村“三变”改革实践的调研》，《农业经济问题》2018 年第 1 期。

窦祥铭：《乡村振兴战略视角下农村“三变”改革的实践与思考——基于安徽省宿州市的调查分析》，《安徽行政学院学报》2018 年第 6 期。

苏荣芳：《六盘水市“三变”改革的典型亮点与启示》，《现代化农业》2018 年第 5 期。

吴大华主编《农村“三变”改革法治保障研究》，法律出版社，2018。

管洪彦、孔祥智：《农地“三权分置”典型模式的改革启示与未来展望》，《经济体制改革》2018 年第 11 期。

孔令刚：《农村“三变”改革目标、问题与难点突破》，《农业供给侧改革》2017年第7期。

崔红志：《农村“三变”改革的影响因素》，《农村经营管理》2018年第3期。

王东京、王佳宁：《“三变”改革的现实背景、核心要义与推广价值》，《改革》2017年第8期。

刘远坤：《农村“三变”改革的探索与实践》，《行政管理改革》2016年第1期。

丁文：《论土地承包权与土地承包经营权的分离》，《中国法学》2015年第3期。

B.5
贵州检察机关服务和保障脱贫攻坚战实践研究

杜树生　陈红伍　范思力*

摘　要： 近年来，贵州省检察机关围绕服务和保障脱贫攻坚战开展专项工作，在治理领域、工作重点、工作方法等方面进行了实践探索，比如对脱贫攻坚领域犯罪案件切实做到打击犯罪与保障人权相统一、为贫困地区经济社会发展提供司法保障、延伸监督触角防范化解脱贫攻坚领域重大风险、拓展检察公益诉讼职能守护乡村绿水青山等；贵州检察机关服务和保障脱贫攻坚战的启示有：建立符合农村地区办案需求的检察人员招录管理机制、为检察人员丰富农村群众工作阅历搭建平台、积极探索检察官介入乡村矛盾纠纷调解、探索保障扶贫政策落地的检察公益诉讼工作、提升检察环节乡村刑事案件办理质量和效率。

关键词： 检察机关　脱贫攻坚　贵州

贵州省作为全国脱贫攻坚战的主战场之一，当前已经到了夺取根本性胜利的阶段。为更好响应中央、省委打赢脱贫攻坚战的决策部署，落实最高检

* 杜树生，贵州省人民检察院党组成员，副检察长；陈红伍，贵州省人民检察院检察官助理；范思力，贵州省人民检察院检察官助理，全国检察调研骨干人才。本文系 2019 年度检察应用理论研究课题“检察机关服务和保障脱贫攻坚战研究”阶段性成果。

关于为打好“三大攻坚战”提供司法保障的要求，贵州省人民检察院先后出台《关于充分发挥检察职能服务和保障全省打赢脱贫攻坚战的实施意见》《贵州省检察机关充分发挥检察职能服务和保障打赢脱贫攻坚战专项工作实施方案》等工作制度，将检察职能注入农村地区经济社会发展，于2019年开始在全省范围内部署专项工作服务和保障脱贫攻坚战。专项工作取得的成效引起了中央、省内主流媒体的高度关注，50多家媒体进行了跟踪报道，《法制日报》《检察日报》等头版头条作了深度报道。贵州省检察机关主要从以下几个方面服务和保障打赢脱贫攻坚战。

一 对脱贫攻坚领域犯罪案件切实做到打击犯罪与保障人权相统一

（一）精准打击破坏扰乱脱贫攻坚秩序的犯罪

稳定的扶贫工作秩序是保证脱贫攻坚顺利推进的前提，脱贫攻坚投入大、涉及面广，在资源分配、政策引领、产业发展等方面一旦缺乏秩序保障，会妨碍中央扶贫政策落地兑现。比如一些地方曾出现争抢扶贫物资，抢栽、抢种、抢建地上附着物及青苗“骗取”安置补偿等乱象。贵州毕节、铜仁、黔西南等地农村由于地理位置较为偏僻封闭，部分村民对脱贫攻坚不够理解，对扶贫干部的工作不够支持，有的甚至为满足私欲、泄私愤，阻挠干扰当地扶贫工作。对这种行为不能简单地将其视为“村霸”、宗族恶势力，要结合行为人在当地一贯表现准确判断。比如贵州省玉屏县某村陈某某等人因对危房鉴定及经济补偿不满，阻挠鉴定人员开展工作，公安人员出警后还殴打警察。受理案件后，玉屏县检察院对陈某某等人日常表现、家庭成员情况进行了走访调查，对陈某某等人行为既不降格处理，也不人为拔高，以妨害公务罪批捕起诉，既打击妨害脱贫攻坚的行为，又及时稳定了当地危房改造的工作秩序。

针对借扶贫之机非法牟利的犯罪，贵州省检察机关结合贵州省开展的

“贫困人口漏评错评、贫困人口错退、危房改造不到位、资金使用不规范、扶贫领域腐败和不正之风、驻村帮扶不扎实、政策落实不到位”专项治理工作，积极改进办案方式方法，与各部门建立协作配合机制。比如贵州省人民检察院与扶贫主管部门在全国率先出台了加强协作配合的 17 条措施，建立了案件线索快速移送与协作配合处理机制、贫困涉案人员信息筛查核实反馈机制，实现检察机关 12309 服务平台与 12317 扶贫监督举报平台有效衔接，第一时间受理和依法处理扶贫领域各类问题举报线索。贵州省各级检察机关与纪检监察机关建立无缝衔接工作机制，实行检察长、副检察长带头办理扶贫领域纪检监察机关移送案件机制，对 38 件扶贫领域职务犯罪案件提起公诉，涉及 61 人。贵州省各级检察机关与公安机关建立农村涉黑涉恶案件提前介入机制，检察机关第一时间介入乡村有组织犯罪案件侦查工作、乡村公职人员充当“保护伞”的职务犯罪案件调查工作。2019 年，贵州检察机关提前介入，办理利用宗族家族势力把持基层政权、霸占集体资源、横行乡里、煽动村民闹事、公然对抗公权力、强揽工程、插手民间纠纷等涉黑涉恶案件 36 件、涉及 156 人。

（二）对涉案贫困人员给予矫正机会

对利用贫穷环境牟利的犯罪应更好把握司法尺度，更细致做好后续工作，为脱贫攻坚营造良好氛围。对确属贫困户的涉案人员，要结合其所处社会环境、工作生活经历，合理评价其社会危害性，要结合案发背景和案件事实给予其一定自我矫治、自我纠正的机会。贵州省检察机关在办理农村犯罪过程中，注重对涉案人员身份筛查对比，发现属于建档立卡贫困户的初犯，综合考量其家庭经济情况、案发事由、认罪悔罪态度、社会关系能否积极促成修复等因素，合理评价行为人的社会危害性。2019 年，全省检察机关对轻微侵财犯罪、邻里纠纷导致的故意轻伤害等符合认罪认罚条件、能够刑事和解的案件，依法不批准逮捕 437 件、涉及 667 人。通过对贵州省涉农醉驾犯罪案件进行调研，笔者发现相当一部分涉农醉驾案件在犯罪情节上认定过严，没有结合农村具体环境进行考量，机械执法司法。对部分涉案当事人在刑事司法各环节缺乏宽缓出罪机制，没有给其自我矫正机会，有的当事人甚至因案致贫返贫。发现这一情况后，省检察院会同省法院、省公安厅正着手研究制定关于办理醉酒驾驶案件的会议纪要，对贫困人员涉嫌危险驾驶罪的案件，认罪认罚的，尽量给予一定宽缓处理政策空间，防止其因案返贫致贫。

（三）在检察环节积极帮助农民工追索欠薪

在贫困地区，进城务工成为农村贫困人员脱贫致富重要途径。大量进城务工人员由于法律意识淡薄、维权能力不足，被欠薪情况比较严重。2014年，贵州省共为27.58万人追讨欠薪，其中农民工占比约为58%。[①] 加之工期、工种、支付方式等因素，农民工一旦被欠薪很容易返贫。贵州省作为劳动力输出大省，每年有大量进城务工人员，截至2018年底，贵州省户籍人口城镇化率达47.52%，仍低于全国平均水平。可以预计，随着决胜脱贫攻坚的临近，贵州省进城务工人员还会大量增加[②]，涉及恶意拖欠农民工工资的案件也将增加。2017年全省检察机关起诉涉嫌拒不支付农民工劳动报酬案件23件24人，2018年为29件31人，2019年为42件44人。检察机关办理此类案件时不光要关注定罪量刑是否恰当，还要在检察环节做嫌疑人工作，说服督促其尽快支付工资，防止被拖欠工资的农民工因案返贫。2019年，全省检察机关通过督促相关部门依法履职、支持起诉等方式，帮助5400名农民工追回被拖欠工资7323.7万元。比如贞丰县某村易地扶贫搬迁安置点建设过程中由于施工方与劳务公司发生经济纠纷，1100余名农民工工资600余万元未支付，县检察院了解到情况后主动会同劳动监察部门、公安机关督促施工方缴纳农民工工资保证金690余万元，现场监督核准发放农民工工资679万余元，对涉嫌拒不支付劳动报酬犯罪的3名人员依法进行处理，切实维护农民工合法权益。

---

① 参见《贵州省2014年人力资源和社会保障事业统计公报》。

② 《国家新型城镇化规划》提出2020年要实现我国常住人口城镇化率达到60%左右。

由于建档立卡贫困人口经济条件差，经济收入来源渠道脆弱，一旦遭受犯罪侵害往往容易返贫致贫，贵州检察机关积极延伸职能作用，开展国家司法救助工作。[①] 2019 年 1～11 月，全省检察机关已向 537 位贫困受害人发放司法救助 375.84 万元，受害人中大部分属于农村地区因案致贫家庭。在救助金发放上，考虑到因案致贫家庭对法律政策了解程度有限，贵州省检察机关切实提升司法人文关怀的“温度”，尽量在检察环节完成司法救助金审批程序，能予以垫付的先行发放，发放的救助金尽可能符合被害人家庭实际需求。[②] 除加大司法救助金发放和使用力度外，贵州省检察机关还结合扶贫政策精神做了有益探索。各级检察机关与人社、教育等部门形成救助合力，探索建立了“司法救助金＋社会保险＋其他救助方式”的工作模式。比如贵州省贵定县检察院在办理一起故意伤害致人死亡案件时，了解到被害人家属因案致贫，家中小孩读书不便。县检察院除给予金钱救助外，还向教育局反映情况、对接联系，顺利安排被害人小孩到县小学就读并免学杂费。

二　为贫困地区经济社会发展提供司法保障

（一）为农村经济组织的合法权益提供司法保护

贵州省因地理环境限制，主要依托农民合作社发展茶叶、蔬菜、食用菌等特色农业。按贵州发展计划，2019 年全省农民合作社达到 61000 家。[③] 从全国各地农民合作社十余年发展历程看，合作社带有“人合性”“互助性”

---

① 参见《最高人民检察院、国务院扶贫开发领导小组办公室关于检察机关国家司法救助工作支持脱贫攻坚的实施意见》。

② 《最高人民检察院关于贯彻实施〈关于建立完善国家司法救助制度的意见（试行）〉的若干意见》要求：“要严格把握救助标准和条件，根据本地区救助标准，兼顾当事人实际情况和本地区同类案件救助数额，综合考虑相关情况，确定救助金具体数额。”

③ 参见《贵州省发展农民专业合作社助推脱贫攻坚三年行动方案（2017—2019 年）》（黔府办发〔2017〕50 号）。

“自愿性”[①]，入社门槛低，从管理人员到社员普遍缺乏商事经验，在市场竞争中容易处于弱势。加之部分农民合作社法律维权意识和能力不足，合法权益易遭侵害。为让农民合作社更好发挥拉动就业、带领农民致富的作用，维护产业发展秩序，检察机关需要加强对农民专业合作社等新型经营主体的司法保护。贵州省检察机关积极搭建平台，结合贵州省“龙头企业 + 合作社 + 农户”的产业发展模式，与工商联合作搭建平台，召开脱贫攻坚联席会议44次，召开“检察长·董事长”座谈会96次，发布维护企业合法权益典型案例。各级检察院检察长带头以案释法，各级检察院定期派遣检察官为扶贫企业、农民专业合作社进行合规经营“体检”，切实保护扶贫企业、农民专业合作社合法权益。

（二）积极推动乡村扶贫领域矛盾纠纷排查化解

随着脱贫攻坚深入推进，国家政策、资金、项目不断引入贫困地区，当地的物质条件和人际关系都会出现很大波动变化。扶贫干部与群众之间、贫困户与非贫困户之间、贫困户之间容易因政策理解不到位、执行细节把握不够、个人心理失衡等原因产生矛盾纠纷，处理不当还会造成群体性事件，影响当地扶贫工作秩序。反映在扶贫工作中，有的地方贫困户等靠要思想严重；有的人搭国家扶贫政策“便车”，故意隐瞒信息、转移财产，争当贫困户；有的贫困人员以贫穷为由，故意不履行赡养、扶养、抚养义务，与党委政府讨价还价，漫天要价。这些现象不仅败坏社会风气、扰乱扶贫工作秩序，还易引发乡村贫困户之间、贫困户与非贫困户之间的矛盾纠纷。贵州驻村检察官在开展定点帮扶、驻村帮扶过程中，不仅注重落实国家各项扶贫政策、助推产业项目落地，还主动担任贫困地区公益法律顾问，利用自身精通法律、善于沟通的优势，主持参与调解一些扶贫中的矛盾纠纷。针对当地有些人为谋取不当利益争当贫困户，对扶贫政策消极不作为，对驻村干部工作不理解、不支持等行为，一些基层检察院积极

---

① 刘振伟：《准确把握农民专业合作社的本质特征》，载《中国人大》2017年第9期。

与地方党委联合，主动邀请律师参与化解涉贫困人口信访案件，通过驻村干部、检察官、律师三方共同参与矛盾纠纷化解，解开当事人心结，让国家扶贫政策、扶贫精神更深入人心。2019 年，各级检察机关共邀请律师参与化解涉贫困人口涉法涉诉信访案件 58 件。全省选派 423 名检察民警担任贫困地区公益法律顾问，为贫困地区群众及参与扶贫企业提供法律咨询服务、帮助 1297 次、惠及 3743 人，依法妥善处理征地拆迁、土地权属等纠纷 127 件、涉及 869 人。

三　延伸监督触角防范化解脱贫攻坚领域重大风险

（一）注重源头治理化解农村金融风险

近年来，贵州省银行业保险业紧紧围绕脱贫攻坚大局，将金融业下沉至农村，切实加大信贷力度，提供量身定做的金融服务和金融产品，为产业扶贫、乡村基础设施建设、贫困户生产生活注入资金动力。据贵州银保监局发布的数据，2016 年以来，全省贫困地区贷款余额增加 3255 亿元、增速 69.8%；贫困地区保险密度增加近一倍，达到 604 元/人，保险深度提高了 0.4 个百分点。金融机构下沉农村力度不断加大，新设立新型农村金融机构（包括村镇银行、贷款公司、农村资金互助社）167 家①，贫困户享受扶贫金融政策更加便捷。但相较城市，农村金融服务还存在信用体系建设滞后、金融产品与农村生产生活环境匹配不够、服务对象资金运作效能较低等问题。一些地方甚至有人打着“金融扶贫”旗号实行金融诈骗、非法集资等违法犯罪活动。在脱贫攻坚过程中，贵州省检察机关立足本职工作，对农村尤其是农村贫困地区的金融活动，坚持底线思维和强化风险防范意识，把农村金融风险防范化解工作做在前面，会同政府各部门、各金融机构开展好源头治理工作。比如贵州省沿河县检察院在办案中发现当地县供销社成立的社

① 潘一、宋世宗：《贵州农村金融服务研究》，载《中国市场》2018 年第 33 期。

员股金服务社在提供三农产业金融服务过程中，没有处理好扩大规模与合规经营的关系，在宣传、揽储、入社等各环节均有不当行为，导致在短短一年时间内，发展社员6700多户（当中包含大量国家工作人员、城镇居民、城市离退休人员），吸储达3亿余元。沿河县检察院经过认真调查核实，充分听取银行、银保监会等部门意见，向当地县政府发出检察建议，指明存在的问题，推动县政府责令供销社进行逐步整改，有序退股，将当地金融风险顺利化解。

（二）积极参与农村基层党组织建设夯实基层基础工作

通过在农村地区深入开展扫黑除恶专项斗争，一批长期霸占农村公共资源、把持基层政权的黑恶势力被铲除。在打击农村黑恶势力的同时，必须认清这些黑恶势力滋生壮大，与当地农村基层党组织软弱涣散有关。2017年，习近平总书记在深度贫困地区脱贫攻坚座谈会上就专门指出："要下决心解决软弱涣散基层班子的问题，发挥好村党组织在脱贫攻坚中的战斗堡垒作用。"贵州省在开展扫黑除恶专项斗争过程中，截至2019年4月，先后确定软弱涣散后进村党组织1635个，已调整村"两委"干部650人，其中"两委"主要负责人393人。在这些被调整的"两委"人员中，有的人有违法犯罪前科，有的人采用贿选方式当选。贵州省检察机关在办理案件时，注重将扫黑除恶与加强基层党组织建设相结合，利用掌握的涉黑涉恶案件信息档案，与当地组织部门密切协作，做好"村支两委"换届选举背景筛查工作，做到打击一次、清理一片。

四　拓展检察公益诉讼职能守护乡村绿水青山

（一）与各部门形成保护农村饮用水资源安全的合力

贵州省属于喀斯特地貌，石漠化问题严重程度居我国首位，连片裸露碳酸盐岩面积为全国最大。在黔南、黔东南、黔西南等地区受上述地质条件影响，生态环境十分脆弱，土地较为贫瘠、经常干旱缺水。① 与此同时，黔南、黔东南、黔西南等地区农业生产方式较为落后，乱砍滥伐、强行开垦等现象仍旧存在，使得原本脆弱的生态环境进一步恶化，当地农民陷入深度贫困，形成了“贫穷落后→过度开采、无序开采→资源枯竭→贫穷落后”的恶性循环。贵州省检察机关与当地环保、水务部门建立饮用水水源地联合专项排查机制。对贫困地区饮用水水源地未设立界碑标识、垃圾污染、违法建筑等问题及时启动公益诉讼诉前程序，向乡镇政府发出检察建议，督促其整改问题。比如紫云县检察院经调查走访，发现该地饮用水源一、二级保护区——母猪笼饮用水水源地因当地环保局违规审批，允许企业在水源地养殖梅花鹿，造成水源地被严重污染。发现问题后，县检察院积极与环保局、水务局、畜牧局等相关部门沟通协调，形成合力，推动水源地替换，督促环保局撤销违规审批的环评文件。

（二）探索实行“检察 + 生态修复 + 产业扶贫”办案模式

在办理农村贫困地区环境污染公益诉讼案件时，不能将保护生态环境与经济发展对立起来，而是要通过办理案件，引导当地走向一条既要绿水青山又要金山银山、既要生态环境又要农民致富的道路。2019 年以来，贵州省检察机关在办理涉及环境污染治理的公益诉讼案件时，与当地环保、林业等部门密切协作，实行“检察 + 生态修复 + 产业扶贫”办案模式，积极参与乡村生态环境治理。针对企业或个人修路、开矿、办厂过程中发生的占用农田林地、污染环境等行为，不是简单一罚了之、一拆了之，而是从支持地方产业发展、农民脱贫致富的角度，主动会同政府、村支两委、农民合作社等单位帮助其在贫困地区选择土地，带领农户种植相关经济作物，养殖畜禽，督促行为人采取补植复绿、义务巡河护林、退耕还草等措施修复生态环境，既实现了生态修复，又带动了贫困地区群众致富。2019 年，全省检察机关

① 尤鑫：《贵州南部三州喀斯特典型区域生态治理模式研究》，载《贵州科学》2016 年第 1 期。

共提出公益诉讼诉前检察建议 1594 份。积极与自然资源部门联系，督促责任主体依法修复受损生态，共促成贫困地区开展“补植复绿”“矿山修复”10386 亩，“增殖放流”21.9 万尾，努力实现当地生态改善与脱贫攻坚双促进。

五　检察机关服务和保障脱贫攻坚战的启示与思考

（一）建立符合农村地区办案需求的检察人员招录管理机制

在中国，只有会做群众工作的法律工作者才能运用法治的思维，以群众接受的方式化解矛盾纠纷，定纷止争，服务群众。相较人民法院、公安机关、司法行政机关而言，目前检察机关在这方面的人才储备还比较欠缺。针对这种情况，笔者提出几方面建议：一是建议招录符合农村需求的人员。比如基层检察院招录检察人员时可拿出部分名额招录从事支农、支教、支医和扶贫工作的人员，并给予适当加分。上级检察机关遴选检察人员时，可拿出部分名额，给那些具有两年以上驻村工作经历的考核对象。二是在检察官任用上侧重农村工作经历。比如基层院初任检察官应以行政村为单位，承担该村政策宣讲、法治宣传、纠纷调处等工作，对在农村群众工作表现突出的检察官，应当在检察官等级择优晋升、业绩考核、提拔任用时重点考虑。三是在人员交流上有所侧重。基层检察院可探索将检察办案工作和地方本土治理资源相结合，聘任一批工作经历丰富、有意愿参与检察工作的乡村调解员、法律工作者、村干部作为兼职检察辅助人员，协助检察官组成办案组织共同办理当地刑事、行政、民事、公益诉讼案件。

（二）为检察人员丰富农村群众工作阅历搭建平台

当前一些检察人员对农村发展状态、农民群众所思所想并不了解，缺乏办理农村案件、处理村民矛盾纠纷的工作经验。各级检察机关应通过司法办案活动深化乡村法治建设、提升乡村德治水平、推动村民自治实践。近年来，通过开展定点帮扶驻村工作，一批检察人员在农村得到新的锤炼，在司法办案、为民服务、排查化解矛盾纠纷方面积累了丰富的经验，回到工作岗位后履职更接地气，农村问题切入得更准。这些受人民欢迎、利于干部成长的做法可固化为工作机制。比如建立带案下乡村机制。对案发地在乡村，涉案人员、被害人常住地在乡村的案件，原则上要求承办案件的检察官及其检察辅助人员到乡村开展一次走访调查，形成与案件有关的背景调查报告。

（三）积极探索检察官介入乡村矛盾纠纷调解

2014～2019年全国法院受理案件从1420余万件增长到2019年的2800余万件。诉讼案件快速增长使得构建多元化纠纷解决机制日趋紧迫重要。中国不能像西方国家那样落入“诉讼社会”的泥潭，人民群众没有必要承担更多诉讼成本，要从源头减少矛盾纠纷诉讼化、案件化。在乡村，多元化纠纷解决机制主要依靠村委会、司法所、人民法庭、派出所支持、参与调解，检察机关介入的情况并不多，而且大多局限于刑事案件。实际上相比于村干部、司法助理、警察、法官，检察官的法律素质、司法阅历、调处能力并不弱，只是缺乏主动介入乡村矛盾纠纷的机制。从源头治理角度看，在乡村一些民事纠纷处理不当也有可能转化成刑事案件甚至命案。① 以检察官为主体的检察调解过去曾适用于民事检察工作，浙江等地出台过《关于民事、行政申诉案件调处工作的若干意见》等制度，在申诉环节检察官充当中立的调停者，主持民事检察调解。② 贵州实践表明，检察官主动介入调解乡村矛盾纠纷，也可以做到定纷止争、人和事了。一些本可能转化为民事、行政、治安案件的矛盾纠纷，通过检察官耐心细致地做工作，不仅成功在诉讼外化解矛盾纠纷，还间接提升检察机关在当地的公信力。当然，检察官介入乡村矛盾纠纷调解类似一种民间调解，本质是为促成当事人自行和解。比如提出

① 这里的命案主要指故意杀人、故意伤害致死、爆炸、投放危险物质，放火、抢劫、强奸，绑架致人死亡八类案件。

② 傅国云：《民事检察调解——法律监督中的替代性纠纷解决办法》，载《浙江大学学报》（人文社会科学版）2012年第4期。

更好解决问题方案、说服各方共同解决困难，鼓励从短期利益看向长期利益、平息各方怨气等。

（四）探索保障扶贫政策落地的检察公益诉讼工作

《行政诉讼法》《民事诉讼法》等法律对检察机关提起公益诉讼的范围进行了规定，有的地方人大还通过决定的形式授权地方检察机关拓展公益诉讼范围。① 无论是法律明确的范围还是地方探索的范围，涉及公益诉讼的最终目的都是进一步贯彻实施国家政策。② 这一点在行政公益诉讼中表现得尤为明显。如果行政主体在检察机关提起诉讼后全面履行了职责，可以不再坚持违法性确认的诉请，如此可以更大程度激发被告行政主体的整改积极性，充分履职以达到最有效保护公益的目的。③ 在全国各地开展的各种脱贫攻坚专项治理中，均或多或少包含扶贫政策的落地问题。这些政策有的来源于中央或地方政府部门规章、规范性文件，有的来源于地方性法规，这些政策能否持续发挥作用、是否符合今后法律规定，都需要检察机关持续发挥法律监督职能，切实维护国家法制的统一。贵州省检察机关围绕《农村人居环境整治三年行动方案》要求，对农村生活垃圾治理不到位等现象履行公益诉讼职能，取得了明显成效。在巩固脱贫攻坚成效、防止扶贫政策失灵、维护农村集体利益等方面，检察公益诉讼范围还有探索拓展空间。比如在农村安全生产、交通运输、消防安全、扶贫、留守儿童等领域探索行政公益诉讼。

（五）提升检察环节乡村刑事案件办理质量和效率

防止因案返贫、因案致贫最好的治本方式就是发挥个案对行为人的教化矫正作用，发挥个案在当地的法治教育作用，从源头降低当地案发率。对发

① 比如《湖北省人民代表大会常务委员会关于加强检察公益诉讼工作的决定》规定：“……依法在安全生产、文物和文化遗产保护、电信互联网涉及众多公民个人信息保护等领域探索开展公益诉讼工作”。

② 梁鸿飞：《检察公益诉讼：逻辑、意义、缺漏及改良》，载《安徽师范大学学报》（人文社会科学版）2019 年第 3 期。

③ 张雪樵：《检察公益诉讼比较研究》，载《国家检察官学院学报》2019 年第 1 期。

生在本村，由本村人实施的犯罪，检察官要亲自到村寨调查走访，积极寻求周边群众的理解和支持，积极与当地派出所、司法所、村委会联系，了解犯罪嫌疑人更多背景情况。通过加强对再犯可能性的背景调查工作，根据涉嫌罪名查明行为人在当地的日常表现、邻里关系、行为动机、有无恶习等。比如实施盗窃行为的，可以调查其有无赌博、吸毒等恶习。实施故意伤害行为的，可以调查其是否经常与村里人发生争执，是否与他人有长期利益纠纷、家族仇怨等，更准确地判断嫌疑人的人身危险性和社会危害性，做出情理法相统一的决定。

B.6

黔西南州人民法院服务脱贫攻坚和乡村振兴战略实践研究

黔西南州中级人民法院课题组*

摘　要： 脱贫攻坚和乡村振兴战略的法治保障是新时代中国特色社会主义的应有之义，也是解决“三农”问题的关键所在。黔西南州人民法院以习近平新时代中国特色社会主义思想为指导，充分发挥职能作用，始终把坚持党的领导作为推进脱贫攻坚和乡村振兴战略的第一准则，紧紧依靠党委领导，加强沟通汇报，洞悉前沿态势，确保方向正确、思路精准、取得实效。

关键词： 人民法院　脱贫攻坚　乡村振兴　司法保障　黔西南州

一　引言

党的十八大将扶贫开发工作纳入“四个全面”战略布局，习近平总书记亲自部署、亲自指挥、亲自督战脱贫攻坚，提出一系列新思想新观点，做出一系列新决策新部署，开创了扶贫事业崭新局面。但中西部一些地区贫困人口规模依然较大，贫困程度仍然较深，扶贫工作进入啃硬骨头决战期。在此背景下，党中央国务院吹响脱贫攻坚冲锋号，实施精准扶贫方略，明确把

---

* 课题组组长：高峰，黔西南州中级人民法院院长；课题组成员：俞俊峰，贵州民族大学法学院副院长、副教授、法学博士；陈丹，贵州民族大学法学院副教授、法学博士；蒋松，黔西南州中级人民法院审监庭副庭长；刘国翠，黔西南州中级人民法院研究室主任。

加快贫困人口精准脱贫作为脱贫攻坚奋斗目标。脱贫攻坚战终极目标是到2020年，稳定实现农村贫困人口不愁吃、不愁穿，义务教育、基本医疗和住房安全有保障。打赢脱贫攻坚战，是促进全体人民共享改革发展成果、实现共同富裕的重大举措，是体现中国特色社会主义制度优越性的重要标志，也是经济发展新常态下扩大国内需求、促进经济增长的重要途径，是实现伟大复兴的重大政治任务、重大发展任务和重大民生任务。

继“脱贫攻坚战冲锋号”吹响之后，党的十九大又做出了实施“乡村振兴战略”重大决策部署。党的十八大以来，农业农村发展取得重要成就，“三农”工作积累了丰富经验。但是农产品阶段性供过于求和供给不足并存，农业供给质量亟待提高，乡村地区发展不平衡不充分问题极其突出，影响“三农”事业顺利进行，在此背景下，以“产业兴旺、生态宜居、乡风文明、治理有效、生活富裕”为总要求的乡村振兴战略应运而生。乡村振兴战略是决胜全面建成小康社会、全面建设社会主义现代化国家的重大历史任务，是新时代“三农”工作的总抓手。

为深入贯彻习近平总书记关于实施乡村振兴战略系列重要论述和指示，全面贯彻落实党的十九大精神和《中共中央国务院关于实施乡村振兴战略的意见》《乡村振兴战略规划（2018－2022年）》，最高人民法院出台了《关于为实施乡村振兴战略提供司法服务和保障的意见》，提出了六个方面五十四条具体意见。贵州省高级人民法院研究制定了《关于为实施乡村振兴战略提供司法服务和保障的实施意见》，提出十一个方面助推脱贫攻坚和乡村振兴战略实施的保障思路，立足于充分发挥审判职能，从法治助力、司法保障角度健全脱贫攻坚和乡村振兴战略实施制度机制。

二　脱贫攻坚与乡村振兴相关研究现状

（一）国外理论与实践

国外对乡村发展认识较早。例如韩国为改善农村经济状况，1971年开始推进“新村运动”；美国于20世纪初农村金融就开始成型，1916年即出台了相关法律法规。国外的做法与经验，尤其在司法保障方面适时的探索和举措，为我国实施乡村振兴战略特别是能动发挥司法职能，提供了理论基础和借鉴。

（二）国内相关研究

1. 脱贫攻坚战法治保障研究

目前，关于脱贫攻坚战法治保障的研究较少，现有研究主要集中在检察院如何助推脱贫攻坚、律师如何承担脱贫攻坚政治责任以及司法行政部门如何助推脱贫攻坚上。关于检察机关如何助推脱贫攻坚，相关研究侧重从强化检察监督角度出发，提出了检察院服务脱贫攻坚的四个基本原则、四种监督方式、检察监督程序、扶贫领域行政执法检察监督的机制。① 关于律师如何服务脱贫攻坚，有关研究主要论证了律师协会助推脱贫攻坚中采取措施的有效性，为律师行业助推脱贫攻坚提供参考和示范。② 关于司法行政机关如何助推脱贫攻坚，有关研究通过分析凯里市司法局“以党建为引领、以产业为抓手、以法治为保障”，推动党建、队建、脱贫攻坚的相互融合和全面发展的经验，为司法行政部门助推脱贫攻坚提供了示范和借鉴。③ 关于审判机关服务脱贫攻坚的问题，目前学术界研究较少，但全国各地法院结合扶贫战略与审判实际，在聚焦如何发挥审判职能、推动法治脱贫方面做了许多思考与探索，研究出台了许多有力有效的制度举措。

2. 乡村治理体系研究

关于如何建立乡村治理体系，有研究指出，可从协调自治、法治、德治

① 郭国谦、陈军：《强化检察监督服务脱贫攻坚》，《人民检察》2017年第22期，第75～76页。

② 牛振宇、王昆鹏：《山西律师：把脱贫攻坚的政治责任扛在肩上》，《中国律师》2018年第8期，第27～29页。

③ 谢建平、覃义江：《凯里市司法局“三举措”助脱贫攻坚》，《理论与当代》2018年第4期，第41页。

关系问题着手构建良性互动的乡村治理体系。[①] 有研究通过对自治、法治、德治等三种乡村治理模式的典型案例进行分析与研究，试图将三者有机结合起来，重构新时代的乡村治理体系。[②] 还有研究指出，我国城乡结构演变能够对乡村治理体系产生重大冲击，矫正和修复我国乡村治理体系，既要从根本上调整非均衡的城乡发展结构，也要充分重视基层政治行为背后的经济和社会等多维度动因，实现农村发展主体和治理主体的一体化。[③]

3. 乡村振兴战略实施路径研究

关于乡村振兴战略的实施路径，有研究围绕乡村振兴二十字方针，从“把握总体要求，实现乡村振兴”等五个方面提出乡村振兴的实现路径。[④] 有研究从美丽乡村治理的生态角度对乡村振兴战略实施路径进行分析。[⑤] 有研究以红色文化开发为视角，探究了乡村振兴战略实现路径。[⑥] 此外，还有研究分别从历史文化角度、人才角度、组织角度等提出了乡村振兴战略的实施路径。

4. 乡村振兴战略法治保障研究

学者对乡村振兴战略法治保障方面的研究比较缺乏。现有研究主要从“乡村社会法治化关键在于规范公权力”等四个方面论述了法治对于乡村振兴的重要意义。[⑦] 这些研究主张借鉴日本、韩国、法国、美国等乡村建设起步较早的国家的乡村建设法律制度和法治体系来建立和完善我国乡村振兴的

---

① 朱娅：《构建良性互动的乡村治理体系》，《领导科学》2018 年第 9 期，第 20 页。

② 吴理财、杨刚、徐琴：《新时代乡村治理体系重构：自治、法治、德治的统一》，《云南行政学院学报》2018 年第 4 期，第 6 页。

③ 姬超：《城乡结构演变视阈下的乡村治理体系优化研究》，《农业经济问题》2018 年第 8 期，第 82 页。

④ 任修霞：《推动乡村振兴战略实施的有效途径》，《现代农村科技》2018 年第 9 期，第90～91 页。

⑤ 苏杨、潘智文：《通过构建美丽乡村治理模式实现乡村绿色振兴——基于浙江仙居国家公园经验》，《环境保护》2018 年第 15 期，第 59 页。

⑥ 黄三生、凡宇、熊火根：《乡村振兴战略视域下红色文化资源开发路径探析》，《价格月刊》2018 年第9 期，第 90 页。

⑦ 云飞：《法治是乡村振兴的前提与保障》，《人民法治》2018 年第 7 期，第 27～31 页。

法治保障体系。[1] 学者对乡村振兴和法治建设的辩证关系进行了分析，梳理出目前存在的问题，并提出了相应的建议。[2]

关于乡村振兴法治保障研究中，涉及司法保障的研究相对较少。有研究指出，目前我国在农村地区诉讼这一司法救济环节十分薄弱。在农村的解纷过程中，诉讼等司法救济方式往往是村民选择最少的权利救济方式。司法机关也存在司法体系还不够完善等问题，能否把促进审判权行使更加独立公正、高效公平真正落到实处，将影响乡村振兴法治保障的效果和进程。[3] 有研究则从坚持依法审执涉农案件、坚持以人民为中心、树立调解优先理念、坚持矛盾纠纷多元化解、积极参与乡村治理等角度提出加强乡村振兴战略实施中的司法保障。[4] 此外，还有些研究通过对新时代脱贫攻坚和乡村振兴战略背景的分析，归纳总结民众对人民法庭的新需求，从而对法庭新定位进行思考，具体列举了人民法院的五大措施及其对接脱贫攻坚战略。

从梳理的有关研究方向及研究成果看，学界对脱贫攻坚和乡村振兴战略的研究多集中在乡村治理体系、实施路径及有关战略的问题上，而对脱贫攻坚和实施乡村振兴战略法治保障的研究则较为薄弱，其中涉及司法保障的研究就更匮乏，具体实践中体系性的资料也不多。

最高人民法院周强院长在人民法院为实施乡村振兴战略提供司法服务和保障座谈会上强调，各级人民法院要深刻认识实施乡村振兴战略的重大意义，切实增强提高司法服务保障水平的责任感和使命感；要充分发挥基层法院作用，积极服务乡村振兴战略实施；要围绕促进融合发展，为乡村产业兴旺提供有力的司法保障；要坚持自治法治德治相结合，促进乡村治理体系和治理能力现代化；要弘扬社会主义核心价值观，以公正裁判引领文明乡风新气象；要加强环境资源司法保护，促进美丽宜居乡村建设；要加强民生司法

---

① 卢昌彩：《推动乡村振兴法治保障研究》，《决策咨询》2018 年第 4 期，第 54 ~63 页。

② 胡胜：《乡村振兴离不开法治护航》，《人民论坛》2018 年第 6 期，第 106 ~107 页。

③ 张著松、李雨：《当前农村纠纷解决的路径选择与思考》，《南方农业》2018 年第 20 期，第 100 页。

④ 施华南：《司法手段助力乡村振兴战略》，《人民法治》2018 年第 14 期，第 61 ~64 页。

保障，切实维护农民合法权益。2018 年 11 月 7 日，最高人民法院出台了《关于为实施乡村振兴战略提供司法服务和保障的意见》，指出人民法院要自觉承担神圣职责和重要使命，切实增强为实施乡村振兴战略提供司法服务和保障的自觉性、主动性，充分发挥人民法院在实施乡村振兴战略中的服务和保障作用。

综上可知，乡村振兴战略的推进是一项复杂艰巨的工程，需要强有力的司法服务和保障作为基础。迫切需要理论界与实务界对此予以重视，充分重视司法服务和保障在脱贫攻坚和乡村振兴战略中的作用，并为实施乡村振兴战略营造良好的法治环境。

三　黔西南州法院服务脱贫攻坚和乡村振兴战略实施之经验

（一）高位部署推进，健全制度保障

中央部署推进脱贫攻坚以来，黔西南州法院坚持以党建带扶贫、以扶贫促党建，送司法服务下乡，积极引导贫困村“凝血”“造血”，将脱贫攻坚和乡村振兴有机结合起来。围绕党委政府决策安排，陆续出台《关于为脱贫攻坚工作提供司法服务和保障的意见》《关于为深度贫困地区脱贫攻坚工作提供服务和保障的实施意见》《脱贫攻坚同步小康创建工作实施方案》《关于帮扶联系点联庄村、大屯村精准扶贫同步小康创建工作思路》等政策意见。要求深化思想认识，贯彻精准扶贫方略，紧扣审判实际，突出问题导向，以高度政治自觉和责任担当扎实抓好执行落实，奋力保障和服务如期打赢打好脱贫攻坚战。

（二）围绕职能发挥，助力法治脱贫

把践行司法为民深度融入脱贫攻坚，通过开展“送法下乡”活动，组织法官深入扶贫点宣讲法律知识、帮助调解矛盾纠纷等活动，以看得见、摸

得着的方式把司法为民落在实处，贯穿到脱贫攻坚之中。辖区基层法院深入推广车载法庭、巡回审判、院坝审判，解决法庭缩编、撤并带来的诉讼不便问题，让司法贴近群众。定期开展以案说法、法官“走基层”等法治惠民活动。采取上门立案、邮寄立案等简便程序，为地处偏远山村的贫困对象提供便捷高效优质的司法服务。一些基层法院专门开通涉贫困户、老、弱、病、残、孕等困难群体和弱势群体立案“绿色通道”。探索破解“送达难”问题，推行电子送达方式，通过手机短信、电子邮箱等途径送达诉讼文书，减少当事人尤其是偏远贫困地区群众往返奔波。每村聘用 1 名司法联络员，协助收取诉讼材料和送达文书，尽力提供诉讼便利。

开辟涉贫案件诉讼绿色通道，对涉及易地扶贫搬迁的案件，在不违反法律特别规定的情况下，明确搬迁人口可以就近选择法院起诉。要求对涉贫案件快速立案、及时审结。同时，在诉讼服务中心开通易地扶贫搬迁法律问题咨询解答专线，为扶贫对象和相关部门提供专业的法律咨询服务，保障脱贫攻坚工作顺利推进。

依法公正审理涉贫案件，审慎处理脱贫攻坚进程中的涉法涉诉纠纷，及时消弭化解矛盾。借鉴和发展“枫桥经验”，把“枫桥经验”运用到化解涉贫纠纷中。黔西南中院联合州司法局制定《黔西南州矛盾纠纷化解诉调对接暂行办法》。组建成立“党徽闪耀金州”党员志愿者服务队，组织法官下基层、接地气，尤其是定期深入贫困帮扶点，感受农村变化，体验脱贫成果，宣传政策法规，帮助排解矛盾，提供法律咨询服务。精准打击影响脱贫攻坚和影响民众生产生活的犯罪，妥善处理扶贫领域民商事案件，大力抓好涉贫案件执行，重点关注低收入贫困群体合法权益执行兑现，尽力尽快维护贫困当事人胜诉权益，营造全州脱贫攻坚稳定环境。2018 年，审结涉扶贫各类案件 56 件，涉案金额 238 万元，涉及贫困人口 130 余人。审结农村承包地“三权分置”等案件 199 件。执结涉扶贫项目、扶贫资金和贫困人口案件 24 件涉及 34 人。

（三）围绕人才振兴，服务教育立州

为深入推进实施乡村振兴战略，习近平总书记专门做出重要指示，强

调坚持乡村全面振兴，实现乡村产业振兴、人才振兴、文化振兴、生态振兴、组织振兴，推动农业全面升级、农村全面进步、农民全面发展。黔西南州委提出，决胜脱贫攻坚、全面实现小康，最大和最长远的事业是教育，最重要和最持久的资源是人才资源。为此，全州把实施教育立州、加强人才培养作为脱贫攻坚的长远大计和治本之策，作为落实“扶贫先扶智、扶贫必扶志”的真实行动和具体表现。为促进教育立州、人才培养沿着法治轨道发展，黔西南州中院研究制定了《关于为全面实施教育立州战略提供司法服务和保障的实施意见》，并与教育部门建立联动协调机制，密切关注可能影响教育单位发展的各种法律和政策风险，主动为教育单位提供法律咨询服务并提出法律建议，努力提升教育立州法律服务水平。依法惩处涉教育系统贪污受贿、滥用职权等职务犯罪，严惩危害学校安全的食品安全犯罪、欺凌、暴力犯罪等刑事犯罪，坚持宽严相济刑事政策，对未成年人犯罪实行特殊保护，营造安全稳定教育环境。审慎处理涉及教育系统的合同纠纷、劳动争议等民商事案件，完善民办学校破产、重整机制，依法保护教职工合法权益。对教育领域案件开通诉讼绿色通道，加强校园法治宣传工作，完善教育领域纠纷调解机制，确保服务教育立州战略顺利实施。

（四）围绕生态振兴，加强环保司法

紧扣“生态脱贫”“生态宜居”要求，服务生态文明建设，通过审判职能发挥，促进生态保护与脱贫双赢，让绿水青山带来更多金山银山。推进环保案件“三审合一”，实行生态环保案件跨行政区域管辖，坚守发展与生态两条底线，强化生态环境司法保护。贞丰法院审结全州首例古法造纸污染环境犯罪案件，两被告人被判处有期徒刑并处罚金，该案被列入全省十大生态环保典型案例，并入选《人民法院案例选》。黔西南州中院以司法确认方式审结全国第三例、全省首例大气污染案件，被告企业自愿承担1313万元受损生态环境修复费；普安法院生态环保法庭审结的两起行政公益诉讼案件，被编入全省环境资源审判十大典型案例。

（五）围绕组织振兴，保障基层建设

成立脱贫攻坚帮扶工作领导小组，由院长担任组长，分管脱贫攻坚工作的院领导担任副组长，明确 1 名党组成员、1 名驻村干部、1 名联络员具体抓落实。根据黔西南州委安排，黔西南州中级人民法院对口联系兴仁市大屯村和联庄村。2016 年以来，黔西南州中级人民法院结合帮扶联系点两村环境、交通、土质等条件，分别施策，具体指导。积极协调州县相关部门，推进帮扶联系点基础设施建设。两个联系村的村容村貌、办公环境得到极大改善，受到当地群众赞扬和肯定，大大提升了脱贫攻坚工作满意度和群众认可度。

四　人民法院服务脱贫攻坚和乡村振兴战略存在的问题

（一）制度机制不够具体和精细

虽然黔西南州法院在助推脱贫攻坚和乡村振兴中出台了一系列意见、方案，但由于当前的脱贫攻坚和乡村振兴涉及内容复杂，覆盖对象多和地域广，扶贫和乡村振兴政策多元、环节多，目前法院相关意见和方案还不能完全满足脱贫攻坚和乡村振兴任务需要。从调研情况看，近三年来，黔西南州两级法院围绕脱贫攻坚出台各类机制性文件 30 余份，提出举措 150 余条。这些文件举措中，贯彻执行类将近一半，其中部分举措重复或较为宏观，精细化、有创意的制度举措并不多，整体上缺乏可操作性，不能全面、具体指导脱贫攻坚和乡村振兴工作。

（二）脱贫攻坚与乡村振兴关系尚未厘清

调研发现，由于目前脱贫攻坚和乡村振兴战略处于重叠实施期，法院在助推脱贫攻坚和乡村振兴战略实施时，常常是将两大任务混合在一起同时开展，法院采取的诸多措施被同时赋予了脱贫攻坚和乡村振兴的属性，即对许多措施是属于扶贫措施，还是乡村振兴措施的问题没有明确的认识。虽然脱

贫攻坚和乡村振兴具有内在的联系，但是两者也有明显的区别。因此，法院在助力脱贫攻坚和乡村振兴时应当有所区别、准确厘清，将有助于法院针对两大战略分别采取更有针对性的措施，提高脱贫攻坚和乡村振兴的实效。

（三）扶贫数据共享开放面临障碍

调研发现，法院在脱贫攻坚中与其他横向扶贫单位的数据共享较少，既包括法院向其他单位共享数据少，也包括法院向其他单位提出数据共享的需求少。比如，法院认定扶贫案件时并没有参照扶贫办等部门认定贫困人口的标准，也即法院在脱贫攻坚中形成了一套自己的标准，其他扶贫单位在脱贫攻坚中形成了另外一套标准，两个标准之间缺少甚至没有良性互动。法院与其他扶贫单位数据共享少的现状，可能导致扶贫资源的浪费、精准扶贫不到位等诸多问题，影响脱贫攻坚目标实现。

（四）典型案例缺乏遴选标准

调研发现，法院在遴选脱贫攻坚和乡村振兴典型案件时没有科学的统一的标准，具体表现为：第一，对脱贫攻坚案例和乡村振兴案例界限把握不准，对于哪些案件属于脱贫案件，哪些案件属于乡村振兴案件标准不明；第二，对典型案例的标准把握不清，一些案件虽然牵涉脱贫攻坚或者乡村振兴，但是并不具备典型特征，也被选成了典型案件；第三，遴选的典型案例缺乏科学的呈现形式，相关案例难以发挥指导示范作用。要解决上述三个问题，必须对脱贫攻坚案例与乡村振兴案例的范围、典型案例选择的一般标准、典型案例呈现方式进行全面的分析。

（五）农村土地“三权分置”各类风险需警惕

《中共中央国务院关于实施乡村振兴战略的意见》指出，助推乡村振兴需要“完善农村承包地‘三权分置’制度，在依法保护集体土地所有权和农户承包权前提下，平等保护土地经营权”。“三权分置”制度有利于明晰土地产权关系，更好地维护农民集体、承包农户、经营主体的权益；有利于促进土地资源合理利用，构建新型农业经营体系，发展多种形式适度规模经营，提高土地产出率、劳动生产率和资源利用率，推动现代农业发展，对于乡村振兴战略实施具有重大意义。但由于“三权分置”涉及的对象广、环节多，目前改革中的一些问题已经显现，而有些问题则尚未显现，但有很高的风险，势必影响“三权分置”改革成效，值得警惕。概括起来，这些风险包括：第一，集体土地所有权可能被威胁的问题。“三权分置”过程中可能出现大规模改变农地用途等现象，导致集体土地所有权被侵犯。第二，农户土地承包权被损害的问题。土地经营权流转过程中，可能出现经营主体违约、拒绝支付租金、侵害农户合法权益的现象。第三，企业主经营权风险的问题。农业经营存在自然与市场双重风险，可能导致企业主不敢规模化流转经营。第四，农村承包土地的经营权抵押存在风险。由于经营权抵押融资政策与现行法律制度的冲突问题，在缺乏相关法律的保障下，农村承包土地的经营权抵押存在风险且欠缺救济途径。

五 完善法院服务脱贫攻坚和乡村振兴战略的建议

脱贫攻坚和乡村振兴战略的法治保障是新时代中国特色社会主义的应有之义，也是解决“三农”问题的关键所在。人民法院要以习近平新时代中国特色社会主义思想为指导，充分发挥职能作用，始终把坚持党的领导作为推进脱贫攻坚和乡村振兴战略的第一准则，紧紧依靠党委领导，加强沟通汇报，洞悉前沿态势，以确保方向正确、思路精准、取得实效。

（一）因地制宜，健全细化保障制度机制

脱贫攻坚和乡村振兴涉及生产、生态、教育、医疗、土地、基础设施等多个方面，法院只有找准保障和服务脱贫攻坚与乡村振兴的切入点、结合点和着力点，才能充分发挥审判职能，有效推动脱贫攻坚和乡村振兴。贵州省所辖9个市州在生产、生态、教育、医疗等各方面的发展是存在差异的，每个地区的短板和长处是不同的，因此扶贫和振兴乡村中的重点和难点也是不同的，法院要

找准切入点、结合点和着力点，就需要对当地的具体情况进行准确的把握。各市（州）法院应根据不同情况制定有针对性的方案和制度，精准服务脱贫攻坚和乡村振兴。相应的方案和制度若过于宏观，则缺乏可操作性。

（二）把握阶段重点，注重两大战略衔接

脱贫攻坚与乡村振兴的差异性要求两大战略实施过程中各有侧重，但两者之间的内在联系对两大战略之间的衔接又有着天然的诉求。在脱贫攻坚和乡村振兴战略同时实施的特殊时期，既要避免两者“你我不分”的误区，又要避免脱贫攻坚与乡村振兴“两张皮”的现象。因此，在两大战略重叠实施的特殊时期，一方面需要把握阶段性重点，另一方面需要注重两大战略的衔接。

目前，正处于决战脱贫攻坚与夯实乡村振兴基础双重任务实施阶段，从“攻坚”和“打基础”来看，“攻坚”是难点。因此在2020年打赢“脱贫攻坚战”之前，法院应当将司法保障工作向脱贫攻坚倾斜。脱贫攻坚主要针对的是贫困地区和贫困人口，而且主要目标是让贫困地区和贫困人口快速地摆脱贫困现状。从地区来看，贫困地区应当是法院脱贫攻坚关注的重点地区，根据贵州实际情况，深度贫困的地区主要在偏远的山区，加强这些地区的司法保障应当成为重中之重。从对象来看，贫困人口应当是法院脱贫攻坚关注的重点人群，贫困人口常常来自贫困地区，但是也要注意部分贫困人口可能并不在贫困地区，甚至在一些较为发达的地区。从内容来看，导致贫困的原因主要有患重病、子女读书、残疾、受灾、缺土地、缺技术、缺劳力、缺资金、缺水、交通不便利以及自身发展动力不足等，因此法院在脱贫攻坚中的司法保障应当紧紧围绕导致贫困的各种原因展开。就业务扶贫而言，涉及贫困地区和贫困人口医疗、教育、人身权利、财产权利的案件是法院在脱贫攻坚中应当重点关注的，民事纠纷和行政纠纷中，在坚持依法处理的原则上，尽量做出更加有利于贫困地区和贫困人口的裁判；在侵害贫困人口的刑事案件中，对犯罪嫌疑人、被告人的处理应当从严把握；在涉及贫困人口的执行案件中，应当加大执行力度，及时保障贫困人口合法权益。就非业务扶

贫而言，法院需要进一步调动人力、物力和财力，精准救助贫困户，保障他们能够吃得饱、穿得暖、上得了学、就得了医。从脱贫攻坚的紧迫性、突击性、局部性、特殊性等特征来看，法院在脱贫攻坚中需要更加注重个案的解决，要更加注重涉及贫困地区和贫困人口的刑事、民事、行政以及执行个案的公平和相关纠纷的化解。

注重两大战略的有机衔接。首先，要着力实现脱贫攻坚与乡村振兴在制度、组织、工作内容上的衔接。从黔西南州法院制定实施的举措看，其许多做法值得借鉴，尤其在制度机制、组织结构、人才锻炼等方面，做了许多有益探索。其次，要将乡村振兴战略基本精神融入脱贫攻坚之中，利用乡村振兴战略促进脱贫并巩固脱贫成果。乡村振兴战略的提出给扶贫带来了新的启示，要从传统的“输血式扶贫”转变为“造血式扶贫”，通过发展特色产业、提高人口文化素质和法治素养、改善自然环境和社会环境，促进贫困地区和贫困人口产生内生动力，使其在不依靠直接物质支持的情况下，能够实现自我发展。法院在脱贫攻坚时也要注重将乡村振兴战略精神贯穿其中，更加注重通过个案肃清乡村发展的行业障碍、环境障碍、法治障碍等，同时通过个案引导人民树立遵纪守法、爱护环境、勤劳勇敢、文明礼貌等理念，为乡村振兴战略实施打好基础。

（三）坚持依法审判原则，推动脱贫攻坚和乡村振兴

习近平总书记指出，实施乡村振兴战略，首先要按规律办事。作为司法机关，依法审判即是最高规律和遵循。司法助推脱贫攻坚和乡村振兴时，需要注意和把握好以下几个方面的问题：第一，坚持依法公正审判。审理涉脱贫攻坚和乡村振兴案件时，必须以事实为依据，以法律为准绳，不能因为案件涉及贫困人口或者乡村发展就毫无原则地予以立案，毫无原则地做出有利于贫困当事人的裁判。第二，有限行使审判权。在涉及脱贫攻坚和乡村振兴的民事案件中，法院要坚持不告不理原则。一些涉及贫困人口的民事纠纷，如果当事人没有提起诉讼，法院不得自行立案审判。在涉及脱贫攻坚和乡村振兴的行政纠纷中，只有公民、法人或者其他组织依法向人民法院提起诉讼

后，法院才能对相关事实进行调查。涉及脱贫攻坚和乡村振兴的刑事犯罪，只有检察院依法提起公诉的，法院才能对相关的被告人进行开庭审判，宣告刑罚。在相关当事人或者检察机关没有提起诉讼（公诉），法院发现有关纠纷、违法行为或者犯罪行为的，不能直接介入相关民事纠纷的调判，不能直接干预相关行政机关的执法活动，不能直接宣告嫌疑人有罪并判处刑罚。第三，合理回避，谨防“权钱交易”。法院在审理与本院扶贫干部引进的扶贫项目及其主要负责人有关的民事、行政及刑事案件时，所涉扶贫干部应当主动提出回避申请，确保公正审判。

（四）借力大数据平台，促进精准扶贫和乡村振兴数据共享

大数据具有大量、高速、多样、真实性等特征，利用大数据收集、分析、整理扶贫资料，能够准确分析扶贫当中的重点和难点，为法院扶贫找准切入点和着力点，实现精准扶贫。脱贫攻坚和乡村振兴战略实施，对法院这种专业属性较强的部门而言，既是机遇，也是挑战，需要立足于更高的政治站位和民生角度来审视和推进，在思想和认识上需要调整思路，在行动和举措上需要整合资源，才能在服务保障上实现精准的效果。要实现这个效果，就要深刻把握和充分用好新时代的大数据平台，加强与其他单位在扶贫数据上的共享和互通。《贵州省大数据发展应用促进条例》第二十二条规定：“推进大数据精准扶贫，建设涉农数据交换与共享平台，实现涉农基本数据动态化、数字化、常态化精准管理。”第二十六条规定：“除法律法规另有规定外，公共机构信息系统应当向‘云上贵州’迁移，公共数据应当汇集、存储在‘云上贵州’并与其他公共机构共享。”第三十八条规定：“公共机构，是指全部或者部分使用财政性资金的国家机关、事业单位和团体组织。”可见，充分利用大数据实现精准扶贫，以及加强扶贫数据交换与共享不仅是扶贫实践的要求，也是相关制度的必然要求。

目前，贵州省已建成国家大数据（贵州）综合试验区，引进了大量的大数据方面的先进技术、企业和人才，在大数据开发和应用方面都处于全国前列。这个优势为法院利用大数据扶贫以及加强与其他单位扶贫数据的共享

提供了技术前提。法院应当抓住大数据发展机会，充分依靠大数据平台，努力实现自身在业务中对大数据的收集、整理、分析和利用，并且利用大数据平台积极加强与其他扶贫单位的数据共享，共同推进脱贫攻坚和乡村振兴战略实施。贵阳市政府发布数据共享开放条例等，这些制度和机制能够为贵州法院利用大数据实现精准扶贫、加强与其他单位扶贫数据共享机制的建立提供借鉴。

（五）推动农村土地“三权分置”改革，促进乡村振兴

“三权分置”是农村改革的焦点和重点，法院作为司法的前沿实施者，理应通过具体案例审理、具体纠纷调处，深入发现总结问题，形成对策建议，提供司法处置样本。针对农村土地“三权分置”改革政策实施中已经出现以及可能出现的问题，法院要把准中央关于承包地“三权分置”改革政策，依法妥善审理相关案件。尤其当前许多项目开发依然缺乏规范性，大规模改变农地用途、影响农民土地权益等偏离激活土地资源和增进农民福利改革目标的案件大量存在，这类案件要按照“落实集体所有权、稳定农户承包权、放活土地经营权”要求办理，及时总结形成审判白皮书，提出意见建议。严肃处理经营主体违约、拒绝支付农民租金，侵害农民合法权益的案件，发挥市场在农村资源配置中的杠杆作用，筑牢农村良好营商环境市场基础，加大法治宣传，帮助农民树立风险防范意识，鼓励农民积极用法律武器保护自己的合法权益，依法保护农民承包地的土地经营权有序流转，在充分尊重农民真实意愿的基础上，合理有序促进农业市场化、节约化、组织化、规模化发展。依法保护企业主体经营权，保护以农村土地承包经营权向金融机构融资担保、入股从事农业产业化经营等有利于降低交易成本、适合农民需求、符合法律规定的行为，助力实现乡村产业兴旺、农民生活富裕。

（六）加强脱贫攻坚后续司法保障，助推乡村振兴战略实施

习近平总书记指出，打好脱贫攻坚战是实施乡村振兴的优先任务。加强脱贫攻坚后续司法保障，是持续深入打好攻坚战必须考虑的重要问题，也是

人民法院作为参与者和实施者，需要认真思考和应对的问题。例如，在当前贵州易地扶贫搬迁集中安置的新市民居住社区，大量涌入的新市民司法需求必然增加，配套措施亟须跟进。人民法院要在及时合理调整现有人民法庭资源的基础上，通过在新市民居住社区设立诉讼服务中心和巡回审判点等方式，打通司法为民“最后一公里”。同时，保持深度跟踪调研，掌握新市民入驻点人口基数、案件数量、经济发展等情况，加强与相关部门汇报沟通，积极争取人员、编制、资金支持帮助，推动在符合条件的地点增设人民法庭。再如，针对因脱贫攻坚、乡村振兴、农村改革等出现的新市民损害赔偿问题，需要结合户籍改革发展趋势，积极探寻和厘清损害赔偿标准，为地方人大等部门立法提供鲜活的参考案例，通过依法保护新市民的合法权益，巩固脱贫攻坚成果，推进乡村振兴战略实施。

六　结语

在推进全面建成小康社会和建设社会主义现代化国家全局性、历史性任务面前，人民法院要自觉担负职责使命，切实为决战决胜脱贫攻坚和实施乡村振兴战略提供大力度高质量的司法服务和保障。两大战略内容复杂、任务艰巨，人民法院要紧紧围绕总体要求，把准党委政府决策重心，全面发挥自身优势，凝聚脱贫攻坚和乡村振兴各方力量。持续跟踪调研，善于总结问题、发现疑难问题、预见潜在问题，为脱贫攻坚和乡村振兴战略实施提供更加务实有效的司法实践依据。

B.7

黔东南州检察机关保护企业合法权益实践研究

尹科峰　舒 贵*

摘　要： 黔东南州检察机关立足州情，充分发挥检察职能，主动服务全州工作大局，采取“五四三二一”工作法，即注重“五个路径”，夯实检察机关保护企业合法权益的基础；注重“四项机制”，拓展检察机关依法保护企业合法权益的工作渠道；注重“三类走访”，广泛赢得保护企业合法权益工作的支持；注重“两个新媒体平台”，传播检察机关保护企业合法权益好声音；注重依法办理“一批涉企案件”，切实保护企业合法权益。依法开展保护企业合法权益专项工作，取得了良好效果。但在实际工作中，仍然存在保护企业合法权益工作的瓶颈，需要研究解决，真正实现保护企业合法权益，营造有利于企业健康发展的法治环境。

关键词： 检察机关　企业合法权益　贵州　黔东南州

党的十八大以来，党中央、国务院把保护企业、企业家合法权益，放在更加突出的战略地位，积极营造促进企业健康发展、企业家健康成长的环境，打造让企业家大显身手的发展平台，充分发挥企业家内生动力，大力激

* 尹科峰，中共贵州省委政法委执法监督处四级调研员；舒贵，黔东南州人民检察院法律政策研究室主任、检委会委员一级员额检察官。

发企业家创新引领示范的精神。检察机关作为我国的法律监督机关，如何发挥自身工作职能，主动融入国家战略中，发挥检察职能服务工作大局是检察机关需要深入思考研究的一项重大而深远的课题。贵州省黔东南州检察机关立足检察职能，突出法律监督主责主业，正确处理经济发展与法律监督的关系，注重创新工作方式，主动服务党委中心工作大局，积极拓展检察职能，积极探索检察机关保护企业合法权益的有效路径，采取行之有效的措施深入推进保护企业合法权益工作的开展，充分体现了检察机关在法律监督过程中的实践价值。

一　检察机关开展保护企业合法权益工作的重大意义

企业家是我国社会主义市场经济活动的重要主体，同时也是实施创新驱动、推动改革开放、推动经济发展的重要力量。党中央、国务院将营造法治化营商环境纳入国家重大发展战略中，对保护企业合法权益，推动企业家积极参与改革开放、推动企业积极释放创新动力，实现经济持续健康发展具有重大意义[①]。人民检察院作为法律监督机关，是社会主义法治建设的重要力量，依法保护企业合法权益，促进企业健康发展，是检察机关围绕中心、服务党委工作大局，促进经济社会发展的重要体现和必然要求。

二　检察机关开展保护企业合法权益工作的实践价值

开展保护企业合法权益工作以来，黔东南州检察机关自觉践行正确的发展理念和执法理念，创新“五四三二一”工作法，延伸工作触角，拓展检察职能，主动服务企业发展，营造良好的法治营商环境，积极探索工作新路径，取得了较好的效果。

① 李景忠：《浅谈检察机关如何更好维护企业家权益》，《法制博览》2018 年第 33 期。

（一）注重“五个路径”，夯实检察机关保护企业合法权益的基础

2019年以来，黔东南州检察机关注重“五个路径”，广泛开展走访活动。一是走进党政机关。主动向党委、政府、人大、政协等“四大班子”专题汇报保护企业合法权益专项工作，认真听取党政机关对检察机关开展保护企业合法权益工作的意见或建议，进一步改进检察工作方式方法。全州检察机关积极向地方党委、政府、人大、政协等党政机关汇报保护企业合法权益专项工作127次，获得领导肯定批示123件次。二是走进企业。结合全州企业生产、经营的特点，精心安排了保护企业合法权益专项工作走访调研方向，通过召开专项工作部署会、推进会、交流会等形式，明确调研对象、重点、内容等事项，结合调研部署检察干警“一对一”“一对多”走访调研企业活动，深入企业的生产、经营场所，了解企业生产经营状况。重点就企业在生产经营和发展壮大过程中对法治的需求进行深入的了解，并就如何防范经营方面的法律风险和用工方面的劳务问题向企业提出对策建议。全州检察机关走访企业423家，为企业提供意见建议342条，形成书面调研报告22份，得到企业的认同，取得良好的效果。三是走进工业园区。积极开展“保护好企业、企业家合法权益”的典型案例警示活动，展示典型案例，广泛宣传企业、企业家如何运用法律手段维护自身的合法权益，同时深入剖析个别企业、企业家实施违法犯罪的根源，阐述企业、企业家实施违法犯罪对市场经济发展和企业本身发展所造成的严重后果。全州检察机关深入工业园区258人次，开展法制宣传134场次。四是走进行政执法职能部门。重点深入工商联、工商行政、市场监管、环保、国土、林业等部门，主动加强与行政执法部门的沟通联系，建立和健全保护企业合法权益工作协作机制，形成推进工作的内外整体合力。全州检察机关深入行政执法部门125人次。五是走进群众中。广泛深入社区、村寨，开展法治宣传活动123次、参与群众达10.9万人次。运用典型案例深入宣传，引导公民运用法律手段维护自身在企业工作期间的合法权益，警示公民遵守法律保护企业、企业家投资兴业的合法权益。

（二）注重“四项机制”，拓展检察机关依法保护企业合法权益的工作渠道

注重“四项工作机制”，切实维护企业合法权益，着力破解工作难题，促进企业健康发展。一是建立完善涉企案件的绿色通道机制。检察机关在办理涉企案件时，注重办理涉企案件绿色通道，对涉企案件坚持优先受理、快速办理、及早结案。立足批捕、起诉、民事行政检察等职能作用，注重双向发力，严打侵害企业合法权益的犯罪。充分发挥检察一体化办案优势，对涉及企业重大疑难复杂案件，在审查移送、调取证据、指导办理等方面加快进程、形成合力，保障企业的正常生产秩序和企业家人身财产安全。比如丹寨县检察院办理王某某等四人盗窃价值 35 万余元楠木制品案时，在审查起诉中，秉持着快捕快诉依法保护企业合法权益的办案理念，在公安机关补充侦查再次移送审查起诉后，在 10 天内依法向人民法院提起公诉，依法保护了企业合法权益。二是建立联席会议工作机制。全州检察机关及时加强与州、县两级工商业联合会的沟通协调，建立和健全工作联席机制，成立了依法保护企业合法权益工作协调领导小组、明确专人充实到协调领导小组办公室，建立依法保护企业合法权益联席会议制度，对统筹、协调、指导有关保护企业合法权益工作予以明确。三是建立协作工作机制。深入州县两级工商行政、市场监管、环保、国土、林业等部门，主动加强与行政执法部门的沟通联系，构建保护企业合法权益工作协作机制，依法保护企业合法权益不受侵害。2019 年以来，全州检察机关与相关行政执法部门建立协作工作机制 16 个。四是创新建立“两法衔接”服务平台工作机制。黔东南州检察院率先在全省首创行政执法与刑事司法相衔接的“两法衔接”工作机制，着力打造“两法衔接”工作平台，紧紧围绕服务企业发展，强化法律监督，精准掌握企业的法律服务需求，严打侵犯企业合法权益的犯罪行为，依法保护企业合法权益，营造企业健康成长的环境。

（三）注重“三类走访”，广泛赢得保护企业合法权益工作的支持

全州检察机关深入走访广大人民群众、人大代表、政协委员，通过走访宣传保护企业合法权益专项工作，赢得广泛支持。一是走访广大人民群众，以开展保护企业合法权益专项工作为契机，广泛深入149个村寨，走访4300余户群众，了解人民群众民生、民情，农村生态建设情况。积极拓展群众诉求“绿色通道”，畅通群众诉求途径，提高群众遵法守法意识，提升群众参与保护企业合法权益工作热情，切实把执法办案过程变成联系群众、依靠群众、服务群众的过程。二是走访人大代表，分别走访省、州、县三级人大代表113人次，重点走访具有人大代表身份的优秀企业家，及时向人大代表报告检察机关开展保护企业合法权益专项工作的情况，介绍检察机关在保护企业合法权益工作所具有的检察职能，采取的新措施、新成效，积极争取人大代表对检察工作的支持。三是走访政协委员，广泛深入各阶层，走访省、州、县政协委员108人次，尤其是重点走访具有政协委员身份的企业家，广泛听取政协委员对检察工作的意见或建议，进一步改进工作方式方法，深入推进保护企业合法权益工作的开展。

（四）注重“两个新媒体平台”，传播检察机关保护企业合法权益好声音

黔东南州检察机关在注重运用传统平面媒体宣传检察工作的同时，搭建微博、微信两个新媒体平台，强化载体，创新形式，检察主阵地作用得到充分发挥。结合检察工作实际，运用通俗易懂的语言、生动形象的方式宣传报道检察机关开展的重要活动、重大部署以及检察业务、队伍建设、保护企业合法权益等专项工作的开展情况，同时充分利用“两微一端”宣传平台，适时向社会公布检察机关依法办理的侵害企业合法权益典型案例，树立了检察机关强化法律监督、维护公平正义的形象，传播了检察好声音，传递了检察正能量。2019年以来，全州检察机关开展法治宣传342人次，利用微博、微信发布宣传检察工作的信息1398条。

（五）注重依法办理“一批涉企案件”，切实保护企业合法权益

全州检察机关不断强化保护企业合法权益职责意识，充分发挥检察职能，依法办理了一批涉企案件，依法维护企业合法权益。某县检察院依法办理某房地产开发商股东黄某涉嫌职务侵占一案，该院选派骨干力量，及时深入调查和审查，发现该案在立案侦查近两个月后，仍然未能收集到证明黄某有犯罪事实的充分证据，该县检察院立即向公安机关发出《要求说明立案理由通知书》，随后，公安机关主动对黄某涉嫌职务侵占案做出了撤销案件的处理。案件撤销后，黄某家属向该院赠送“法律监督、主持正义”锦旗表达感激之情。该案系黔东南州检察机关开展保护企业合法权益专项工作以来首例监督纠正不当立案的涉企案件。2019 年以来，全州检察机关依法办理涉企刑事案件 171 件、涉及 397 人，依法办理涉企民事案件 30 件、涉及 70 人和涉企行政案件 8 件、涉及 124 人，依法提起公益诉讼案件 2 件、涉及 2 人，保护企业合法权益工作得到广大群众和企业家的一致好评。

三 制约检察机关保护企业合法权益工作的因素

当前，各级检察机关开展保护企业合法权益工作得到进一步加强，取得了一定的工作成效，但是，我们也清晰地认识到，侵害企业合法权益和企业从事违法犯罪的情况时有发生，检察机关依法保护企业合法权益工作面临的困难和瓶颈也尤为突出。

（一）部分企业对依法治企的必要性和紧迫性缺乏充分认识

市场经济是竞争经济，同时也是法治经济。市场主体深谙法律法规、诚实合法经营，有助于企业在市场中高效运行发展和壮大。[①] 在走访调研过程中笔者发现，绝大部分企业和企业家，在生产经营中能较好地遵守法律法

① 左坚卫：《加强企业家权益保护的路径思考》，《人民论坛》2019 年第 9 期。

规，践行诚实守信原则，做到诚信经营，规范经营，但对于法律知识，尤其是涉及企业纠纷等方面的法律知识不甚了解，难以有效运用法律和相关政策正确处理和维护自身合法权益。

（二）部分企业法律人才储备不足

全州企业以中小型、轻工业和第三服务业为主，在走访过程中笔者发现，许多小微企业家自身学历不高，企业又缺乏相关法律人才；一些经济规模相对较大的国（民）营企业，仍然没有建立专门的法律事务机构，法律人才储备严重不足，对于企业生产经营中遇到的法律问题，缺乏科学、专业的分析、研判，在产权保护、涉及纠纷方面往往较为被动。

（三）检企互动不深入，缺乏良好的互动平台

一方面检察机关服务企业发展的工作主要集中在走访企业、送法律知识进企业等层面，还需要就服务的内容和方式进一步创新和丰富；另一方面是部分企业家对检察机关开展保护企业合法权益工作认识不足，担心检察机关过多地掌握企业的经营管理漏洞和市场信息，因此影响企业的正常运转和市场声誉。[①] 企业对于检察机关服务工作存在动力不足、消极配合的情形，造成检察机关单向式服务较为突出，缺乏良好的互动平台。

（四）相关行政执法部门管理与执法监督体系不健全

目前，相关行政执法部门针对企业的经营活动的管理逐步形成以集中式执法检查活动为推动，以日常监督执法为基础。[②] 但因行政执法部门及执法人员执法权限不明确，处罚尺度不统一，行政执法力度失之以宽、失之以软，出现推诿扯皮的现象，没有形成工作合力。同时，在现实生活中相关行

① 汤亮：《平出于公　公出于道——法律为民营经济健康发展保驾护航之刍议》，《上海人大月刊》2019 年第 1 期。

② 李灯强、陈莉莉：《当前形势下保护和支持企业家的若干建议》，《决策与信息》2018 年第 7 期。

政执法部门的部分行政执法人员法制观念薄弱，对保护企业合法行为和依法查处企业违法行为的重要性认识不足，工作积极性不高，导致工作力度减弱。

四　检察机关探索保护企业合法权益的路径

（一）统一思想认识，切实树立保护企业合法权益的大局观念

人民检察院是国家法律监督机关，同时是社会主义法治建设的重要组成部分，在化解社会矛盾、维护社会和谐、促进社会正义、保障经济发展方面承担着重要的职责，发挥着不可替代的作用，检察机关服从服务于经济建设中心，这是检察工作党性观念的重要体现和必然要求。[①] 因此。检察机关在实际工作中要紧紧围绕党委政府关于经济社会发展的工作部署开展执法工作，锐意化解阻碍经济社会发展的各类矛盾，切实关切人民群众对权益保障和公平正义的强烈追求，必须发扬担当精神，积极履职尽责，主动为产业发展、项目建设、环境优化、民生改善等创造和谐稳定的社会环境和公平正义的法治环境。

（二）立足检察职能，依法保护企业和企业家合法权益

一是依法打击侵犯企业和企业家合法权益的各类犯罪活动，加大对侵犯企业家、管理者和从业人员人身安全、财产安全的犯罪的打击力度，对向企业敲诈勒索、吃拿卡要、收取“保护费”、强买强卖等侵害企业合法权益的犯罪要充分发挥批捕、起诉职能，依法快速审查处理，确保案件在检察环节不滞留，为企业经济发展创造稳定的治安环境。[②] 二是聚焦检察主业，强化诉讼监督，加强对经济犯罪侦查权等公权力的监督，对越权办案、插手经济纠纷的侦查行为坚决予以纠正，严防将民事纠纷当作刑事案件来办。三是认

① 徐日丹：《宽严相济　保护企业家合法权益》，《方圆》2017 年第 24 期。

② 刘兴成：《法治何以保护企业家精神》，《法人》2017 年第 11 期。

真落实涉企案件回访制度，对舆论关注、社会影响大，影响企业发展稳定的重大案件，联合工商联适时回访，了解涉案企业对司法办案的意见、建议。积极消除不良影响，在法律允许范围内采取措施，帮助企业恢复正常经营管理秩序。

（三）规范执法行为，努力提高服务企业工作水平

在办理涉及企业案件时，坚持从有利于维护企业正常生产经营、有利于维护企业职工利益出发，正确处理好办案与企业正常生产经营的关系，在执法过程中，既要严格遵守法定的程序，严格执行办案纪律，严禁越权办案，违法办案，又要讲究方式方法，选择办案时机和方式，注意减少对涉案企业的影响，审慎对涉案企业和企业家采取强制措施，最大程度保障企业健康发展，切实维护检察机关的良好形象①。

（四）进一步建立健全工作衔接机制，努力形成保护企业良好局面

主动加强与工信局、投资促进局、工商业联合会等部门的沟通协调，建立保护企业、企业家合法权益衔接机制，建立办理侵害企业家合法权益犯罪案件“绿色通道”，通过优先办理，依法打击，切实增强企业家创新创业的信心。

（五）深化检企互动，积极弘扬创新、拼搏、敬业的企业家精神

持续开展“检企联席会议”、“检察长、董事长座谈会”（简称“两长”座谈会）等活动，充分掌握企业在运营中的困难，认真了解企业内部的不稳定因素和企业及周边社会治安方面的问题，提出解决措施和防范对策②。积极做好“送法进企业”工作，采用案例分析、座谈交流、图片展览等多种形式，有针对性地开展经常性的涉企法治宣传教育，全面提高企业家和员工的法治意识，有效预防刑事犯罪的发生。

---

① 孙坚、陈捷：《企业家要刑事合规》，《董事会》2018 年第 6 期。

② 吴万相、聂祥帝：《毕节七星关：召开保护企业家合法权益“两长”座谈会》，《方圆》2019 年第 11 期。

B.8
贵阳市监察机关工作机制建设及运行研究

——以2018年贵阳市监察体制改革试点工作为例

贵阳市纪委市监委课题组*

摘　要： 国家监察体制改革初期，贵阳市纪委监委合署办公后机制建设短板弱项明显，成为影响改革纵深推进的重要瓶颈。本文从贵阳市监察机关机制建设出发，总结当前主要做法和成效，分析存在的具体问题，并从监督检查、留置、协作联动、现代技术手段、专业化能力提升、自我监督等6个方面提出对策和建议，为监察机关高效运行提供机制保障。

关键词： 国家监察体制改革　监察机关　机制建设　贵阳市

深化国家监察体制改革，是以习近平同志为核心的党中央做出的事关全局的重大政治体制改革。贵阳市监察体制改革试点工作按照中央和贵州省委、贵阳市委确定的时间表和路线图，精心部署，积极探索实践监察机关运行高效的内外工作机制，取得阶段性成效。但由于改革时间短、涉及面广、程度深，仍有一些亟待破解的问题。课题组结合贵阳市监察体制改革试点工

---

* 课题组成员：赵福全，中共贵阳市委常委、市纪委书记、市监委主任；陈明，中共贵阳市纪委常委、市监委委员；何成江，中共贵阳市纪委市监委调研法规室主任；邹开勇，中共贵阳市纪委市监委党风政风监督室主任；李正贵，中共贵阳市纪委市监委组织部副部长；唐双辉，中共贵阳市纪委市监委调研法规室副主任。执笔人：邹开勇、李正贵。

作，坚持问题导向、目标导向、结果导向，查找分析纪委监委合署办公后机制建设的短板弱项，提出对策建议，以期更好巩固和扩大监察体制改革试点工作成果，确保监察机关高效运行。

一　贵阳市探索监察机关工作机制建设的做法与成效

贵阳市纪委监委根据《监察法》赋予的监察权限，对标对表中央、省委深化监察体制改革试点工作"时间表""路线图"，围绕建立健全工作运行、纪法衔接、内部监督机制，认真履行监督调查处置职责，准确把握监察对象和范围，遵守监察权限、调查措施等规定，不断探索实践，建立健全各项内部管理、对外协同协作的工作机制，成效明显。2018 年 1 ~9 月，全市监察机关共立案 1379 件，采取调查措施 2200 余件（人、次）。《监察法》赋予监察机关的 12 项措施均已使用，使用最多的是询问（500 余次），最少的是勘验检查（1 次）。重点使用留置措施，全市各级监委共留置 52 人，其中市本级留置 13 人。

（一）狠抓工作制度建设，确保运转衔接顺畅

针对落实省"2 +6"制度部分环节进行程序规范，着力把好制度关、协调关、审理关、流程关、留置移送关、队伍关和案件质量关，先后制定出台《贵阳市纪委监委线索管理办法（试行）》等 10 项制度。市监委会同政法、审判、检察、公安、司法机关联合制定《市委政法委支持配合监察机关查办案件工作办法（试行）》等，有效解决协助调查、案件移送、证据认定等问题。在强化内控机制建设方面，建立健全审查调查专题会议制度，2018 年 1 ~6 月，市纪委市监委召开专题会议研究案件 9 次。加强党组织对审查调查工作的领导，上半年成立 6 个执纪审查调查组，均按照"三同步"① 原则成立了审查调查组临时党支部，充分发挥战斗堡垒作用，提升

① 临时党支部与审查调查组同步成立、同步开展工作、同步撤销。

了调查组的凝聚力、战斗力，为安全高效完成各项工作提供了政治保障。在着力完善以制度管权、管事、管人的长效机制方面，就进一步规范执纪审查、公文处理、线索管理、留置点管理、采取留置措施风险评估、上报事项、财务管理、车辆管理、涉案物资管理等9个方面建立了管理措施或办法。

（二）狠抓协调机制建设，确保治理效能转化

充分发挥贵阳市委政法委的协调作用，根据中央、贵州省委、贵阳市委有关政法机关支持配合监察机关查办案件工作的系列要求，参照中央、贵州省的有关规定，贵阳市监委牵头会同法院、检察院、公安局、司法局等单位，起草《贵阳市监委机关留置场所设置及管理工作方案》等6个文件，有效解决相关单位配合纪委监委工作的细节性问题，推动监察程序与司法程序有序衔接对接，加强纪法贯通、法法衔接，依法依纪运用各种职能和手段，形成案件查办的整体合力，实现了各职能部门之间的信息共享、优势互补和协调联动的反腐败新格局。2018年1～6月，市检察院、市公安局、市司法局向市监委移送问题线索911件。全市各级检察机关共受理监委移送案件5件，涉及6人，其中采取留置措施5人。全市两级法院按照新制度受理的移送案件有1件。市公安系统协助各级监委查询人员相关信息25次共涉及147人，协助各级监委办理案件12案12次，协助各级监委看护留置21次，抽调看护人员252人。

（三）狠抓监督职责履行，优化机构人员配备

在积极完善内设机构设置和明确职责方面，参照贵州省纪委省监委的做法，贵阳市纪委市监委在机关"三定"规定正式出台前拟定并提请贵阳市委常委会议和市改革试点工作小组会议审议通过《贵阳市纪委监委机关内设机构和所属事业单位设置等有关事项的建议方案》，对内设机构、人员编制和领导职数设置等有关事宜予以明确。市纪委监委设11个纪检监察室，其中第一至第六纪检监察室负责监督检查，第七至第十一纪检监察室负责审

查调查。在强化外部监督制约方面，严格落实请示报告制度，梳理需向上级报告的17项重大事项。通过列席市人大常委会与“一府一委两院”联席会、新闻发布会通报工作情况、曝光典型案例等形式，主动接受人大监督、舆论监督、群众监督。在强化干部监督制约方面，认真贯彻执行《监督执纪工作规则》，2018年上半年未发现打听案情、过问案件、说情干预办案登记备案等问题。严格执行有关市纪委监委机关涉案款物管理暂行规定要求，设立专用账户、专门场所，实行双人双锁保管，由机关党委和办公厅专人负责，定期盘查。入库、交接、调取、移送必须由执纪审查组、机关党委、办公厅三方共同签字。严格规范约束纪检监察干部行为，强化市纪检监察机关“数据铁笼”的管理使用，强化日常监督。对纪检监察干部不担当不作为突出问题进行整治，塑造优良作风。坚持“零容忍”清理门户，严防“灯下黑”，2018年1~9月，全市共处置纪检监察干部问题线索43件，党政纪处分2人，谈话函询纪检监察干部11人。

（四）狠抓干部转隶融合，确保实现“1+1>2”的效应

一是在交流中推动融合。牢牢把握人员转隶这个关键环节，坚持“面对面”“一对一”，开展两轮转隶人员谈心谈话85人次，一轮家庭走访40户，做到谈心谈话的全覆盖，确保转隶人员思想平稳、工作有序。转隶人员到岗工作第一天，向转隶人员发放温馨提示单，告之乘车、就餐、联络等具体事宜，把对转隶人员的关心落实在具体细节上。二是在工作实践中推动融合。在“两访一谈”征求转隶干部岗位意见的基础上，采取优势互补、取长补短的原则，将转隶干部39名（另1名为市监委委员）分别交叉混编安排岗位，编入第八、九、十、十一纪检监察室4个临时机构，明确了临时机构负责人及临时党支部书记。同时，根据贵阳市纪委市监委“一线”工作需要，通过抽调轮岗等方式，将转隶人员统筹安排到市纪委、市监委机关各室（部）开展工作，保证每个室（部）都至少有1名转隶人员，全方位推动人员的工作快速融合。三是在素质提升中推动融合。积极开展并参与“大培训”，转隶后第一时间就先行组织对纪检干部、转隶干部进行党纪党

规、法律法规培训；《宪法》和《监察法》公布施行后，组织纪检监察干部通过多渠道多方式认真学习，切实增强学法用法的行动自觉。2018 年 1 ~ 6 月，培训纪检监察干部 5000 余人次，其中转隶人员 20 批次、395 人次。同时，各区（市、县）也结合工作实际，多举措推进转隶干部融合。比如，南明区纪委监委制定干部轮岗融合方案，将转隶干部与原有纪委机关干部混编安置，按月实行交叉定岗，以老带新，全面增强融合度；息烽县将转隶的 12 人分别融入 7 个内设科室；花溪区将转隶人员和纪委人员交叉定岗安排在 6 个纪检监察室和案件审理室；观山湖区将转隶同志与原纪检干部混编，实行每个纪检监察室至少 1 名原纪检干部和 1 名转隶干部的“1 + 1”搭配方式，形成取长补短、相互促进的格局。

二　当前监察机关运行机制存在的问题

监察体制改革试点工作，是一项系统的复杂性工程。从贵阳市改革试点的工作机制推进情况看，监察机关运行面临一些困惑和亟待解决的问题。

（一）监察机关监督检查机制缺乏实施细则

一是监督是监察机关的第一职责。《监察法》第十一条规定：“监察委员会依照本法和有关法律规定履行监督、调查、处置职责。”其监督职责即“对公职人员开展廉政教育，对其秉公用权、廉洁从政从业以及道德操守情况进行监督检查”。但《监察法》未明确履行职责的程序、操作规程、实施方式等，因此在构建职责清晰、权责对等、尽责到位、追责有力的全链条、闭环式监察责任落实体系等诸多方面，都需要不断探索、实践，进一步明确监察机关依法履行监督职责的程序规程、方式方法。二是亟待探索赋予乡（镇、社区）相应监察职责的方式。乡镇属于地方一级政权组织，但《监察法》规定乡镇不设监察委员会，通过派驻或派出的组织形式推动国家监察向基层延伸，就近解决群众身边的腐败问题。往哪派、怎么派、如何管理派驻（派出）机构等方面，仍需探索完善。关于如何履行监察职责，对监察对象的监督，对职务违法犯罪问题的调查处置等权限不明确，影响制约监督全覆盖、正风反腐的力度。此外，贵阳市社区改革①后，社区既不属于《宪法》范围内的政权组织，又不属于区（市、县）党委政府的派出机构，社区监察机构（派出监察员）存在障碍。三是监察权限与保障机制不匹配影响监督调查处置工作。《监察法》第四章第十八条至第三十四条规定了监察机关的监察权限，但赋予监察机关履行监督调查处置职责的保障措施不完备，影响正常运行。比如，《监察法》赋予了监察机关“12＋3”的调查权限，但保障措施、使用机制、配套制度仍然不完备不匹配，在一定程度上制约着监察机关的高效运行。

（二）留置机制亟待明晰细化

《监察法》第二十二条虽对留置措施的使用做了明确规定，但在实践中仍有四个方面的困惑制约或影响了留置措施的实施。一是时限问题。在办案方面，《贵州省纪委监委业务工作程序规范（试行）》第五十六条明确的留置时限，不仅包括调查终结的时间，还包括案件审理、集体研究、向同级党委主要负责人和常委会请示汇报、宣布政务处分等环节的时间。尽管特殊情况下经批准可以延长一次，但延长时间不得超过三个月。强调纪在法前，要求纪委监委办理的案件在移送检察院审查前必须做出处理决定，实践中存在困难，特别是对一些重大、复杂案件来说时间略显不够。在留置通知书送达方面，《监察法》第四十四条规定“对被调查人采取留置措施后，应当在二十四小时以内，通知被留置人员所在单位和家属”。在实践过程中，时常出现被调查人不配合、家属不在辖区内、没有单位（个体户）等情况，《监察法》对留置通知书送达签收没有明确规定，影响执法。二是标准问题。《监察法》虽在第二十二条规定了监察机关对被调查人可采取留置措施的四种具体情形，但没有对“严重”“重大”等进行定性或者定量

① 2010年2月，贵阳市开展城市基层管理体制改革，通过“减转分合”，撤销全市49个街道办事处，成立90个新型社区。

的界定。在留置审批环节，只对区（市、县）监察机关留置呈批文书进行审核，且区（市、县）对“标准”“尺度”的理解不一，有的使用留置措施“审慎稳妥”过度，对审批时效造成直接影响。贵阳市监委制定《采取留置措施风险评估暂行办法》，对使用留置措施的充分必要条件作了初步探索，但缺乏具体可量化的指标。三是身份问题。《监察法》第十五条对监察对象范围做出具体规定。对非监察对象的行贿人，是否对其立案调查，目前尚存争议。《监察法》虽明确可以对行贿人采取留置措施，但在实施时，对行贿人采取留置措施是以受贿人立案为前提，还是可先行立案。四是保障问题。实现留置安全、规范，亟待强化制度顶层设计，出台相应的制度。根据《监察法》第二十二条规定，监察机关对被调查人使用留置措施，但被调查人不在管辖区域内，监察机关在公安机关的配合下，将被调查人带回本单位留置场所，客观上存在较大安全风险，因此为确保办案安全，有必要采取异地留置，但监察实践中，尚未建立异地留置、跨地区协同办案等方面的制度、机制。

（三）工作机制有待进一步完善

实际工作中，在纪法贯通、法法衔接上存在着一些问题。在管辖冲突方面，《刑法》《刑事诉讼法》关于管辖的规定，检察机关、司法机关是以地域管辖为主；而《监察法》第十六条规定：“各级监察机关按照管理权限管辖本辖区内本法第十五条规定的人员所涉监察事项”，遵循级别管辖与地域管辖相结合的原则；《贵州省纪委监委业务工作程序规范（试行）》第一条规定：“监督执纪问责和审查调查处置工作实行分级负责制，以分级负责制为主，指定管辖和地域管辖为补充。”但在监察实践中，监察机关对案件的管辖主要是管理权限，遵循的是“属人”管辖原则。不同的管辖规定，会导致逻辑上的偏差，上级监察机关办理的案件，由基层检察机关提起公诉，并由基层法院来审判，这类案件办理程序难以精准把握。比如，出现检察院退回补充调查、法院庭上质证以及启动非法证据排除、律师要求调取有关被告人（被调查人）有罪无罪或罪轻罪重的证据等情况，未有明确的具体的操作办法。在外部协助机制方面，沟通渠道不畅，需要查询的信息涉及银行、电信等各个专业部门，这些部门各自独立，存在审批复杂、技术壁垒、信息互有交叉的问题，给信息情报收集增加了难度。比如，电信等部门由于没收到上级部门的通知，对监察机关需要调取的通话记录、短信不便给予支持，每次查询都需要较多人力、时间和精力。又比如，公安机关在认可监察机关提供的使用技术调查通知书等法律文书方面面临机制障碍，导致同一事项需要反复签批协调。在内部工作机制方面。对涉及重大、疑难、复杂且有争议的案件，尚未建立审查调查与案件审理对违纪违法联席共同分析研判机制。对纪委常委会、监委委务会决策前，如何把好纪律关、法律关未做制度安排。同时，执纪审查以执纪审理为中心、执法调查以审判为中心的理念还没有树牢，围绕这两个中心的相关工作机制还在摸索中。在人事工作方面，全市检察机关共划转编制 231 名（市检察院划转政法专项编制 57 名，10 个区〈市、县〉检察院划转政法专项编制 174 名），实际转隶 162 人（市级 40 人，县级 122 人），由于处于改革试点过渡期间，对转隶人员的工资待遇、考核、晋升等机制政策亟待完善明确。

（四）信息化建设滞后

从监察机关外部看，在审查调查案件办理查询信息时，涉及公安、工商、税务、银行等大量外部单位，这些信息具有较强的专业性、独立性，且查询的信息量庞大、渠道分散，信息查询时间成本特别高，对监察机关问题线索处置、案情研判的精准性、及时性造成较大影响。从监察机关内部看，无论是线索管理还是审查调查相关文书的审批、编号，均没有信息化系统支撑，靠手工建立相关台账等，影响着比对查询的高效性、准确性。在查询相关金融系统信息中，手工填写空白查询函件，极易导致查询信息不全、资金额度错漏等，影响着证据的固定；在对党员干部廉洁自律查询回复中，涉及的党员干部较多，没有信息化查询系统支撑，易导致查询工作效率低、漏点多，进而间接影响干部的奖励选拔任用等。

（五）干部队伍执纪执法能力有待提升

纪委监委合署办公后，承担着监督执纪问责和监督调查处置的职能。据初步统计，贵阳市监察对象较改革前增加5.94万人，是改革前的2.42倍（增加比例排在前3位的是息烽县、白云区、观山湖区，分别增加了4.08倍、3.88倍和3.68倍）。纪委监委在推进队伍人员融合、工作流程磨合方面做了大量工作，也在制度建设方面做了积极探索，但真正实现两支队伍的全面融合还需持久用力。比如，纪委与检察院办案方式、思维模式、适用法规等不尽相同，执纪执法理念的深度融合有一定过渡期。如何处理好纪委与监委、监督与审查的关系，既避免交叉又相互协调配合；如何完善监察机关与司法机关的协作配合机制，从而实现纪法有效衔接、相互制约，这些都是新形势新任务对纪检监察干部队伍的政治素质和专业能力提出的新的更高要求，亟须加大培训力度和创新培训方法，培养造就一支既要懂纪律又要懂法律、既能依纪监督又能依法监察的纪检监察干部队伍，在实践中不断提升政治水平和执纪执法能力。

三　建立健全监察机关运行机制的对策措施

监察机关运行机制，具有鲜明的政治性、社会性、系统性。必须把建立健全监察机关运行机制摆在更加突出的位置，加强机制的法律性、科学性、配套性、程序性和规范性，下大力气破除尚存的机制障碍，构建通畅高效的监察机关运行机制。

（一）健全完善监督机制

纪委监委履行好监督首要职责，应从五个方面下功夫。一是切实提高政治站位。要站在净化党内政治生态、厚植党的执政根基的高度，切实提高思想认识，把监督作为第一职责，把监督贯穿于监督执纪问责和监督调查处置的全过程，始终坚持“惩前毖后、治病救人”的方针，贯通运用监督执纪

“四种形态”，努力实现政治效果、纪法效果和社会效果相统一。二是优化日常监督机制。要大胆探索创新，综合运用好批评教育、约谈函询、诫勉谈话等，让监督常在、形成常态，以制度的刚性约束保障责任的刚性落实；要练好日常监督“基本功”，特别是运用好大数据等新技术新手段，善于在海量信息中发现问题线索，为监督插上科技的“翅膀”。三是细化监督措施办法。要聚焦“谁来监督、监督什么、怎么监督、如何运用监督结果”等具体问题，开展清单化梳理，实行标准化规范，制定可操作的配套办法或者措施，对监督权限、监督事项、监督内容、监督程序、监督方式、监督结果等进行全面规范，进而增强全市各级监察机关的监督质效。四是强化基层监察延伸。建议省级以上层面出台监察工作向基层延伸的指导性文件，明确乡（镇、社区）监察员职责、工作关系和监察对象，赋予乡镇监察员除限制被调查人人身权、财产权以外的调查措施，如可以使用谈话、询问、查阅、调取等措施。五是加强内控机制建设。规范线索处置、谈话函询、初步核实及监督管理等环节，形成覆盖监督调查处置全流程的纪法衔接工作机制，破解长期以来困扰基层纪检监察队伍“专岗不专人、专职不专业”的难题。

（二）健全完善留置措施使用机制

《监察法》第二十二条对留置措施的使用做了明确规定，《贵州省纪委监委业务工作程序规范（试行）》进一步细化了留置措施使用有关规定。在留置时限方面，由于重大、复杂职务违法犯罪案件的办案时间较长，建议适当放宽处理决定做出时限，但必须确保在检察机关提起公诉前完成。在留置标准方面，建议从省级层面出台采取留置措施评估风险相关办法，进一步细化相关规定，统一留置措施的适用条件、使用标准，同时建立健全监察机关协作办案、异地留置等工作制度，提高案件办理质效，保障纪检监察干部、公安民警、检察机关干部和监察对象的安全。比如，明确规定公安民警在什么情形下可动用戒具，确保配合监察机关办案的安全。在非监察对象的行贿人是否对其立案调查方面，需要从省级层面做出系统安排，强化研判工作，进一步严格审批制度，鼓励大胆使用又要慎用少用留置措施。

（三）建立健全协作联动机制

《监察法》第四条第二、三款明确规定："监察机关办理职务违法和职务犯罪案件，应当与审判机关、检察机关、执法部门互相配合，互相制约。监察机关在工作中需要协助的，有关机关和单位应当根据监察机关的要求依法予以协助。"一方面，要切实发挥反腐败协调领导小组和党委政法委的作用，结合国家监察体制改革的要求，做好制度的"废改立"工作，特别是要建立健全司法执法机关配合监察机关的协作联动机制，提高部门间的协作效率，形成反腐败工作合力；另一方面，建议省级层面加强与有关管理部门的沟通协调，出台垂直管理部门和金融、电信等行业主管部门配合监察调查的工作措施和工作规范，推动基层监察机关用好用活调查措施，实现办案质量、办案效率的"双提升"。

（四）健全完善利用现代技术手段开展监督的机制

搭建信息查询平台，提高运用互联网、大数据等手段开展监督的能力，推动监督工作精准化、科学化。探索建立监察对象大数据监督管理平台，共享汇聚、提取分析全市监察对象的业务工作、个人信息等基本数据，对所有监察对象实现数据化监督、动态化监督、日常化监督，建立综合研判模型，嵌入监测预警模块，对监督产生的数据进行自动化分析并预警，全面提升监督效能。

（五）健全完善专业化能力提升机制

一是《监察法》作为实体法、部门法，应从国家层面建立学科门类，完善学科体系，为新时代培养专业的监察干部队伍奠定坚实的基础。二是依托各类高校、党校教育资源，加强对纪检监察干部法律法规的教育培训，提升专业化监督执纪执法能力。三是组建纪检监察咨询专家库，为各级监察机关开展咨询服务和风险评估。四是建议加快《监察官法》立法进程，及时出台相关规范性文件或者配套制度，明确监察官的准入条件、任免管理、职业保障等，全面推进高素质、专业化监察官队伍建设，提高纪检干部的职业荣誉感、归属感，推动反腐败工作法治化、规范化。五是有针对性地就谈话讯问等工作环节和监督方式方法等重要内容，举办高质量培训班，提升纪检监察干部业务能力和水平。

（六）健全完善自我监督机制

监察机关要加强自我监督，调整内部机构设置，严格审批程序和内控制度，实行案管、监督、调查、审理各环节相对分离、相互制约的机制。一是在机构设置上，问题线索由信访部门统一受理、案件监督管理部门集中管理；监督检查部门负责日常监督，不负责具体案件查办；审查调查部门负责对违纪违法行为进行初核和立案审查；案件审理部门发挥审核把关作用，从而形成相互监督制约的内部机制。二是在决策机制上，针对线索处置、案件调查、处分决定等重点工作，健全完善集体研判决策制度，坚决杜绝以领导个人和专题会议的形式代替集体决策。三是在内控制度上，严格执行请示报告、回避、涉案款物管理、借调人员管理、保密、安全责任制等规定，建立并严格落实打听案情、过问案件、说情干预等报告、登记备案制度，形成更加严密的自我监督体系。四是在内部监督上，坚持“零容忍”，充分发挥纪检监察干部监督部门的作用，严肃查处私存线索、跑风漏气、说情干预、以案谋私等违纪违法问题，严肃查处害群之马，坚决防止“灯下黑”。

B.9

贵阳市纪委监委净化新时代党内政治生态实践研究

贵阳市纪委市监委课题组*

摘　要： 新时代净化党内政治生态成为全面从严治党的重要任务。本文从贵阳市党内政治生态存在的问题出发，提出具体路径措施，并从党内政治生态监测预警角度入手，重点抓住“关键少数”，抽取影响党内政治生态的关键要素和关键行为，构建涵盖8个方面47项具体指标的监测预警指标体系，为纪检监察机关履行好监督专责、净化党内政治生态探索全新路径。

关键词： 纪检监察　党内政治生态　监测预警　贵阳市

党的十八大以来，以习近平同志为核心的党中央把全面从严治党纳入“四个全面”战略布局，把严肃党内政治生活、净化党内政治生态摆在更加突出的位置来抓，对营造风清气正的政治生态提出一系列新思想、做出一系列新部署。习近平总书记指出：“政治生态好，人心就顺、正气就足；政治生态不好，就会人心涣散、弊病丛生。”全面净化党内政治生态是当代中国共产党人的历史使命，研究净化党内政治生态的路径措施是当前需要解决的

* 课题组成员：赵福全，中共贵阳市委常委、市纪委书记、市监委主任；陈明，中共贵阳市纪委常委、市监委委员；何成江，中共贵阳市纪委市监委调研法规室主任；邹开勇，中共贵阳市纪委市监委党风政风监督室主任；文颖莉，中共贵阳市纪委市监委派驻第十一纪检监察组组长；唐双辉，中共贵阳市纪委市监委调研法规室副主任。执笔人：邹开勇、文颖莉。

课题。本文从纪委监委开展党内监督和国家监察角度，对当前党内政治生态存在的问题、净化路径、考评指标进行了探索研究。

一　当前党内政治生态存在的问题及成因分析

政治生态是党风、政风、社会风气的综合反映，影响着党员干部的价值取向和为政行为。[①] 党内政治生态，是指政党内部的政治生态，综合反映党内政治生活状况及其发展环境，主要体现党内风气尤其是领导干部的作风。从党内政治生态的内涵不难看出，党内政治生态具有鲜明的政治性，但同时具有脆弱性，良好党内政治生态在形成过程中面临的“污染源”太多，极易受到污染。党的十八大以来，以习近平同志为核心的党中央，强力正风肃纪反腐，党内政治生态明显净化，党风政风社风持续向上，但“潜规则”“关系网”“利益链”等仍然具有一定市场，用人之风不正、党内关系不纯、社会交往不净、家教家风不严等一系列问题有待纠治，“四风”问题时常反弹，违规违纪问题时有发生，反腐败斗争形势依然十分严峻复杂。

党内政治生态一旦出现“病态”，往往具有普遍性和顽固性，以贵阳市为例，2017 年 7 月，贵州省纪委专题研判分析各市、州党内政治生态，做出了“贵阳市政治生态总体较好”的综合判断，但也指出存在的一些问题。

（一）执行政治纪律和政治规矩不严不实的现象依然存在，“七个有之”问题不同程度地存在

有的地方、部门和领导干部“四个意识”不强，落实中央和省委决策部署打折扣、搞变通、流于形式、浮于表面的现象时有发生；有的在组织调查过程中，企图通过与他人串供、隐匿证据、向组织提供虚假情况等逃避查处；有的村干部在换届选举中顶风违纪违反换届纪律；有的“一把手”长期违规直接分管人财物和基建工作，带头以权谋私、违法乱纪，比如，某区

① 刘云山：《努力营造良好政治生态》，《学习时报》2015 年 5 月 18 日。

法院原党组书记、院长张某某长期直接分管人财物和基建工作，并且个人说了算，严重违反党的政治纪律和组织纪律。

（二）“两个责任”落实力度层层递减，管党治党失之于宽松软的问题在个别地方、部门仍然突出

有的党组织和领导干部全面从严治党主体责任抓得不牢，从严治党只是口头说说、会上念念，心中无底、手上无招；有的部门依然重业务、轻党务，重安排、轻落实，党组织负责人谈业务头头是道，谈党建思路不清、抓不住要点；有的地方或单位党的领导弱化，比如，某区区直部门有党组成员2人及以下的17个，其中只有1名党组书记或党组副书记的7个，未配备的3个，导致长期只能召开党组（扩大）会，党组织的集中统一领导形同虚设、名存实亡。

（三）执行党内政治生活法规制度不严格，党内政治生活庸俗化现象依然存在

有的领导干部执行民主集中制不到位，搞“少数人”说了算或“一言堂”；双重组织生活执行不好，参加所在党支部组织生活甚少；有的县和单位对清缴党费工作不重视、不上心，以提交“零报告”敷衍了事；有的基层党组织“三会一课”制度落实不到位，组织生活不严肃、不严格，比如，某市直部门下属党支部从2008年成立至今从未换届，未按要求开展工作。

（四）腐败问题没有得到全面遏制，不收手、不收敛的现象依然存在

有的干部心存侥幸，不收手、不收敛，顶风作案；有的则利用职务便利为本人亲属或其他特定关系人在项目承接、职务升迁等方面打招呼；有的履行工作责任不到位，对存在的风险隐患缺乏敏锐性和警觉性，麻痹大意、胆大妄为，不尽职尽责，以致给党和国家利益造成重大损失；有的直接插手工程项目，搞权力寻租、利益输送，比如，某国有企业党委委员、副总经理商

某，利用职务影响，为亲属的经济活动谋取利益，与服务对象权钱交易搞利益输送。

（五）“四风”树倒根存，滋生不正之风的土壤和因素依然存在

公款吃喝、违规发放津补贴等“顽疾”依然存在，又出现了一些“四风”问题的新变种，比如，市属某中学组织校级领导及部分中层干部、骨干教师公款旅游。形式主义、官僚主义作风屡禁不止，比如，黄某某分管某乡扶贫工作期间，未按照有关要求开展工作，导致该乡某村 2017 年 4 户不符合低收入困难户条件的农户被评定为低收入困难户。

（六）部分党员干部宗旨意识淡薄、脱离群众，侵害群众利益的现象依然时有发生

有的基层扶贫领域优亲厚友、虚报冒领、截留挪用、贪污私分惠民资金等问题屡禁不绝；有些干部，甚至少数党员领导干部仍然不收手、不收敛，插手干预工程建设，搞权力寻租、利益输送，沆瀣一气、团伙作案，比如，某区基层卫生系统违规染指公共卫生经费、基药补助等专项资金的腐败窝案，涉案人员达 32 人，涉案资金数百万元，全区 9 个乡镇卫生院无一幸免，影响极其恶劣。

二　净化新时代党内政治生态的重大意义

2013 年 1 月，习近平总书记在十八届中央纪委二次全会上首次提出“党内政治生态”概念，其后多次强调健康的政治生态对党和国家事业发展具有极端重要性，并亲自擘画推进党内政治生态净化工程，深刻表达了党内政治生态的工作方向，也充分展现了营造良好党内政治生态的重要性、艰巨性。

（一）净化新时代党内政治生态，是保证党的先锋队作用的必然要求

当前，我国社会主要矛盾发生变化带来的新考验、国内外形势发展变化

带来的新挑战、建设社会主义现代化强国的繁重艰巨发展任务和13亿人民对美好生活的更高期待带来的新压力、“四大考验”“四大危险”对党的建设提出的新要求都是前所未有的，中国共产党比以往任何时候都迫切需要保持一个良好的政治生态，从而持续增强自身政治领导力、思想引领力、群众组织力、社会号召力，始终走在时代前列，发挥先锋队的积极作用。

（二）净化新时代党内政治生态，是巩固党长期执政政治基础的必要前提

人民群众的拥护和支持是党最牢固的执政根基，人民群众反对什么、痛恨什么，我们就要坚决防范和纠正什么①，聚焦群众关心关切的问题解决好党内政治生态问题，不断增强党的自我净化、自我完善、自我革新、自我提高能力，不断提高党的长期执政能力、全面领导水平，不断厚植党的群众基础、执政根基。

（三）净化新时代党内政治生态，是推动全面从严治党纵深发展的迫切需要

随着改革开放的不断深化，党领导全国各族人民取得巨大成就，但政治生态恶化问题伴随而来，如从政环境受到污染，工作作风需要改进，腐败现象屡禁不止，特别是一些地方和单位出现系统性、塌方式腐败，严重污染了党内政治生态，严重损害了广大人民群众根本利益，严重影响了全面从严治党向纵深发展。

（四）净化新时代党内政治生态，是实现国家政治生态持续优化的重要途径

党内政治生态风清气正，国家政治生态才会山清水秀。健康的国家政治

① 习近平：《决胜全面建成小康社会　夺取新时代中国特色社会主义伟大胜利——在中国共产党第十九次全国代表大会上的报告》，人民出版社，2017。

生态，离不开有效的政治制度、广泛的政治参与，也有赖于健康的政治生活、清明的政治氛围，而中国共产党拥有高超政治智慧、丰富政治资源和强大政治能力，因此完全能建设一个良好的政治生态。“治国必先治党，治党务必从严”，只有从根本上扭转党内政治生态，国家政治生态才能持续健康优化，才能生机勃勃、活力充盈。

三　净化新时代党内政治生态的路径措施

回顾中国共产党的发展史，党内政治生态建设从未止步，这九十多年的实践经验，对净化新时代党内政治生态具有非常重要的启示和借鉴作用。聚焦我们党自身问题，习近平总书记系列重要论述为我们指明了净化新时代党内政治生态的路径措施，需要我们开启一场新的“自我革命”。

（一）从严从实加强政治建设，严守政治纪律

习近平总书记指出：“要解决党内存在的一些突出矛盾和问题，必须把党的思想政治建设摆在首位，营造风清气正的政治生态。”[①] 必须坚持以政治建设为统领，旗帜鲜明讲政治，坚决落实“两个维护”政治责任，牢固树立“四个意识”，始终坚定“四个自信”，学懂弄通做实习近平新时代中国特色社会主义思想，坚决忠诚核心、拥戴核心、维护核心。严明政治纪律和政治规矩，深查细照“七个有之”，对照“五个必须”明确努力方向，深化政治巡视巡察，培厚良好政治生态土壤，努力实现干部清正、政府清廉、政治清明。

（二）从严从实抓住“关键少数”，压实政治责任

习近平总书记强调：“营造良好从政环境，要从各级领导干部首先是高

① 习近平：《关于〈关于新形势下党内政治生活的若干准则〉和〈中国共产党党内监督条例〉的说明》，《人民日报》2016 年 10 月 24 日。

级干部做起。”[①] 帕累托法则认为“就关键少数和次要多数”的关系而论，“20%的事态成因，可以导致80%的事态结果”，领导干部是政治生态的“投影仪”，是全面从严治党的关键环节。引领领导干部加强思想道德修养，推动领导干部自觉担当领导责任和示范责任，形成“头雁效应”。完善市委常委包片联系政治生态“森林管护区”制度，进一步压实各级党组织管党治党政治责任。严格执行党内问责条例，以更加有力、更加精准的问责唤醒责任担当。

（三）从严从实强化选人用人，激发担当作为

习近平总书记指出：“要大力整治选人用人上的不正之风，使用人风气更加清朗，坚决纠正‘劣币驱逐良币’的逆淘汰现象，以用人环境的风清气正促进政治生态的山清水秀。”[②] 严格按照好干部标准，从严选好用好管好干部，树立鲜明的重实干重实绩的用人导向，真正做到以实绩论英雄，以作为论高低。从严管理监督干部，坚持严字当头，防止干部蜕化变质，保障干部健康成长。坚持严管和厚爱结合、激励和约束并重，增强干部信心，鼓舞干部斗志，有效发挥干部考核评价机制的激励鞭策作用。

（四）从严从实严肃党内政治生活，保持优良传统

习近平总书记强调：“党内政治生活、政治生态、政治文化教育是相辅相成的，政治文化是政治生活的灵魂，对政治生态具有潜移默化的影响。”[③] 把着力提升党内政治生活质量作为夯实政治生态建设的根本之魂来抓，经常和定期开展组织生活，分析党员思想、工作等方面情况，把握组织生活的规律特点，推动党的组织生活制度化、常态化、规范化。严格执行民主集中制，规范党委常委会议事规则，完善常委会议决策制度，推动“三重一大”集体决策制度落地落实，用好批评和自我批评这个锐利武器，形成心齐气顺

① 习近平：《在中共中央政治局第十六次集体学习时的讲话》，《人民日报》2014年6月30日。

② 习近平：《在党的十八届六中全会第二次全体会议上的讲话》，《求是》2017年第1期。

③ 习近平：《在党的十八届六中全会第二次全体会议上的讲话》，《求是》2017年第1期。

的政治氛围。着力建设健康的党内政治文化，大力弘扬和践行忠诚老实、公道正派、实事求是、清正廉洁等价值观，引导干部自觉践行“三严三实”，不断增强政治定力、纪律定力、道德定力、抵腐定力。

（五）从严从实用好“四种形态”，坚持正风肃纪

习近平总书记在参加2015年全国两会时指出：“要深入推进反腐败斗争，下大气力拔‘烂树’、治‘病树’、正‘歪树’，使领导干部受到警醒、警示、警戒。”做实做细日常监督，对党员干部开展经常性“体检”，推动党员干部既干事又干净。锲而不舍落实中央“八项规定”及实施细则精神，驰而不息纠正“四风”问题，坚决防止反弹回潮，重点整治形式主义、官僚主义问题。坚持无禁区、全覆盖、零容忍，坚持“有腐必反、除恶务尽”，保持惩治腐败高压态势。开展扶贫领域腐败和作风问题专项治理，坚决惩治放纵、包庇黑恶势力甚至充当“保护伞”的党员干部。坚持惩前毖后、治病救人一贯方针，深入分析把握“树木”和“森林”的关系，正确运用监督执纪“四种形态”，减少腐败存量、重点遏制增量。

（六）从严从实改革创新机制，筑牢制度防线

习近平总书记在十八届中央纪委六次全会上发表重要讲话时强调：“着重完善党内政治生活等各方面制度，压缩消极腐败现象生存空间和滋生土壤，通过体制机制改革和制度创新促进政治生态不断改善。”建章立制筑牢制度防火墙是治本之策、是有力保障。加强制度建设，重在把好重点领域、锁住关键环节，坚决维护制度的权威和刚性，进一步形成“不能腐”的防范机制。对有章不循、有规不依的，发现一起、查处一起，绝不姑息，坚决防止制度变成“纸老虎”“稻草人”。织密扎紧关得住权力的制度铁笼，全面压缩权力任性空间，有效杜绝权力任性现象。围绕腐败案件做好“后半篇”文章，查找漏洞、吸取教训，实行“一案一整改”。进一步激发和保护党员干部干事创业的积极性，深入研究习近平总书记提出的“三个区分开

来”要求，探索建立尽职免责、失职追责机制，把制度作为决策施政、干事创业的重要准绳。

（七）从严从实用好监督手段，健全监督体系

习近平总书记指出：“要健全权力运行制约和监督体系，有权必有责，用权受监督，失责要问责，违法要追究，保证人民赋予的权力始终用来为人民谋福利。”① 稳步推进改革创新，坚持用好各种监督手段，构建纪律监督、监察监督、派驻监督、巡视巡察监督四个“全覆盖”监督新格局并取得实效。健全市县巡察机构，实现巡视巡察上下联动，从政治的角度发现“病症”、分析“病因”，提出精准的“体检报告”。积极推动以党内监督为主，并与国家机关监督、民主监督、司法监督、群众监督、舆论监督贯通起来、共同发力，促使广大党员干部自觉在纪律和规矩的“红线”内想事情、干工作、用权力。

四　建立新时代党内政治生态监测预警指标体系的思考

政治生态学认为，一个良好的政治生态体系必须拥有一个良好的内部运行体系。② 中国共产党作为领导党与执政党是中国政治生态良好内部运行体系的核心要素，只有准确分析影响政党纯洁和执政成效的主要变量，才能在实践中找寻实现政党纯洁与提高执政成效的增量路径，形成良好政治生态所需要的内部运行体系。自 2018 年 3 月起，为构建科学、合理、管用的党内政治生态建设指标体系，贵阳市纪委监委与市委办公厅、市委组织部、市委政研室、市督办督查局等单位组成起草组，征求区（市、县）党委以及市委政法委、市委讲师团等 13 家单位的意见和建议，并到市委党校实地调研座谈，初步形成通过抓住“关键少数”，按照客观与主观相

① 习近平：《在首都各界纪念现行宪法公布施行 30 周年大会上的讲话》，人民出版社，2012。

② 曹月柱：《政党纯洁与执政成效的政治生态学分析》，《武汉理工大学学报》2017 年第 5 期。

结合、定量与定性相结合、预警与问责相结合的原则，建立8个方面47项指标组成的监测预警指标体系，以此作为一个地区、部门（单位）的政治生态评价依据。

（一）监测预警主体

笔者认为，应以“关键少数”作为监测预警主体。评价一个地区、部门（单位）的党内政治生态，最关键就在于摸清领导班子、领导干部特别是“一把手”的状况，抓住这个，就抓住了政治生态的整体轮廓。[①]“关键少数”既是政治生态建设的主体力量，又是政治生态系统中最为核心、最为活跃的因素，在政治形成过程与演变进程中居于主导地位，《新形势下党内政治生活的若干准则》有32处对领导干部、15处对高级干部提出专门要求，《中国共产党党内监督条例》有22处对领导干部提出要求，由此可见，“关键少数”是净化政治生态的关键，将“关键少数”作为监测和评价党内政治生态的重点，既有利于压实责任，又有利于科学评价。同时，净化党内政治生态要坚持抓住“关键少数”与管住“绝大多数”相统一，“关键少数”引领示范“绝大多数”，“绝大多数”影响反映“关键少数”，“绝大多数”对党内政治生态产生影响的关键行为可以为监测预警“关键少数”提供参照。

（二）基本原则

一是客观与主观相结合。坚持以客观指标为主，用客观数据说话，辅以调研、查阅资料等途径，针对可量化的各要素进行客观性评价。主观指标作为参考性指标，合理控制权重比值，使评价结果尽可能趋于真实、客观和公正。

二是定量与定性相结合。坚持问题导向，全面把握可能影响党内政治生

① 贵州省纪委理论学习中心组：《科学研判党内政治生态　当好“护林员”》，《贵州日报》2018年4月26日。

态的各个要素，精准分析可能影响党的纯洁性、先进性以及执政成效的主要变量，对于可量化的，以真实的统计数据为基础，用定量指标直接表征政治生态状况，对于不可量化的，通过调查、分析等手段，用定性指标进行表述。

三是预警与问责相结合。由预警牵头部门根据工作情况，通过监测预警平台进行数据采集、汇总、研判、预警，坚持抓早、抓小、抓苗头、抓防范，通过预警将问题解决在萌芽阶段。体系中的 47 项指标设置了三个预警层级，分别给予提醒、约谈、问责等相应处理。

（三）指标设置

量化指标是预警分析的主要手段，政治生态监测预警指标设置应采取关键行为量化法，根据影响政治生态的关键行为要素以及行为程度进行赋值处理，给予不同级别的风险预警，从而实现抓早抓小，防微杜渐。从党内政治生态预警与评价、整改净化的关系来看，对影响党内政治生态“关键少数”关键行为的监测预警和客观评价一个地区、单位（部门）的党内政治生态之间有着因果联系，两者所使用的指标体系应具有共享性和统一性，而预警结果和评价结果具有一致性。就预警的作用而言，在一定程度上等同于风险管理，是对不确定性的管理，更加突出事前的预警和防范，及早发现问题，及时采取措施整改，降低净化党内政治生态的成本。由此来看，监测预警系统可以为评价和整改净化等提供强有力的手段，在整个党内政治生态管理体系中具有极其重要的地位，在此，本文对监测预警指标设置作探析，重点抓住“关键少数”，抽取影响党内政治生态的关键要素和关键行为，围绕 8 个方面设置 47 项指标开展监测预警。

一是党的政治建设首位度。是否把严明政治纪律放在首位，警惕和防止“七个有之”；是否落实“两个维护”政治责任，坚决贯彻落实党中央决策部署，保证中央、省委和市委各项重大决策部署及时有效落实到位；是否有理想信念不坚定，搞封建迷信、信仰宗教、参与邪教等现象；是否有搞团团伙伙、拉帮结派，吹吹拍拍、阿谀奉承现象；是否有不如实报告个人有关事项、学历造假等对党不忠诚、不老实问题；是否严格执行《中国共产党廉洁自律》准则，自觉规范从政行为；是否熟知党的理论、党纪法规。

二是党内政治生活规范度。是否扎实推动党的组织生活制度化、常态化、规范化，落实“三会一课”、民主生活会、领导干部双重组织生活等制度；是否严格执行民主集中制，完善党委议事规则和决策机制；是否落实“三重一大”制度，坚持科学民主依法决策；是否以党委（党组）中心组学习等制度为主要抓手，定期开展集体学习，坚持开展党内集中学习教育，把学习情况作为领导班子和领导干部考核的重要内容；是否积极开展批评和自我批评，落实谈心谈话制度。

三是全面从严治党主体责任落实度。是否及时研究部署党内政治生态建设工作，层层压实管党治党责任；是否对党风廉政建设工作进行部署、落实、检查和考核；是否落实党委主体责任清单；是否领导和支持纪委履行职责、查办案件，定期听取纪委工作汇报、积极协调解决工作中的问题、主动加强对纪委工作的指导；是否加强对党员干部的纪律教育，坚持以案促教、以儆效尤；是否推进干部约谈常态化、规范化、制度化，坚持咬耳扯袖，把问题消灭在萌芽状态、解决在初始阶段；是否严格执行“一案一整改”相关规定。

四是领导干部廉洁度。是否深入贯彻落实中央“八项规定”及实施细则精神、省委“十项规定”① 精神和市委二十九条实施细则②；是否对照习近平总书记批示的10种新表现③，认真查找本部门本单位形式主义、官僚主义突出问题，深入整治，补齐作风建设短板；是否率先垂范、层层带动，大兴调查研究之风、真抓实干之风、勤俭节约之风；是否保持反腐败高压态势，坚持有腐必反、有贪必肃；不收手不收敛违纪违法问题及扶贫领域案件是否频发多发；是否有影响恶劣、危害严重的腐败窝案串

---

① 《贵州省委关于改进工作作风、密切联系群众的十项规定》。

② 《贵阳市委关于改进工作作风、密切联系群众的29条实施细则》。

③ 习近平就新华社《形式主义、官僚主义新表现值得警惕》文章做出批示。

案发生；是否做好案件查办后半篇文章，围绕案件暴露的问题，针对性地堵塞漏洞，健全防范机制；是否开展好警示教育，用好反面教材，以案明纪。

五是选人用人公信度。是否坚持党的干部路线和选人用人原则、标准和程序，按照20字“好干部”标准①选拔任用干部；是否严格执行《关于加强干部选拔任用工作监督的意见》；是否存在用人失察失误或任人唯亲的问题；是否存在跑官要官、买官卖官、拉票贿选等问题；是否有领导干部配偶、子女及其配偶等亲属和身边工作人员因领导干部职权或者职务上的影响明显提拔过快、调动频繁的问题；是否对存在苗头性、倾向性问题的干部及时约谈、函询、诫勉或调整职务；是否落实干部群众对干部选拔任用工作的知情权、参与权、选择权和监督权。

六是制度建设有效度。是否建立健全完善制度，加强制度执行力和落实力，改革、完善制度的调整比例；是否知晓中央、省、市以及本地区、部门（单位）重要制度；是否严格落实《关于新形势下党内政治生活的若干准则》提出的党内学习、重大问题请示报告、党内选举、党员权利保障、党的组织生活以及领导干部调查研究、定期接待群众来访、同干部群众谈心等制度。

七是政治文化建设健康度。是否推进“两学一做”学习教育常态化制度化，扎实开展“不忘初心、牢记使命”主题教育；是否得到党员干部对本地区、部门（单位）党组织的各项管理和制度措施的认同。

八是社会公众满意度。该项指标包括社会公众对当地党内政治生态建设的满意度、当地领导对净化党内政治生态的重视程度以及公众对净化党内政治生态的信心程度、对当地干部关心和维护群众利益满意度、对当地干部作风满意度、对反腐败工作的满意度，社会舆论或公众监督渠道的畅通度、公众在政治生态建设中的获得感等方面。

---

① 2013年6月28日，习近平在全国组织工作会议上提出“信念坚定、为民服务、勤政务实、敢于担当、清正廉洁”好干部标准。

（四）监测预警

搭建贵阳市党内政治生态监测预警平台，由预警牵头单位负责平台相关数据的采集、录入、更新，平台自动生成预警信息，预警级别从低到高自动判定为三级黄色预警、二级橙色预警、一级红色预警。根据预警情况和预警级别，对其分别做出下发提醒单、实施约谈、启动问责等相应处置。如提醒和约谈无效，将自动启动一级红色预警，进行追责问责。

B.10
黔西南州兴义市智慧街面巡防治安管控一体化探索与实践研究

何英彩*

摘　要： 加快社会治安防控体系建设，是实现平安中国建设的需要。在整个防控体系的空间范畴里，街面是暴恐袭击、违法犯罪与防控力量对抗的主要战场。如何在街面挤压违法犯罪的时间和空间，是当前街面巡控体系建设的一个重要课题。本文以黔西南州兴义市探索智慧街面巡防治安管控一体化建设实践为例，反思当前黔西南州公安机关智慧街面巡防治安管控建设存在的问题与短板，着重探讨进一步加强智慧街面巡防治安管控一体化建设的可行路径。

关键词： “199”防控模式　智慧街面　巡防治安管控一体化　兴义市

一　兴义市探索智慧街面巡防治安管控一体化的现实背景

贵州省黔西南州州府所在地兴义市，地处珠江上游，是黔、滇、桂三省区交界处，是重要的物资集散地和商贸中心。特殊的地理位置，使这里曾成为暴恐分子绕道出境的过境通道，街面治安管控要素多，风险等级高。在

* 何英彩，黔西南州公安局机关党委副书记、纪委书记。

2016 年前，与这里治安状况极不相称的是当地公安机关信息化程度不高，110 指挥调度机制不畅，街面巡防力量少等。

（一）指令传递层级多、速度慢

指挥中心接到警情后，将指令发送至属地派出所，再由派出所指派警力赶到现场处置；对重大突发警情，在指令属地派出所的同时，再通过电话、350M 无线集群调度系统，指令周边警力和相关警种参与处置。经过 2 ~3 个层级的转发，指令传递极易出现偏差，延缓处置反应时间，削弱处置效果，甚至贻误战机。

（二）指挥权限头绪繁、交叉多

指挥中心与职能警种之间的指挥职责不够明确，多个业务部门均可指挥调度基层警力开展综合性执法警务活动，从而形成了多头指挥，难以统筹协调，影响处置效率。

（三）处警力量单薄、集结慢

承担主要处警任务的是辖区派出所及交警大队事故处理部门，其他警种没被纳入统一指挥的范畴，因警力有限，处置 1 起警情一般为 1 名民警带领 2 ~4 名辅警来进行，警情较多时，只能由辅警去先期处置，不但处警力量薄弱，执法也不规范，如遇紧急、重大、复杂案情，现场难以第一时间掌控，后续增援警力又不能快速联勤联动。

（四）街面案件高发，治安形势严峻

2016 年，兴义市公安局共接处各类有效报警 37169 件，日均 103 件。其中，街面侵财类刑事案 4929 件，行政（治安）类 1727 件，群众报警求助 16255 件，交通类警情 7596 件。受人防、物防、技防投入有限、措施滞后、手段不多的影响，各类案件高发、多发，居高不下，多项指标均在高位运行，治安形势非常严峻。

二 探索智慧街面巡防治安管控一体化的具体实践

为主动适应当前变化多端的社会治安情况，2017 年 6 月，黔西南州公安局以兴义市公安局为试点，全面改革城区警务运行模式，充分运用大数据思维，以网格化管理为基础、信息化手段为支撑，从提升接处警效率、健全治安防控体系两大难题入手，全力打造全天候、弹性化、立体式的防控格局，推进扁平化指挥体系建设和应用，探索建立以警防为基础、技防为重点、民防为辅助，多警联动、全民参与、多元模式并存的治安防控“199”模式，并在全州逐步推开。

（一）建设一个合成作战指挥中心

在兴义市公安局集中统一指挥前提下，运用信息技术手段，实现可视化、扁平化、一体化、智能化、实时化的指挥体系，即由指挥中心直接下达指令，调度一线警力“点对点”式的指挥结构。以指挥中心为枢纽，纵向减少指挥层级，以兴义市公安局指挥中心指挥调度为主，以大队指挥、派出所指挥调度为辅，直接指挥最小作战单元和勤务岗位；横向畅通指挥关系，打破警种、部门和地域的界限，将指挥触角延伸到打、防、控工作的所有领域，实现对警情的快速反应、迅速处置，最终达到提高勤务指挥质效、增强整体防控效能的目的。

（二）建设“九位一体”治安防控网络

一是流动前哨，在城区划分的 6 个治安防控网格中，每个网格均部署 6 名警力、2 辆快反摩托车、1 辆巡逻电瓶车，实行全天候执勤模式，形成一支快速高效、覆盖全城区的巡逻防控队伍，具备完成“交、巡、查、控、处”任务的能力。二是交巡平台，将交通劝导台与治安网格卡点合并为交巡平台，即将交警、巡警、义务交管员、驾校体验人员平台合并，使之成为具备便民服务和急救、受理报警求助、实施简易处罚、平安风险实时防控系统现场查询和交通疏导、秩序管控等多种功能的平台。三是快反轻骑，充分发挥特警、交警摩托车快反队伍快速反应、灵活机动的特点，快速反应、以快制快，提高打击违法犯罪的能力和交通控制能力。四是平安战斧，由特警大队精兵组成的队伍，配备先进武器装备，全面部署在城区，切实担负起新形势下的维稳、防暴、处突等工作任务。五是智能卡口，利用视频监控卡口、治安卡口、交通卡口的网格化布局，通过拦截响应机制，科学、有效组织和调动警力，形成合围，使城区防控“撒网寻踪”“关门落锁”得以实现。六是视频巡查，利用全市的天网监控，实行24小时不间断视频监控巡查机制，实现人防与技防的互补，最大限度地提升巡防实效并节约警力资源。七是视频广播，在城区人员密集部位安装200个视频广播，全天24小时由视侦大队通过语音系统，在人流高峰期宣传公共安全信息、报道新闻和指挥调度，配合监控系统对违法犯罪行为进行先期处置。八是巷道巡逻队，建立小区综治人员、治安积极分子、小区保安队伍组成的群防群治巡逻队伍，广泛发动社会力量参与维护小区治安，巩固治安防范体系，提高治安防范能力。九是路口红袖章，广泛动员综合治安劝导员参与“红袖章”工程，织牢“红色安全网”，努力形成“红袖章”随处可见、群防群治氛围日益浓厚的格局。

（三）建立九项机制保障运行

这九项机制如下。一是实时勤务机制。通过PGIS指挥系统，实时全方位掌握社会动态，让警力跟着警情走。二是逢嫌盘查机制。在巡逻执勤过程中携带警务通，认真开展对可疑人员、物品、车辆的盘查比对工作，不给犯罪分子留机会。三是交通疏导机制。全面分析、摸排、掌控致堵因素，科学投入警力，动态调整上勤方案。在重点日、高峰日、节假日，最大化警力投入，加强疏导维护，确保百姓平安畅通出行。四是扁平指挥机制。通过可视化指挥调度，实现对一线警力的“一键式”快速调度，点对点直接下达命令。五是就近处警机制。打破现有分类处警与按辖区划分处警的模式，建立派出所、特警、刑警、交警一体化出警模式，按照就近处警、先期处置的派警原则，实现处警最迅速。六是实时防控机制。按照“警力跟着警情走，勤务随着警情变”的要求，充分发挥警情研判对巡逻防控工作的引导作用，科学调整巡逻时间和重点部位，形成立体交错的巡逻模式。同时在城区建立完善了1分钟、3分钟、5分钟治安实时防控圈，在指挥中心平台的调配、指令下，实现一呼百应、联动联勤的工作格局。七是联动协作机制。不断密切警种、警民、警企协作，与街道巡逻队、红袖套共同构成网格化防控运行模式，通过发动社会各界参与社会治安建设，将打、防、管、控的触角延伸到每一个部位。八是动态研判机制。健全日统计、周分析、月通报的常态化分析研判机制，定期与参战部门召开情报分析会实时监测治安动态，指导巡防、交警和基层派出所针对性地开展各项工作。九是责任捆绑机制。各警种作为一盘棋运作，加强协作配合，构建命运共同体，实行捆绑作业，形成无缝隙的责任链条，确保各项工作措施落实到位。

三　探索智慧街面巡防治安管控一体化取得明显成效

随着“199”大数据城区治安防控模式的有效运行和不断推进，街头巡逻密度、见警率、出警效率大幅提高，群防群治体系得到进一步扩大，有效提高了快速反应和社会治安驾驭能力，有效挤压了犯罪空间，强化了震慑力度，筑牢了防控网络，社会治理的能力和水平得到有效提升，工作成效不断凸显。

（一）实现了“五化”目标

“五化”目标：一是前端感知信息应用智能化。通过在市区重点部位新建的人脸识别卡口半年就采集清晰人像3000万余张，在人员、物资密集场所持续推进安装使用平安风险实时防控系统，累计采集人员信息350余万条，天网卡口、无线WIFI、手机热点等智能采集数据数亿条，广泛进行碰撞比对分析，提升了社会治安管控的预知预警预防能力。二是巡防警力指挥扁平化。通过对对讲机系统进行研究，推动企业做系统升级开发，完善和升级了4G定位、机动组网、电子围栏、紧急信息广播、视频图像上传等功能，确保了点对点、点对面、精准化指挥调度。三是巡逻勤务监管可视化。通过4G图传执法记录仪、“雪亮工程”、“天网工程”视频互为补充，实现对各岗点、各巡逻组以及处警警力的实时可视监管，促使其认真履职、规范执法。四是盘查信息采集实时化。通过“鹰眼”系统终端、“一标三实”移动警务终端、平安风险实时防控系统手持终端，实现巡逻防控警力信息采集、自动比对等在第一线完成。五是应急联动处置一体化。兴义公安110作为全市最高权限的指挥中心，在发生突发紧急情况时，根据41个联动单位职责，指令其安排力量、携带装备赶赴现场、联动处置，提升了快速反应能力。

（二）总体案件大幅下降

2017年，兴义市刑事发案3178起，较2016年下降22.19%；2018年，刑事发案2614起，较2017年下降17.75%。

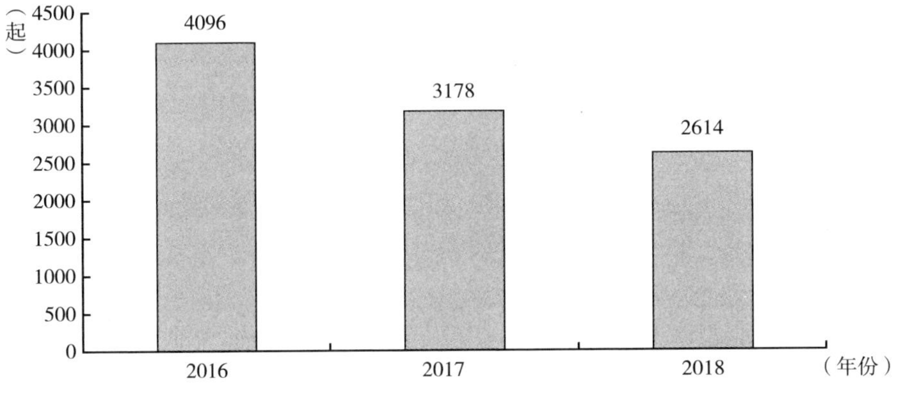

图1　2016~2018年兴义市刑事发案数对比

（三）打击能力显著提高

2017年，兴义市公安局破案1226起、刑事拘留1045人、逮捕596人、移送起诉994人，较2016年分别上升32.25%、46.56%、14.84%、15.58%；2018年，兴义市公安局破案1355起、刑事拘留1341人、逮捕706人、移送起诉1303人，较2017年分别上升10.52%、28.33%、18.46%、31.32%。2018年6月4日，兴义市公安局110指挥中心接到报警电话，称永康隧道出口疑似有人斗殴。接到报警后指挥中心马上启动扁平化指挥机制，按照就近处警、先期处置的派警原则，迅速调取地图，立即通知附近快反队员赶赴现场，进行先期处置，充分发挥了快反队伍快速反应、灵活机动的特点。12名快反队员在五分钟内赶到事发地，同时开启4G执法记录仪，与110指挥中心实时同传隧道内发生的情况，便于指挥中心清晰了解案件情况，全方位掌握，为研判有无再次产生突发事件的风险提供了可靠参考。随后指挥中心指令下五屯派出所、丰都派出所作为后续力量跟进，到达现场处置，有效防止了斗殴事件的发生，将持械人员进行控制并带回兴义市公安局执法办案中心，这起斗殴被成功阻止充分体现了城区治安防控199模式的运行成效。

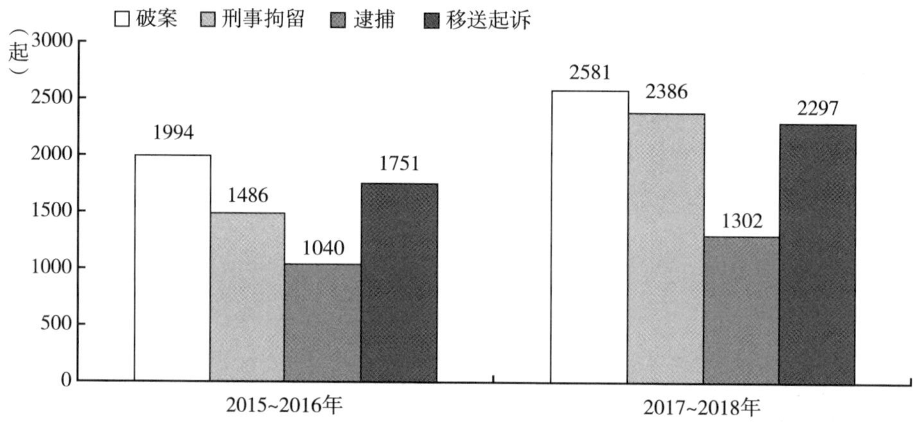

图2　2015～2016年与2017～2018年兴义市破案数、刑事拘留数、逮捕数、移送起诉数对比

四　黔西南州兴义市智慧巡防治安管控一体化存在的短板

全州9县（市、区）均同步全面推行了大数据城区治安防控模式，实现良性循环，社会治安持续向好，全州刑事立案从2015年的12660起下降至2018年的8601起，降幅达32.06%；破案率从2015年的32.66%上升到2018年的48.82%，升幅达16.16个百分点。其中“两抢一盗”案件立案数从2015年的9201起下降到2018年的4781起，降幅达48.04%，破案率从2015年的20.52%上升到2018年的35.22%。但智慧巡防治安管控是一项系统性工程，不可能一蹴而就，以兴义为镜，细窥全州，仍然存在一些问题和短板。

（一）街面巡防治安管控体系网格未实现全覆盖

全州城镇建设进入发展快车道，城区扩展速度远超治安防控网格规划速度，客观上造成街面巡防治安管控死角死面。比如兴义市2016年在城区划分了六个治安防控网格，至2018年，仅仅两年时间，城区飞速扩展，万峰林、木贾、丰都新城区发展迅速，居住人口增加，需要加强街面巡防，但没有及时规划在网格管控内。

（二）199警务模式指挥调度不够智慧

全州9县（市、区）公安局尚未实现统一接警，没有统一的指挥体系和信息传递平台，科技装备配备不足，防控资源掌握不全，存在指令派发不规范、指令传达不到位、安全保密有缺陷等问题，同时报警电话也不能实现智能精准定位，存在位置误差，导致指挥中心在对现场不熟悉的情况下，不能第一时间精准指挥调度派警到位。

（三）街面巡防治安管控体系保障不足

黔西南是全国、贵州脱贫攻坚的主战场，长期处于经济洼地。受财力的影响，经费紧缺，保障不力，表现在：特巡警队伍中辅警力量配备不足，辅警流动性大、队伍不稳定；宿营车辆不足，全州仅兴义市有一辆宿营车，且供承担市区六个网格、三个班次全天候执勤任务的街面巡逻民警轮流休息，已远远不能满足需要。此外，对讲机、破窗器、破车钉及应急装备配备不足。受公车改革影响，巡逻、执法、执勤车辆老旧，跑不动、跑不快、跑不赢而且每况愈下。黔西南州公安局多方筹资1450余万元，于2017年、2018年连续两年组织统一购置的190辆“流动前哨”（电瓶车）、246辆“快反轻骑”（警用摩托车）及9辆移动警务室也存在超强度使用、安全系数不高的问题。

（四）街面巡防治安管控参与力量单一

公安机关在街面巡防治安管控中承担着主要任务和责任，是治安防控的主力军。199警务模式启动初期，由公安主导、综治发动社区干部和群众参与的“红袖章义务巡逻队”，在各个重要路口开展文明纠正活动，深入背街小巷开展社区巡逻防范，取得良好效果，但由于经费保障、奖励补助等长效机制尚未完善，群众的积极主动性还没有得到充分发挥，活动热一会、冷一时，不成体系，不可持续。

（五）街面巡防治安管控体系客体防控合力不够

公安机关在智慧街面巡防治安管控体系中投入大量的人力、物力、技术装备，对整个街面进行动态管控，但在具体实践中暴露出综治不够，管控客体即相应单位、部门及居民主体人防意识不到位、技防措施欠缺、管理不全面，整体防控合力不够，没有形成防控一体化的有机统一体，呈现公安一家势单力薄的格局。

（六）对街面巡防治安管控体系的本质认识不到位

各局在街面巡防治安管控体系实践中，过分强调打击的震慑作用和短期效应，往往忽略了防范力量的建设，投入街面的警力不足，导致的结果是短期街面治安形势得到控制，一段时间后依然如故。

五　黔西南州智慧街面巡防治安管控一体化建设的优化路径

在城区街面巡防模式上，全州以兴义市“199”模式为样板，辐射带动其余八个县（市、区）城区街面，均做了有益有效的尝试，也取得了全州总体发案数连续下降、街面可防性案件连续下降，群众安全感普遍提升的良好效果。但细对公安部和贵州省公安厅的相关建设要求，仍然差距甚大，完善智慧街面巡防治安防控一体化建设未有穷期。当前，应以全国社会治安防控体系建设标准化示范城市创建和贯彻落实全国、贵州公安工作会议精神为契机，建设 N 个风险感知前端，科学划分巡逻区域，优化防控力量布局，加强公安与武警联勤武装巡逻，建立健全指挥和保障机制，完善早晚高峰等时间节点人员密集场所重点勤务工作机制，提升社会面动态控制能力。在具体的实施路径上，要进一步依靠党委政府，以“雪亮工程”、“大数据万峰湖”和加强巡控力量规范化建设为切入点，以打造兴义市“199”模式升级版为重点，带动全州面上整合共建共享，突出统筹指挥、统筹数据、统筹警力、统筹运作、统筹保障、统筹培训“六个统筹”，打造“体系完善、科技引领、数据感知、精准防控、高效运作、面向实战”的智慧街面巡控体系。

（一）统筹指挥，建强平台，完善调度体系

以全省公安 110 接处警改革为契机，以全州“雪亮工程”建设为引领，打造实战型、融合型的现代警务指挥体系。建立以警情为导向、以实战为中心、以科技为支撑的州、县（市）实战化实体化指挥平台和智慧街面巡防治安管控信息系统，搭建警用无人机指挥平台，整合接入全州所有视频资源，建设统一共享的电子地图，实现视频探头、电子卡口、街面巡防力量、移动单兵、辖区警情、治安管控要素等网格元素一键激活、一图显现、一目了然，智能派警、语音指令等。同时，建设畅通便捷的通信系统，配齐配足频道对应功能全面的对讲机，综合应用警情数据汇聚研判应用平台、指挥调度平台、视频综合巡查平台、视频侦查平台、情报管控平台和平安风险实时防控系统等六大平台，实现情报、指挥、勤务、行动、视频五位一体，切实提升多维接警、主动预警、精细布警、动中处警的“四警”和智能化指挥、一体化服务、标准化执法、专业化建设、常态化督察的“五化”水平。健

全新时代黔西南全州110服务中心工作机制，实现全州街面警情“1、3、5”分钟快速反应，“快知快处”，州域全境纵横无缝衔接应急联动。

（二）统筹数据，前置端口，实时感知风险

以大数据建设为支撑，精准广布“风险探测器”，着力打通数据壁垒，通过建立智能车辆人脸卡口、热力感应及2G+4G仿真基站热点采集系统等多套终端，每日动态采集人、车、物、事信息感知入库数据量。依托社区警务平台强化基础信息人工采集，通过“随警移动视频监控平台”“网络诈骗攻防系统”“民爆物品管理系统”“地网安防”等10大警种信息化管理系统收集汇聚数据信息。通过大数据运用平台智能运转，对人、车、物、网、图等要素信息进行关联运算，建立海量数据时空分析系统，搭建时空检索、轨迹分析、碰撞比对等40余种智能化数据模型，启动智能化运算叠加，形成精准情报信息。通过“人工+智能”，不断完善“情技网视”融通共享、靶向供给作战、侦查建模应用、实时评估通报、研判指令督导等机制闭环，实现全州公安机关情报数据资源倾斜街面一线处警单元，让街面触角更灵。实现信息实时采集、实时汇聚、实时关联、实时运算、实时推送、实时落地、实时预警，实时防控的目标。

（三）统筹警力，强化屯警，科学划分网格

按照民警带队、辅警为主的原则，以黔西南州公安局调整充实警力达到300名，兴义、义龙调整充实达到250名，兴仁、安龙、贞丰调整充实达到200名，普安、晴隆县、册亨、望谟充实达到150名的标准配齐建强全州特巡警队伍。黔西南州公安局特警按照实战化要求，下沉到兴义市，与兴义市公安局特警共同协作，实现500名警力轮换屯警街面的目标。综合考虑区域地理人口、管控要素、治安状况等因素科学划分网格，按照“警力跟着警情走”原则，根据城区发展、城市扩容、工程建设等情况适时调整网格范围，增减巡防警力。同时，进一步整合公安内外巡逻防控力量、规范各支巡控力量组织体系，建议积极争取党委政府支持，在黔西南州级层面建立街面

巡逻防控工作领导小组，由政法委牵头，公安机关具体负责，武警、综治办共同参与，统筹组织全州武警在启动等级响应的重要节点、重点时段开展联勤巡逻，借鉴北京“朝阳大妈”和上海“江浦大叔”的经验做法，建立长效机制，充分发动城管干部、环卫工人、综合治安劝导员、青年志愿者、小区群众等社会力量参与“红袖章”工程，壮大背街小巷和社区巡防队伍，织牢“底层安全网”。

（四）统筹运作，厘清职责，健全勤务规范

在黔西南州级层面制定一个具有强制效力的涵盖各巡控力量履责规定的规范性文件，用一种思路、一个标准规划部署特巡警、交警、派出所及社会巡控力量，明确各支巡控力量的巡控区域、勤务方式和职责任务，理清履责交叉的处理规则，并具体到编组、到个人，确保任务边界清晰明了、责任落实科学到位。同时，对于应急处突，要建立健全工作预案和配套的处置机制。例如，发生暴恐袭击，谁需要第一时间到场，谁负责第一波处置，谁负责指挥，谁负责开枪，谁负责增援等等，都要事先做出明确安排，防止现场处置出现混乱失范、贻误战机。

（五）统筹保障，落实措施，优化队伍素质

落实优待街面巡逻民警配套政策和辅警管理办法。其一，要引人、留人。可以探索将分配至派出所的新任民警统一安排到巡逻岗位，新警在巡逻队工作满 1 年后方可视情转岗。通过几轮新警轮换，降低全州巡逻民警平均年龄，建立巡逻队伍人员更替良性循环机制，保障队伍持续良性发展。提高巡逻辅警的工资待遇，让想干事、会干事、能干事的辅警招得进、用得成、留得下。畅通辅警入警渠道，或调用事业编制，面向巡逻辅警择优招录，争取将辅警“转正”，确保巡逻辅警队伍的稳定。其二，要出人、用人。要善于发现优秀巡逻队、巡逻班组和个人，提炼优秀经验和做法、树立先进典型、弘扬先进事迹，并定期开展各项评优奖励活动，对履职勤勉、绩效突出的优秀巡警及时予以精神和物质奖励，进一步提高巡

逻民警岗位认同感和自豪感。其三，要有车、有装备。要借全州公安工作会议召开之机，提请州委出台“中共黔西南州委关于解决公安机关若干问题的行动计划”，着力解决全州公安机关巡逻防控车辆、装备保障问题。

（六）统筹培训，实战引领，建立实训机制

在反恐防恐背景下，系统培育街面巡逻力量的反恐意识和实战技能是提升街面控制力的重要途径。首先，培育反恐意识，要以“突发”和“应急”为核心，提升反应速度。要立足于“有事出事”思维，时刻绷紧反恐这根弦，不定期、经常性地组织各支街面巡控力量开展综合性的应急反恐处突拉动演练，切实提升街面巡控力量在突发情况下的快速反应能力。其次，培育实战技能，要以“常态”和“管用”为核心，提升处置能力。要定期组织练心理、练枪法、练体能、练战术，重点培训反恐防暴技能、枪支使用、违法犯罪嫌疑人员观察识别、履职难点问题处置等实战科目。对于佩枪民警，要明确定期接受枪支实弹射击训练，并规定年训练用弹量的下限数，提升用枪的熟练度和精准度。同时，可以在县（市、区）级层面，探索与发生过暴恐袭击、抓获暴恐人员的属地公安机关建立常态双向沟通协作机制，组织专兼职教官“上门求教”，及时了解掌握暴恐袭击的最新特征、作案手法、处置经验以及注意事项等等，并以此鲜活的战例为依据，编制与时俱进的培训教程，组织开展针对性强化培训，不断提升街面巡逻力量的实战技能。

司法实践篇

Investigation Reports

B.11

贵州高级人民法院关于“严格执法、公正司法促平安”调研报告

贵州省高级人民法院课题组*

摘 要： 2019年，中共贵州省委书记、省人大常委会主任孙志刚同志在全省政法工作会议上提出“要努力把贵州建成全国最平安的省份之一”。面对新时代新形势新矛盾新风险，贵州省正处于决战脱贫攻坚最关键时期，维护平安稳定的任务更加艰巨繁重，全省法院服务社会治理和平安建设在工作理念、制度机制、方法措施等方面还需要改进。本文通过深入开展调查研究，找准问题、分析成因、提出对策，为平安贵州建设提供优质的司法服务和保障，为决战脱贫攻坚、决胜同步小康

* 课题组组长：韩德洋，贵州省高级人民法院党组书记、院长；课题组成员：蒋炜，贵州省高级人民法院研究室主任；颜源，贵州省高级人民法院研究室四级高级员额制法官；罗素、吕静、李亚卿、龙明卿，均系贵州省高级人民法院研究室工作人员。

奠定坚实基础。

关键词： 严格执法 公正司法 平安贵州

贵州法院坚持以习近平新时代中国特色社会主义思想为指导，紧紧围绕省委关于“努力把贵州建成全国最平安省份之一”目标任务，聚焦维护社会公平正义，坚定不移地深化司法体制改革，全面落实司法责任制，努力让人民群众在每一个司法案件中感受到公平正义。

一 全省法院在严格执法、公正司法促平安方面的基本情况及典型经验

（一）充分发挥司法职能，全力服务保障平安贵州建设

1. 服务保障大扶贫战略行动

制定《关于为全省脱贫攻坚提供司法保障和服务的意见》《关于提高服务保障意识强化易地扶贫搬迁中审判执行工作的实施意见》，构建集精准扶贫、巡回审判、普法宣传为一体的法治扶贫新模式，积极服务脱贫攻坚“四项举措”获最高法院总结推广。安顺市中院设立“脱贫攻坚巡回法庭”，在重点贫困村、帮扶村寨以及移民安置社区设立“驻村法官工作室”“社区法官工作站”，让贫困群众享受到“家门口的司法服务”。

2. 全力以赴参与扫黑除恶专项斗争

出台《关于进一步发挥审判职能推动扫黑除恶专项斗争向全面纵深发展的意见》，制定证据标准指引，建立提前介入会商机制，在全国第一个成立省级法院专门负责涉黑恶案件审判的刑事审判庭，建立“九个一”案件审理和“五个一”司法监督管理机制，得到中央扫黑除恶专项斗争督导组认可。

3. 服务保障大生态战略行动

制定《关于服务和保障国家生态文明试验区（贵州）建设的意见》，推进环境资源审判机构专门化建设，毕节市中院制定《关于为毕节威宁草海国家级自然保护区环境资源可持续发展提供司法服务和保障的意见》。2018年以来，9个案例分别入选最高人民法院生态环境保护十大典型案例、最高人民法院服务保障新时代生态文明建设十大典型案例等。首次出版的《贵州环境资源审判绿皮书》获得普遍好评。积极关注环保督察“回头看”及专项督查整改工作，审理好环境资源相关案件。

（二）深化司法体制改革，促进审判体系和审判能力现代化

1. 统筹推进司法体制综合配套改革

制定《关于全面落实司法责任制加快推进审判团队建设的意见》，一般实行“院—审判庭—审判团队”管理模式，在构建完善法官 + 法官助理 + 书记员“1 + 1 + 1”配置审判单元的基础上，探索建立“1 + N + N”审判单元模式。毕节市中院探索编制外聘用法官助理，积极争取市委、市政府研究通过，推动由市级统一招聘、择优选派，力争解决法官与法官助理配置比例问题。

2. 建立完善新型监督管理机制

制定《关于对审判执行中案件依法监督的规定（试行）》，细化需要加强监管的“四类案件”清单，明确规定在立案、收案、审理、结案不同阶段，不同主体发现和标记需要监管案件的方式。纪检监察、信访部门可以对需要监管的案件提示标记，对案件办理进展情况及结果主动跟踪。

3. 注重优化司法资源配置

按照精简效能、服务审判原则，完成全省基层法院内设机构改革，正在开展中院、高院内设机构改革的调研工作，推动司法人力资源配置向办案一线倾斜，政务、业务运行更加高效顺畅。建立每年一次动态员额法官遴选机制，对全省法院员额法官比例进行市州内跨区域动态调整，重点向基层和人案矛盾突出的法院倾斜。按照《贵州省法院、检察院聘用制书记员管理办

法（试行）》，已在全省法院开展两批次聘用制书记员招聘工作。

4. 推动法院审判辅助事务集约化社会化管理

探索在人民法院内部推行文书送达、财产保全、执行查控、网络公告等事务集约化管理，提高案件审判效率。黔南州中院积极争取州委支持，三年内全州法院探索将46项审判辅助性事务以岗位购买和项目购买的方式解决“案多人少”“事多人少”的难题。贵阳市观山湖区法院拓展外包范围，现已基本实现全院案件立案信息录入、民商事案件排期、民商事案件应诉送达、裁判文书送达等工作外包。黔西南州兴义市法院与上海、广东等地的科技公司合作开发案件智慧送达系统，通过App对案件的整个送达过程进行全程定位监控。

（三）加快智慧法院建设，推动现代信息技术与审判执行工作的深度融合

1. 强化信息化建设总体规划

编制《贵州法院信息化建设三年发展规划（2019～2021）》，坚持“统一规划、统一标准、统一部署”指导原则，按照“12345”（一个中心、两套系统、三朵云、四个平台、五张网）总体发展思路，全面促进“智能审判、智能服务、智能管理和智能执行”，确保全省法院案件数据客观真实、及时高效。

2. 运用大数据智能辅助办案

用大数据助推以审判为中心的刑事诉讼制度改革，完成刑事案件常见罪名证据标准指引，促进司法公正。与检察机关、监狱系统建立共享平台，实现信息互联互通。通过对全省法院案件数据的采集分析，以“审判实践归纳+大数据分析印证”的模式，将人工智能技术引入系统。2018年中国国际大数据产业博览会上，贵州省法院“法院云”荣获“贵州省大数据与实体经济十大融合推介案例”奖，得到最高法院周强院长和省委书记、省人大常委会主任孙志刚批示肯定。

3. 运用大数据实现科学分案精准考核

运用大数据手段，将案件繁简区分由传统人工模式转化为智能精准模式。通过量化案件难易系数，预测个案审理时间，客观反映法官工作饱和度，确保分配到每位法官和每个团队的案件难易程度搭配适当，使案件分配从过去的数量均衡转变为难易程度均衡。研发法官绩效考评软件系统，对法官办案绩效进行实时考评，用数据事实说话，确保考核评价公开透明、公平公正。

4. 依托信息化大数据有效攻克执行难题

与本省地方性银行、不动产、公安等部门建立“点对点”网络查控系统。建立三级法院以“统一部署、统一平台、统一使用”方式运行的执行款一案一账号系统，这在全国属首例。贵阳市失信被执行人联合惩戒云平台可实现信息自动推送、自动比对、自动拦截等“六个自动”功能。全省法院与互联网司法拍卖平台合作，实行被执行财产网上公开拍卖、变卖。协调公安机关利用人脸识别等信息系统，协助法院查人找车等。

（四）坚持以人民为中心，努力满足人民群众司法需求

1. 依法审理涉民生案件

贵州高级人民法院与人社厅联合制定《关于实施劳动人事争议仲裁与诉讼衔接的若干指导意见》，完成《贵州省法院劳动争议案件审理白皮书》，积极参与构建和谐劳动关系，维护社会和谐稳定。南明区法院被评为“全国法院家事审判工作先进集体”。

2. 不断深化多元化纠纷解决机制改革

制定《关于建立健全多元化纠纷解决机制的指导意见》，推进矛盾纠纷多元化解调处中心建设，明确规定七类纠纷案件应当纳入诉前调解，引导鼓励当事人选择非诉纠纷解决方式。全省 76 家法院设置程序分流员和调解员，强化速裁和简易程序适用，2018 年全省法院简易程序适用率达 83.69%。遵义市两级法院依托市委统一构建矛盾纠纷多元调处中心，实行“诉前多元化和诉后分调裁”模式。黔南州首创矛盾纠纷化解“112”模式，近三年全

州共调解各类矛盾纠纷52480件，调解成功率达98%。2017年，中央深改办《改革情况交流》对“112”模式进行报道，全国基层社会治理体制创新暨多元化纠纷解决机制改革座谈会在黔南州福泉市召开。

3. 加快诉讼服务中心现代化建设

构建新型诉讼服务模式，开展网上立案、网上缴费、电子送达、信息查询服务，“让数据多跑路，让群众少跑腿”。开展12368诉讼服务热线24小时服务。黔南州中院已制定跨域立案工作规定，在全州范围内开展跨域立案工作。省法院拟于近期在黔南州开展全省法院跨域立案工作推进会，着力实现群众到当地法院就可向全州任何一家法院提起诉讼，并逐步扩展到建立涉及西南几省区市的跨域立案工作圈。

4. 积极参与社会治理创新

提升涉诉信访工作水平，专项升级改造涉诉信访大厅。提高裁判文书说理性和判后答疑能力，一审服判息诉率达88.29%。将司法建议作为参与社会管理的重要途径，对审理案件中发现的涉访涉诉、行政管理等方面存在的问题，及时向相关部门提出改进意见。认真开展“法律六进”等普法宣传，加强以案释法，弘扬法治精神。

二　存在的突出问题和主要困难

（一）在落实司法责任制改革方面

1. “人案矛盾”问题需进一步破解

一是近年来全省法院案件大幅增长。二是政法编制总量偏少。三是省级统筹动态调整编制困难。由于各法院政法编制人员基本处于满编状态，从省级层面调整的空间、范围、数量均有限，难以通过省级统筹调整实现编制与案件数量相匹配。

2. 员额法官动态调整机制不完善

员额法官增补滞后，员额法官退出、退休、交流后相应的缺位无法及时填补，一定程度影响办案效率。同时，员额法官退出机制不完善，缺乏完善的员额法官退出制度规定。

3. 类案不类判问题不同程度存在

由于对新类型案件的审理及审判经验的总结较滞后，承办法官认知存在差异，上下级法院之间监督指导、同级法院之间沟通协调机制不完善，类案不类判问题还没有得到很好解决。

4. 院庭长审判监管乏力

司法改革后，普遍存在院庭长不敢监督、不愿监督、不善监督的问题，出现“双忧”现象，存在院庭长监督管理的缺失或越位。

（二）统筹推进司法责任制综合配套改革方面

1. 法官专业化建设存在短板

一是全省法院法官取得法律职业资格考试 A 证的比例偏低。二是全省法院法官学历水平整体偏低。三是全省法院高层次审判业务人才匮乏。

2. 法院领导班子结构需进一步优化

全省法院领导班子学历偏低、任职时间过长、交流不畅、配备不足、年龄老化的问题比较突出。

3. 法官助理缺口较大和职业发展渠道不畅通

一是未实现法官 + 法官助理“1∶1”配置。二是招录法官助理困难。三是法官助理职业发展前景不明。按照新《公务员法》，综合管理类公务员已经进行套转，但是把法官助理排除在外。

4. 职业保障相关问题需进一步明确

一是员额法官职务、层次、交流、适用需进一步认可。需进一步理顺法检两院人员分类管理与地方党政干部选任的关系，拓宽法检两院干部对外交流渠道，激发两院干部队伍活力。二是员额法官退休后工资待遇需进一步明确。在实际工作中，法官承担办案终身负责制和错案责任追究制，而退休后享受的待遇是与其行政级别相当，与法官等级脱钩。

5. 人的统管存在统管不力、衔接不畅问题

司法改革后，贵州省法院面临的主要问题：一是统管职能划分不明晰。二是统管程序复杂、效率低下。三是对基层法院院长的管理难以体现实效，流于形式。四是基层法院优秀年轻干部职务晋升困难，人才流失、断层现象逐渐显现。

6. 财物统管存在统管不力、保障不足问题

一是未能真正落实“托低保高”原则。由于上级对经费的预算坚持统一标准，地方财政大多不愿再单独给予补助，即便地方有意给予支持，实际操作上也难以落实。二是基层法院经费协调难度加大。经费的增加和使用对于基层法院而言和以前相比协调沟通难度大，渠道不畅。

（三）执法司法规范化建设、完善新型监督管理机制方面

1. 法官惩戒制度作用发挥不充分

法官惩戒委员会办公室设在省法院，与省法院监察室合署办公，而全省各地州市的相关配套制度未完善，以至于对法官的惩戒力度不够，未能完全发挥惩戒委员会的作用；惩戒事由弹性较大，在适用标准、认定事实、处分的幅度等方面却不一致；对认定法官滥用自由裁量权举证较难。

2. 新型管理监督机制尚需不断完善

监察体制改革后，法院内部监督力量弱化，特别是基层法院监察室被撤销后，缺乏专职、专业的内部监察监督力量，而纪委监委派驻纪检监察组多为综合派驻，一个派驻组往往监督几个单位，事前、事中监督不够，不能达到惩前毖后、治病救人的目的。内部监督管理机制不健全、过于宏观，缺乏可操作和有效制约手段，需进一步完善。

3. 司法工作流程规范化不足

审判执行环节众多，需要对每一环节的流程、要求、标准进行明确，但目前无论就全国法院看，还是就全省法院看，在这一领域均存在不足，亟须统一相关审判工作流程标准，促进司法规范化。

（四）现代信息技术与审判执行工作深度融合方面

1. 信息化系统整合度较低

一是缺乏应用系统统一入口。二是缺乏统一数据导出平台。三是缺乏高效便民诉讼系统。四是缺乏相应的人力和资金。信息化建设需要大量人力、物力和财力，全省法院，特别是基层法院限于这些方面的条件，技术队伍综合能力不足，信息化建设水平参差不齐。

2. 需求调研不足，未能切合工作实际

一是法官参与度不高。二是基层参与度不高。三是对审判辅助工作的调研不足。缺少解决辅助性、事务性工作的信息化系统，导致大量机械性的审判辅助工作仍然采用人工完成，效率不高，不能最大程度解放生产力。

3. 法院系统开发的版权意识不足，数据对接存在障碍

目前，法院使用的各类信息系统有数十种，但拥有独立的知识产权或与系统开发商共享知识产权的却寥寥无几。法院没有重视自身在系统开发中付出的辛劳和理应拥有的知识产权，制约法院信息技术工作在满足共性需求后继续开发个性化功能。

4. 工作机制缺失让部分系统应用推广举步维艰

部分信息系统涉及内部跨部门流程流转或者外部跨单位流程流转，在没有工作机制约束的情况下，各部门为了减轻各自的工作强度，往往对相关工作采取推诿的态度处理，权责不明导致工作开展困难重重，部分系统应用因此搁置。

（五）司法便民利民惠民服务方面

1. 多元化纠纷化解机制的社会治理功能发挥不充分

一是多元化解矛盾纠纷工作力量亟待加强和整合，人民调解、行政调解与司法调解未完全形成合力，诉调机制未能有效衔接。二是矛盾纠纷多元化解调处中心未建立起来。三是诉调对接工作的经费未得到合理解决，调解员、调解组织参与调解积极性不高。四是矛盾纠纷多元化解调处网络不完备，调解队伍资源整合不到位。五是矛盾纠纷多元化解调处信息化程度不高，调处效率不高。

2. 人民法庭建设仍存在短板

一是新增设法庭编制审批进展缓慢。2018 年省法院增设的一批法庭，目前还未完成编制审批。二是部分法庭基础设施配置较为薄弱，安全设施保障不足，缺少办案车辆和专门经费保障。

3. 诉讼费收退程序烦琐

一是未推广运用新型缴纳方式。目前，全省大部分法院采用 POS 机刷卡、银行转账、现金等传统缴费方式，仅有少数法院如修文法院开通微信和支付宝方式缴费。二是在现行缴费程序下，法院收费人员无法证实其款项是否到账，增加了当事人办理诉讼立案的时间。三是诉讼费退还较慢，退费需从市财政非税收入账户划拨，审批程序和时间较长。

4. 贵阳中心城区法院登记立案时间长

贵阳中心城区法院，如南明区法院、云岩区法院、观山湖区法院普遍存在登记立案排长队、每天限号登记立案等情况，群众普遍反映“立个案和在医院看病一样，人多，太费劲”。

三 对策建议

（一）全面落实司法责任制，切实提高审判质效和司法公信力

1. 严格落实入额院领导干部办案责任

兼顾入额院领导干部管理监督与办案职责，坚持入额院领导办案情况定期通报制度。继续完善院领导带头办理疑难、复杂案件的工作制度，充分发挥院领导的示范引领作用。

2. 进一步完善案件监督管理制度

完善随机分案为主、指定分案为辅的案件分配机制。完善办案流程和节点监控机制，规范办案程序的流程标准，严格规范庭审和审限。

3. 进一步加强案件质量评查

定期分析审判质量运行态势，制定完善常规随机评查、重点评查、专项评查

制度。逐步开展全省法院案件交叉大评查，评查范围尽可能覆盖全省三级法院。

4. 进一步加强廉政风险防控

加强内部廉政风险防控制度建设，梳理编制廉政风险较大的岗位、领域、环节清单，找准廉政风险点，完善组织人事、纪检监察、督察、审计、案件管理部门与业务部门的协调配合机制，强化廉政风险监督管理。

（二）深化司法体制综合配套改革，为全面落实司法责任制提供有力保障

1. 进一步建立完善省内统筹政法编制和员额动态调整机制

建立完善“以案定编”“以案定额”的司法人员编制、员额动态调整机制，综合考虑区域经济社会发展、案件数量等因素，统一调配政法专项编制，形成动态调整的员额管理制度。

2. 进一步优化司法辅助人员管理培养

全面启动法官助理、书记员单独职务序列改革。推动“实战大练兵”活动常态化，创新法官助理培养模式，提升履职能力。规范聘用制书记员管理，建立健全聘用制书记员管理监督和退出机制。

3. 进一步完善激励保障制度

建立健全与绩效奖金分配、等级晋升、提拔适用挂钩的绩效考核办法，以办案数量为主，结合案件类型、难易程度、办案质量效果，科学设计绩效奖金发放标准，合理拉开档次，强化考核结果在按期晋升、择优选升中的实际运用，激励司法人员多办案、办好案。

4. 提升司法辅助事务集约化社会化水平

通过智能化辅助办案、社会化服务采购等举措解决文书“送达难”、电子卷宗同步生成等大量审判辅助性事务，降低司法成本，提高办案效率。开发诉讼服务中心集约化服务，建立诉讼服务集约化送达中心，整合对外委托司法鉴定、公告送达等辅助事务，提高诉讼服务效率。

5. 加强人民法院政务标准化建设

对全省法院诉讼费用缴纳、退还以及立案登记工作开展专项调研，重点

针对存在的缴纳、退还程序烦琐，立案登记时间较长等增加群众诉累的问题提出具体有效的措施，全面规范全省法院司法政务工作，提升司法政务工作效率和水平，为审判执行工作提供更加优质的服务和保障。

（三）全面加强执法司法规范化建设，促进严格公正司法

1. 完善监督管理机制

强化院庭长、法官、法官助理、书记员责任清单制度，健全合议庭内部监督机制，确保审判执行实体到位、程序到位、工作到位。健全类案指引、案件质量评估、办案业绩考核等制度，建立与司法权运行新机制相适应的监督制约体系。推进法官自我管理，引入竞争机制，开展岗位大练兵、实战大练兵等活动，增强法官自我教育、自我管理、自我服务、自我约束和相互监督、相互促进的自律性。

2. 以信息化助推执法司法规范化

建立司法规范化信息系统，实行全面、全程、实时、动态、公开的办案规范化。全面深化网上办案，以司法办案为需求、以信息化应用为支撑，推出审判流程节点信息用手机短信自动化动态推送、诉讼文书电子方式送达、远程视频方式审理案件、网上立案、随机分案、远程视频接访等措施，为法官司法办案“体力减负”。

3. 主动自觉接受监督

切实增强接受监督意识，将司法公开工作纳入法院绩效考核内容，依法应当公开的裁判文书和审判流程信息一律向诉讼参与人公开，持续推进庭审直播常态化、制度化，构建开放、动态、透明、便民的阳光司法机制，以公开倒逼规范。

（四）加快“智慧法院”建设升级，促进审判体系和审判能力现代化

1. 加强信息化建设统筹力度

统一开发业务系统标准数据传输接口，避免中基层法院重复投资或不兼

容，进一步提高案件管理系统智能化水平。整合各类公开平台，开发一站式查询的公开平台，加大宣传力度，推送手机 App、微信客户端等服务，多渠道、多方面实现全流程公开。加强复合型人才培养，在法官学习培训中增设信息化培训。

2. 制定信息系统立项工作机制

对系统立项进行明确，特别要明确系统功能和服务对象，并根据系统功能和服务对象明确需求提供的责任部门和人员，对于全省统建或各市州统建项目应主要收集基层法院和相关业务量大、矛盾较为突出的法院相应需求提供的责任部门提供的需求意见，必要时应召集相关部门的人员面对面询问需求详情。

3. 对于统建项目采取统一打包谈判采购、分别付款验收的方式开展

由统建法院把握系统主要功能，基层法院负责配合及付款，系统建设方必须和所有系统应用法院进行交流，满足所有需求，否则基层法院有权不予支付，避免系统建设方重视高、中级人民法院态度，轻视基层法院态度的行为。

（五）积极回应人民群众司法需求新期待，切实提升人民群众的法治获得感

1. 进一步深化多元化解矛盾纠纷机制改革

继续探索民事纠纷案件调解前置工作，引导当事人自愿选择非诉渠道解决纠纷。加快推进案件“分调裁”制度改革，打造普通案件前端快调速审、疑难复杂案件后端精审的工作模式，在全省中基层法院全面构建“多元调解 + 分调裁”工作机制，为当事人提供一站式解纷服务。积极探索在法律框架下，适当扩大司法确认程序适用范围，为非诉纠纷解决渠道提供法律支撑和司法保障。

2. 进一步提升诉讼服务现代化水平

加快形成线上“一网通办”、线下“一站式服务”的集约化诉讼服务制度，全面推开预约立案、网上立案和跨域立案工作，实现诉讼服务“就近能办、同城通办、异地可办”，解决好异地诉讼难问题。全方位提高诉讼服务智能化水平，提升 12368 诉讼服务热线服务水平。探索简化诉讼费缴纳、退费程序，提供更加便捷的现代化缴费方式。

B.12
贵州省县域基层法院司法实践中民族法制文化运用调研研究

贵州省高级人民法院课题组*

摘　要： 民族法制文化蕴涵丰富的法律伦理思想，集中反映了各族人民处理矛盾纠纷的思维方式、技巧和精神传承，对于促进国家治理体系和治理能力现代化意义重大。从司法实践以至社会治理的角度而言，不管是在民族自治地方，还是非民族自治地方的少数民族聚居区，民族法制文化都具有强大民族生命力和良好乡土适应性。但是，民族法制文化形成于不同的社会历史时期和民族聚居地，不免带有时代、地域等局限性。从长远的价值引导而言，应当以制定法为本位，对民族法制文化扬弃吸收和发展，以实现国家法律和民族法制文化的良性互动。

关键词： 基层法院　民族法制文化　司法实践　社会治理　贵州

县域是国家的重要组成部分，是城市和农村的结合和中介，是整个国家社会治理的基石。贵州是一个多民族省份，贵州法院尤其是少数民族聚居县域基层法院，在少数民族法制文化与司法实践相结合、少数民族习惯法与国家制定法有效衔接、充分发挥民族法制文化的社会治理作用方面，进行了一

* 课题组组长：余红梅，贵州省高级人民法院党组成员、副院长。课题组成员：卢飚，遵义市中级人民法院党组书记、院长；颜源，贵州省高级人民法院研究室四级高级员额制法官。

系列有益的探索。聚焦贵州县域基层法院司法实践，研究民族法制文化与现代法治的冲突并借鉴其解决方法，有利于促进民族法制文化繁荣发展，提高民族地区审判工作水平，发挥人民法院在社会治理中的参与、推动、保障作用。

一　贵州省县域民族法制文化司法实践

贵州是一个多民族省份，全省有民族成分56个，世居民族18个，少数民族人口占39%，少数民族自治地区面积占55.5%。千百年来，各民族和谐相处、融合发展，共同创造了灿烂多彩的文化。其中，贵州民族法制文化在社会治理中的作用显得尤为突出。本研究从全省法院中，集中选取属于民族自治地方、非民族自治地方的榕江法院、织金法院，作为贵州县域民族法制文化司法实践的样本。

（一）榕江法院“民歌法庭”

榕江县地处贵州省黔东南苗族侗族自治州的南部，侗、苗、水、瑶等少数民族人口比重达84.7%。这里有丰厚的民族法制文化传统，民歌劝和家庭、“神判”断案、寨老调解等习俗得以有效传承。榕江法院植根民族文化沃土，打造“民歌法庭”司法载体，整合当地民族习俗中的法制元素，“嫁接”到司法实践中，取得了案结事好的效果，具有十分显著的民族和地方特点。

1. 民歌与法庭结合，推动法律深入民族村寨

2010年，榕江法院“民歌法庭”正式成立，将当地20位文化遗产传承人请进法庭，采取“歌师 + 法官”和“坐堂 + 巡回”的方式，对婚姻家庭纠纷、邻里纠纷案件进行调解。积极支持民间歌师，在本里、晚寨等十个民族村寨组建民歌法治文艺宣传队，在寨蒿、朗洞等乡镇组建民歌法治表演艺术团，并成立了民歌协会、民歌法治学堂。运用当地群众喜闻乐见的歌舞、小品、快板等方式开展送法下乡活动。同时，榕江法院建立了《双语工作规定》《法治宣传规定》《案件回访制度》等一整套充分考量民族文化的管

理、考核制度。比如，开展民歌调解每件加 0.5 分，调解和好每件加 1 分。“民歌法庭”受到当地群众欢迎和认可。寨蒿镇扒王村民歌调解员龙上豪说：“如果法庭经常性开展民歌普法工作，婚姻家庭案件肯定会减少。”

2. 民歌与调解结合，促进纠纷有效化解

经过试点，榕江法院总结出民歌法庭的运行规律与经验。榕江法院主要以四种方式进行民歌调解：第一，“歌碟 + 法官”，即将当事人请进民歌法庭，通过现场观看调解歌碟，然后由法官进行调解。第二，“歌师 + 法官”，由法官与歌师共同开展调解。第三，“歌词 + 法官”，就是由法官自己编歌词或歌师为法官编歌词，在调解环节，将劝歌作为调解说辞。第四，“民歌 + N”，以民歌劝解为主，采取多种方式和人员参与调解。2019 年 6 月，采取“民歌 + 典故（清朝“六尺巷”故事，词为：千里修书只为墙，让他三尺又何妨；万里长城今犹在，不见当年秦始皇） + 法官”的方式，对崇义乡崇义村五组杨某与龙某健康权纠纷进行调解，最终实现“胜败皆服、案结事好”的效果。

3. 民歌与判词结合，增强判决说服力、接受度

为顺应人民群众新要求新期待，榕江法院不断丰富内容和载体，对调解未果只能下判的家事案件，将民歌内容注入判决书。2019 年上半年，在 6 件家事案件中，探索将民歌及其哲理直接用于调解说词或者写入判词；在 2 件邻里纠纷、1 件借款纠纷的调解中，运用民歌原理进行劝说，启迪当事人理性处事、互谅互让、修复关系。这 9 件案件，当事人均没有上诉或申诉，服判息诉率为 100%。同时，榕江法院因案、因人制宜，将民歌歌词融入离婚冷静期通知书、案件回访执行及信访案件的说服教育中，充分发挥民歌“劝和”“息事宁人”的作用。

4. 习俗与诉讼结合，创新发展民族法制文化

榕江法院积极延伸民歌法庭效应，扩大民族习俗在司法实践中的运用，实现民族法制文化的创新发展。第一，将“神判”与“审判”进行嫁接。比如，2016 年 7 月，榕江法院委托调解一起苗族妇女提起的离婚案件。女方称丈夫有了外遇要求离婚，男方称自己没有外遇不同意离婚，并可以

“发誓愿”。在当地寨老的主持下，男方到寺庙里“发誓愿”。最后，原告撤回了诉讼。第二，将“榔规”[1] 习俗写入调解书。比如为了避免群众恐慌，当地“榔规”对散布放蛊[2]谣言者专门规定有处罚措施。近年来，榕江法院受理不少因“蛊”成诉案件。2015 年 4 月，榕江法院受理一起名誉侵权案件。原告称，被告潘某肚子痛，大肆宣扬系原告放“蛊”所致，侵害原告的名誉权。承办法官委托当地寨老调解，双方达成协议，并写入调解书：被告自愿按当地“榔规”带公鸡一只、米酒一壶、红包一个、鞭炮一挂到原告家当面赔礼道歉。第三，将村规民约上升为判决主文。榕江县村规民约中有“砍一栽二”的规定，榕江法院将这一规定引入司法实践。2012 年 9 月，农妇潘某英用火不慎烧毁幼林 76 亩。法院组织潘某英与村民组先行调解：潘某英赔偿救火费并在过火林地植树交给原主。潘某英出狱后即雇人在过火地栽满树苗，验收合格移交村民组。榕江法院对此案提炼升华，创新了“砍一栽 N、补植复绿”的司法政策，对罪犯签发“补植令”，责令其栽树恢复生态。

（二）织金法院“扬弃发展”

织金县是贵州省毕节市下辖县，苗族、彝族、白族、布依族等少数民族人口比重达 46%。长期的民族融合中，汉族和少数民族相互吸纳了对方文化的有益成分，形成了与大杂居、小聚居相适宜的非民族自治地方民族法制文化。织金法院以“扬弃发展”为特征的民族法制文化司法实践，是非民族自治地方法院的典型做法。

1. 通过扬弃适用，促进审判执行案结事好

织金法院涉少数民族案件多为家事案件和邻里纠纷，2018 年共审结涉少数民族婚姻家庭类纠纷 458 件，占比约为 45. 3%；2019 年上半年，审结 271 件，占比约 42. 54%。因此，织金法院采取了一系列有效举措：第一，

---

① 榔规就是通常说的“习惯法”。由苗族农村公社时期民主制度的残留议榔制定。议榔由某一区域各寨子共同参与，每隔几年或更长时间，召集一次会议，制定新的榔规。

② 放蛊，相传为我国一种古老的神秘巫术。

充分重视民族习俗对家事纠纷的影响。部分少数民族村寨至今仍遗留早婚、近亲结婚、不登记结婚等不良婚姻习俗，与婚姻法相悖。因此，在宣告婚姻无效、撤销或以同居处理时，要求审判人员避免机械生硬，多做人性化的说理。同时，针对少数民族群众法律知识欠缺的情况，在庭审前告知诉讼权利与义务、诉讼风险、举证责任等，并主动为不懂汉语或者不熟悉汉语的当事人提供翻译。第二，适当吸收少数民族习俗中的合理成分。织金县苗族婚礼中，男方在“过礼”时，除给女方礼金（“大礼”）外，还要给爷爷奶奶等扶持女方长大成人的近亲属劳苦费，叫“小礼”。在“接亲”当天早上，从女方家出发前，男方家需安排两名亲友给送亲客开“脚步钱”。至亲所得之钱，待新娘生孩子后加倍备礼来“吃月米酒”。此时，一旦双方发生婚约财产纠纷，在彩礼的退还上就会存在很大争议，若简单按男方支出全额计算彩礼金额，不考虑实际情况，判决将难以使当事人信服。比如，龙场法庭曾受理彭某诉杨某婚约财产纠纷一案，原被告均为苗族，双方正是对除“大礼”外的其余“礼钱”是否应当退还产生分歧，被告方辩称原告所支付的6万余元彩礼钱中，有1.6万元是依照习俗用于赠送给女方部分近亲属的，后承办法官结合婚姻法的规定和苗族给付彩礼的习俗，部分支持了被告方的辩解，并结合案情判决被告退还除合理开支以外的彩礼，判决后双方均未上诉。第三，坚决否认不符合公序良俗或含迷信成分的习俗。织金县苗族有“因故不能继续成家，男方提出，女方不退还彩礼；女方提出，则如数或加倍退还男方财礼”的习俗，织金法院在判决中，认为该习俗就与婚姻法中男女平等原则相违背，应从法律上予以否认。

2. 发挥民族优势，构建矛盾纠纷多元调处机制

当前，织金法院构建了“党委领导、政府主导、各方参与、调解优先、司法终局”的多元纠纷化解机制。针对少数民族地区普遍民风淳朴，民众文化水平和法律素养较低、存在语言障碍、单纯法言法语难以接受等特点，法院主动邀请当地威望高、能力强的“寨老”“族老”协助调解或吸纳其为人民陪审员参与陪审，充分发挥他们在少数民族群众中的影响力。当前，陪审率为100%，对提高调解成功率，从根本上化解矛盾纠纷具有积极意义。

2018 年共调解涉少数民族案件 459 件，经调解后以撤诉方式结案 284 件，调撤率为 73.49%，息诉服判率为 97.33%；2019 年上半年共调解 309 件，撤诉 199 件，调撤率为 79.75%。

3. 通过巡回审理，为少数民族提供便捷诉讼服务

针对织金县少数民族聚居地多为偏远地区的特点，以派出人民法庭为中心，法院在辖区各个乡镇设立巡回审判点，在距巡回审理点较远的村（村民小组）设立巡回审理联络点并公示巡回审理时间，做到巡回立案、接待、审理、送达全覆盖，让少数民族群众少跑腿、好办事。巡回审判中，允许法官使用符合民族地区乡风习俗的语言进行审理，并根据案件类型，充分运用道德、亲情、伦理等进行调解。建设集审判、宣传、执行于一体的车载巡回法庭，配备庭审同步录音录像及全方位实时监控等功能；为全部审判团队配置“巡回审判包”，可当场制作电子笔录与裁判文书，为少数民族群众提供便捷规范的巡回审理服务。2018 年共以巡回方式到少数民族群众居住地审理案件 81 件；2019 年上半年为 17 件。

4. 加强法治宣传，提升民族现代法治意识

针对少数民族群众普遍关心的热点、难点问题，不仅通过官方网站、微博微信、微电影、巡演等群众喜闻乐见的方式进行法制宣传，而且充分利用“跳花坡”“火把节”等特色民俗活动与民族节日广泛深入开展法治宣传教育，通过现场提供法律咨询、发放宣传手册等方式，用身边案例宣讲法理，不断提高少数民族群众法治意识。近年来，共开展法治宣传活动 500 余次，向 13000 余（人次）群众进行普法宣传，发放法治宣传资料 6500 余份，有效助力全县少数民族地区法治建设。

二　强大民族生命力和良好乡土适应性

从司法效果以至社会秩序构建的角度而言，不管是在民族自治地方，还是非民族自治地方的少数民族聚居区，将“民歌法庭”，寨老调解、“榔规”等民族法制文化纳入司法实践，具有强大民族生命力和良好乡土适应性。

（一）具有合法适用基础

从司法实践来看，适用民族法制文化中的合理成分不仅具有必要性和合理性，同样也有合法性。在我国法院，裁判依据正式渊源是国家制定法，而非习惯法，更非民族习俗。但民族习俗在司法实践中的合法运用仍有较大空间。主要表现为两个方面：一方面，在审判上具有合法性。此外，法律原则也为援引民族习俗、习惯等民族法制文化中的合理成分提供了另一种可能。另一方面，在调解上具有合法性。现代法治理念下，“法不禁止即授权”，合法不苛求与法律规定亦步亦趋。只要当事人是自愿而且没有违反公序良俗，该调解协议就应该是合法的。因此，为民族地区的寨老调解甚至以赌咒发誓等方式化解矛盾，留下了很大的合法性余地。这也是民族法制文化司法实践大有可为的根基。

（二）当地群众高度认可

民族法制文化是在千百年来的历史中形成并流传下来的思想文化结晶，蕴涵着本民族成员的价值追求和道德评判标准，因而被后世子孙继承和遵从。榕江是我国西南民族地区，少数民族人口占绝大多数，经济文化欠发达，不少少数民族群众不识字，听不懂、说不出汉话，对法言法语更是犹如听天书，对于“是否申请回避”“是否服判”等语言，法官还得用当地方言甚至打比方进行多次解释。而对于“发誓愿”“砍鸡头”等语言，他们能听得懂、记得住。比如，2017 年 11 月，栽麻乡归柳村农妇吴某，状告丈夫杨某忠不履行家庭义务并有家庭暴力，要求离婚。被告否认并不肯离婚。榕江法院开庭审理后认为，夫妻感情未达破裂条件，判决不准离婚，并在判决书后附上《劝夫妻》《互敬互爱心莫移》等4 首民歌歌词。其中《劝夫妻》说道：“……世间夫妻是缘分，天作之合成家庭；凡事两人相互忍，干田还靠春雨淋；牙咬舌头莫记仇，家和才会万事兴……”夫妻俩接到判决书没有上诉。案件回访时，原告说：“法院一番好心劝和，还用民歌来劝说，让我无话可讲，先和杨某忠过一段再说吧。”被告则十分满意地说：“判决书说得在情在理，让我深受启发，今后我要多体谅和尊重妻子，把这个家盘好。”在这个案例中，采取当地群众容易接受的方式，通过民歌入判词开展说理劝和，就得到群众的高度认可。

（三）适应司法实践需要

一方面，法治是多元化解矛盾纠纷的基础。成文法有其局限性和滞后性，其控制范围不可能面面俱到，所以仅通过凭借国家的政治权威颁行法律、制定规划等强制措施来实现控制社会已远远不够。所以，必须调动一切积极力量和整合资源化解社会矛盾，实现矛盾纠纷多元化解，不断满足群众对纠纷解决的多元需求，打破法院“单打独斗”和诉讼“包打天下”的纠纷解决局面。另一方面，适当运用民族文化是破解“执行难”、解决涉诉信访，实现案结事了的需要。由于民族习惯与国家的制定法存在冲突，即使法官最大限度地在裁判上体现公平正义，个别当事人也容易存在抵触情绪；加上个别法官机械理解和适用法律，做出了表面上公正而实际上不符合情理的裁判，出现案结事不了的情况。比如，2014 年，某基层法院受理一起相邻权纠纷案件，法官判决被告将围墙移动 1 米（拆除靠近原告家的旧围墙，在靠近被告家的地方建新围墙）。后当地中院、公安机关协同行动，将旧围墙拆除、新围墙建上。但当日晚，新建围墙被人推倒。被告还扬言要上访。最后，在当地村支两委及寨老的协助下，按照当地通俗习惯达成了和解协议。“该案的处理，如果法官借鉴‘民歌＋典故’案例经验处理，说不定促成双方达成协议，那么就不至于动用这么多的警力强制执行了。”一名见证该案执行过程的人大代表如是说。所以，将民族风俗习惯运用到审判实践中，不但可以弥补法律的漏洞，而且有利于法院裁判认可和执行，减少“执行难”或者遏制信访案件发生，从而推动国家法律的正常有效实施。

（四）案结事好的效果

作为民族地区民众，无论是在农村还是在社区，双方当事人用他们自己喜欢并接受的民族习惯，如“拈阄”“猜拳”等方式解决问题，自然会起到

“定纷止争、胜败皆服”的效果。2018 年，榕江法院办理案件服判息诉率为 92.35%；安全感和满意度测评，获得 99.48 分，新增信访案件为零。截至 2019 年 6 月，榕江法院民歌调解化解家事纠纷 185 起，其中，诉讼调解案件 38 件，调解成功率 90.5%；采用民族习惯处理的诸多案件，没有 1 件上诉、申诉和信访。

三　民族传统与现代法治的冲突

在司法实践中，民族法制文化的运用也受到诸多限制，主要表现为：第一，地域适用范围有限。因为中国有 56 个民族，而各个民族有自己的风俗习惯，即使是同一民族，因地域的不同，也有言语不通、风俗各异现象，所以某个民族法制文化不可能，在其他民族中进行复制和推广。第二，受时代发展影响。随着经济社会高速发展，少数民族地区人民的经济基础、思想观念已悄然发生变化，特别是年轻人的婚姻观、价值观逐渐和山外的世界趋同。现代的年轻人恋爱方式发生了转变，“神判”处理纠纷的方式被人们视为“迷信”而逐渐被抛弃。所以，人民法院适用民族风俗调解的纠纷群体减少。第三，部分法官并不认同。比如，在榕江、织金等法院调研中，一些法官认为司法改革后，法官员额少、案件数量多，搞民歌调解费时、费力、成本大，与现代司法公正高效简约的要求不符。有的法官认为，将民族习惯、村规民约引进司法领域，于法无据，搞“神判”办案是封建迷信活动等。第四，缺少相关配套政策保障。比如，榕江民歌调解员大部分是农民，养家糊口是其主业，搞调解只是义务，加上经费保障欠缺，影响了民歌调解员积极性。

四　民族法制文化与国家法律良性互动

从司法实践中，可以看到民族法制文化在民族地区司法实践中仍具有相当的影响力。对民族法制文化的关注，并不意味着国家制定法对其一味顺应。从长远的价值引导而言，应当促进民族法制文化扬弃和发展，实现国家法律和民族法制文化的良性互动，充分发挥民族法制文化在社会治理中的重要作用。

（一）扬弃发展，促进传统与现代良性互动

民族法制文化蕴涵丰富的法律伦理思想，包括正义观、善恶观、幸福观等。这样的思想本质与源泉是追求宗族村落内个体间的平等与宗族村落之间、民族之间的平等观念，自身不可避免地存在局限性。但是从社会控制的意义上来说，民族法制文化本质上与国家制定法具有统一性，它们规范着人们的行为，维护着社会秩序，都追求其理解的公平正义。为此，要本着扬弃的精神，进行有选择地继承和发展。首先，要继承发扬民族法制文化中的有益因素。对少数民族救助穷困、诚实守信、尊重长者等善良风俗，应予以尊重和倡导，并加大理论研究和立法建议力度。对一些恶风劣俗，如动用私刑、买卖婚姻、包办婚姻等现象，要通过法院判决、司法行政、社会管理手段综合治理、移风易俗。其次，努力提高少数民族地区群众的法治意识。民族地区有一些风俗习惯与现行法律规定相悖，但其产生与文化传统、生活习惯、经济水平等密切相关。因此，在民族地区传统观念和现代法治相抵触时，应该采取宽容、灵活、安全的原则，加以宣传和引导，增强其法律意识，减少习惯影响，努力推动少数民族法制文化与现代法治理念有机结合。最后，发展是最好的继承，民族法制文化司法实践必须跟上时代的新变化。只有与时俱进，才能获得新的生命力。正如榕江法院“民歌法庭”从以前的民歌调解，演化到微信调解多措并举，再到探索将民歌及其哲理直接写入判词，丰富了民族法制文化的表现形式。

（二）多元调解，促进官方与民间良性互动

民族法制文化根植于民族地区社会生活实践，直接反映民间公平观念，更加注重人情世故，更能获得少数民族同胞认同。这也是在少数民族地区，调解协议更加易于执行的原因所在。为此，要充分利用司法裁判、三大调

解、习惯法组织化解等方式，处理好国家纠纷解决机制和民族民间纠纷解决机制、国家法律和民族习惯的关系，构建一个多元立体的矛盾纠纷解决机制。

（三）完善机制，促进法院与群众良性互动

作为民族法制文化司法实践的主体，法院要坚决贯彻党的民族理论和民族方针政策，积极回应民族地区群众的司法需求和期待，深化民族法制理论研究，丰富和发展民族法制文化的实现方式，不断提高民族地区审判工作水平。第一，建立民族法制文化调研机制。本着“发扬传统、开拓创新”的理念，对当前效果比较好的民歌法庭、巡回审判等既适应民族群众需要，又符合司法规律的举措，要加大调查、归纳、提炼力度，有的可上升为立法建议，有的可作为为民举措推广。比如，榕江法院“砍一栽 N、补植复绿”的生态修复政策，对罪犯签发“补植令”的做法，就可以上升地方性规范。第二，完善民族法官培养机制。特别是要着力建设一支既有现代法治理念又善于做民族群众工作的双语法官队伍，为民族地区司法事业发展提供有力的组织保障。同时，对人民陪审员、民歌调解员等要加大保障力度，确保其能顺利履职。第三，建立民族地区特色的管理机制。将民族法制文化元素，引入党风廉政、法院文化和审判管理，推动合理配置资源、分流案件和收案目标控制，充分利用绩效考核的指挥棒作用，激励和引导民族习俗司法实践向纵深推进。

B.13

贵州高级人民法院以审判为中心的刑事诉讼制度改革调研报告

贵州省高级人民法院课题组*

摘　要： 本文首先对以审判为中心的诉讼制度改革的背景、内涵及现状进行探究；其次从实证层面对该项制度存在的问题及成因进行分析；最后从树立现代司法理念、完善相关制度、规范庭审程序、创新工作机制等方面对该项改革提出了建设性意见建议，以期探究庭审实质化的运行模式，以实现法官作为居中裁判者，审判人员作为侦查、审查起诉把关者以及最终决定者的最大审判效能。

关键词： 刑事诉讼制度改革　庭审实质化　贵州

引　言

2014年，党的十八届四中全会通过的《中共中央关于全面推进依法治国若干重大问题的决定》（以下简称《决定》），明确提出"推进以审判为中心的诉讼制度改革"，为改革和完善刑事诉讼制度、保障司法公正指明了方向。然而，长期以来形成的"以侦查为中心"的思维定式，以及侦查、

* 课题组成员：赵传灵，贵州省高级人民法院党组成员、副院长；欧枝凡，贵州省高级人民法院审判委员会专职委员；唐桂新，贵州省高级人民法院刑事审判第四庭庭长；朱兴，贵州省高级人民法院刑事审判第二庭庭长；李钰，贵州省高级人民法院刑事审判第三庭副庭长；舒竑，贵州省高级人民法院刑事审判第四庭副庭长。

起诉和审判三种职能之间关系失调，侦查权力过大，庭审虚化，法院审判作为把关环节的地位无法显现，无法树立司法权威的现状，在一定程度上制约了以审判为中心的诉讼制度改革进程。

本调研组在对贵州省部分中、基层法院调研走访、问卷调查等基础上，坚持问题导向，有针对性地从贯彻证据裁判要求、发挥庭审关键作用、尊重和保障辩护权和当事人诉讼权利等方面提出推进庭审实质化的改革举措。

一 以审判为中心的刑事诉讼制度的实质内涵

以审判为中心是法治国家诉讼制度的基本特征。[①] 通常认为，以审判为中心有三个层面的含义：第一，审判是整个刑事诉讼程序的中心。第二，法庭审判是整个审判程序的中心。第三，证据是法庭审判的中心。从职能意义上说，以审判为中心不等于以法院为中心，也不等于以法官为中心，不意味着哪个机关权力更大，应该从确立审判作为一种职能的中心地位的角度来理解。从权力主体上说，审判职能只能由法院行使。从运作方式上说，一方面体现在侦查、起诉只是审判的准备程序，只有审判程序才能够实现国家的刑罚权，在整个诉讼过程中，以审判为中心并不意味着侦查与起诉的虚化，而是更加增强侦查职能作用的发挥，更加强化客观证据，其意义在于厘清诉讼三阶段的相互关系，从而在此基础上突出审判在三阶段当中的中心地位。另一方面体现在庭审的方式上，在控、辩、审的三角格局中，法院居中裁判。

二 以审判为中心的刑事诉讼制度改革的实践展开

（一）充分发挥庭前会议作用

近年来，庭前会议制度已经成为疑难复杂案件审理的必经程序和庭审实

① 张宝生：《审判中心与证据裁判》，《光明日报》2014 年 11 月 5 日。

质化的载体。对一些重大、疑难、证据繁杂的案件，通过召开庭前会议，一是可以先行解决回避、非法证据排除等程序性问题，从而保障庭审的顺利进行；二是可以明确庭审中举证方式和举证的数量，进一步做好举证阶段的繁简分流，同时充分保障被告人及辩护人的辩护权；三是可以大致摸清控辩双方争议的焦点，便于合议庭对整个案件的把控。全省法院充分利用庭前会议制度，尽可能在庭前协调控辩双方，就出庭证人、鉴定人问题达成一致意见，保障庭审顺利有序进行。

（二）严格非法证据排除程序

全省法院严格按照“两高三部”《关于办理刑事案件严格排除非法证据若干问题的规定》要求，在向被告人送达起诉书副本时，告知被告人有申请排除非法证据的权利，听取被告人的意见，并认真做好记录。如果被告人申请排除非法证据，并提供相关线索、材料，经承办法官审查符合法律规定的申请条件的，及时将线索、材料复制交给人民检察院，坚持开庭前先启动排除非法证据程序；如果被告人或辩护人在法庭调查过程中申请排除非法证据，并提供相关线索、材料的，中止法庭调查，启动排除非法证据程序，由公诉人有针对性地对证据的合法性做出说明。公诉人申请休庭的，立即休庭，留给公诉人足够的时间去核实。

（三）努力实现庭审实质化

1. 积极探索证据审查方面的新思路、新做法

全省法院在审判工作中，严格落实证据裁判原则，严格依法收集、固定、保存、审查、运用证据，从各个方面积极探索提高证据质量的做法。

2. 不断完善证人、鉴定人出庭制度

证人出庭作证率低，影响以审判为中心的诉讼制度改革正常推进，是一个长期困扰各级法院的难题，其成因包括证人出庭作证客观上影响诉讼效率，各级法院对证人出庭作证的相关保护措施落实得不够等。针对这一现实情况，全省法院积极尝试，探索了一些行之有效的做法，提高证人出庭率。

3. 努力保障律师辩护权

省法院与省司法厅先后联合下发了《关于在刑事审判中加强律师辩护工作的意见》《关于开展刑事案件律师辩护全覆盖试点工作的实施办法（试行）》《关于扩大刑事案件律师辩护全覆盖试点范围的通知》，积极推进律师辩护全覆盖，要求凡是列入试点的法院，只要被告人没有委托辩护人，就应当通知法律援助机构为其指定辩护人，充分保障被告人的辩护权。

（四）积极推行繁简分流

一是全省法院不断加强内部协作，强化责任意识，推进繁简分流工作，将刑事案件繁简分流意见纳入全院案件繁简分流总体方案，细化操作流程，从而实现简案快办、繁案精审，有效化解“案多人少”问题，提高审判效率。二是以认罪认罚从宽制度为突破口，由点到面、循序渐进，促进认罪认罚的犯罪嫌疑人、被告人依法得到从宽、从简、从快处理，推动坦白从宽制度化。三是积极探索完善刑事案件速裁程序和认罪从宽制度，对案件事实清楚、证据充分的轻微刑事案件，或者被告人认罪认罚的案件，适用速裁程序、简易程序或者普通程序简化审理，让有限的司法资源用在刀刃上，显著提高了审理效率，改善了办案质量。

三 以审判为中心的刑事诉讼制度改革存在的困难和成因

（一）证据收集方面

一是长期以来的“侦查中心主义”难以在短时间内扭转。二是不重视客观证据的收集。三是侦查人员运用科技手段收集、固定证据的能力水平仍亟待提升，诸如应当及时提取的监控视频未提取导致视频被覆盖，应当提取检材送检 DNA 的未提取导致检材灭失无法补做，此类情况并不少见。

（二）非法证据排除方面

一是非法证据排除启动难，适用率低。二是侦查、起诉机关未严格按照相关规定办案。三是辩护方滥用排除非法证据申请权。比如拟作有罪罪轻辩护、同意适用简易程序的辩护人，在法庭质证环节提出非法证据排除申请。然而庭前沟通过程中，法官向其了解是否有需要庭前解决的事项时，其明确表示不申请非法证据排除，但在法庭审理阶段突然提出。

（三）庭前会议方面

1. 庭前会议所做决定的约束力问题

最高人民法院“庭前会议规程”虽然明确在庭前会议中，控辩双方已就有关事项达成一致意见的，除非确有正当理由，否则之后若在庭审中反悔，法庭一般不再处理。而正是“一般不再处理”，导致实践中审判人员难以把握，通常的做法就是在庭审中就庭前会议已经做出处理的有关事项，重复进行处理。这种情况的出现就导致一个结果，法官不愿意召开庭前会议。

2. 庭前会议替代庭审的问题

由于庭前会议自身功能的弱化，庭前会议有向庭审演变、替代庭审的可能，即名义上是召开庭前会议，实际上庭前会议承担了庭审的功能。对于法官来说，既然把检辩双方召集起来了，与其处理一些与案件审理无关的事项，浪费司法资源，不如开展有实际作用的审判活动。特别是在展示证据以及听取检辩双方争议过程中，庭前会议有可能进行案件实体审理，导致庭审形式化，在这种认知下，庭前会议发挥庭审的功效就是在所难免的了，庭审走过场也就成为大概率事件。

3. 庭前会议召集难问题

由于刑事案件本身审理期限较短，在安排开庭之外，要协调各方时间召开庭前会议，控辩审均需投入许多资源，花费额外的时间和精力，甚至有部分辩护人对庭前会议存在抵触情绪，特别是外地执业律师。被告人往往不关心办案流程，在乎的是裁判结果。

（四）证人、鉴定人等出庭作证方面

1. 证人出庭作证难问题

虽经多方努力，目前贵州刑事案件证人出庭作证率仍然很低。例如，2018 年，贵州 9 个市州证人出庭率最高的仅为 8.67%，最低只有 0.11%。当前证人出庭难的原因是多方面的，除法律未否定书面证言的证明力外，一是证人不愿意出庭作证，二是与证人联系困难，三是不少法官也对证人出庭作证并不积极。

2. 鉴定人出庭作证难问题

相较于证人出庭作证难，鉴定人出庭作证也并不容易。有的是客观上鉴定人因为工作没有时间出庭，有的是主观上鉴定人不愿出庭，认为出具的鉴定意见已表明其专业观点，无出庭的必要。实践中，法庭也面临重新委托鉴定已不具备条件而无法排除该鉴定人所出具的鉴定意见的窘境。

（五）律师辩护方面

随着贵州律师辩护全覆盖工作的展开，全省法院在创新模式、加强保障、提高效率等方面进行了有益尝试，积累了相当丰富的经验，律师辩护率不断提高。但同时也存在律师资源不足、保障不到位、机制不健全等问题。特别是案件数量的增加与有限的律师资源之间的冲突，部分基层法院辖区内仅有一个律师事务所甚至一个专职律师，无法满足律师全覆盖的需求，同时律师辩护质量也有待提高。

（六）繁简分流方面

一是繁简分流配套机制不完善。二是从宽幅度难以掌握。三是量刑建议有待规范。量刑建议原则上应当应用于幅度刑，对于判处有期徒刑一年以下刑罚的案件可以适用确定刑。但是，实践中检察机关的量刑建议多用于确定刑，在公诉机关量刑建议略有不当的情况下，法院不好调整，也侵犯了法院对量刑的确认权，忽略了庭审中可能出现的量刑情节变化的情况。

（七）人民陪审员方面

一是一些人民陪审员对其承担的职责不关心、不重视，也不愿真正参与，或者关心、重视、参与的程度并不足以保障制度有效地实行，实现其应有的价值。这样的局面显然与我们的制度追求背道而驰。二是人民陪审员职业化现象严重，导致人民陪审员成为法院乃至法官的附庸。三是由于人民陪审员不可能有法律人的专业水平，审查证据无从谈起。

四　以审判为中心的刑事诉讼制度改革的路径

（一）树立现代刑事司法理念，夯实改革的思想基础

1. 贯彻证据裁判原则

落实证据裁判原则，一是要在各个诉讼阶段严把案件事实关、证据关。二是要抓住证据裁判原则的核心要求，对证据审查做到：在证明对象上确保定罪量刑的事实都有证据证明；在证明手段上确保诉讼证据具备证据能力和证明力；在证明标准上确保综合全案证据排除合理怀疑。三是要着力提升法官对证据的审查、分析、研判能力，为准确认定事实、适用法律、定罪量刑夯实基础。四是把证据裁判原则贯彻到刑事诉讼各环节。

2. 贯彻疑罪从无原则

疑罪从无原则又称“有利被告原则”，是无罪推定这一刑事基本原则的派生标准。法院应当严格执行法律规定，依法独立、公正行使对案件事实的判断权和裁决权。在审判过程中，坚持司法中立原则，居中裁判、不偏不倚，不能带有追诉倾向，更不能无原则地迁就和配合，要以守土有责的精神坚决守住底线，切实维护司法公正，对定罪证据不足的疑罪案件依法宣告无罪，确保严格执法、公正司法，切实防范冤假错案。

（二）健全相关刑事诉讼制度，夯实改革的规范基础

1. 健全证人出庭制度

一是针对证人无正当理由拒不出庭作证设置相应的法律后果，强化证人出庭作证的义务。二是构建完整的证人保护体制，明确证人保护的范围，并做好对证人信息的保密工作，明确人身安全保护等措施。三是明确对证人出庭作证具体补偿标准，提高证人出庭作证积极性。四是对于侦查人员和鉴定人出庭说明情况，要健全相关沟通协调机制。五是探索建立具有专门知识的人员出庭作证制度。六是探索建立交通肇事案件现场勘察人员出庭制度。

2. 健全律师辩护全覆盖制度

一是明确统筹调配律师资源。二是明确建立配套机制。三是建立法律援助律师专业库。四是推行电子阅卷方式。

（三）完善庭审程序，夯实改革的“实质化”基础

1. 完善庭前会议制度

一是审判人员加强对庭前会议制度的学习及把控，正确引导庭前会议程序。二是在有被告人参与的庭前会议中，审判人员在召开前对于庭前会议的概念、目的等向被告人进行法律解释，确保被告人对此项工作有初步的了解和认识。三是法院联合检察院、律师协会组织庭前会议专项培训，确保庭前会议有序开展。四是对于律师不积极配合召开庭前会议，法院、检察院单独或者联合提出司法建议，由司法行政机关或律师协会给予相应处理，提高辩护律师履职责任心。

2. 规范法庭调查程序

一是严格执行最高人民法院《人民法院办理刑事案件第一审普通程序法庭调查规程》的有关规定。二是将证据裁判、程序公正、集中审理、直接言词和诉权保障确立为法庭调查的基本原则。三是对被告人是否构成犯罪、罪重、罪轻的事实，都应当通过庭审查明、认定。四是证明被告人有罪或者无罪、罪轻或者罪重的证据，都应当在法庭上出示，依法保障控辩双方

的质证权利。五是采用“以老带新”的方式，在合议庭组成人员中确定一名庭审经验丰富的“老法官”，对承办法官的庭审工作予以适时指导和辅助，从而逐步提升承办法官的庭审驾驭等能力。

3. 规范非法证据排除程序

一是完善非法证据排除标准和范围，进一步厘清“非法证据与瑕疵证据”的界限。二是加大对证据收集合法性的审查力度，认真处理被告人、辩护人提出的排除非法证据申请，发现证据收集的合法性有疑问或可能存在非法收集证据情形的，应当依法召开庭前会议或启动法庭调查程序进行调查核实，督促公诉机关负责举证证明。三是加强对刑讯逼供和非法取证的源头预防，切实担负起人民法院在审判阶段对非法证据的排除职责，有效防范冤假错案发生。四是完善非法证据排除规则的运行环境。

4. 规范速裁程序

一是建立证据清单制度。鉴于目前速裁程序的设置无须进行举证、质证，故可由检察院建立证据清单制度，即在被告人签署认罪认罚具结书时一并将案件证据情况以证据清单形式予以告知，以全面保障被告人的诉权。二是制作程序性文书范本。最高人民法院可以制作内容全面、格式统一、规范的整套程序性文书范本，替代现有“五花八门”的文书。三是制作填充式裁判文书。针对速裁程序省略法庭调查和法庭辩论的审理方式，在裁判文书写作方式上采用填充表格式的文书写作方式，裁判文书中仅罗列控辩双方身份信息、公诉机关指控事实及判决理由和结果，其余部分予以省略。由此简化裁判文书，切实提高审判效率。四是社区调查工作前置。在适用速裁程序审理的案件中，检察院如果建议对被告人判处缓刑，则需开展社区调查工作，这种程序前置的探索有法可依，因为检察院的量刑建议是根据案件事实、证据及被告人实际情况提出的，若检察院认为被告人符合缓刑适用条件，则需根据缓刑适用条件之一，即“宣告缓刑对所居住社区没有重大不良影响”开展相应工作。因此，检察院提出适用缓刑的量刑建议时，由检察院开展社区调查、评估工作，以缩短案件审理时间。

（四）完善工作机制，夯实改革的“活力”基础

1. 完善繁简分流机制

一是积极推进“繁简分流、简案快审、繁案精审”审理机制，对案件事实清楚、证据充分的轻微刑事案件，或者犯罪嫌疑人、被告人自愿认罪认罚的案件，可以适用速裁程序、简易程序或者普通程序简化审理；对重大、疑难复杂案件，集中审判资源精心审理，保证案件质量，实现审判效率与审判质量同步提高。二是认真总结“轻刑快审”试点经验，推进刑事案件速裁程序和认罪认罚从宽制度相融合。三是通过案件繁简分流，让审判资源配置更加合理，把深谙法律专业知识、逻辑思维严密、观察感知敏锐、具有评判决断智慧的法官用于审理重大、复杂、疑难、敏感案件。

2. 完善认罪认罚从宽工作机制

一是检察机关减少确定刑量刑建议的使用。检察机关在认罪认罚案件的量刑建议中减少确定刑，多使用区间量刑建议，由此保障法院依法行使自由裁量权，也有助于裁判尺度的统一与平衡，确保被告人罚当其罪。二是提高被告人对认罪认罚从宽制度的认知和理解。目前，对于被告人的“食言”行为并无相关法律法规规定要对被告人进行处罚。为了保持认罪认罚从宽制度的生命力，实践中应该注重加强对此项制度的告知和释明工作，充分告知被告人在认罪认罚程序中享有的权利，保证程序的合法性，并严格审查被告人认罪认罚的自愿性。三是充分发挥值班律师法律帮助作用。值班律师不仅要向被告人说明认罪认罚从宽的适用条件、适用结果等，还要切实为其提供有效帮助，以减少被告人在认罪认罚后又提出上诉的情形，有利于节约司法资源，构建诚信社会。

3. 完善人民陪审员陪审机制

一是加强人民陪审员管理。成立一个人民陪审员自治性专门管理组织，制定人民陪审员行为和职业道德规范并组织实施，对人民陪审员进行选任、组织、考核、培训、监督、奖惩，推动人民陪审员队伍的规范化管理。二是细化人民陪审员的审理范围。严格按照党的十八届四中全会的《决定》提

出的“逐步实行人民陪审员不再审理法律适用问题，只参与审理事实认定问题”要求，细化人民陪审员审理范围和表决权利，完善合议庭合议规则，有效解决“陪而不审”“合而不议”问题。三是细化人民陪审员参与审理规则。明确人民陪审员参与审判可以向被告人、被害人、证人提问，也可以要求公诉人、辩护人就相关问题进行说明；人民陪审员可以直接审查相关证据，等等。

4. 完善智能辅助办案系统

2017 年 1 月，孟建柱同志在中央政法工作会议上提出：“把现代科技创新与司法体制改革融合起来，特别是在推进以审判为中心的诉讼制度改革中，通过强化大数据深度应用，把统一的证据标准镶嵌到数据化的程序中，减少司法任意性，既提高审判效率，又促进司法公正。”基于此，上海研发了“206”刑事审判智能辅助办案系统。该系统主要是依托互联网、大数据、云计算等现代科技，充分运用图文识别、智能语音识别、司法实体识别、实体关系分析、司法要素自动提取等人工智能技术，通过制定统一适用的证据标准指引、证据规则指引，并嵌入公检法司机关刑事办案系统中，实现对办案人员统一证据标准、证据规则的指引和对证据的效验、把关、提示、监督，确保侦查、审查起诉的案件事实证据经得起法律检验，确保刑事办案过程全程可视、全程留痕、全程监督，减少司法任意性，防范冤假错案的产生。根据中共贵州省委政法委的统一安排，贵州借鉴和引进上海“206”刑事审判智能辅助办案系统，并确定在贵州省黔南州龙里县、贵定县、瓮安县公、检、法、司机关开展上海“206”刑事审判智能辅助办案系统的试点工作，并逐步向全省推开。省法院以此为契机，积极推进上海“206”办案系统与省检察院、省公安厅联合制定的《刑事案件基本证据要求》深度融合，实现“206”办案系统的本土化，切实落实以审判为中心的诉讼制度改革重大举措，提高全省刑事审判的质量和水平。

5. 完善人权司法保障机制

人权保障在刑事诉讼中不仅是依法保障当事人和其他诉讼参与人的知情权、陈述权、辩论辩护权、申请权、申诉权，也应包含禁止让刑事在押被告人或上诉人穿着识别服、马甲、囚服等具有监管机构标识的服装出庭受审等具体环节，彰显司法文明。一是健全当事人、辩护人和其他诉讼参与人的权利保障制度。犯罪嫌疑人、被告人有权获得辩护，司法机关有义务保证犯罪嫌疑人、被告人获得辩护。二是依法保障辩护人会见、阅卷、收集证据和发问、质证、辩论辩护等权利，完善便利辩护人参与诉讼的工作机制。三是人民法院要高度重视被告人提出的辩解辩护意见以及对收集证据、通知证人、鉴定人员、侦查人员出庭申请，绝不能置之不理或者简单驳回，应当按照法定程序及时审查并依法做出处理，做到兼听则明，防止偏听偏信，保障程序公正。

结　语

唯改革者进，唯创新者强，唯改革创新者胜。以审判为中心的诉讼制度改革是一项系统工程，涉及诸多方面，需要在立法、法律实施、实践技能等多方面努力。法院作为审判机关，在此项改革进程中责无旁贷，尤其是在推进庭审实质化方面要勇于担当，要有所作为，为推动诉讼制度改革、为实现司法公平正义、建设法治中国有所建树。

B.14

贵州高级人民法院立案登记制改革实施三年情况调研报告

贵州省高级人民法院课题组*

摘　要： 立案登记制改革是党中央推进司法体制改革的重大决策部署，2015年5月以来，贵州法院坚决贯彻落实党中央、最高人民法院立案登记制改革的相关要求，立案工作更加规范、便捷，杜绝了不收材料、不给答复、有案不立、拖延立案等现象，从根本上解决了人民群众“立案难”问题。但随着案件逐年猛增，“案多人少”矛盾更加突出，加之受各种考核指标影响，“立案难”的现象在一定程度上存在反弹，虚假诉讼、滥诉等现象时有发生。本文简要分析贵州法院近几年立案登记工作存在的问题和困难，提出完善立案登记制改革路径，全力巩固立案登记制改革成果，坚决维护人民群众合法诉权，确保全省法院立案登记工作有序推进，以更好实现保障当事人的诉权与人民法院公平高效审理案件的有机统一。

关键词： 贵州高院　立案登记制　司法体制改革

---

* 课题组成员：曹晓莉，贵州省高级人民法院立案一庭庭长、三级高级员额制法官；宁立标，贵州大学法学院副院长、教授；龙怀亮，贵州省高级人民法院立案一庭法官助理；陈国江，贵州省高级人民法院立案一庭法官助理。

引　言

诉权是公民的基本权利。它不仅关系程序正义和司法公正的实现，对当事人实体权利的保障也具有重要价值。截至目前，贵州省立案登记制改革取得较好成效，“立案难”问题从源头上、根本上得到解决，在全省法院受理案件数量大幅增长的同时，立案工作更加规范、便捷，杜绝了不收材料、不给答复、有案不立、拖延立案等现象，人民群众的诉权真正得到较好保障，司法权威和司法公信力得到进一步提升。

一　贵州省法院实施立案登记制改革的基本情况

（一）制度建设

为贯彻落实《最高人民法院关于人民法院登记立案若干问题的规定》，切实将立案从“审查制”变为“登记制”，贵州高级人民法院出台《关于规范登记立案工作的办法》等相关文件，从立案登记制适用范围、材料提交、材料受理、虚假诉讼、诉前调解、立审对接以及监督问责等十个方面做出明确规定，并将相关诉讼文书样式提供给人民群众以作为参考。

（二）立案情况

自立案登记制改革实施以来，贵州法院每年一审立案案件数量呈逐年递增趋势。据统计，其中2015年登记立案262396件，同比增长35.5%；2016年登记立案305758件，同比增长16.5%；2017年登记立案372117件，同比增长21.7%；2018年登记立案437501件，同比增长17.6%。总体来看，近几年登记立案的案件中，民事诉讼案件占72.82%，行政诉讼案件占

2.53%，强制执行案件占24.6%，国家赔偿案件占0.03%，刑事自诉案件占0.01%①（见图1和图2）。

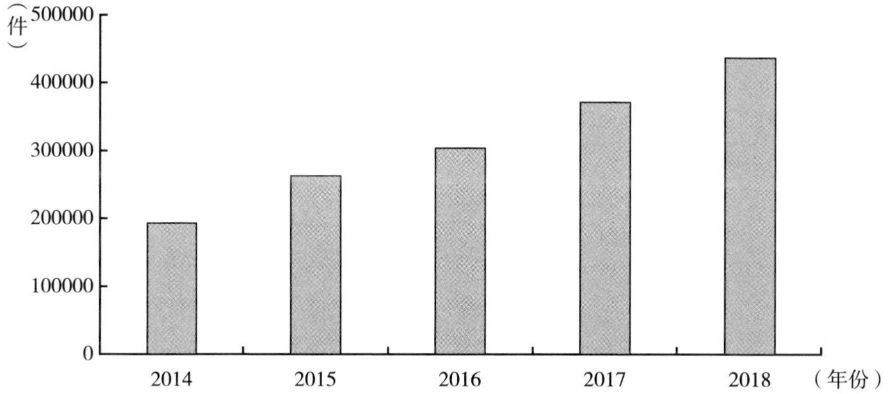

图1　2014~2018年贵州省登记立案数

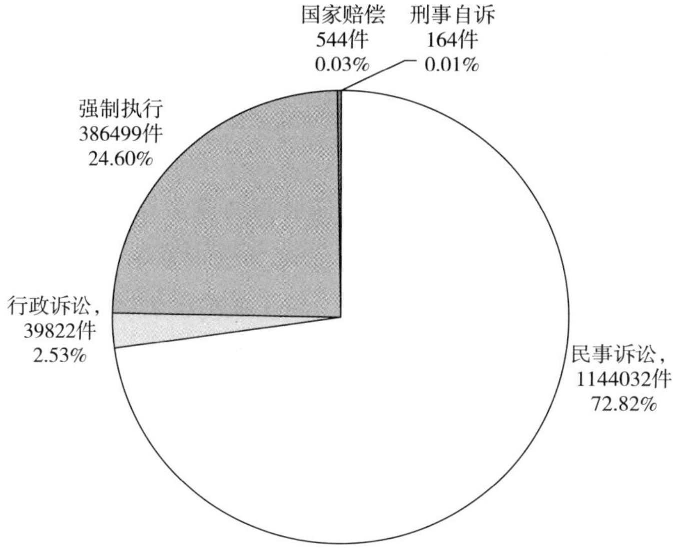

图2　2014~2018年贵州立案各类案件占比

① 统计资料来源于《贵州法院案件管理系统》。

1. 各类案件登记立案情况

（1）民事诉讼案件。实行立案登记制后，全省法院民事诉讼案件登记立案数量逐年递增，未出现过下落趋势。2015 年共登记立案 193211 件，同比增长 34.02%；2016 年共登记立案 223232 件，同比增长 15.54%；2017 年共登记立案 264884 件，同比增长 18.66%；2018 年共登记立案 318541 件，同比增长 20.26%（见图 3）。

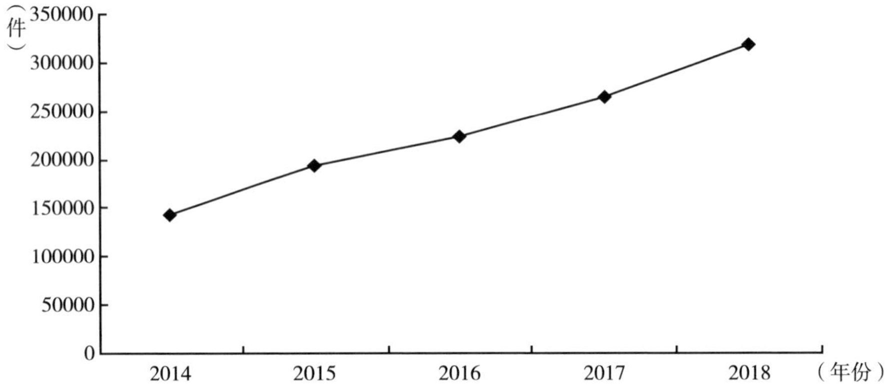

图 3　2014～2018 年民事诉讼案件登记立案数

（2）行政诉讼案件。行政诉讼案件登记立案数量总体呈现上升趋势，但在 2018 年同比略有下降。其中，2015 年共登记立案 7254 件，同比增长 122.92%；2016 年共登记立案 7756 件，同比增长 6.92%；2017 年共登记立案 10836 件，同比增长 39.71%；2018 年共登记立案 10722 件，同比减少 1.05%（见图 4）。

（3）强制执行案件。强制执行案件登记立案数量，同民事诉讼案件一样呈现逐年递增趋势。其中，2015 年共登记立案 61786 件，同比增长 34.01%；2016 年共登记立案 74520 件，同比增长 20.61%；2017 年共登记立案 96119 件，同比增长 28.98%；2018 年共登记立案 107969 件，同比增长 12.33%（见图 5）。

（4）国家赔偿案件。国家赔偿案件登记立案总数较低，其中，2015 年

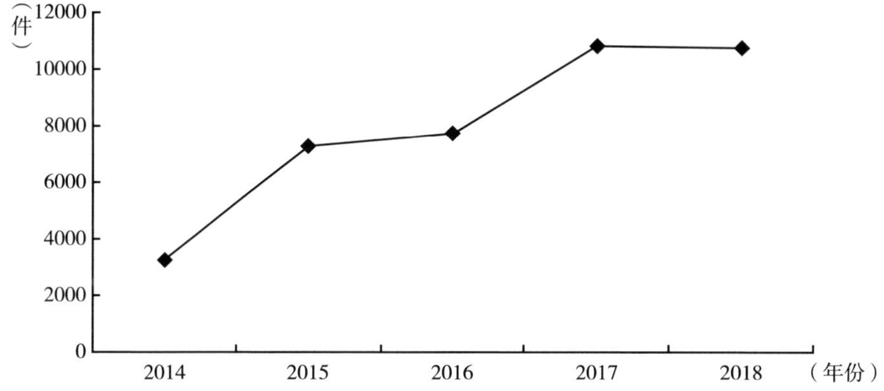

图4　2014～2018年行政诉讼案件登记立案数

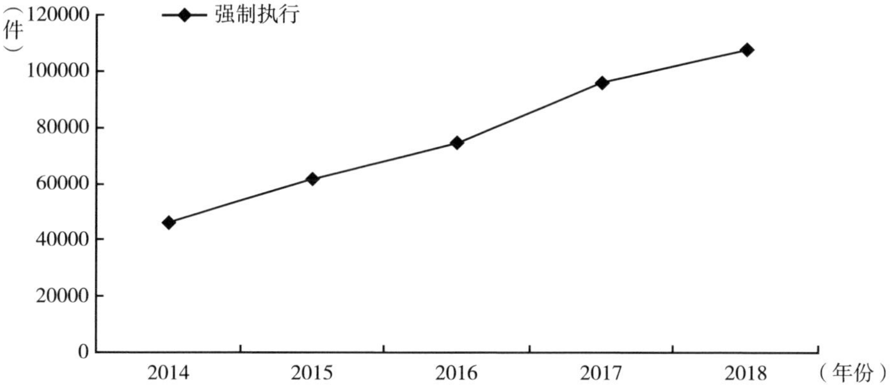

图5　2014～2018年强制执行案件登记立案数

共登记立案105件，同比增长52.17%；2016年共登记立案117件，同比增长11.42%；2017年共登记立案148件，同比增长26.5%；2018年共登记立案105件，同比减少29.05%（见图6）。

（5）刑事自诉案件。同样，刑事自诉案件登记立案总量较低，2017年同比短暂回落后，2018年又呈现明显上升趋势。其中，2016年共登记立案133件，同比增长232.5%；2017年共登记立案130件，同比减少2.26%；2018年共登记立案164件，同比增长26.15%（见图7）。

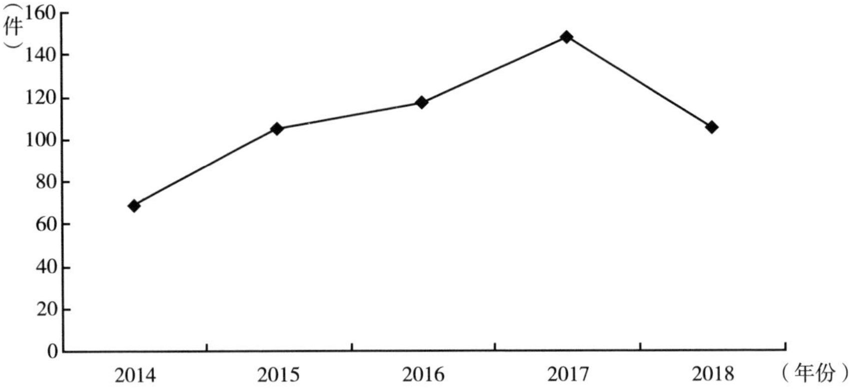

图6　2014～2018 年国家赔偿案件登记立案数

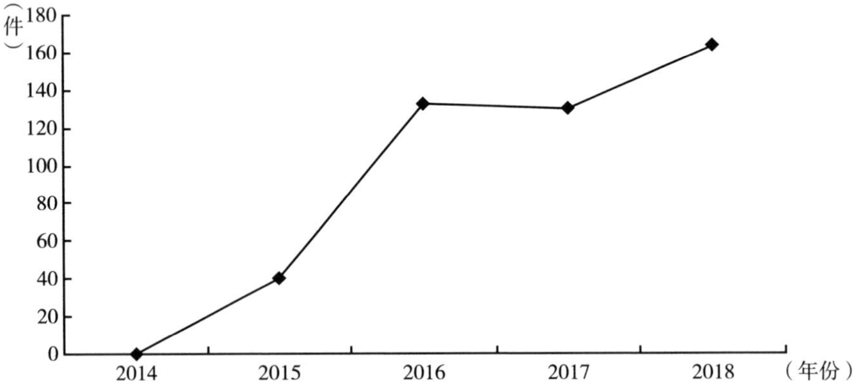

图7　2014～2018 年刑事自诉案件登记立案数

2. 不予登记立案相关情况

在不予当场登记立案方面，2016 年共有 963 件，占全年案件的 0.31%；2017 年共有 934 件，占全年案件的 0.25%；2018 年共有 1164 件，占全年案件的 0.27%（见表 1）。对这些未能当场立案的案件，各级法院均严格依照立案登记制相关规定，全部进行法律释明，并当场发放《一次性告知书》。2016 年，贵州法院共发放《一次性告知书》26345 份，2017 年发放 26612 份，2018 年发放 36983 份。不能当场登记立案，绝大多数是因为当事人对立案登记制不了解，提交的材料不符合立案要求。待当事人重新提交的材料符合要求后，立案基本能顺利进行。

3. 审查虚假诉讼案件方面

全省法院在立案阶段进一步加大对虚假诉讼的审查力度，2016 年共审查出 4 件，2017 年 30 件，2018 年 20 件。

表 1　2016～2018 年不予登记立案情况

	一次性告知书发放数(件)			不予登记案件数(件)		
	2016 年	2017 年	2018 年	2016 年	2017 年	2018 年
省法院	5	4	5	0	1	0
贵阳法院	6757	1885	9428	35	55	49
遵义法院	2431	1836	1778	147	139	122
六盘水法院	350	381	279	38	39	44
安顺法院	5661	7407	7940	0	2	4
毕节法院	533	586	650	13	19	27
铜仁法院	2446	3186	3704	10	14	145
黔南法院	1592	2422	3211	170	141	129
黔西南法院	3745	5086	5542	459	406	513
黔东南法院	2825	3819	4446	91	118	131
合　计	26345	26612	36983	963	934	1164

（三）登记立案窗口及人员配置情况

贵州共有 99 个法院，包括 1 个高级法院，9 个中级人民法院、89 个基层法院；共有登记立案窗口 248 个；从事登记立案的工作人员中，正式编制干警 270 人（其中员额法官 81 人、法官助理 125 人、书记员 48 人、其他人员 16 人），派遣制及聘用制人员 207 人，外包人员 17 人（见图 8）。

从总的调研情况来看，实行立案登记制后，全省法院收案数总体呈现逐年高速增长态势，尤其是民商事诉讼和强制执行案件，基数大、增长快；行政诉讼案件在经历最初的爆发式增长后趋于平稳；国家赔偿案件和刑事自诉案件虽呈递增趋势，但绝对值仍处于较低水平。

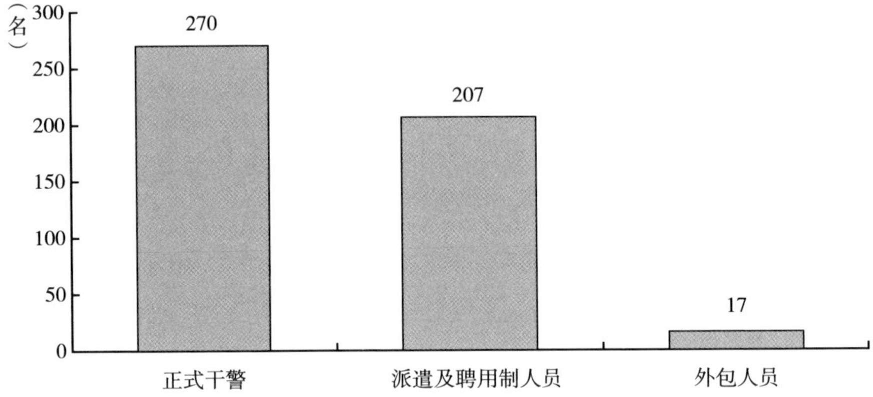

图8　立案人员组成

实践中，全省法院坚决贯彻落实最高人民法院关于立案登记制的规定，严格履行了一次性告知释明手续，坚持做到按要求出具收据凭证，并强化立案人员队伍建设，通过购买社会化服务等方式弥补人员力量的不足，确保当事人的合法诉权得到保障。据统计，2015 年实行立案登记制后，全省法院当年当场登记立案率就达 95.1% 以上，高于全国平均水平；到 2018 年，当场立案率为 97.5%，再创新高。

二　贵州省立案登记制改革实施过程中存在的问题

（一）案件数量激增，案多人少矛盾突出

如前文所述，在实施立案登记制的 2015 年，全省法院受理一审案件同比增长了 35.5%，此后每年增长率稳定在 20% 左右。随着贵州经济社会的高速发展，预计在今后几年，全省法院受理各类一审案件数量仍将保持较大增幅。在案件保持较大增幅的情况下，相应的法官数量并未随着案件的增加而增加，特别是实施法官员额制改革以后，办案法官数量较改革前大幅度减少，案多人少矛盾更加突出。以 2018 年为例，全省法院共受理一二审等各

类案件640108件，员额法官人均结案数199.05件，同比增加9.71件。[①] 部分基层法院，如贵阳市南明区法院、遵义市红花岗区法院、黔西南州兴义市法院，案多人少矛盾尤为突出，员额法官人均办案量均突破300件。

（二）“立案难”现象在某种程度上仍然存在

1. 年底拖延立案、有案不立的现象客观存在

尽管立案登记制改革已经实施三年多时间，立案登记制已经深入人心，最高人民法院、省高级人民法院每年年底都要下文强调不准出现拖延立案、压案不立的现象，甚至已经取消对年底结案率这个指标的要求，但仍有一些法院在年底有案不立，拖延立案，或者通过做当事人工作延缓立案。有的法院整个12月份基本不立案，个别基层法院甚至从10月起就开始不立案，要一直到下一年1月才恢复立案。这是调研中发现的违反立案登记制最严重的问题。造成这一问题的最主要的原因，系每年年底对“结案率”这个考核指标的高标准严要求，大部分法院在每年的法院工作报告中，习惯性沿袭改革之前关于年底“结案率”的数据表述。当前最高人民法院对结案率的要求，已经变为对“审限内结案率”的要求，但如果年底有较大数量的未结案件存在，依然是许多法院无法承受的压力。

2. 部分基层人民法院诉讼服务中心现场“立案难”

部分基层法院立案大厅人满为患，当事人排队等候时间过长。以贵阳市某区人民法院为例，当事人上午10点钟取号，被告知之前有40多人排队等候，需要等到下午4点多钟才能立案。甚至有的当事人上午领号，要于下个工作日才能立案。其原因是多方面的，既有人民法院传统的立案审查、录入工作已不能适应案件数量连年猛增的形势，信息化运用程度不高的原因，也与部分法院员额法官和法官助理数量较少，立案工作人员主要由聘任制书记员构成，其对立案审查工作的业务能力不强、案件录入工作不够熟练有关。但是，值得欣慰的是，虽然贵州大部分基

① 贵州省高级人民法院：《2018年全省法院审判执行工作运行态势的情况通报》。

层法院采用的是立案排队领号模式，但未出现“立案限号”等违反立案登记制规定的情况。

3. 部分人民法庭存在有案不立或拖延立案现象

最高人民法院《关于人民法院登记立案若干问题的规定》第十九条规定：“人民法庭登记立案工作，按照本规定执行”，赋予了人民法庭立案权。不可否认，赋予人民法庭立案权，客观上方便当事人立案，特别是在交通不便的山区农村，当事人无须跑到县城的人民法院本部去立案，节约了诉讼成本。但由于部分人民法庭规模较小，有的人民法庭仅有一名员额法官、一名法官助理，一名书记员，客观上实行“立审合一”制度，立案法官与审判法官均为同一人，故在立案过程中，法官往往会自觉或不自觉地进行实质审查，在结案压力较大的人民法庭，对于复杂疑难案件的审查更严。

4. 行政案件立案中存在违反立审分离原则的情况

案件立审分离是原则。但因行政诉讼法规定的立案条件较为繁杂，为防止出现审查错误，有些法院就明确由行政庭对行政案件进行立案审查。行政庭在审查过程中，不可避免地会掺杂实质审查因素，自觉不自觉地就会按照能否胜诉来审查案件，对那些完全没有胜诉可能的案子，就不给立案，导致实践中出现行政案件不予立案数量较多的现象。目前依然有少数法院将行政案件交由行政庭立案审查的现象，或是由立案庭接收材料后，交由行政庭审查是否符合立案条件，再返回立案庭予以立案或裁定不予立案。

（三）对多元化纠纷解决机制建设推进不力

党的十八届四中全会对推进多元化纠纷解决机制改革做出了重要部署，明确要求“健全社会矛盾纠纷预防化解机制，完善调解、仲裁、行政裁决、行政复议、诉讼等有机衔接、相互协调的多元化纠纷解决机制”。最高人民法院《关于人民法院登记立案若干问题的规定》第十五条也规定：“人民法院推动多元化纠纷解决机制建设，尊重当事人选择人民调解、行政调解、行业调解、仲裁等多种方式维护权益，化解纠纷。”但由于推进多元化纠纷解决机制需要协调多个行政部门，整合社会资源，必须在党委政府的主导下才能得到有效推进。尽管贵州部分地区在推进多元化纠纷解决机制方面进行了有益的探索，取得了一定的成效，但整体而言，全省大部分地区在建设多元化纠纷解决机制方面仍要下大功夫。

（四）立案工作人员配备不足，影响登记立案工作的专业审查

美国实用主义法学家奥利弗·温德尔·霍姆斯指出“法律的生命在于经验而不在于逻辑”，配备经验丰富的员额法官或法官助理承担案件审查工作，对于确保登记立案工作的专业性是十分必要的。当前全省 98 个中基层法院的 248 个登记立案窗口中，仅有 81 名员额法官，平均每个法院负责登记立案工作的不足一名员额法官，少数法院的立案庭庭长由法官助理担任，立案工作人员在数量和专业能力上的配备严重不足。有些法院的立案审查工作由聘用人员负责，而聘用人员中很多并非法律专业毕业，缺乏必备的专业知识，很难独立完成专业的案件立案审查工作。即使是聘用人员经长期培养后能够胜任案件审查工作，由于待遇差、流动性高，也很难留得下来。立案工作人员配备不足，势必对立案审查工作的专业性造成影响。

（五）虚假诉讼与滥诉难以有效防范与制裁

司法资源是一种有限资源，虚假诉讼与滥诉不仅浪费司法资源，还扰乱正常的司法秩序，违背了实施立案登记制的初衷。立案登记制变实质审查为形式审查，在保障当事人行使诉权的同时，也不可避免地为虚假诉讼与滥诉打开了方便之门。由于案件数量增长，人民法院推进诉前调解案件的办理，亦为虚假诉讼与滥诉案件提供了可乘之机。但实践中，由于在立案过程中实行的是形式审查，仅凭当事人提供的起诉材料，筛查出虚假诉讼案件的难度是非常高的。调研中，立案工作人员都认为当前或多或少存在虚假诉讼的情形，但均表示在立案过程中很难区分。同时，对于滥提管辖权异议等滥诉行为，以妨害民事诉讼行为进行处罚，亦缺乏相应的法律依据，难以有效制裁。

三 完善立案登记制改革的若干路径

（一）加强宣传，引导当事人理性诉讼

人民法院要加大在媒体特别是新媒体上的宣传力度，重点是宣传多元化纠纷解决机制的优点和人民法院打击虚假诉讼、滥诉行为的相关案例。同时，人民法院在诉讼服务窗口也要积极履行告知义务，引导当事人理性诉讼。一是要告知当事人诉讼风险，降低当事人不合理的预期；二是要告知当事人学会计算诉讼成本，包括时间成本和经济成本；三是要告知其他矛盾纠纷分流机制和优点。人民法院也可以在诉讼服务中心引进第三方，对当事人准备立案的案件进行立案前评估和指引。

（二）大力推进多元化纠纷解决机制建设

贵州省福泉市人民法院大力开展以“司法确认”为切入点的诉调对接工作，以福泉市多元化调处中心所辖的各类调解组织为依托，将矛盾纠纷化解导入司法轨道，赋予调解结果法律效力，取得了较好的法律效果和社会效果。2015 年 1 月，最高人民法院将福泉市人民法院列入全国 50 家、贵州省唯一一家多元化纠纷解决机制改革示范法院。福泉市法院大力推进多元化纠纷解决机制建设，取得了优异的成绩，成功经验主要有：一是由党委政府主导，人民法院积极推进，构建多元化纠纷解决机制；二是广泛宣传司法确认制度“不收费、抗反悔、可执行、促效率”的优点，引导矛盾纠纷合理分流；三是建立健全各相关单位的工作协调联络机制，为多元化矛盾纠纷解决机制建立良好的制度基础；四是通过司法确认，化解各种矛盾纠纷[①]；五是发挥司法引领作用，积极推进诉调对接；六是积极探索诉外化解，努力提质

① 一是通过司法确认化解信访老案；二是通过司法确认化解群体性纠纷；三是通过司法确认化解矿群纠纷；四是通过司法确认化解民生纠纷。

升级。

虽然部分地方在推进建设多元化纠纷解决机制方面取得了优异成绩，但是，全省既未在省级层面上建立起统一、有效的机制，也未对地方取得的先进经验进行有效推广。而在总结地方优秀实践、学习外省先进经验基础上，通过全省一盘棋的方式，依靠党委领导、政府支持建立起统一、协调、联动、有效的多元化纠纷解决机制依旧任重道远。目前，贵州高院正在起草相应调研报告，拟向省委、省委政法委提出建立省级多元矛盾纠纷调处中心、真正将多元化解纠纷机制建设落到实处的建议。

（三）大力推进网上立案工作

网上立案具有便利当事人、降低诉讼成本、强化“立审分离”原则等优点，是人民法院立案工作的趋势和潮流。贵州自 2015 年立案登记制改革起便积极推动网上立案，并建立了全省统一的网上立案平台。但当事人通过该平台申请网上立案，审查通过后仍旧需要前往法院诉讼服务中心办理立案手续，领取相关法律文书和缴纳案件诉讼费等，网上立案演变为网上“预约”立案，不能起到便利当事人降低诉讼成本的作用。2015 年全省法院网上立案平台共收到网上立案申请 7 件，2016 年共收到 773 件，2017 年共收到 2688 件，2018 年共收到 7227 件（见图 9）。

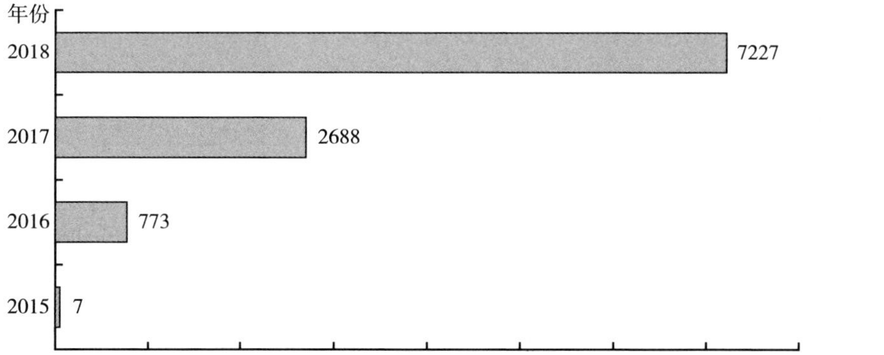

图 9　网上立案申请数量

近年来，网上立案数量虽逐年递增，但与传统现场立案相比所占比重较低，仅占1%左右。网上立案未能形成广泛推广，既有网上立案系统使用不畅，内外网信息传输存在壁垒，不能实现网上送达诉讼文书及缴费等原因，也有贵州省经济发展仍显落后，部分当事人诉讼能力不够等客观因素。同时，还有对网上立案重视程度不够、宣传推广不够等主观原因。

2019年5月，贵州省对网上立案平台进行改造升级，并实现了网上诉讼文书送达和缴费等功能。今后，全省法院可以借助省政务网平台，并加强与财政部门、腾讯公司、阿里巴巴等沟通协调，通过积极宣传引导，不断优化功能，推动全省法院网上立案产生质的飞跃。当事人真正可以实现足不出户，即可立案。

（四）取缔不科学的考核指标，从源头上防止年底立案难现象的发生

部分法院年底立案难现象屡禁不止，从这个角度来说，立案登记制并未得到完全彻底的贯彻执行。最高法院、省高院多次组织各种明察暗访和督查活动，却收效甚微，一到年底，这种现象就会出现。其实究其根源，就是法院的上级领导部门对年底“结案率”指标的考核要求。对年底“结案率”的内部考核，违反了司法规律，迫使人民法院年底不敢立案，严重影响了人民群众诉讼权利的行使，极大削弱了人民法院的司法权威和司法公信力，造成了不好的社会影响。只要有年底“结案率”考核指标的存在，年底“立案难”问题就必然无法解决。立案登记制要求的“有案必立”，一到年底这个时间段就会变成一种很难实现的任务，解决“立案难”就难以实现。最高人民法院为了解决这一问题，已经引入“审限内结案率”取代“结案率”的考核指标，但很多人民法院并未废止对“结案率”的考核，往往是两项指标同时存在。必须大力宣传和落实“审限内结案率”，坚决取缔年底“结案率”指标，对仍旧沿用“结案率”考核的人民法院进行通报。也唯有在取缔“结案率”考核指标、替换为“审限内结案率”之后，才有可能促使“立案登记制”的实施真正落到实处。

（五）提高专业素质，强化“立审分离”原则，坚决贯彻“形式审查”标准

在立案阶段仅对案件进行“形式审查”，是立案登记制的核心思想，也是解决“立案难”问题的根本手段。立案法官对案件的判断应仅限于案件是否符合法律规定的立案条件，是否由立案法院管辖。由于立案法官和审判法官在思维角度、判断角度上的差异，强化“立审分离”的原则，由专业的立案工作人员仅对案件进行形式上的审查，是“立案登记制”实施的必要措施。首先，提高立案工作人员的专业素质，确保立案审查工作的准确性和专业性，是强化“立审分离”原则的前提条件。其次是在法院机关贯彻“立审分离”原则，必须由立案法官在立案阶段对案件进行审查，必要时可以向审判部门咨询，但该咨询意见仅供立案部门参考，在人民法庭也要贯彻“立审分离”原则。同时，网上立案也能很好地解决部分人民法庭立案的问题。而上升到一定程度，“立审分离”亦不仅指在立案阶段应由立案法官对案件进行审查，在不具备条件的人民法庭，审判法官在对案件是否应予受理进行审查时，其运用的必须是立案法官的思维，其所持的亦应是“形式审查”的标准。

（六）加强对虚假诉讼的甄别和对滥诉案件的制裁

由于立案登记制仅对案件进行形式审查，客观上很难对虚假诉讼进行甄别。但是针对虚假诉讼的特点，在诉前调解阶段和审判阶段应特别注意以下情形：一是当事人为夫妻、朋友等亲近关系或者关联企业等共同利益关系；二是原告诉请司法保护的标的额与自身经济状况严重不符；三是原告起诉所依据的事实和理由明显不符合常理；四是当事人双方无实质性争议；五是案件证据不足，但双方仍然主动迅速达成调解协议，并要求人民法院司法确认。[①] 在防范虚假诉讼中，要特别注重发现证据，增强对可疑诉讼的事实调

---

① 刘亚玲：《虚假诉讼的甄别防范与惩戒》，载《人民法院报》2019 年 2 月 3 日。

查力度。同时，对恶意诉讼和滥诉行为，应推动完善相关立法，明确行政处罚、司法处罚、刑事处罚标准，加大惩治力度。①

结　语

立案登记制改革充分体现了党中央运用法治思维和法治方式解决社会矛盾纠纷、加快推进社会主义法治国家建设的坚定决心，它是推动落实全面建成小康社会、全面深化改革、全面依法治国、全面从严治党战略布局的一项重要举措，对建立公正高效权威的社会主义司法制度具有重大意义。贵州省法院近年来实施立案登记制取得的成效充分表明该项制度在保障公民诉权、实现司法公正以及促进法治中国的建设中具有重大价值。但任何改革在实施初期总会遇到阻力和问题，立案登记制改革也不例外。但这些阻力和问题不能成为阻止改革的理由，不能成为否定改革成绩的理由。恰恰相反，这些阻力和问题是我们进一步深化、完善立案登记制改革的动力。全省各级法院应该认真对待立案登记制实施过程中出现的问题，积极面对新形势下立案登记制改革遇到的挑战，进一步保障公民的诉权，为法治中国建设贡献力量。

① 最高人民法院《关于人民法院推行立案登记制改革的意见》。

B.15
贵州省刑事案件律师辩护全覆盖调研报告

贵州省法律援助中心　贵州省律师协会调研组

摘　要：　本文就2017年10月11日最高人民法院、司法部《关于开展刑事案件律师辩护全覆盖试点工作的办法》实施以来的贵州省刑事案件律师辩护全覆盖情况进行了调研，分析了目前面临的突出问题及其成因，并在此基础上对开展贵州省刑事辩护全覆盖工作提出了若干建议。

关键词：　刑事案件　律师辩护　贵州

一　调研总体情况说明

2017年10月11日，最高人民法院和司法部联合印发了《关于开展刑事案件律师辩护全覆盖试点工作的办法》（以下简称《办法》）。为贯彻实施《办法》的精神和要求，2018年6月21日贵州省高级人民法院会同贵州省司法厅联合印发了《关于开展刑事案件律师辩护全覆盖试点工作的实施办法（试行）》（以下简称《试行办法》），该《试行办法》计划先在审判阶段试行，以委托辩护和指定辩护的方式展开贵州刑事案件律师辩护全覆盖试点的工作，最终推动贵州此项工作在刑事诉讼各个阶段全面展开，《试行办法》规定在贵州省本级，贵阳市本级及南明区、云岩区、观山湖区，桐梓县，六盘水市本级及所辖市、区（特区）、县进行刑辩全覆盖试点。

为研究该《试行办法》实施以来全省刑事案件律师辩护实际状况，为刑事案件律师辩护全覆盖工作顺利推进打好基础，在省高级人民法院和省公安厅的大力配合下，省司法厅法律援助工作处会同省律师协会刑事专业委员会联合成立调研团队，对试点开展以来全省刑事案件律师试点与非试点区域的具体开展情况、存在的问题进行调研，并以此为基础对本省刑事案件律师辩护全覆盖工作提出建议。本次调研在试点地区以桐梓县为主展开，非试点地区在毕节市和安顺市展开。由于法律援助在刑事案件律师辩护全覆盖工作中具有兜底作用，对于完成全覆盖工作具有保障地位，法律援助律师刑事辩护的情况反映了全覆盖工作的总体情况。故本次调研围绕法律援助展开。

全覆盖试点工作开展以来，得到试点地区公、检、法、司和律师协会的高度重视。相关部门大多数能根据自身的职责范围积极应对。比如看守所增加律师会见室，延长会见时间，安排周末预约会见等；检察机关在认罪认罚、刑事和解、不诉等方面加强控辩协商；法院在律师值班室、阅卷室、更衣室等方面加大建设力度；法律援助机构也加大了刑事法律援助的经费保障，提高了办案补贴标准；等等。

此次调研从2018年11月开始，历时两个多月，共九人参与，分为两组，分别在三个试点区域以及两个非试点区域展开。调研以座谈会及实际走访相结合的方式进行，以问卷及资料数据分析为基本方法，调研试点截止到2018年10月，并形成此报告。

（一）法律援助案件数量

在全覆盖试点以前，贵州省基层法院年均受理法律援助案件数量超过500件的县（区）占全省比例不高，2015年24个县（区）超过500件，2016年15个县（区）超过500件，2017年15个县（区）超过500件。桐梓县基层法院作为试点地区，在2018年10月前就突破700件，在2018年7~10月，刑辩覆盖率已经达到100%。

（二）法律援助经费

根据调研得到的24个县（区）数据，中央财政拨款在2015年、2016年均在10万~30万元；但地方财政拨款差异明显，有四个县连续三年地方财政没有拨款，有拨款的多集中在1万~10万元，个别县（区）财政拨款在100万元以上。根据桐梓县司法局统计，在实施刑事案件律师辩护全覆盖以后，该县年均法律援助案件总量预计会突破1500件，仅刑事案件的补贴经费预计就需要增加20余万元。现有财政补贴标准与原有标准相比虽有所提高，但与重庆、湖北、浙江、吉林相比补贴标准仍然较低。

（三）基础设施需要完善

在毕节市，该区域内较多县（区）（如七星关区、大方县、黔西县、金沙县、威宁县）的提讯室和律师会见室配置比例严重失衡，全市现有提讯室74间，律师会见室22间，二者相比数量差距较大。在实施刑事辩护全覆盖以后，毕节市需要增加律师会见室的县（区）有5个。毕节市需要增加律师值班室的有4个县，占毕节市现有8个县市的50%。

（四）其他保障措施（允许会见时间、会见要求、通信权保障等）

毕节市范围内各县（区）看守所对律师会见要求都没有统一规定。会见时间上，桐梓县看守所在周一至周五工作时间，均可安排辩护律师会见，周六、周日可拨打值班电话提前预约。另外，试点与非试点在中午12点至14点一般不安排律师会见，但必要时可上报上级业务部门后批准安排。会见要求，毕节市不统一。通信权部分有保障。

二　贵州省刑事案件律师辩护全覆盖试点前后法律援助情况

（一）贵州省刑事案件律师辩护全覆盖开展前后案件数量情况

1. 贵州省年均500件以上法援案件的县（区）案件数量调查情况

贵州省法律援助案件的总体情况，以2015年至2018年10月法律援助案件平均超过500件的县、区数据为样本。

据调查数据，贵州省超过500件法律援助案件的县（区）数量2016年相比2015年减少。从所占比例看，2015年年均超过500件法援案件的县（区）占全省27.27%，2016年占全省17.05%，2017年占全省5.68%，2018年占全省17.05%。

此外，超过500件法援案件的数量分布上，其中总数量在500~700件的县（区）在2015年、2016年都占了相当大比重，两年分别占比为75%和73.33%，预计刑事案件律师辩护全覆盖后数据会有较大增加。

2. 试点区域桐梓县法院刑事案件受理与法律援助调查情况

桐梓县法院刑事案件受理与法律援助调查情况，以2016年至2018年1~10月的数据为主，主要是通过受理的刑事案件数量、涉及被告人数量、辩护律师数量以及法律援助人数予以体现。

（1）桐梓县法院刑事案件受理情况

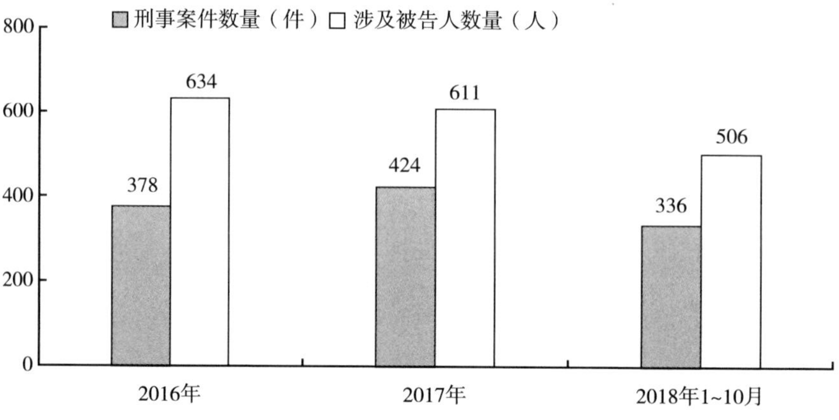

图1　2016年至2018年10月桐梓县受理刑事案件数量和涉及被告人数量

（2）桐梓县法律援助中心受理并指派法律援助情况

桐梓县法律援助中心受理并指派法律援助调查情况，主要统计的是2017年、2018年1~10月刑事案件律师辩护全覆盖以后刑事法律援助案件增加的数量。

2018年1~10月桐梓县刑事案件法律援助相比2017年全年增加了175%。

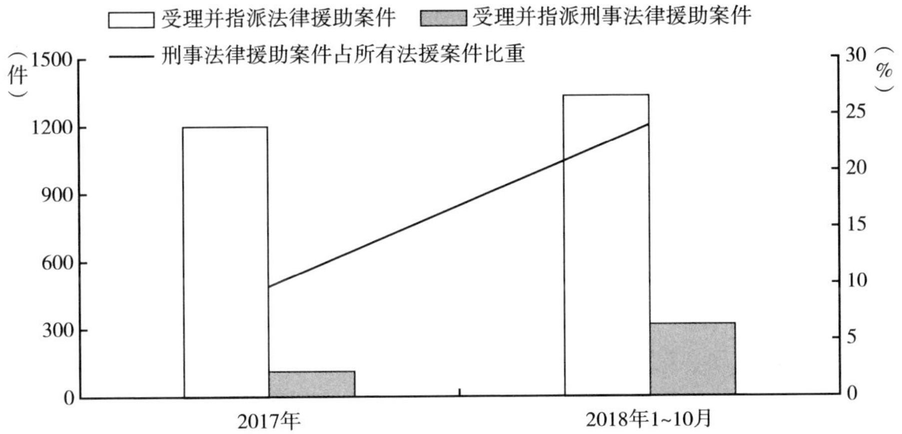

图 2　2017 年、2018 年 1 ~ 10 月受理并指派法律援助案件情况

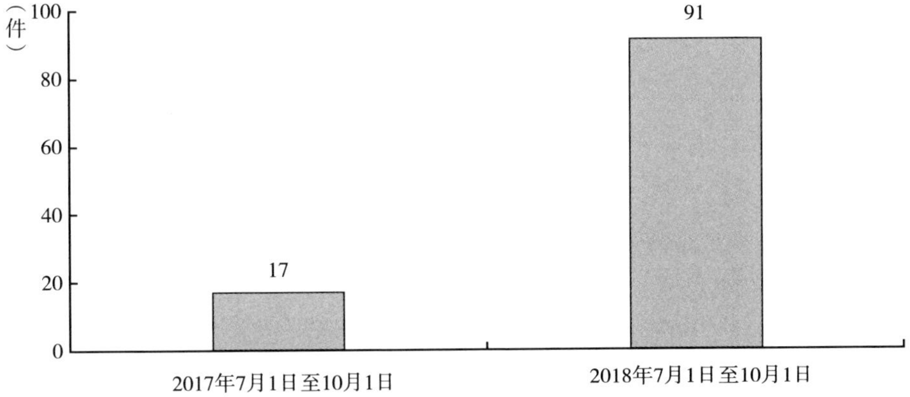

图 3　刑事辩护全覆盖后审判阶段共指派律师参与刑事辩护案件数量

由图 3 可知，受刑事辩护全覆盖的积极影响，桐梓县法律援助中心在审判阶段指派律师参与刑事辩护的数量在 2018 年比 2017 年同时期增加了 74 件。

3. 2016 ~2018年非试点区域毕节市刑事法律援助情况

（1）毕节市中级人民法院刑事案件法律援助情况

对毕节市中级人民法院刑事案件法律援助情况摸排，选取的时间区间为

2016 年至 2018 年 10 月。同时，还对 2016 年刑事案件在各个审判阶段的数量进行了调查（见图 4、图 5）。

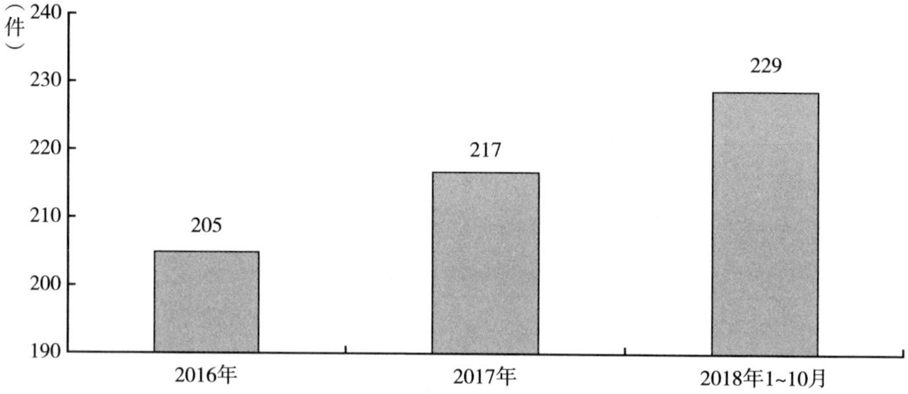

图 4　毕节市中院 2016 年至 2018 年 10 月刑事法律援助案件总数

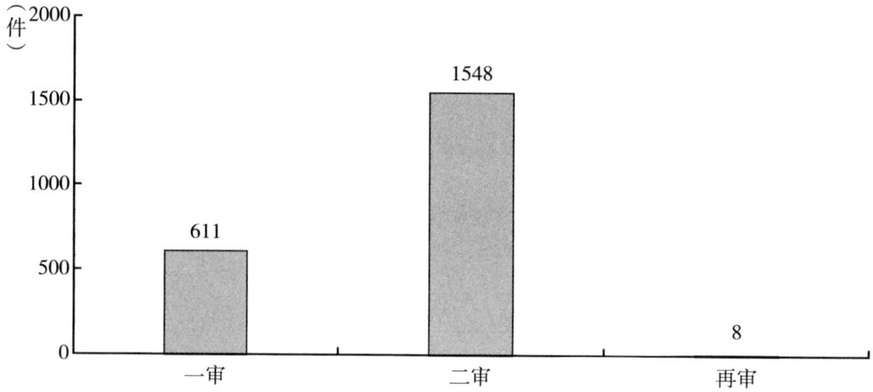

图 5　2016 年毕节市中院受理刑事案件总数

由图 4 可知，毕节市中院法律援助案件数量，总体上呈逐步增长趋势。具体而言：2017 年比 2016 年增长 5.8%；2018 年 1 ~ 10 月案件比 2017 年全年增长 5.5%。但从刑事法援案件占刑事案件总数的比例来看，以 2016 年毕节市中院受理的刑事案件为例，刑事法律援助案件在总案件数量中仅占 9.46%。

（2）2017 年、2018 年毕节市各县（区）看守所羁押人数情况

毕节市各县（区）看守所在 2017 年和 2018 年羁押人数为 3500～4000 人，需要注意的是，在实施刑事案件律师辩护全覆盖以后，这些被常年羁押的人，都是需要获得刑事辩护律师帮助的人，仅毕节市全市需要辩护律师的人数就在 4000 人次以上。

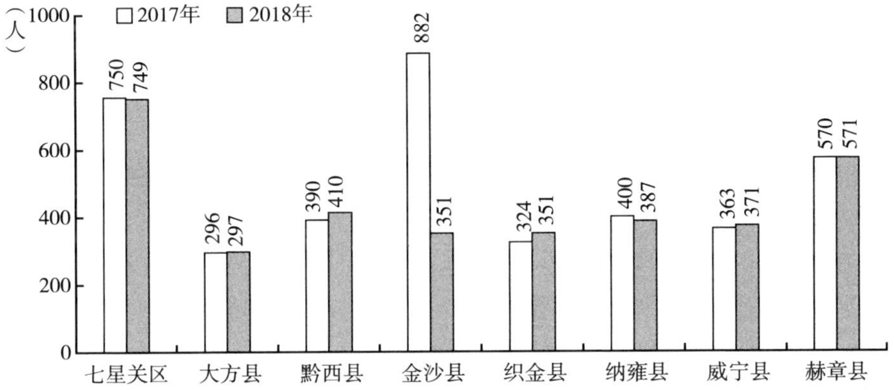

图 6　2017 年、2018 年毕节市各县（区）看守所羁押人数
（2017 年 N＝3975；2018 年 N＝3487）

（二）贵州省刑事案件律师辩护全覆盖试点前后经费情况

1. 贵州省基层法院年均受案500件以上的县（区）财政拨款调查情况

以 2015 年和 2016 年法律援助案件平均超过 500 件的 26 个县、区数据为样本。

在财政拨款上，中央财政拨款在两年间总体都比较均衡，2015 年集中在 10 万～30 万元的有 18 个县（区），占 26 个县区的 69.2%；31 万～50 万元的有 6 个县（区），占 23.08%。2016 年分别有 10 个县（区）和 5 个县（区），分别占 38.46% 和 19.23%。

地方财政拨款数量差别较大，中央、地方 2015～2017 年连续三年均没有拨款的有 11 个县（区），占 42.3%；中央有拨款但地方连续三年没有拨

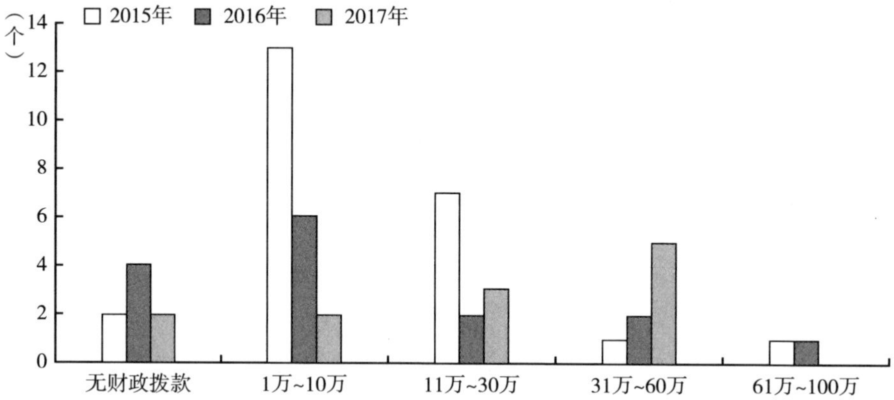

图 7　2015～2017 年贵州省年均 500 件以上法援案件的县（区）本级财政拨款情况

款的有 4 个县区（六枝、金沙、威宁、兴仁），占 15.38%。地方拨款 10 万元以下的有 6 个县区，占 23.07%；10 万～20 万元的 1 个县区，占 3.85%；20 万～30 万元的 1 个县区，占 3.85%；45 万元以上的 2 个县区，占 7.69%。

2. 贵州省法律援助案件原有与现有标准调查情况

贵州省法律援助案件的补贴标准，分为刑事案件与民事案件补贴标准、原有补贴标准与现有补贴标准。

通过分析可知，贵州省法律援助的补贴标准较原标准都有一定程度提高，且有些原本没有补贴标准的，现有标准中也予以了明确。民事案件的法律援助补贴标准比刑事案件略高。

3. 试点区域桐梓县法律援助经费保障情况

桐梓县刑事案件法律援助保障条件，主要通过法律援助经费以及补贴标准体现。

表 1　桐梓县法律援助保障调查汇总

调研范围	调研结果
上年度本辖区刑事案件法律援助经费	2017 年法律援助刑事案件补贴已支付 95900 元，尚欠 20 余万
刑事辩护全覆盖后，法律援助经费增加额	法律援助案件总量估计会突破 1500 件，仅刑事案件补贴预计需增加 20 余万元

（三）贵州省刑事案件律师辩护全覆盖试点前后基础设施情况——以毕节市为例

1. 毕节市各县（区）看守所现有提讯室、律师会见室情况

本文关于毕节市各县（区）提讯室、律师会见室的情况摸排，主要通过对看守所提讯室、律师会见室数据进行统计（见图 8），并对刑事辩护全覆盖以后需要增加的数量进行统计。

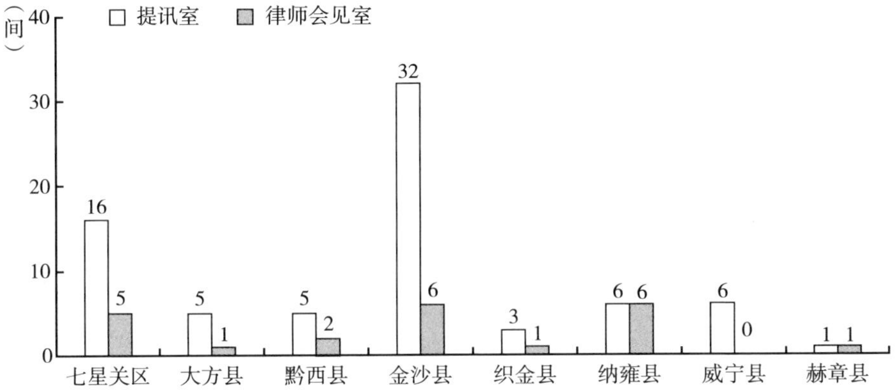

图 8　毕节市各县（区）看守所现有提讯室、律师会见室数量

在实施刑事辩护全覆盖以后，需要增加律师会见室的县（区）有 5 个，所占比重较大，为 62.5%。

2. 毕节市各县（区）看守所律师值班室情况

本调研对各县（区）看守所、律师值班室分布情况进行统计。笔者了解到，实施刑事辩护全覆盖以后，需要增加律师值班室的有 4 个县，占总量的一半（见图 9、图 10）。

3. 毕节市各县（区）看守所律师会见情况

本调研关于毕节市各县（区）看守所律师会见情况的调查，内容主要包括：是否允许律师在提讯室会见，会见要求，通信权保障，是否允许中午 12 点至 14 点以及周六、周日会见。

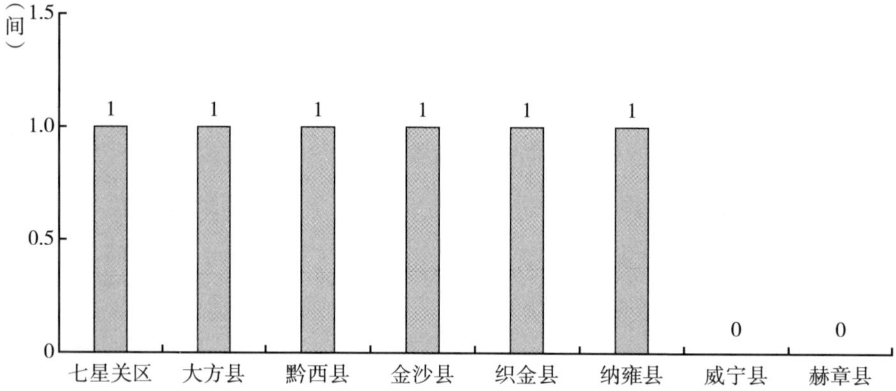

图9　毕节市各县（区）看守所现有律师值班室数量

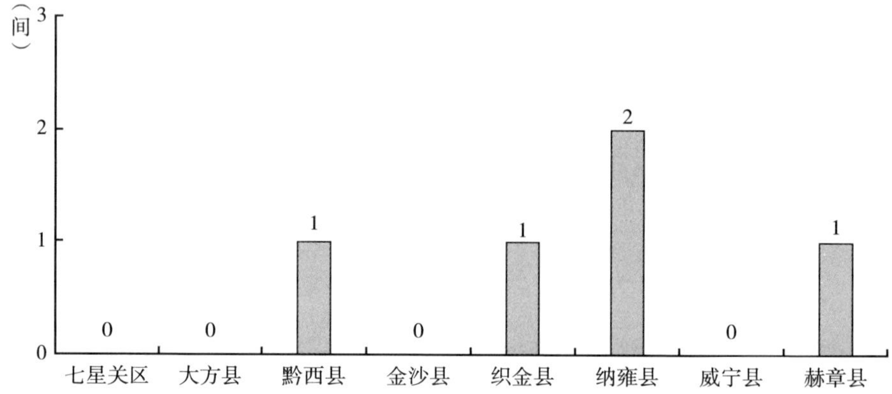

图10　毕节市各县（区）刑事辩护全覆盖后需要增加律师值班室的间数

在每一项调查内容上，毕节市范围内各县（区）看守所对律师会见要求都没有统一规定。比如是否允许律师在中午12点至14点会见犯罪嫌疑人、被告人问题，律师到七星关区遇到特殊情况可以获得允许，但到黔西县则不被允许。是否允许到提讯室会见、周六和周日会见问题也是如此。在对律师会见的具体要求上，各看守所虽然规定也不一致，但所提要求也都是刑事诉讼法等基本要求，不涉及对律师会见权利进行限制。同样的，在律师通信权保障上，在尽到必要审慎注意义务之外，基本上还是体现了对律师会见权的积极保障态度。

（四）贵州省刑事案件律师辩护全覆盖开展前后律师会见及权利保障情况调查——以试点区域桐梓县为例

1. 桐梓县法院律师辩护条件保障情况

本文关于桐梓县保障律师辩护条件的情况，主要通过律师值班室的设置、基础设施条件、法院相关审判职能的行使以及律师在庭审中辩护权利的行使等体现。

表 2　桐梓县法院关于律师辩护条件保障情况调查汇总

调研范围	调研结果
法院现有律师值班室的间数	法院办公场所较为紧张，无专门律师值班室但依然设置了律师值班工作台，配置了相关的办公设施和用品
刑事辩护全覆盖后需要增加的律师值班室间数	法院在新基建项目建审判大楼中已规划专门的律师值班室
法院对律师阅卷、更衣、停车是否提供保障	现阶段对律师提供休息室、阅卷室、停车位等基础设施尚不能到位，但法院在新建审判大楼的基建项目中已规划专门的律师休息室三间和停车位十个，预计五年内能投入使用
在刑事诉讼中是否及时履行告知义务（告知辩护人开庭时间、领取法律文书等）	法院就此为律师提供了最大的方便
法院如何保障裁判文书及时送达辩护人或者代理人	因公务不能到庭领取裁判文书的外地辩护人，在裁判后先口头告知辩护人裁判结果和对辩护人的意见是否采纳和理由，并在当日将裁判文书通过特快专递邮寄给辩护人，从而保证辩护人的知情权和诉讼权利
在庭审中是否能充分保障律师发问、质证、发表辩护意见等各项权利	能保障

由表 2 可知，桐梓县作为贵州省刑事辩护全覆盖的试点单位，虽然法院办公场所较为紧张，有一些基础设施还不完备，但已经进行积极的努力，为辩护律师提供最大程度便利，同时在告知辩护人开庭时间、领取送达法律文书等义务履行上都很积极。对辩护律师在庭审中行使各项辩护权利，桐梓县法院也能给予充分保障。

2. 桐梓县看守所刑事辩护全覆盖进展情况

桐梓县看守所刑事辩护总体情况调查，涉及的内容主要有：桐梓县看守所羁押人数、提讯室、律师会见室、律师值班室现有及需增数量、对辩护律师会见条件与通信权保障以及是否允许辩护律师在每天 12 点 ~14 点、周六和周日会见。

桐梓县看守所基本设施足以满足律师会见保障要求。看守所现有提讯室 15 间，律师会见室 7 间。在实施刑事辩护全覆盖以后，桐梓县看守所暂不需要增加律师会见室。另外，还有律师值班室 2 间。不需要辩护律师在提讯室会见犯罪在押人员。对于前来会见的辩护律师，看守所设有预约电话，并设置律师等候椅，提供饮用水和手机存放柜，有外来人员车辆停放处。在辩护律师通信权保障上，看守所制定了规范流程。在押人先把信件递交管教民警，管教民警将信件原件递交驻所检察室审查，审查过后由外值班人员转交律师或帮助邮寄到目的地。在周一至周五工作时间，均可安排辩护律师会见，周六、周日可拨打值班电话提前预约。另外，出于保障在押人员休息时间的目的，中午 12 点至 14 点一般不安排律师会见，但必要的时候可上报上级业务部门后再行安排。

三 贵州省刑事辩护全覆盖面临的突出问题

（一）刑事案件辩护率与法律援助率偏低

从现阶段的刑事辩护状况来看，仍然存在刑事辩护率较低的问题。试点工作之前的司法实践中，全国刑事案件律师参与比例不足 30%，有的省级单位甚至仅为 12%。2016 年实际刑事法律援助案件在总刑事案件数量中仅占 9.46%。尽管桐梓县从 2018 年 7 月 1 日至今，刑事辩护覆盖率已经达到 100%；但毕竟其只是作为试点单位，数据缺乏一定代表性，不能反映贵州省整体刑事辩护覆盖水平。委托辩护与法律援助率偏低的原因可归纳为以下几方面。

1. 部分刑事犯罪案件较为简单，委托辩护与法律援助的比例较低

在我国刑事案件总量中，侵犯公私财产犯罪（包括盗窃罪、诈骗罪、抢夺罪、抢劫罪等）案件较多，这类案件案情一般较为简单，证据相对充足，不存在特别疑难的问题；犯罪主体主动认罪的相对较多；最终判处刑罚，因涉案数额普遍不大，所以适用速裁程序和简易程序的比例也相对较高，此类犯罪主体聘请律师或申请法律援助的比例较低。

2. 律师对办理刑事辩护有顾虑

其一，《刑法》第306条所规定的辩护人、诉讼代理人伪造证据罪是悬在所有辩护律师头上的一把利剑。其二，在不同的诉讼阶段中，辩护律师与公安机关、检察院、法院等办案机关缺乏有效沟通，所发挥的作用有限。以审判阶段为例，实务中较多法院在律师辩护权利维护及相应告知义务上还有待提高。其三，之前在刑事辩护律师权利受到侵害时，救济途径及效果也存在一定的不明确。其四，法院是否应该对辩护意见做出回应的问题也有待明确。

（二）经费保障不充分

（1）虽然当前贵州省在实施刑事辩护全覆盖以后法律援助补贴相比之前有了较大提升，但从总体上看这种补贴标准相比委托辩护收费仍然偏低。

（2）案件补贴标准划分没有与案件难易程度挂钩，没有区分案件难易程度，部分案件补助标准低于成本。不同案件难易、复杂程度并不一致，就会使辩护律师所付出的成本出现差异。人数众多、案情复杂的案件，卷宗可能有几十册到几百册不等，律师仅阅卷宗就需要花费大量时间，会见犯罪嫌疑人、被告人、整理其他资料等时律师花费的交通、住宿成本也增多。

（3）刑事法律援助与民事法律援助经费分配不合理。随着法律援助制度逐步发展，需要提供法律援助的案件呈现大幅度增长，对比之下法律援助经费极为紧张，应该优先保障对刑事案件的援助，还是优先保障对民事案件的援助？由于刑事诉讼涉及剥夺公民的自由甚至生命等自然人最为重要的权利，而民事案件通常涉及的是财产，其重要程度低于刑

事诉讼，因而在法律援助经费不足的情况下，更应当尽量控制甚至缩小民事法律援助的范围，从而确保依法应当指定辩护的犯罪嫌疑人、被告人都能获得法律援助。比如英国早在1997～2004年刑事法律援助经费就增长了37%，民事法律援助经费呈下降趋势。美国也有类似情况。但从贵州省原有及现有标准看，民事法律援助补贴标准明显比刑事法律援助补贴标准要高。

（4）经费保障不够，不同地区财政拨款存在很大差异，大多数地区相关拨款占政府总的财政拨款比例较低。法律援助经费主要依靠财政拨款解决。但桐梓县2017年尚欠20余万元法援经费，影响法援案件的进展。

（三）律师会见室、值班室等设施不完备

从毕节市各县（区）实际情况看，在实施刑事辩护全覆盖以后，需要增加律师会见室的县（区）所占比例在50%以上。值班律师作为当前认罪认罚从宽制度改革的基础性配套措施之一，律师值班室已经成为相关改革试点的“标配”。毕节市需要增设律师值班室的县（区）占总量的一半，另外，各看守所内提讯室与律师会见室的设置比例也存在一定的失衡，呈现3∶1的比例。其中金沙县提讯室比律师会见室多26间，七星关区则多11间。

（四）律师会见权利保障有待统一标准

从调研结果来看，对律师会见的要求各县（区）不统一，不能给予办案律师在会见上一个明确指引。比如，七星关区要求会见在押人员时不能同时会见其同案人员；大方县要求不能带通信工具、不能传递烟火等违禁物品；黔西县要求必须带律师职业资格证、委托书、会见函；金沙县要求“三证”必须齐全。会见时间上，在中午12点至14点允许会见的有5个县（区），特殊情况允许会见的有3个县（区）；周六和周日这两个时间点不允许会见的有5个县（区），允许会见的有3个县（区）。另外调研发现，律师会见时还可能会面临会见时间、会见律师人数等限制。

（五）办案机关履行告知义务有瑕疵

部分办案机关存在未履行告知义务的情形。根据《办法》和贵州省《试行办法》的相关规定，对简易程序和速裁程序案件，法院应当通知法律援助机构派驻值班律师以提供法律帮助。但实际上，全面积极履行这一通知帮助义务的法院只占少数。根据其他学者做过的一项关于“办案机关对案件移送情况是否履行了告知义务”的调查问卷统计结果，有70%的律师表示“办案单位一般不告知，全靠自己打听”；有26%的律师表示“有的案件会告知，大多数案件只能自己打听”。

四　对开展贵州省刑事辩护全覆盖工作的建议

（一）贵州省各级法院、司法行政机关认真贯彻落实《试行办法》与黔司通〔2019〕6号文件

按照省高级人民法院、省司法厅黔司通〔2019〕6号文件要求，从2019年2月1日后，贵州刑辩全覆盖试点范围扩大为：省本级，贵阳市、遵义市、六盘水市、安顺市、毕节市、黔西南州、贵安新区、威宁县、仁怀市等整个辖区实现全覆盖，铜仁市本级及碧江区、黔东南州本级及凯里市、黔南州本级及都匀市，贵州绝大多数县、市、区要进行刑辩全覆盖试点。

1. 在试点区域认真落实刑辩全覆盖

《试行办法》明确指出，要“充分发挥律师在刑事案件审判中的辩护作用”。这一阶段中律师查阅案卷、会见被告人最为便捷，举证、质证的辩护空间也最大。按照《试行办法》第2条规定，对被告人没有委托辩护人的，人民法院都应当通知法律援助机构为其指派律师进行辩护，与《刑事诉讼法》原本规定的指派辩护情形截然不同。

2. 落实《试行办法》中保障律师辩护权的具体措施，充分保障刑事辩护权

《试行办法》在第18条明确规定了对辩护律师知情权、申请权、申诉

权以及执业权利等的保障。在第 23 条还首次明确规定了法院要对未被采纳的有关律师辩护意见做出针对性分析及说明理由，强化了对律师辩护价值的重视。《试行办法》针对经费问题，提出要“建立多层次经费保障机制，加强法律援助经费保障”，同时还规定“有条件的地方可以开展政府购买法律援助服务”。

3. 有效畅通刑事辩护全覆盖渠道

在刑辩全覆盖工作中辩护律师与办案机关工作关系的衔接与畅通很重要。《试行办法》中第 5 条至第 8 条针对法院通知辩护与法律援助机构之间具体衔接做出设定。第 24 条还对律师投诉的法院受理部门、受理程序和结果反馈都进行了规定，对投诉渠道的明确也是对律师权利的保障。第 27 条针对辩护律师可能存在的违法或违反职业道德、执业纪律的行为，在处理程序和办法上各法院也给予了明确的指引。

（二）充分保障刑事案件援助经费

《试行办法》针对经费问题，提出要“建立多层次经费保障机制，加强法律援助经费保障”，同时还规定“有条件的地方可以开展政府购买法律援助服务”。

（1）对刑事案件补贴标准再进行微调。可结合案件的难易程度和复杂程度适当引入和建立分档补贴机制。难度大、工作量大的案件补贴标准相比其他普通案件补贴适当提高。

（2）对法律援助经费总量短期内难以增加和改变的地区，学习和借鉴国外经验，适当调整民事案件和刑事案件的补贴比例。

（3）平衡各地区法律援助经费在本级财政拨款中的比例，对所占比例极低的地区要进行提高，增加经费拨款。

（4）对特殊案件补贴程序进行一定简化，将重大案件和跨省案件计入法律援助每年的财政预算当中，由指派的法律援助机构根据案情在预算范围内审核发放。

（5）建立灵活的经费调整机制，根据法律援助工作中出现的新情况、新问题，适当调整相应的经费保障措施，以及时有效地应对全覆盖试点推进过程中可能出现的各种经费问题。

（三）加大刑事案件全覆盖宣传、培训

为此，要加强对刑辩全覆盖工作的宣传、培训，进一步进行有针对性的培训，加大政策解读与宣传，帮助相关人员准确把握试点的目的、原则、任务以及值班律师工作的具体内容、具体要求，促进政策落到实处。

司法行政机关可以针对刑事案件的特点，对法律援助的申请时间、地点、申请机关等做出明确的提示宣传，让社会公众真正了解刑事法律援助的申请意义与具体申请方法。有针对性地加强对刑事当事人及其近亲属的宣传、告知，打牢刑事辩护全覆盖的社会基础。在公安局、检察院、法院、看守所等当事人及近亲属在案发后可能接触到的部门，以醒目的方式设置宣传标语，或放置宣传手册、播放宣传视频等。

（四）进一步明确办案机关告知义务及规范通知方式

将告知义务以强制性的方式予以明确。

（1）在制度上要求办案机关必须告知犯罪嫌疑人、被告人享有申请免费法律援助的权利。另外，对不告知的办案机关设定一定的法律后果。这种后果可以是对办案机关或办案人员设置一定的行政责任，也可以通过运用非法证据排除规则等对办案机关未予告知得来的证据等不予采用，以期通过这种方式达到惩治和预防的目的。

（2）告知必须规范，要达到有效告知目的。

（3）让当事人对放弃辩护权利的后果有清楚的了解，并要求办案机关对放弃原因记录在案。对放弃请律师辩护或申请法律援助权利的人，建议要求当事人必须在律师在场的情况下签署放弃的书面证明或出具其他证明文件。

（五）为律师行使会见权提供便利

（1）完善硬件基础设施。其一，对贵州全省办案机关现有的提讯室、

律师会见室、律师值班室进行数据统计，分析出在全面实施刑事辩护全覆盖以后各办案机关需要增设的数量。其二，对提讯室与律师会见室设置比例严重不协调的办案机关进行适当调整，以满足刑事辩护中律师会见的时间需要。其三，对条件确实很不充分的办案机关，适当通过拨款等方式进行完善。其中，既要满足律师会见室、值班室、阅卷室等的增设需求，也要对办公环境进行适当改善，在很多细节方面进行改良。

（2）统一会见要求，灵活安排会见时间，针对省内出现的会见要求不统一的现象，要通过协调尽可能保持一致，同时在会见时间上，使辩护律师在周六、周日以及中午 12 点至 14 点这两个时间点可以得到统一指引。

（六）构建合理的案件适配机制

刑事辩护全覆盖的目的是更好地维护犯罪嫌疑人、被告人辩护权利，保障人权。因此它除了关注数量覆盖外，还应注重辩护质量。应当建立起法律援助律师资源库，根据案件难易、复杂程度建议做合理的适配机制。贵州省《试行办法》第 7 条规定：对于可能判处无期徒刑、死刑的案件，法律援助机构应当指派具有三年以上刑事辩护执业经历的律师担任辩护人；对于未成年人刑事案件，法律援助机构应当指派熟悉未成年人身心特点的律师担任辩护人。还应加强优秀律师的宣传，让社会各界知道办案认真、业务功底扎实、经验丰富的律师；加强与当事人之间的互动，使其由被动接受向主动选择转变，使当事人有机会了解辩护律师的业务水平，建立当事人对辩护人工作进行客观评价的渠道，增加意见反馈机会。

（七）制定贵州省法律援助服务质量标准，建立法援案件评价机制

（1）质量标准与法律援助补贴标准联系。

（2）质量标准与法律援助律师奖惩联系。司法行政机关与法律援助机构要加强对质量评估结果的运用，与律师协会、律师事务所形成联动机制，通报评估结果，并对高质量的优秀法律援助律师给予奖励，对低质量律师予以告诫，连续或积累到一定次数进行适当惩罚。

（八）进一步畅通律师的权利救济渠道，切实保障律师辩护权

虽然《刑事诉讼法》《试行办法》都明确对律师权利救济要给予积极保障，并规定了一些内容。但从实际效果上看，制度没有全部落实。当刑事辩护律师的权利受到侵害以后，律师协会积极救济与司法机关消极反馈的鲜明对照仍然存在，救济具体路径、结果等还需要法律、法规等做出具体明确。建议律师协会、办案机关、司法行政机关重视对辩护律师的权利保障与救济，把保障律师权利救济的规定真正落到实处。

（九）建立和完善律师值班制度

全国人大常委会在 2014 年和 2016 年分别通过了授予最高人民法院和最高人民检察院在 18 个城市开展刑事案件速裁程序和认罪认罚从宽制度试点的决定。这两个决定制作的《试点办法》中都明确提出了要建立法律援助值班律师制度，这是我国法律文件第一次正式提出建立法律援助值班律师制度，虽然只是针对速裁程序和认罪认罚从宽制度试点提出来的，但对贵州省刑事辩护全覆盖的实现仍然具有非常重大且深远的意义。将来如果在全省范围内对认罪认罚案件都能提供法律援助值班律师，无疑将大大增加贵州省刑事辩护律师全覆盖的实现可能。

（十）适应当前检察工作新形势，按照修改后的刑事诉讼法做好相关工作的对接

《刑事诉讼法》修改后，检察机关在认罪认罚以及刑事和解工作的推进中，积极安排律师在刑事案件检查阶段工作中发挥作用，实现在认罪认罚以及刑事和解工作中律师有效介入。

在当前检察工作开展中，还应当针对捕诉一体化工作，发挥律师在不捕不诉工作中的积极作用，促使辩诉双方能够协商、沟通。

借鉴检察院由专门的案件管理办公室与律师对接的经验，建议在法院、公安局安排固定部门与律师对接，实现工作信息的有效沟通。

另外，应当实现检察院的电子卷宗与法院系统共享，使律师在不同阶段介入案件都能够实现电子阅卷。

（十一）普遍建立大数据基础上的远程视频会见系统

（1）应当在本省地、市级法援中心建立远程视频会见系统，并与公检法机关的远程审讯、审判系统进行对接，实现律师远程会见当事人。此一系统的建立尤其是对于本地律师数量不足及法律援助案件数量过大的区县具有实质性的保障价值。同时这一系统应是双向的，不仅面向律师和司法行政机关，也要面向当事人，使当事人也可以通过这一系统完成法律援助申请等。

（2）打通网上会见预约制度，即针对贵州省律师会见现状，打通网上会见预约制度，使辩护律师可以通过网上预约、电话预约等方式进行预约。对会见不能的情况，办案机关应及时回复，并告知原因；对会见有特殊条件要求的，办案机关也应当履行及时通知义务。

（3）探索建立“一体化办案平台”。为了保障刑事案件，尤其是认罪认罚从宽案件的办案效率，可以借助一体化办公平台，进行通知、文件传输与相关工作的展示和协调，实现无纸化办公，缩短通知、指派、回复等时间，同时避免因工作时间冲突产生不必要浪费，同时也满足案情简单、证据充实及认罪类案件快速办理的要求，最大程度提高工作效率。

（十二）实务中存在的其他问题及解决方法

除了上述调研中反映出来的问题以外，在刑事辩护实务中还会遇到很多其他实际问题。

（1）看守所会见室内部设置不合理。有的看守所在律师会见室内设置有钢丝网或者玻璃将犯罪嫌疑人、被告人与辩护律师完全隔离，导致双方之间的沟通与交流不畅通，也影响了辩护律师核实证据。同时在需要对笔录等进行签字时，也存在很大障碍。建议在看守所内部设置上尽量统一标准，取消这种对当事人与辩护人双方形成很大障碍的设置。

（2）“停车难”问题仍然存在。有的是因为车辆停不进去，有的则是因为停车地方距离律师会见的地方较远，遇到刮风下雨等天气辩护律师会见存在很大困难。

（3）公安机关内没有专门部门负责与刑事辩护律师对接。由于侦查阶段侦查人员工作流动性大，辩护律师在工作对接与函件转交等工作上会受到很大影响。建议在公安机关内部设置专门法制机构，让辩护律师有转交文件或实现对接需求时，可以直接找专责机关。

（4）在案件审理过程中审判场所的布置存在不合理。有的法院对辩护律师与公诉人区别对待，包括进门、开庭条件。建议取消这种差别对待，对辩护律师从“进门”起就给予其和公诉人一样的公平待遇。

（5）改变判决书送达方式，刑事辩护律师需要拿到判决书后才可以领法律援助补贴。建议法院直接把判决书送到法援中心，为辩护律师节省时间，减少经费补贴领取上的周折。

B.16
2011年以来贵州醉驾犯罪治理研究报告

杨承志*

摘　要： 本文对2011年5月1日《刑法修正案（八）》实施以来贵州对醉驾犯罪打击的情况进行了调研，分析了醉驾入刑产生的问题及成因。从现实来看，司法机关在较长时期仍将继续面临醉驾案件高发带来的压力与挑战，本文从立法、司法和刑事政策三个层面提出了对策建议。

关键词： 醉驾犯罪　治理效果　贵州

2011年5月1日，《刑法修正案（八）》创设的“危险驾驶罪”正式生效，由于现实中绝大多数危险驾驶犯罪是醉驾，故此也标志着我国以刑罚方式惩罚醉驾行为的开始。醉驾犯罪时常发生，人们走在大街上就可能碰到警察在查醉驾，而那些被查到醉驾甚至被判刑的人中，就可能有我们的亲戚、朋友或是熟人。八年来，醉驾入刑的效果到底好不好、到底有没有遏制住醉驾，就成了大家都关心的问题，故本文对此进行了调研，分析了全国及贵州的情况、存在的问题及成因，并提出相应对策建议，以期为从国家层面进一步加强醉驾犯罪治理提供有益参考。

---

* 杨承志，贵州省人民检察院副检察长。

一 全国打击醉驾犯罪整体情况

近年来，全国受理审查起诉危险驾驶罪的人数一直呈上升趋势。2014 ~ 2018 年分别为 129782 人、156654 人、186188 人、225779 人、287226 人，同比分别上升 14.2%、上升 20.7%、上升 18.9%、上升 21.3%、上升 27.2%。

2019 年 1 ~9 月，全国受理审查起诉危险驾驶罪 283390 人，同比上升 31.3%，同比增加 12.7 个百分点，占总体刑事犯罪受理数的 17.4%。

2019 年 1 ~9 月，全国起诉案件罪名人数排在第一位的是危险驾驶罪，涉及 234259 人，同比上升 26.9%，占起诉总数的 18%。排在前 10 位罪名的人数及占比情况见图 1。

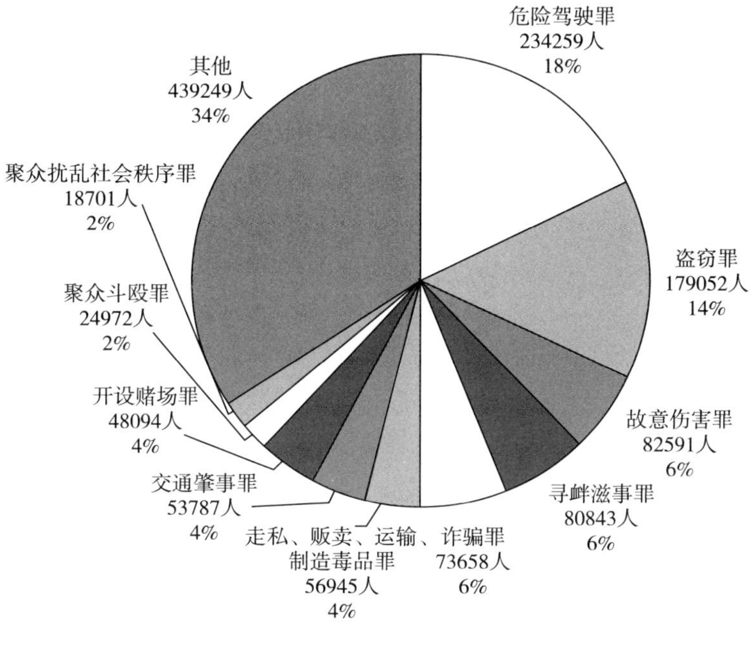

图 1 2019 年 1 ~9 月全国起诉数量排前十位罪名涉案人数及占比情况

二　贵州醉驾犯罪发展态势

首先，从醉驾犯罪总体增长态势来看，醉驾案件持续高发，涉案人数迅猛增长。

表 1　2012～2019 年贵州危险驾驶罪总体增长态势

单位：人，%

年份	起诉危险驾驶罪人数	总起诉人数	占比	同比增长率
2012	819	38113	2. 15	
2013	1025	38838	2. 64	25. 15
2014	1261	40384	3. 12	23. 02
2015	2022	37895	5. 34	60. 35
2016	3010	38598	7. 80	48. 86
2017	3209	38633	8. 31	6. 61
2018	3808	38648	9. 85	18. 67
2019	4227	35069	12. 04	11

从起诉危险驾驶罪（醉驾犯罪，由于现实中犯危险驾驶罪绝大多数是因为醉驾，故本文以下将两者同等看待）人数方面看，从 2012 年的 819 人增长到 2019 年（截至 11 月，以下 2019 年数据均为 2019 年 1～11 月的数据）的 4227 人，增长了 4. 16 倍。

从起诉危险驾驶罪人数占起诉刑事案件总人数比例来看，也呈现逐年递增的情况，从 2012 年仅占 2. 15%，一直增长到 2019 年 12. 04%。

从每年危险驾驶罪的起诉人数增长率看，也表现出每年都在增长的趋势，特别值得关注的是，2015 年较 2014 年增长幅度巨大，达到 60. 35%。虽然 2017 年增幅有了一定回落，但同比增长率仍达到 6. 61%。根据以上数据，八年来，虽然因醉驾被追究刑事责任的人数越来越多，但并没有有效遏制醉驾犯罪。

其次，从高发犯罪的排名变动情况来看，刑事打击对于遏制盗窃罪、毒品犯罪以及伤害犯罪都收到良好的效果，但对于遏制醉驾犯罪效果不明显。

表2　2017～2019年危险驾驶罪在高发犯罪中的排名

排序	2017年	起诉人数	2018年	起诉人数	2019年	起诉人数
1	盗窃罪	9867	盗窃罪	8575	盗窃罪	6745
2	走私、贩卖、运输、制造毒品罪	5702	走私、贩卖、运输、制造毒品罪	3935	危险驾驶罪	4227
3	危险驾驶罪	3209	危险驾驶罪	3808	走私、贩卖、运输、制造毒品罪	2766
4	故意伤害罪	3109	故意伤害罪	2897	故意伤害罪	2545

从表2可以看出，2017～2019年危险驾驶罪在贵州高发犯罪中的排名不断靠前。2017年，危险驾驶罪排在所有高发犯罪中第3位，与排在第二位的毒品犯罪相差2493人。2018年，危险驾驶罪虽然还排在第三位，但与毒品犯罪人数仅相差127人。2019年，危险驾驶罪超过毒品犯罪排在第二位，并且多于毒品犯罪人数1461人。

综合看排名在前四位的犯罪，三年来盗窃罪、毒品犯罪、故意伤害罪每年都在不断减少，唯有危险驾驶罪在不断增加，且增势强劲。

可见，多年来，司法机关不断加大高发犯罪打击力度，对于遏制盗窃罪、毒品犯罪以及伤害犯罪都收到良好的效果，但对于遏制醉驾犯罪效果并不明显。照此下去不出几年，醉驾犯罪就会成为贵州排名第一的高发犯罪。

再次，从被追究人身份方面看，对于农村地区醉驾犯罪的打击过于严厉。按照我们通常预计，城市中有更多的机动车、更密集的道路、人口也相对集中，因此，城市中发生醉驾案件多于农村地区才合理。相应地，体现在被告人身份方面，非农民身份者多于农民身份者才合理，但统计结果与通常预期相反。

经调研了解，由于不同办案人员对于身份理解的不同，在统计时身份为农民的醉驾者很多被统计入“无业人员”，也就是说，司法机关统计的“无业人员”其实包括农民身份的人，他们绝大多数生活在农村或城乡接合部，出行工具主要是三轮机动车、两轮摩托车等。

表 3　2017～2019 年贵州农村地区醉驾犯罪情况

单位：人

年份	起诉总人数	农民及无业人员（减去进城务工人员）	进城务工人员	占比（%）
2017	3209	1819	207	56.68
2018	3808	2172	284	57.04
2019	4227	2306	356	54.55

从表 3 可以看出，2017～2019 年，对于贵州农村地区醉驾犯罪的打击是越来越严厉的，起诉农民及无业人员被告人从 2017 年的 1819 人增加到 2019 年 2306 人。并且，更值得注意的是，各年起诉农村地区醉驾犯罪都超过了醉驾起诉总数的一半，比城市还多！正如前文所述，这一现象与我们对于犯罪形势预计不一致，农村地区人口密集程度相对较低，农民所驾驶的三轮车、摩托车等动力性、破坏性也相对较低，并且，考虑农村公共交通、代驾等比较欠缺，很多时候酒后开三轮车、摩托车回家也是由于没有其他方式可以选择。那么，仅仅是因为农民喝酒后酒精检测超标就认定犯罪，这种做法不尽合理，显得过于严厉。

三　醉驾入刑产生的问题

自 2011 年 5 月醉驾入刑以来，通过对大量醉驾行为的刑事司法打击，应当说“开车不喝酒、喝酒不开车”的交通安全观念比任何时候都要深入人心，具有正面意义，但醉驾入刑也产生了一些问题。

首先，非必要地扩大了政治对立面。根据公开报道数据推测，以 2014 年全国法院一审受理危险驾驶罪 111490 件为中位数，保守地以年均 10 万件推算，自醉驾入刑以来，至少有 70 万人因醉驾而成为犯罪人。醉驾犯罪者中，以贵州 2017 年、2018 年一审生效判决被告人数据为例，平均只有约 2% 的人之前曾受过刑事处罚，98% 的人是初犯、偶犯。按照当前醉驾案件的强劲上升态势，今后每年仍将有 10 万以上的醉驾者被划归“犯罪分子”行列，这些人因醉驾而成为犯罪人后，其工作、家庭、生产、生活、政治权利、子女教育及就业，均会受到直接或间接影响，很容易会对国家政权及制度产生逆反、抗拒心理，并成为潜在的社会不稳定因素，从而非必要地扩大了政治对立面

其次，一定程度掩盖了我国打击犯罪、保护人民的真实成效。近年来，全国总体刑事案件数量保持高位运行。从2012年到2018年，起诉各类犯罪嫌疑人从1201032人上升到1692846人。① 以此来看，似乎我国犯罪形势比较严峻。但实际上，近10年来我国的社会治安水平却在不断提升。严重影响人民群众安全感满意度的盗窃、故意杀人、故意伤害、爆炸、绑架、抢劫、强奸等犯罪，在国家的高度重视与严厉打击之下，数量和占比均在逐年下降。相比世界其他国家，中国的社会治安水平居于全球前列。② 所以，刑事案件数量高位运行，不能反映国家打击犯罪、保护人民的真实成绩。出现这种问题的一个重要原因，就是每年占比10%以上的醉驾刑事案件，在数据上拉高了全国刑事案件总量，较大程度稀释了我国在犯罪控制方面的巨大成就。

再次，对于部分醉驾入刑案件人民群众难以理解和接受。只有罪当其罚，才能使人民群众认同法律的公正性。在广大人民群众的观念中，并未造成实际危害后果的醉驾行为，很难被认为等同于杀人放火之类的“犯罪”。社会公众对醉驾获刑者普遍持有一种“倒霉”“运气不好”的怜悯心态，包括大多数醉驾者本身也是如此认为。现实生活中，人民群众对司法机关选择性执法的疑虑，以及司法尺度的偏差与波动，不仅削弱了广大人民群众对刑罚的敬畏，甚至可能反而加剧人民群众对公正司法的不信任感。此外，在每年醉驾案件中，有30%以上的犯罪者驾驶的是摩托车。③ 这类案件绝大多数发生在农村或城乡接合部，犯罪主体多为青壮年农民，是家庭经济支柱。如果青壮年农民因醉驾受到刑事追究，对其家庭会产生严重影响，甚至导致其

① 数据引自历年《最高人民检察院工作报告》。

② 《人民日报》2018年2月5日，第21版。

③ 据最高人民法院官网《司法大数据专题报告之危险驾驶罪》数据，醉驾涉案机动车37.70%为两轮和三轮摩托（三轮摩托仅占2.09%）。

家庭因案返贫。在广大农村地区，摩托车以其便利性与经济性，成为农村个人主要交通工具，在生产生活中有重要作用。农民之间走亲访友、红白喜事往来较多，喝点酒后骑摩托车上路比较常见。与汽车醉驾行为相比，人民群众对摩托车醉驾行为，尤其是农村地区的摩托车醉驾行为的容忍度要高得多。否认摩托车与汽车作为机动车之间的巨大区别而无差别打击，社会效果未必就好，人民群众未必理解与接受。

四　主要原因

之所以产生前述问题，主要原因有以下几个方面。

一是理念上受到刑法万能主义思想影响。刑法并非万能，恣意滥用刑罚背后的国家暴力，是对刑法谦抑性的干扰和破坏，必将招致不利的反作用。在我国严格区分违法和犯罪概念的法律理论框架下，没有导致实质危害后果的醉驾行为，本质上并不具有刑事可罚性，更多应受行政法律法规制裁处理。如果有良好的行政执法能力，理应能够有效控制。在一定程度上，醉驾入刑是将行政机关不作为的执法问题掩盖为刑法法网疏漏的立法问题，短时间内似乎可以取得立竿见影的效果，但实际上不仅没有有效解决原来的问题，反而制造了更多的问题。如果其他部门执法不严出现问题后，动辄懒政而要求刑法解决，将成为刑法不可承受之重，也会成为重刑主义的滥觞。

二是立法上受到媒体舆论的干扰影响。在2011年醉驾入刑之前，接连发生的成都孙伟铭案、杭州胡斌案、南京张明宝案等交通肇事案件，因伤亡惨烈而被媒体广泛报道。其血腥的场面、媒体煽情的描述，以及“富二代”“宝马”等导向性很强的关键词，引起社会公众的广泛共鸣，刑法万能主义思想正好满足了社会公众的非理性心理需求。媒体所代表“民意”的压力，多少对严谨的立法理性造成了干扰，促成了醉驾入刑的立法进程。[①] 立法上

① 参见杨秀《“醉驾入罪”与媒体立法化倾向反思——对〈法制日报〉〈新京报〉和〈人民日报〉的“醉驾”法治评论研究》，载《新闻与法治》2012年7月刊；参见全国人大法工委郎胜《〈刑法修正案（八）解读〉》，载《国家检察官学院学报》2011年第2期。

受到的干扰，还体现在危险驾驶罪具体条文规定上。《刑法修正案（八）》一审草案中，对醉驾入刑规定了必须达到“情节恶劣”的条件，但在一审时，有人提出这样处罚太窄，与民众要求严惩醉驾的要求有差距，最终删除了“情节恶劣”的规定。[①] 由于醉驾入刑条文没有“情节恶劣”的限制性成罪规定，对“醉驾是否应当一律入刑”的长期争议，影响不可谓不大。

三是司法上受到机械办案观念的影响。醉驾入刑后，面对在司法办案“三个效果”上存在的一系列问题，从司法机关层面看，公检法没有很好地发挥能动司法作用，从“三个效果”有机统一的角度去协调、解决有关问题。2011 年 5 月 10 日，时任最高人民法院副院长张军首次提出“醉驾未必一律入刑”的观点，在当时虽然引起很大争议，但从事后看，是完全正确和具有高度政治、法律敏锐性的。从司法人员层面看，由于种种原因，不少司法人员，尤其是检察官、法官司法责任担当也显得不够，在法律规定不够充分和明确时，不敢大胆推动实践“醉驾未必一律入刑”的观点落实。

五　加强醉驾犯罪治理的对策建议

从长远来看，随着人工智能与自动驾驶技术的发展，醉驾问题必将成为历史。因为一旦自动驾驶技术成熟后，人类或将被法律剥夺驾驶的权利，届时自然也就不存在任何醉驾问题了。从现实来看，司法机关在较长时期仍将继续面对醉驾案件高发带来的压力与挑战。对此，本文提出如下对策建议。

首先，在立法层面，明确“醉驾并不一律入刑”。建议“两高一部”加强对全国醉驾刑事案件情况总体调研，并向中央、全国人大提出修法建议，至少争取在刑法醉驾条文中增加“情节恶劣”的限制条件，彻底解决“醉驾是否一律入刑”的法律争议，为案件出罪提供立法基础。

其次，在司法层面，严格做到罪刑相适应。建议“两高一部”加强联合释法工作，对醉驾案件刑事处理程序、证据标准、量刑标准，尤其是出

① 参见周详《“醉驾不必一律入刑”论之思考》，载《法商研究》2012 年第 1 期。

罪、免刑等标准，做进一步细化完善，让司法尺度更加透明统一，更具可操作性。全面贯彻落实刑事速裁、简易程序、认罪认罚从宽、量刑建议等程序制度，积极运用不起诉手段加强对不必入刑醉驾案件的过滤把关作用。

最后，在刑事政策层面，必须坚持宽严相济。惩治醉驾犯罪，要综合考虑酒精含量以及有无驾驶资格、驾驶的车辆种类、行驶的道路种类、实际损害后果等反映“醉驾”危险程度的各种因素，同时还要结合考虑被告人的认罪悔罪态度、曾经酒后或者醉酒驾驶机动车被处罚的情况、其他交通违法情况等情节，针对群众关切，突出打击重点，以取得更好的社会效果。此外，建议探索建立醉驾案件轻罪消除制度，对醉驾初犯、偶犯被入刑者，通过规定一定期限或一定表现条件，即可消除其犯罪前科或记录，促进犯罪人切实回归社会。

B.17
贵州家事审判改革经验调研报告

赵燕华*

摘　要： 自最高人民法院2016年开展家事审判改革试点工作以来，贵州同步推进了家事审判改革工作，贵州家事审判改革的核心在于：党委领导，政府支持，法院主导，部门联动，社会参与，以调解方式化解矛盾纠纷，有效防止民转刑案件的发生，争取取得较好的社会效果与法律效果，这是对新时代"枫桥经验"的创新发展。

关键词： 家事审判改革　枫桥经验　贵州

导　言

习近平总书记历来重视家庭建设。他指出："家庭是社会的细胞。家庭和睦则社会安定，家庭幸福则社会祥和，家庭文明则社会文明。""千家万户都好，国家才能好，民族才能好"。为筑牢社会和谐的基础，构建和谐家庭这一基石，最高人民法院充分发挥审判在和谐家庭构建中的职能作用，2016年5月出台了《关于开展家事审判方式和工作机制改革试点工作的意见》及《关于在部分法院开展家事审判方式和工作机制改革试点工作的通知》，部署在全国118个中基层人民法院开展家事审判方式和工作机制改革

* 赵燕华，贵州省法学会研究部负责人兼中国法律咨询中心贵州分中心主任，中南财经政法大学2015级国际法专业博士研究生。

（以下简称家事审判改革）试点工作。[①] 在最高人民法院所确定的开展家事审判改革的试点法院名单中，贵州省共有四家法院：贵阳市南明区人民法院、毕节市七星关区人民法院、铜仁市江口县人民法院和黔南州三都水族自治县人民法院。

为总结好、提炼好、推广好家事审判改革工作的好做法、好经验、好效果，贵州省法学会与贵州省高级人民法院联合组成调研组，对家事审判改革进行专项调研。调研主要从家事审判改革怎么有效预防化解矛盾纠纷、防止家事矛盾纠纷升级引发极端恶性事件的角度出发，以家事审判改革工作为抓手、促进社会和谐稳定为目的，积极推进家事审判改革，让人民群众有更多获得感、幸福感、安全感，进而推进平安贵州、法治贵州建设。

一　主要做法

上述四家法院作为家事审判改革的试点法院，分别具有不同的代表性，三都水族自治县人民法院代表少数民族地区家事审判工作的特点，法院依托黔南政务 110 平台，提出“12345”家事审判工作模式，并代表贵州到最高院进行经验交流汇报，该项工作受到最高人民法院的肯定；南明区人民法院作为城市地区家事审判改革工作的试点法院，根据城市经济社会发展需要，构建“四原则、六机制”家事审判模式；七星关区人民法院作为留守儿童问题比较突出的地区基层法院，根据家事审判工作的特点，探索出“心灵驿站”心理疏导室，最大化保护妇女儿童合法权益；江口县人民法院代表边远落后地区家事审判工作的特点，建立了家事案件“1 +1 +1”取证模式和推行的“五步调解法”，2018 年最高人民法院在工作报告中对“五步调解法”给予肯定和点赞。贵州省四家法院，其家事审判改革工作侧重点各不相同，通过对他们的审判改革试点工作的提炼，总结出可推广、可复制、可借鉴的做法经验。

---

① 杜万华：《大力推进家事审判方式和工作机制改革试点》，《人民法院报》2017 年 5 月 3 日。

二 主要成效

两年多的实践证明，家事审判改革工作，是符合审判实际、符合我国国情、符合社情民意的改革举措，对完善中国特色社会主义家事审判制度具有重要意义，从试点工作本身来讲，取得不错的成效。衡量和判断家事审判改革成功与否最主要的标准是调撤率的高低。调撤率越高，家事审判改革就越成功；调撤率越低，家事审判改革成效就越不理想。本次调研结果如表 1 所示。①

表 1　四家法院改革试点受案、结案及调撤情况

法院	受案数	结案数	撤诉数	调撤数	调撤率(%)
南明	2281	2459	615	834	59
三都	1006	1068	160	534	65
七星关	4222	4452	1617	1884	79
江口	974	984	389	310	71

从表 1 可以看出，四家法院在试点改革两年以来，调撤率都达到 50% 以上。这充分说明贵州省四个人民法院的家事审判改革取得了一定的成效，具体表现在以下几个方面。

（一）转变家事审判理念

自家事审判改革试点工作开展以来，家事法官在改革审判工作中最关注的是维护家庭婚姻关系的稳定，侧重保护老年人、未成年人、妇女的合法权益。他们处理离婚案件尤其慎重，判断婚姻情况时，区分婚姻死亡还是婚姻危机，对于婚姻危机积极化解，处理好既要保护婚姻自由又要维护家庭稳定的辩证关系。将家事审判的司法功能和社会功能结合

① 本数据由贵州省四家家事审判改革试点法院提供。

起来，在案件审判中以家庭为本位，推动家事司法向“稳家、保幼、重老、扶弱”理念转变，以实现未成年人利益最大化，维护家庭和谐和社会稳定。

（二）重构家事审判机制

过去，因为采取当事人主义的审判方式，法官坐堂办案，案件事实判断主要依靠当事人举证，法官处于被动状态。这种模式下的工作机制也较为单一，在司法案件中，法院法官主要是依靠自身力量，“单打独斗”。改革试点后，法院和法官“单打独斗”的局面得以扭转，形成了法院与行政机关和社会组织、法官及辅助人员与社会相关人员合作的形式，完善和创新多元纠纷解决机制，探索实行了符合家事审判需要的多元工作机制，让部分案件在司法外进行分流，疏解法院案件压力，同时完善司法程序内部的多元处理机制，对已流入司法程序的案件实行繁简分流，基本形成“外疏内分”的案件分流格局。

（三）优化司法基层服务

一是强化了诉讼服务。建立完善诉讼服务中心，设立独立的家事审判立案窗口，并在诉讼服务中心设立诉前调解人员，引导家事案件诉前调解。二是要求所有案件必须探查案件纠纷成因。通过入村入户了解情况，对证据规则进行变通、引入社会力量辅助等，为当事人提供出庭帮助、心理辅导等服务，使家事案件当事人充分感受到司法的关怀。三是利用“互联网+”开辟微信庭审。“互联网+”在当今社会已经被广泛应用到各个领域，结合贵州省是劳务输出地，外出务工人员居多的情况，针对案情简单，争议不大，当事人又各居一方，不便在指定时间亲自到庭审现场听审，根据当事人的意愿，使用微信庭审，既方便各方当事人，减轻当事人诉累，也有利于法庭及时审理结案，缩短办案时间。四是创新离婚证明制度。充分保护当事人隐私。五是设立反家暴庇护中心，为家暴的受害者提供临时救助，人民群众对家事审判工作的满意度明显提高。

（四）丰富多元调解机制

通过家事审判改革和工作机制创新，家事多元调解机制得到丰富和补充。在婚姻登记机关窗口设立家事纠纷调处室，将司法服务前移，对离婚登记中的夫妻提供咨询和对财产分配协议进行司法确认；在社区、村委会设置家事矛盾纠纷调解室，建立家事纠纷调解前置机制，将矛盾纠纷化解在诉讼之外；建立反家暴联动机制、家事纠纷联合调解机制和联合保护机制，为家事案件的审理提供了多元支撑，初步形成司法力量、行政力量和社会力量联合调解的势头。

（五）推动司法行政改革

一是推动司法行政管理回归服务角色。实行家事案件集中化、专业化审理，法官从繁杂的行政事务中解放出来，倒逼司法行政由专门人员负责，促进司法行政回归服务角色，提高司法行政服务效率。二是推动司法行政事务分类外包。家事审判改革中，大力推进多元化调解，实行部分行政事务外包，提高行政服务的水平和效率。比如文书打印、卷宗扫描、办公设备维修等业务外包给专业公司负责。三是推动审判者与管理者的合理分离。组建家事审判团队，实行人员分类管理，将司法审判事务与司法行政事务进行分离，不同类型事务由不同类型人员专门负责，促进审判者与管理者分离。

三　几点启示

根据对贵州省家事审判改革试点法院及所在区县的调研，通过推进家事审判改革工作，有效化解矛盾纠纷、提升社会治理水平，助力建设平安贵州，主要有以下几方面的启示。

启示一：必须建立健全多元化纠纷解决机制，形成由党委政府牵头、社会多方配合和支持互动的多元化纠纷化解大格局

贵州省四家试点法院多元化纠纷解决机制的建立，加强了对家事审判方式和工作机制改革的组织领导和统筹协调，强化了部门间的协作配合，让人民法院在家事纠纷案件的办理中，汇聚多方面的力量，形成强大合力，整体协调推动矛盾纠纷的解决，取得了显著的成效。这是因为法院在推进家事审判改革中，摆脱了传统的就“司法”抓“司法”的固有思维，将家事审判改革置于社会治安综合治理中来谋划，将审判工作置于平安建设中来推进，将家庭矛盾和邻里纠纷等问题置于社会主义精神文明建设中来思考。在建立健全多元化解家事纠纷机制中，遵循“党委领导、政府支持、法院主导、部门联动、专业介入、群众路线”的基本原则。由人民政府支持，政法委牵头，人民法院、司法局、人民团体、基层群众性自治组织和其他社会组织，按照各自职责建立健全重大决策风险评估、矛盾纠纷排查调解处理等制度，推进纠纷多元化解机制建设，共同做好纠纷化解工作，同时吸纳和支持公道正派、群众认可的社会人士和其他社会力量依法参与纠纷化解。

启示二：必须贯彻以人民为中心的理念，最大限度地接近群众，贴近群众，为群众服务，解决群众难题

在贵州省家事审判改革中，之所以取得较好效果，是与该四家改革试点法院始终秉持以人民为中心的理念，最大限度地接近群众、贴近群众，为群众服务和解决群众难题分不开的。例如，三都水族自治县人民法院采用车载法庭巡回审判和异地家事审判，江口人民法院采用异地诉讼巡回审判。把家事审判送到百姓家门口和工作地点。这些都是贴近群众、服务群众的改革生动实践。车载法庭和异地巡回审判，充分考虑了新时代我国农村社会结构特点。改革开放四十年，我国社会结构发生明显变化，在农村空壳村、留守儿童、空巢老人现象比较普遍，与经济高速发展相对应的是中国传统家庭结构的迅速解体以及所带来的次生家庭和社会问题，这是我国城乡经济、城乡二元化发展过程中出现的客观现象，也是造成家事纠纷案件频发的重要社会因素，也是对做好社会治理工作的一项挑战。车载法庭和异地巡回审判充分考虑到农村人口临时流动的这一历史时代特征，把家事审判延伸到群众打工地点、聚居地点。在少数民族聚居区，审判中把少数民族习惯法中的优良传统、公序良俗与司法调解有机结合，采用双语法官审判，最大限度地接近群众，贴近群众，更好地为人民服务，对于化解社会矛盾纠纷、提高基层社会治理水平、建设平安贵州是有益探索。

启示三：推行“三讲、五劝、六保”等新理念新方法，用购买第三方服务的方式解决家事矛盾纠纷，能够有效预防民转刑案件的发生，从而推动平安贵州建设

“三讲”方法为：讲情、讲理、讲法。“五劝”技巧为：劝和、劝退、劝停、劝回、劝解。“六保”效果为：保面子、保位子、保票子、保婚姻、保家庭、保幸福。家事纠纷案件的审理，除需要法律专业知识外，还会涉及社会学、心理学、哲学等专业知识，需要得到这些专业领域专家的参与和配合。在家事纠纷案件审理中，为当事人提供心理疏导服务，是非常有用和必要的，所以整合专业力量，配合法院审理家事纠纷是一项有益的探索。调研中笔者了解到，近年来贵州发生的极端恶性案件40%以上都是家庭、婚恋中的纠纷引发的，而第三方专业人员如家事调查员、心理咨询员、专业家事调解员等及时有效介入，一定程度上能减轻法院的审判压力，有效预防婚姻家庭民事案件在审判过程中转化为刑事案件，是进一步完善矛盾纠纷多元化解机制、有效预防民转刑案件发生的有力举措。

启示四：坚持维护社会公平正义，关注弱势群体，消除家事案件中的不公平因素，是做好审判改革工作的出发点，也是处理涉法涉诉上访案件的有力抓手

家事矛盾纠纷之所以频频出现，其内在原因就是相关当事人感觉在家庭里受到不公平待遇，现实生活中，很多家庭成员都把矛盾积压在心底自己消化，但随着不良情绪越积越多，最终矛盾似滚雪球般越滚越大，直至爆发，最终将家事矛盾纠纷发展成为对簿公堂的案件。在家事审判中，最难解决的就是取证问题，因为家庭矛盾涉及隐私，具有隐蔽性和复杂性的特点，强势或者有经验的一方往往在举证方面占据优势。若要公平公正地处理好家事案件，那么在家事工作中，一定程度上要强化法官的职权探知和自由裁量权，对当事人处分权进行适当干预。例如，江口县人民法院的1+1+1取证模式，就有效避免了弱势方取证难的情况，利用法官凭职权取证易的优势，综合第三方取证公平的特点，有效地解决了取证难问题。根据我们的经验，在涉法涉诉上访案件中，一直不息诉罢访的一方是觉得自己在审判中受到不公平的对待，只要家事审判改革工作做到公平处理，对家事纠纷进行调解就容易了。

启示五：在互联网+的时代背景下，构建以信息技术为基础的家事审判模式，是改革的趋势和方向，也是做好基础社会治理工作的支撑

改革发展带来了大规模、高速度、特殊复杂的社会流动，在当下贵州省人口外出务工导致社会人口流动性增大，社会观念转变导致传统调解机制效率低下等因素的影响下，传统的家事纠纷审判和调解方式已经不能完全满足人民群众的需要，所以构建以信息技术为基础的新的家事审判与管理模式迫在眉睫，贵州省改革试点法院在这方面进行了积极探索，取得了很好的成效。例如，三都水族自治县人民法院和江口县人民法院开展的远程微信、视频调解和庭审，一方面方便了当事人诉讼，节约了当事人的诉讼成本和法院的司法成本；另一方面通过建立家事审判工作联系微信群，整合法官、家事调查员、调解员、心理咨询师、社区主任、人民调解员及妇联、民政、司法、公安等相关部门人员，利用现代化信息技术加强对矛盾纠纷及时化解。对发生在村镇、社区和外省的各类家事纠纷，及时在微信群中“挂号”。对一般家事纠纷，由法官、心理咨询师等人通过在群里发送相关法律条文和心理指导建议，进行初步“诊断”，对复杂疑难纠纷，邀请专业人员进行精准“治病”，对发生家暴事件的，及时通知公安机关联动，提前介入化解稳控，有效防止“民转刑”案件的发生。

启示六：织密立体化现代社会治安防控网、多元化矛盾纠纷预防化解网，是有效化解家事矛盾纠纷和建设平安贵州最重要的保障

从调研情况看，三都水族自治县人民法院作为贵州省深度贫困县法院，在改革试点工作中却能取得不错的成绩，这得益于黔南州一直在推广的110政务服务平台，这个平台坚持“以人民为中心”，强化“简政便民”“减证便民”，深化多中心合一改革，将综治中心、群众工作中心、矛盾纠纷多元调处中心、法律援助服务中心等整合组建新的群众工作中心，构建直接服务群众的“区块链”。以政务为中心，延伸连接警务、民生事务、商务、劳务、医务等。应用大数据和互联网强大功能，集成更大的服务群众平台“为民服务中心”，起到矛盾纠纷第一时间预警、各级调解组织第一时间到位、处理结果第一时间反馈的效果，使得这里成为解决群众诉求事项的诚信平台、提升群众安全感满意度的互动平台、凝聚社情民意的民生平台，也是预防打击违法犯罪、化解基层矛盾纠纷、提高干部履职能力的多功能平台。因为三都水族自治县法院与政务 110 平台的数据资源实时共享，很多家事矛盾纠纷早发现，早介入、早解决。

四　对策建议

党的十九大提出，“要打造共建共治共享的社会治理格局。加强社会治理制度建设，完善党委领导、政府负责、社会协同、公众参与、法治保障的社会治理体制，提高社会治理社会化、法治化、智能化、专业化水平”。[①] 就贵州省通过开展家事审判方式和工作机制改革有效化解家庭矛盾纠纷、提高基层社会治理水平、建设平安贵州而言，现阶段需要继续加强家事审判改革工作力度，加大家事审判改革的进一步推广，需要在大胆探索中有效破解改革工作中遇到的难题，也需要顶层设计和基层探索结合起来一起解决。

（一）提高认识

家事审判改革是一项重要的综合性改革，要开展好家事审判改革工作，有效化解家庭内部矛盾，建设平安、和谐贵州，坚持党委领导和政府支持至关重要，社会力量参与不可或缺。家事改革领导小组要统筹协调，通过各种

① 《习近平在中国共产党第十九次全国代表大会上的报告》，人民网，访问日期：2019 年 12 月 20 日。

形式、各种平台加大宣传。一是强化党委政府各级部门对这项工作的重视。改革工作要紧紧依靠党委政府，基层试点法院通过党委领导，整合司法、妇联、高校、社区、社会组织等单位，建立工作共享平台，大胆创新，勇于探索，形成具有贵州特色的矛盾纠纷解决新路径。二是发挥家事审判的辐射功能。与相关部门建立工作联动机制，对家事纠纷案件进行案后跟踪回访及帮扶，通过多部门联动对有机会修复或重建婚姻家庭关系的当事人提供实实在在的帮助。三是动员社会各方面力量广泛参与。通过宣传引导，调动公众参与，可以最大限度地激发人民群众参与家庭纠纷自治的主动性和创造性，最大限度调动人民群众参与基层社会治理的能动性、创造性，确保治理过程人民参与、成效人民评判、成果人民共享，形成“党委领导、政府尽责、法院牵头、社会参与”的工作局面，在城市，健全党领导下共建、共治、共享的市域社会治理新格局；在农村，建立自治、法治、德治全面融合的现代基层社会治理新体系。

（二）总揽统筹

审判改革工作，离不开科学统筹规划。只有科学规划，才能够突破时空、地域限制，从更大范围更高层次来谋篇布局，从战略高度确定正确的发展方向和目标，又能够对近期改革和发展的重点内容进行具体安排、有效突破。笔者建议：家事审判改革工作成功的关键在于建立健全多元化解家事纠纷机制，建议遵循“党委领导、政府支持、法院主导、部门联动、专业介入、群众路线”的基本原则。政府和相关部门、政法委、司法局、人民法院、公安部门、人民检察院、人民团体、基层群众性自治组织和其他社会组织，应当按照各自职责建立健全重大决策风险评估、矛盾纠纷排查调解处理等制度，推进纠纷多元化解机制建设，共同做好纠纷化解工作。

（三）立法先行

贵州省家事审判改革工作可以按照最高人民法院周强院长提出的“积

极推动立法进程，地方可以先行立法，取得成果后推动国家层面立法，为多元化纠纷解决机制提供法律保障”① 的要求，在法律框架内探索完善符合家事审判规律、适应社会发展需要的家事诉讼特别程序，积极推动家事审判改革成果制度化、法治化，推动贵州省家事审判改革地区的地方立法工作。就我国当前法律体系来说，我国关于多元化纠纷解决的法律法规没有制定，只有一些相关规定可以从民事诉讼法、人民调解法、仲裁法等法律法规中引用。结合贵州实际，可在有部分地方立法权的民族自治地区，出台少数民族地区多元化纠纷解决机制促进条例，为我国民族自治地区乃至全国其他地区家事矛盾纠纷多元化解工作提供新样板。建议省人大和省法学会牵头，以贵州省家事审判改革工作为切入点，推动贵州省矛盾纠纷多元化解机制的地方立法，主要明确参与社会矛盾纠纷化解工作各类主体的地位、职责任务及发挥的作用，使其参与纠纷化解行为有章可循，有制度可遵守，这样可以提高包括团体、组织、个人等在内的社会各界的积极性和创造性，同时，通过法律规定，可以构建权责统一、措施明晰、运转灵活的基层社会治理多元化解机制，推动全社会多层面多领域依法治理，提升社会治理法治化、智能化、精细化、开放化水平。

（四）推广经验

被最高人民法院确定进行家事审判改革的贵州省四家法院，在改革过程中，在人力、物力和财力等方面得到地方县委政府的大力支持。各改革试点法院结合自身实际情况，锐意进取，大胆探索，小心求证，探索出了可供贵州各地乃至全国借鉴的有效化解家庭矛盾纠纷、提高基层社会治理水平的经验和启示。改革不是为了改革而改革，不是为了应付完成最高人民法院的工作要求，而是通过先行先试，为其他法院有效化解家事矛盾纠纷、消除社会不稳定的家庭因素提供样板。为此，这四家试点法院在改革

① 参见 2018 年 3 月周强院长在第十三届全国人民代表大会第一次会议上所做的最高人民法院工作报告。

实践中探索出来的成功经验，应该及时总结通过一定的形式加以推广。建议省政法委、省高院牵头，其他相关部门配合，采用各种形式宣传、推广、指导和监督落实四家法院所探索出来的成功经验。积极引导公众参与到家庭矛盾纠纷化解中来，全社会形成合力，发扬求真务实精神，切实有效化解家庭矛盾纠纷，建设和谐家庭，从而提高社会基层治理水平，确保社会和谐稳定。

（五）加大投入

家事审判改革试点工作的顺利推进离不开强有力的物资装备保障。两年来，各高院和试点法院围绕家事审判改革工作的需求，在经费保障方面给予一定倾斜，除了配置相关硬件设施，还积极推动信息化建设，搭建网上调解平台，为家事审判改革工作的顺利进行提供保障。但是家事审判改革工作的成功不是通过法院一家单打独斗取得的。建议各部门加强部门联动，共同助推，从多元化解、保障权益、执法普法、区域和谐等方面持续探索，形成合力。不管是主导改革的法院系统，还是参与改革的各部门与社会群体，开展工作都需要一定的资金保障。要破解资金难题需要财政大力支持，民政、教育、政法各部门各司其职、各负其责，创新机制和出台措施，才能形成推动工作的强大合力。

结　语

家庭是社会的细胞，家事是国事的缩影。[①] 家事审判关乎家庭和谐、人民平安、社会稳定。在新时代中国特色社会主义时期，推进家事审判改革，建设平安贵州，具有极其重要的意义。家事审判改革的目标在于不断提高社会治理水平和社会文明水平，切实维护公序良俗，弘扬社会正气，公平正义，树立良好社会风尚。家事审判改革必须以改革创新为动力，以社会治理

① 参见姚建军《拓宽家事审判改革专业化实现路径》，《人民法院报》2019年9月28日。

现代化为抓手，以推进国家治理能力、治理体系现代化为着力点，进一步健全党领导下共建、共治、共享的现代治理新格局；家事审判改革必须与时俱进，弘扬和传承优良的传统文化和美德，用司法的柔情，社会的温情，家人的亲情，为司法审判制度改革与基层社会治理提供新样板，开辟新路径，构建新途径。最终实现社会的和谐稳定，国家的长治久安。

B.18

贵州省安顺市 S 法院家事裁判说理研究报告

——以 100 份离婚判决书说理为蓝本

陈优海 *

摘　要： 离婚案件约占家事案件总量的 80%，其裁判文书说理质量代表了家事裁判文书说理的整体水平。本文以贵州省安顺市 S 法院 100 份离婚判决书说理为蓝本进行实证研究，发现裁判文书说理存在事实认定不清、情理说理不足、释法说理不当、价值引导不彰等问题。在分析问题成因的基础上，本文提出离婚裁判文书说理应坚持法理为核心、事理为基础、情理为关键，实现情、理、法相统一。在具体路径选择上，区分是否准予离婚，明确说理重点与模式，并就子女抚养、夫妻债权债务、损害赔偿事项如何说理，说理中如何处理事理、法理、证据说理之间的关系提出相应建议。

关键词： 离婚案件　裁判说理　安顺市

从裁判文书类型分析，程序类裁定书一般说理要求不高，而调解书因双方当事人的合意因素也减少了说理必要性，唯以实体类判决书最具说理必要性，要求亦较为严格。基于此，本文随机抽取了贵州省安顺市 S 法院 2016 ~

* 陈优海，贵州省安顺市中级人民法院研究室副主任、员额法官。

2018 年以判决方式结案的 100 份裁判文书，围绕文书说理的相关事项进行调研。

一　调研基本情况

（一）原、被告诉辩理由

原告诉称与被告辩称，集中体现了各方诉讼主张与案件争议焦点，裁判文书在“查明事实”“裁判说理”等部分需予以回应，以保证说理的针对性与必要性。

1. 原告诉称理由

调研发现，原告诉请离婚的理由均在 2 个以上，最多达 5 个。排前五位的离婚理由依次为：（1）被告存在家庭暴力（诉称施暴方均为男性；受害方为子女的两件，其余均为对女方施暴；施暴方式为“冷暴力”的两件，其余均为直接施暴；施暴后果大多造成身体轻微伤、产生心理恐惧，最严重的一件构成故意杀人被判处刑罚）；（2）被告不照顾家庭；（3）双方为琐事经常争吵；（4）夫妻分居多年（分居时间为 2 年以上）；（5）性格不合。“其他事由”包括：“一方吸毒”8 件，“男方家庭重男轻女”4 件，“一方多次犯罪”4 件，“一方外出多年未归”4 件，“未能生育子女”2 件（见图 1）。

2. 被告辩称理由

调研案件中，有 32 件案件被告未到庭参加诉讼，亦未提交书面答辩意见（其中，传票传唤 20 件，公告传唤 12 件）。到庭 68 件案件中，被告不同意离婚 38 件，附条件同意离婚 8 件，同意离婚 22 件（见图 2）。

被告不同意离婚的理由包括：（1）偶有争吵、夫妻感情未破裂；（2）认识到错误，希望再给一次机会；（3）为了给孩子完整家庭；（4）双方分居非因感情破裂（见图 3）。

被告“附条件同意离婚”理由包括：（1）原告对婚姻有过错，应对被告

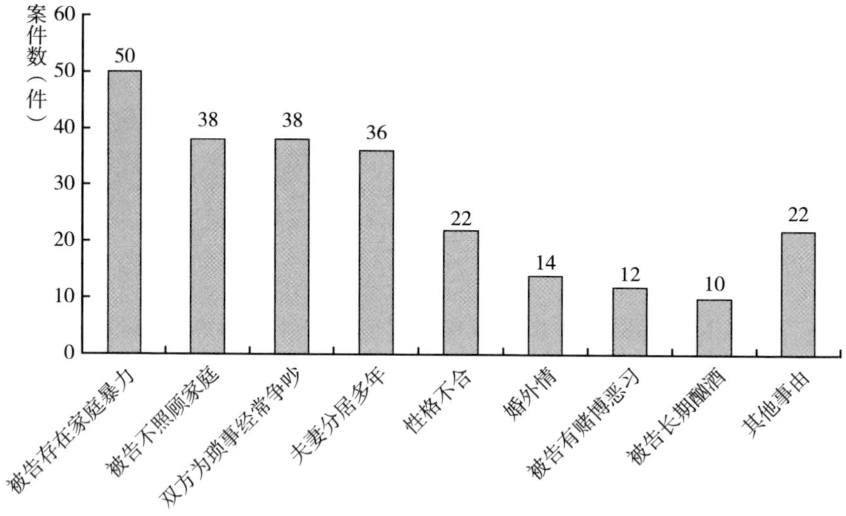

图1　原告诉请离婚的理由

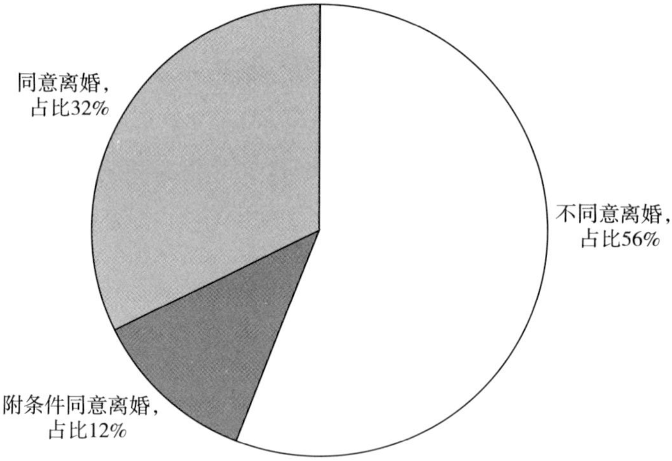

图2　被告对离婚所持立场

给予补偿（4件）；（2）原告应偿还被告多年打工所挣收入（2件）；（3）原告与被告共同偿还所欠借款（2件）。

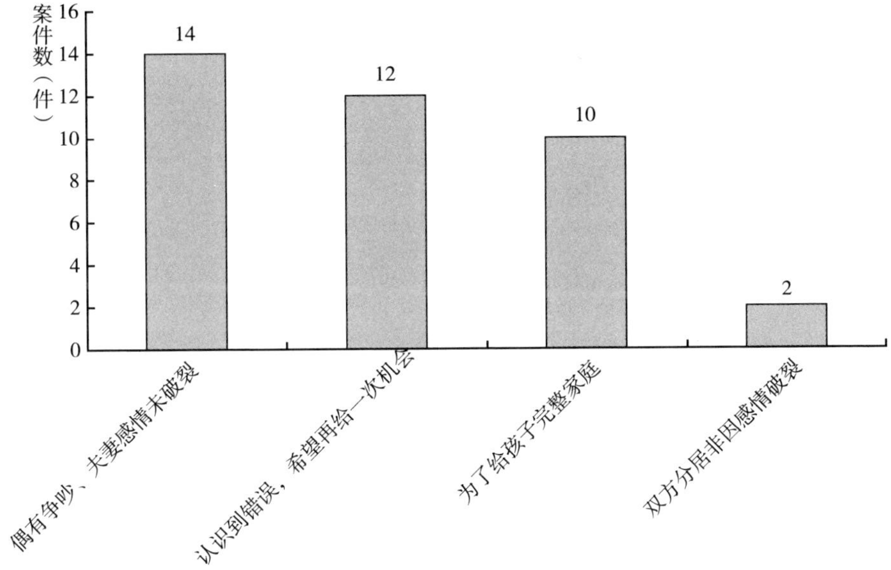

图3　被告不同意离婚的理由

（二）审理查明事实情况

调研发现，大部分案件仅查明夫妻相识、婚姻登记、生育子女三项，对于离婚原因、夫妻关系现状、子女生活情况等相关事实，未能予以查实（见图4）。

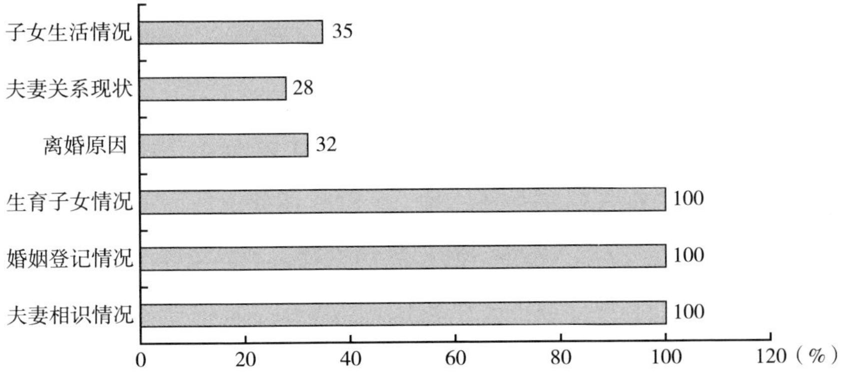

图4　裁判文书查明事实的情况分析

（三）裁判说理情况

离婚诉请说理：100 件案件中，支持离婚诉请 52 件，不支持 48 件。裁判理由详见图 5、图 6。

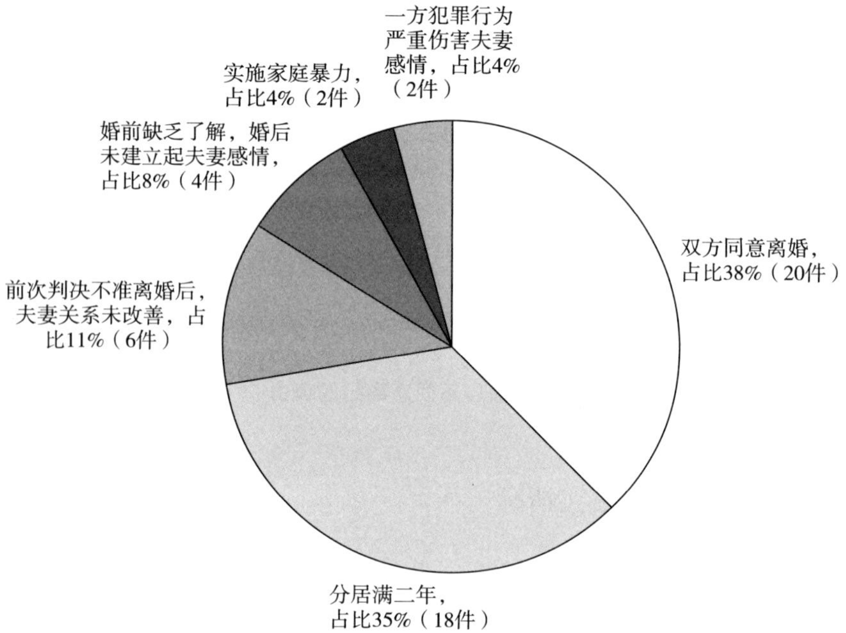

图 5　法院判决准许离婚的理由

子女抚养问题说理：在支持原告离婚诉请 52 件中，涉及子女抚养诉求 38 件，裁判理由如图 7 所示。

债权债务、损害赔偿说理：在支持离婚诉请 52 件中，涉及夫妻债权债务处理 18 件，涉及损害赔偿 6 件。其中，债权债务说理，主要针对证据及其认定进行说理，对当事人未提供任何证据 7 件，判决全部不予支持；对当事人提供部分证据 11 件，判决支持 6 件、驳回 5 件。损害赔偿 6 件，均以无证据证明受到损害为由，予以驳回。

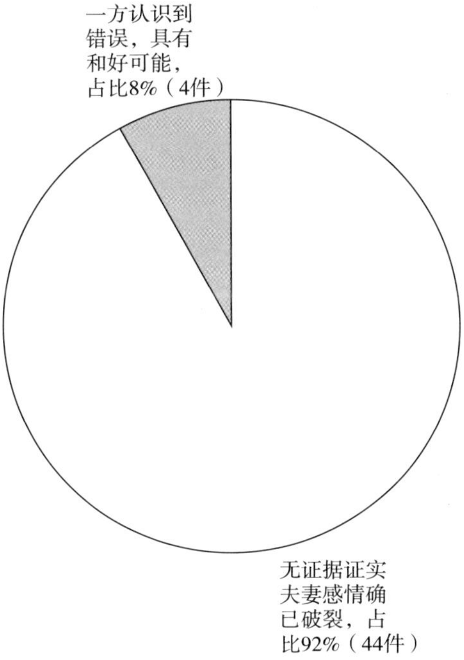

图6　法院判决不予准许离婚的理由

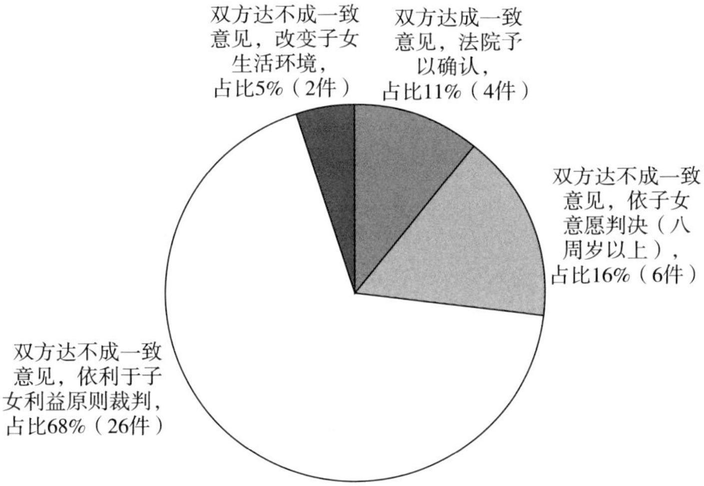

图7　法院判决子女抚养权归属的理由

二　存在的问题

（一）事实认定不清

部分案件对离婚原因、夫妻关系现状、有无和好可能、子女生活环境等关键事项，未予查明。比如对婚姻现状，仅以“双方生活时有争吵”“双方因琐事发生争吵”“双方自……年分居至今”等，一笔带过，有的甚至没有提及。对子女扶养，有的仅表述“双方育有一子”，对于子女生活现状、愿意随父母哪方生活（指年满八周岁以上的子女）等事项，未予说明。事理不清，致说理缺少针对性，或言之无物，或词不达意。

（二）情理说理不足

在不支持离婚诉请的48件案件中，38份裁判文书采取了单纯证据说理——对举证责任分配进行说理，情理说理鲜有提及，多为“一句式”说理。比如“当事人对自己提出的主张，有责任提供证据。原告诉称双方感情业已破裂，但未提供证据加以证明，故对其诉请离婚，不予支持”，或者援引民事诉讼法或司法解释中证据规则条款，换个提法但内容不变。另外10份裁判文书，虽有情理说理，但较为简单，如“双方多年在一起生活，已有感情。夫妻应互相忠实尊重，双方具有和好可能”，或者“双方有一定的婚姻基础和婚后感情，只要处理好矛盾，可以改善”等，仅有4份裁判文书情理说理较为全面。

（三）释法说理不当

依照婚姻法规定，夫妻分居满二年准予离婚，本义是：双方分居系因感情不和并致感情破裂。在18件以夫妻分居满二年判决准予离婚的案件中，既有因夫妻感情不和分居满二年的情形，也有因一方离家出走满二年的情形，还有一方因接受强制戒毒、监所服刑等分居满二年的情形。相关裁判文书在说理时，未对分居原因、感情是否破裂、有无和好可能等予以说理，统一适用婚姻法“因感情不和分居满二年”的规定，存在适用法律条文说理不当问题。

（四）价值引导不彰

多数文书说理仅限于“或驳或离”式的结案说理，对“危机婚姻”如何修复，未提供相应的情感疏导及行为指引，且部分说理易引起歧义，让当事人无所适从。比如对于不予准许离婚的部分案件，说理为：“原告诉称被告实施家庭暴力，但未提供证据予以证实，故对其离婚诉请，不予准许”，而后径直判决。如此说理，可能会传递给原告这样的信息：因为没有提供家暴证据，故离婚诉请未得到支持，所以下次被施暴时应注意收集证据，为了求得胜诉激怒对方亦未尝不可，说理内在逻辑存在问题。比如对于双方同意离婚的案件，说理仅为“双方同意离婚，系真实意思表示，予以准许”，缺少必要的情感舒缓引导。

综上所述，以裁判文书说理是否存在上述问题为标准进行评价，整体情况不尽如人意（见图8）。

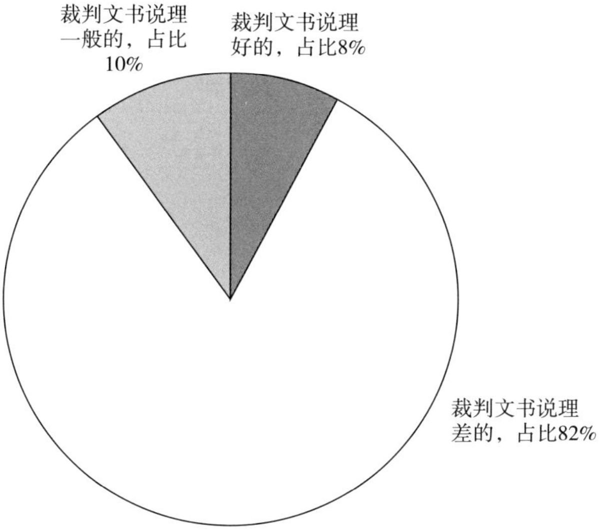

图8　裁判文书说理综合评价情况

三　原因分析

（一）关于法官方面的原因

从法官角度分析，既有社会经历、生活经验、专业知识不足不会说理、说不好理的原因，也有文书说理评价机制、考核激励机制缺失致不愿说理的原因，还有案多人少矛盾加剧，结案压力增大，工作精力不足的原因。

（二）关于案件特点的原因

从案件特点分析，婚姻案件私密性较强，多数证据产生于家庭内部且不易收集。在当前民事诉辩对抗模式下，法官一般不主动查明案件事实，原告一方往往难以有效举证，双方矛盾激化各执一词，致婚姻真实状况难以查明。在此情况下，法官说理缺少事实支撑，要么语焉不详，要么浅尝辄止。

（三）关于审理机制的原因

从家事案件审理机制分析，实现家事裁判文书说理的情、理、法统一，还有赖于推广家事审判方式与审理机制改革成果，完善家事调查、家事回访、心理咨询、专业化审判等配套衔接机制，客观全面查清案件事实，找准问题症结，文书说理才能触及根本、化解纠纷。

四　说理路径的思考

《最高人民法院关于加强和规范裁判文书释法说理的指导意见》第二条提出，裁判文书释法说理，要阐明事理、释明法理、讲明情理、讲究文理。以说理依据为标准，大致可分为释法类说理、法理和政策说理、情理说理、证据说理等四类。离婚裁判文书，主要采取何种说理方式，取决于案件的性质特点。离婚纠纷牵涉家庭关系、亲情关系的处理，夹杂着强烈的情感伦理因素，法律硬性规定较少且较为原则，伦理道德、社会价值观念、传统文化习俗等软性考量因素较多，夫妻感情是否破裂、子女抚养权争议、财产分割、损害赔偿等问题认定与处理，均涉及相应的情感伦理价值判断，并非单纯证据采信与法律适用问题。离婚纠纷这一特点，决定了案件裁判文书应突出情理说理，合理融入释法类说理与证据说理。

同时，离婚裁判文书说理，应坚持情、理、法相统一，不可偏废。情、理、法三个词密不可分，三者是同一事物的不同表现形式。① 情，即情感、道德。理，事物的道理。法，事物的规则、逻辑。可以说，每个案件都存在理与法的问题，而情仅存在于部分案件中，尤以离婚案件最为凸显。实现说理的情、理、法统一，坚持以“法”为核心，说理的出发点与落脚点都必须围绕“明法”而展开，依“法”而裁决，否则裁判便会失去合法性；坚持以“理”为基础，明晰事理，阐明相关事实依据与理由，是说好理的前提，理不彰则法不明、情不透，文书的合理性就难以得到保证；坚持以“情”为关键，“情通理方至，情阻理难达”，事理与法理的刻板与冰冷，需要借助情理，才能增强裁判的认同感和可接受度，实现力度与温度的有机融合、明法与容情的统一。因此，离婚裁判文书说理，基础在讲明事理、核心在坚持法理、关键在融入情理，从而实现情、理、法的统一。

五　裁判说理改进对策与建议

基于上述思考，离婚裁判文书说理可采取以下模式：释法类说理（释明法律规定，主旨在于“明法”）+情理说理（以查明事理为主线，融入情感价值判断，突出引导修复功能）+证据说理（以适度、必要为原则）。具体而言，以是否准予离婚为区别，文书说理模式与重点有所不同。

① 胡昌明主编《裁判文书释法说理方法：〈最高人民法院裁判文书释法说理指导意见〉的案例解读》，人民法院出版社，2018，第178页。

（一）不予准许离婚的案件

依照法律规定，判决不予准许离婚的案件，对原告同时提起的其他诉讼请求，人民法院将不予审理。因此，该类案件说理重点为：讲明不予准许离婚的理由、指明婚姻危机的问题所在、给予情感疏导与行为指引、促使双方重归于好；说理模式可采取先法理、后事理、再情理模式，以必要证据说理为补充。

说理应注意几方面：一是重在引导当事人树立正确婚姻观、家庭观，互敬互助、包容理解、忠诚信任，“婚姻不是儿戏”，对自己负责，审慎对待婚姻。二是应摒弃“孩子本位”观念。不能仅以为了孩子幸福、保持家庭完整为由，责难诉请离婚一方，或将其作为不予支持离婚的理由。同时以给孩子幸福为由不予准许离婚，亦有干涉婚姻自由之嫌。三是力戒单纯证据说理，简单以证据不足为由驳回诉请。在证据说理之前，应有相应的情感说理为支撑，强化对各方心理疏导，用通俗易懂的语言指出婚姻“病根”，开出“良方”，引导各方重修于好。四是以国外宗教经典教义、文学作品等为据进行说理时，不宜直接引用相关内容作为论据。若其中蕴涵的价值观念、情感伦理确与案情契合，宜予以适当演绎转化，避免再次出现“圣经”类的判决书。[①] 五是修辞说理应把握适度原则，区别受众对象的可接受度，不可为了说理而说理，“表演式”说理，应谨守“中庸之道”，力求“恰到好处”[②]，网红“最诗意”说理判决不宜成为常态[③]。六是说理不可以偏概全，主观臆断，以个人主观感受、生活经验代替社会主流价值观念，不可过度解读小概率事件，保持说理的理性与冷静。

---

① 重庆市巴南区人民法院〔2016〕渝0113民初404号离婚判决书中，直接引用了《圣经·马太福音》部分内容。

② 李少平：《新时代裁判文书释法说理改革的功能定位及重点聚焦》，《人民法院报》2018年6月12日，第5版。

③ 江苏省泰兴市人民法院〔2016〕苏1283民初3912号离婚判决书，被誉为史上最有情怀的离婚判决书。

（二）准予离婚的案件

对于支持离婚诉请的说理，重点在阐明事理的基础上讲明法理，可简化情理说理。有观点认为，对于准许离婚的，说理时，应对婚姻“死亡”的原因、各方行为得失、离婚后生活指引与心理疏导等予以说理。笔者认为，离婚既定，反思已逝婚姻虽对未来各方重组家庭有益，但要做到客观评判各方在婚姻中的得失，于法官而言是较为困难的，稍有不当，还可能引发当事人的反感甚至抵触情绪。因此，情理说理以引导各方调整好心态、正确面对现实为主，更多婚姻中的得失与检讨，留给当事人日后各自思考为宜。

对于子女抚养的说理。子女抚养，既是一个法律问题，也是涉及情感、伦理、家庭和谐的人文与社会问题。情理说理，重在督促各方关心关爱子女，不能因离婚而推卸责任，避免子女受到离婚二次伤害。离异家庭子女，没有完整家庭，本已十分不幸，若离婚后双方再起争执或者老死不相往来，使子女失去本应拥有的关爱，对其幼小心灵的打击无疑是巨大的。法理说理，应首先表明抚养关系的确定应坚持有利于子女利益的原则，考虑子女出生以来主要的生活环境、接受教育的情况、父母各方的经济情况等综合确定，原则上不轻易改变子女已经熟悉的环境。对于年满八周岁或能表达自身意愿的子女，还应将其生活意愿作为主要考虑因素。其次，告知各方依法履行法定义务，配合对方做好对子女探望、照顾等。

对于夫妻债权债务的说理。常言道：“清官难断家务事”，剪不断理还乱。夫妻债权债务，形成于双方共同生活期间，具有一定私密性，法律关系不像合同关系那样明晰，且许多还与其他家庭成员相关联，同时存在婚前财产、婚后财产、各方独自享有财产等多种类型，若双方不配合，处理起来十分困难。坚持法理说理与证据说理并重，在共分财产、共担债务的前提下，以证据裁判为标准，体现婚姻法照顾妇女、子女的原则，对于一方因照顾家庭未能外出工作而为家庭付出较多的，应给予照顾，以体现裁判公平公正。

对于损害赔偿的说理。司法实践中，判决支持一方损害赔偿请求的案例不多，大多以无证据证实予以驳回。事实上，婚姻法第四十六条规定的“损害赔偿”情形，部分案件在“查明事实”部分业已查明，并将其作为支持离婚诉请的依据。说理时，对于查证存在婚外情、与他人长期保持不正当关系等对家庭极度不负责任、违背伦理道德的情形，应当予以谴责训诫，同时支持婚姻受害者损害赔偿诉求，让失德失范者付出代价，以彰显社会正气，传播社会主义核心价值观。

（三）需要注意的几个问题

1. 查清案件事实是文书说理的前提与基础

阐明事理，方能说清法理、融入情理，否则便有言之无物、言之不实之嫌。对于离婚诉请，以判断夫妻感情是否破裂为重点，按照《婚姻法》《最高人民法院关于人民法院审理离婚案件如何认定夫妻感情确已破裂的若干具体意见》等相关司法解释规定，应重点查明婚姻基础、婚后感情、离婚原因、夫妻关系现状、有无和好可能等关键事项，绝不可含糊其词。在案情不清或当事人对事实有争议的情况下，应深入双方生活所在的社区村居，走访调查，务求查清婚姻真实状况，为准确裁判说理奠定事实基础。对于子女抚养，应重点查明子女出生以来的生活环境、夫妻各方实际抚养照管情况、子女接受教育情况等相关事实。对于父母未直接抚养子女的，应听取子女的祖父母、外祖父母、近亲属等直接抚养子女人员的意见；对于一方可能存在影响子女健康成长的情形，应予查实。

2. 说理应注意不同时代下人们的观念价值的差异

离婚案件，从法官角度而言，应在婚姻自由与家庭和谐稳定两个价值之间寻求平衡点。评判夫妻感情是否破裂，法官需要基于案件的主观感受、经验法则进行综合评价，以尽可能探知当事人内心的真实想法。同时，由于婚姻家庭观念存在较大代际差别，同样的婚姻问题，不同年龄、生活经历、文化背景的个体可能会做出截然不同的判断。当下我国新生代的婚姻观念与家庭责任意识明显淡化，合则聚、不合则散，夫妻间缺乏沟通交流和理解包容的耐心，率性而为冲动离婚者，比比皆是。这就需要法官深入案情，充分考虑当事人的内心情感，查明婚姻的真实现状，合理区分危机婚姻与死亡婚姻，避免将可以挽回的婚姻当作死亡婚姻处理，或是使已然死亡的婚姻当事人备受煎熬，务求说理触及当事人的情绪触发点①，提升裁判可接受度。

3. 释法说理不能违背法律规定的本意与初衷

法律有明确的内涵与外延，相对规范、确定。释法说理，仅在法律存在交叉重叠、模糊抽象或互相冲突的情况下，才需为之。离婚案件主要涉及情感伦理，法律规定较为原则，法律位阶之间的冲突很小，厘清条文本意即可。但是，司法实践中，部分释法说理不当，也应受到重视。如前述部分文书适用婚姻法关于“因感情不和夫妻分居满二年，可以认定符合感情破裂”的规定，确为不妥。对于一方“主动失联”致夫妻分居满二年、一方离家出走致夫妻分开时间满二年以及一方戒毒等客观原因致夫妻分开满二年的情形，应适用婚姻法关于“其他导致夫妻感情破裂的情形”或适用《最高人民法院关于人民法院审理离婚案件如何认定夫妻感情确已破裂的若干具体意见》第10条、第11条进行释法说理。

4. 准确把握证据说理在离婚案件中的作用

证据说理，目的在于增强裁判文书的可接受度，保障各方程序权利，兼具指导当事人举证质证的功能。对举证责任分配，一般是指在案件真相不明确的情况下，根据特定规则把举证责任在当事人之间进行分配，由负有举证责任的一方承担举证不力后果的责任分配法则。离婚纠纷，在未涉及债权债务时，当事人证据一般较少，单纯对证据进行说理略显空洞且难以实现实质正义与价值引领目标。实践中，在案件事实不明情况下，部分文书将举证责任分配说理当作“兜底式”说理，有违证据说理初衷，且存在推卸查明案件事实责任之嫌。因此，证据说理下的举证责任分配说理，不应成为离婚案件说理的常态，应以适度、必要为原则。

---

① 胡昌明主编《裁判文书释法说理方法：〈最高人民法院裁判文书释法说理指导意见〉的案例解读》，人民法院出版社，2018，第211页。

结　语

裁判文书是司法活动的最终产品，是诉讼过程的最终一环。说好离婚裁判文书的法、情、事理，需要法官具备深厚的理论素养与文字功底，具备严谨的逻辑思维与丰富的生活经历，还需要社会各方联动、家事调查回访、心理咨询辅助引导、专业化审判等与家事审判改革相关的配套衔接机制，夯实工作根基，法官才愿说理、能说理、说好理，不断涌现精品高质量的裁判文书，实现文书说理定纷止争与价值引导功能。

B.19 黔南法院民事再审案件调研报告

王亮海*

摘　要： 在全面依法治国背景下，困扰司法实务的“再审难”“再审滥”问题一直未得到有效解决。本文以黔南法院民事再审制度运行情况为切入点，在再审事由法定化的立法意图上，通过类型化研究方法构建“理想类型”的“改判”“发回重审”标准，以期补充民事再审制度实务架构，实现立法理论与司法实务相契合，充分发挥再审制度的功能价值。

关键词： 民事再审　类型化研究　黔南州

2015年2月4日，最高人民法院公布实施《〈民事诉讼法〉的解释》，将再审事由法定化，在一定程度上体现了再审制度的独立价值以及对司法实务工作的指导意义。司法实务中，审理再审案件法律规定“准用”原审判程序，不能全面体现再审的功能价值，由于再审的复杂性，长期存在的“再审难”“再审滥”问题未得到有效解决。本课题以黔南州两级法院2015～2019年审理的民事再审案件为分析样本，引入类型化研究方法对再审审理标准进行研究，构建“理想类型”标准，以期更好实现民事再审程序救济功能，发挥保护当事人合法权益、维护司法公正、提升司法公信力、维护法的安定性等重要作用。[①]

---

* 王亮海，贵州省黔南州中级人民法院党组书记、院长。

① 江必新：《论民事审判监督制度之完善》，《中国法学》2011年第5期，第128页。

一　2015 ~2019年民事再审案件的审理情况

2015 ~2019 年黔南两级法院民事再审情况为：2015 年再审申请 163 件，审查立案受理 4 件；2016 年申请 164 件，受理 9 件；2017 年申请 67 件，受理 23 件；2018 年申请 96 件，受理 41 件；2019 年申请 74 件，受理 30 件。申请再审案件数量与受理案件数量形成鲜明对比。

（一）再审案件的启动主体

根据 2012 年民事诉讼法第 198 条、第 199 条和第 209 条规定，民事案件启动再审程序主要分为当事人申请再审、检察院抗诉（建议）再审、法院依职权再审三种方式。2015 ~ 2019 年裁定受理 107 件民事再审案件中，再审程序启动主体为当事人的有 94 件，占 87.85%，检察监督再审 7 件，占 6.54%，法院依职权启动再审 6 件，占 5.6%。案件数据显示，当事人申请再审是民事再审案件的主要来源，其次是检察监督、法院依职权启动再审程序。

（二）再审事由分布情况

再审程序作为事后补救程序，应在最大程度上维护生效判决既判力，确保法的安定性。2012 年民事诉讼法第 200 条规定的 13 项再审事由，以及第 201 条关于调解书申请再审的规定，对再审事由进行法定化。归纳民事诉讼第 200 条、201 条对再审事由的规定，可分为新的证据、事实类、法律适用错误类、程序违法类、审判主体不廉、调解违反自愿原则、调解协议内容违法七类情况。①

① 江必新：《论民事审判监督制度之完善》，《中国法学》2011 年第 5 期。江必新副院长对申请再审基本事由划分为：事实类、法律适用类、程序违法类、审判主体不廉类。

（三）再审案件“准用”程序

2012 年民事诉讼法第 207 条规定了再审案件“准用”发生法律效力判决、裁定的原审程序。2015～2019 年，黔南法院审理 107 件案件，再审决定法院分别为高级法院 34 件，中级人民法院 60 件，基层法院 13 件。按照第一审程序审理的有 21 件，按照第二审程序审理的有 86 件。

（四）再审审理裁判情况

2015～2019 年黔南法院“准用”原审程序审理后，裁判结果分别为：再审维持生效判决 7 件，再审后改判的有 47 件，再审后发回重审的 53 件。民事案件改判和发回重审，事实认定问题、适用程序问题是主要的再审原因。

1. 再审改判情况分析

在 47 件改判案件中，事实认定不清或不明的有 13 件，事实认定错误的有 17 件，法律关系分析错误的有 4 件，法律适用错误的有 5 件，适用程序错误的有 23 件。

2. 再审发回重审情况分析

53 件发回重审案件，其中事实认定不清或不明的有 21 件，事实认定错误的有 7 件，涉案证据存在重大瑕疵的有 2 件，法律关系理解错误或不清的有 9 件，法律适用错误的有 11 件，适用程序错误的有 23 件。

二　司法实践运行中存在的问题

习近平总书记指出：“努力让人民群众在每一个司法案件中感受到公平正义。”公平与正义是人类孜孜以求的目标，再审制度是对判决中存在的各类违背正义初衷的情形予以弥补，进行错误补正。

（一）审查立案理解分歧引发“再审难”误解

民事再审作为最后一道程序防线，其不仅承担着维护生效裁判的既判力的功能，还要对确有错误的裁判予以纠正，它是维护社会和谐稳定的最后法律程序保障。为权衡审判监督程序作为事后补救程序的价值，尽管2012年民事诉讼法以及2015年民事诉讼法司法解释，对民事再审制度进行改造与设计，但“再审难”在司法实务运行中陷入被误读的局面。从2015年至2019年统计数据来看，黔南法院民事申请再审564件，裁定受理107件，受理案件仅占18.9%，出现“高申请、低受理”情况，造成社会公众对“再审难”的误解。

《民事诉讼法》立法将再审程序定位“三阶”分成三个阶段，分别是立案阶段、审查阶段和审理阶段。在司法实践中，由于对再审立案审查阶段和审查范围出现理解分歧，新的“申诉难”困惑产生了。在实行立案登记制后，部分法官认为，再审案件立案应按照立案登记制要求予以实施，只要当事人提出的事由既属于法定情形也满足程序要求，就可以立案；在审查阶段，法院只针对当事人的事由进行程序性审查，而不做实体上的处理。部分法官认为，再审制度作为补救程序，有别于一、二审程序，不能简单适用立案登记制的要求予以落实，应按照2015年民事诉讼法司法解释第386条对申请再审案件审查范围的规定和第395条关于裁定再审标准的规定，采取“形式审查”+“事由审查”的严格标准对再审案件进行立案审查。

（二）再审事由理解分歧引发“再审滥”困境

2012年民事诉讼法第200条规定了13项再审事由，全部以实体关系为调整对象，涵盖范围很广，从面上能够为我国再审程序提供实务指引，但实际上这种预设本身就具有高度的抽象性。这种抽象性是指向实体关系的，这就会造成民事实体法所难以解决的“不确定性概念”又一次在民事程序法中需要解决。

1. 第200条第二项的适用

从样本来看，无论是当事人申请事由还是法院决定事由，最为常见的指向条件是第200条第二项“原判决、裁定认定的基本事实缺乏证据证明的”。

（1）基本事实的认定标准。2015 年民事诉讼法司法解释第 335 条，对基本事实进行概念界定，是指用以确定当事人主体资格、案件性质、民事权利义务等对原判决、裁定的结果有实质性影响的事实。① 根据司法解释的规定，“基本事实”应当是对裁判案件有法律意义的事实，且是有“实质性影响”的事实，与普通事实要严格区分。然而在司法实践中，再审决定法院存在任意解释“基本事实”的情况，在裁定再审的内部指导函中以“基本事实认定不清”“基本事实有待查清”等模糊表述，指定再审。

（2）缺乏证据证明的标准。事件发生的不可复制性，决定法官在裁判案件时对事实认定主要以证据证明为支撑，碎片还原事件。因此据以证明事件基本事实的证据须是关键证据（主要证据）。司法实践中，对“缺乏证据证明标准”的类推解释，对再审制度的功能提出了挑战。因此不应将除“关键证据（主要证据）”之外的补强证据作为事实认定缺乏证据证明的情况，从而启动再审程序，这样做有失严谨。

2. 第200条第六项的适用

援引 2012 年民事诉讼法第 200 条第六项——适用法律确有错误的作为启动再审事由，是司法实践中启动再审程序的常见事由。2015 年民事诉讼法司法解释第 390 条对“适用法律确有错误”进行了界定。司法实践中，由于难以辨别法律问题与事实问题，且法律规范之间具有内在的关联性，适用法律的难度增加了。面对大量的申诉再审案件，若再审采用“形式审查”立案，易出现裁定原判决、裁定适用法律确有错误，启动再审程序的情形。

（三）“准用”原审程序引发的再审权力扩张

再审程序不是普通程序，而是针对程序上或实体上存在重大错误、严重损害当事人的诉讼权利或实体权利的生效裁判的一种特殊的救济程序。② 再审审理的对象是发生法律效力的判决或裁定。

---

① 沈德咏主编《最高人民法院民事诉讼法司法解释理解与适用》，人民法院出版社，2015，第 882 页。

② 常怡主编《比较民事诉讼法》，中国政法大学出版社，2002，第 672 页。

1. 再审审理范围

2015 年民事诉讼法司法解释第 405 条规定了再审案件审理范围是“再审请求”。司法实践中，基于长期以来再审请求、申请事由以及再审事由的混淆，加之“准用”程序的制度设计，再审审理范围容易被扩大。

2. 再审裁判规定

2015 年民事诉讼法司法解释第 407 条对再审审理维持原判和改判进行了明确。2012 年民事诉讼法第 170 条规定二审案件处理方式。一是维持原判：认定事实清楚、适用法律准确。二是依法改判：适用法律错误、认定事实错误、认定基本事实不清。三是发回重审：认定基本事实不清、严重违反法定程序。而对于再审发回重审的规定，在 2015 年 3 月制定的《关于民事审判监督程序严格指令再审和发回重审若干问题的规定》中予以明确。“准用”二审程序审理再审案件时，应严格发回重审。通常情况下，再审审理发现原判决认定基本事实不清的，一般应当通过庭审认定后依法做出判决，而不得发回重审。然而，样本显示了发回重审率高，究其原因，司法实务中，对认定基本事实不清、严重违反法定程序的，大多采取发回重审的做法，出现发回重审泛滥的情况。

三　再审制度司法实践困境成因分析

（一）再审制度与二审制度功能与目的定位混乱

两审终审制度是我国民事审判的基本制度之一，尽管再审程序和二审程序都是为当事人进行权利救济而设计的审判制度，旨在纠正错误或瑕疵裁判，维护当事人利益，在审理上都要求全面审理事实认定和法律适用，但是再审程序因其本身特点及功能定位与二审程序区别开来，相对于二审，再审程序是一种非常规的程序，具有补充性。再审发回重审是针对原审中的错误，其功能在于纠正错误裁判，采取发回重审，意味着撤销原一、二审判决，案件恢复到重新审理状态，可能会引发执行回转。“然而，我国民事再审的制度设计和司法实践却并未充分体现并严格遵循上述差异性要素，导致再审通常化、特殊救济普适化等问题长期存在且难以消解。这些问题的出现恰恰反映了对再审之特殊性的忽视以及二审与再审程序在职能分工方面的紊乱。”[①] 比如《民事诉讼法》第 170 条（关于二审裁判的规定）与第 200 条（关于再审理由的规定）均将事实证据缺陷、法律适用错误等作为救济的理由。但是，二审程序与再审程序的性质和功能却千差万别，在适用事由上的重叠将导致功能紊乱，进而造成价值取向的模糊。

（二）“诉权化改造”设置多重标准

我国再审程序扮演着双重角色：其不仅是一种非常规的救济程序，而且承担了部分二审的功能。基于再审程序的双重性，近年来先后两次修法都对再审程序进行了诉权化改造。但是，诉权的性质与再审程序的功能是无法完全匹配的，这一理论内部就会出现一种悖论，即诉权具有绝对性，而再审程序却是一种补充性的救济程序，二者的性质是相互排斥的。具体言之，所谓诉权的绝对性具体表现为三个方面：第一，诉权的纯粹性，指的是诉权的存在并不以实体权利的存在为前提；第二，诉权的主动性，指的是“有诉才有裁”，与之相对应的是审判权的被动性；第三，审判权对诉权的应答性，指的是“有诉必有裁”，即法官不得以任何理由拒绝裁判。通过诉权化改造的理论建构再审程序，“其制度逻辑应该是：法院必须无条件接受当事人申请再审的诉求”。[②] 加之以再审程序本身应当具有的补充性或非常规性，可以很明显发现，诉权化改造理论中存在着内生性的矛盾。这种矛盾的产生，实际上是因为混淆了诉权与诉讼权利的区别，意欲将申请再审权归入诉权的结果。在诉讼法学理中，诉权是当事人发动诉讼的基本权能，是民事主体当然享有的权利。而诉讼权利与诉权不同，诉讼权利必须通过当事人的具体诉

---

① 潘剑锋：《程序系统视角下对民事再审制度的思考》，载《清华法学》2013 年第 4 期，第 28 页。

② 吴英姿：《“再审之诉”的理论悖论与实践困境——申请再审权性质重述》，载《法学家》2018 年第 3 期，第 141 页。

讼行为来实现，其不具备诉权的绝对性，在诉讼的不同阶段会有不同的内涵，其大致包括程序发动权、程序参与权、程序选择权和程序异议权等。作为再审程序的逻辑起点的申请再审权，因其依附于当事人的诉讼行为，而不具备抽象性和绝对性，所以应当归入诉讼权利的范畴。“当法院生效裁判做出后，当事人认为程序不公或者实体有误，却只能向法院提出申诉意见或再审申请。无论是1982年颁布的《中华人民共和国民事诉讼法（试行）》所规定的申诉权抑或《民事诉讼法》改进后规定的再审申请权，其性质都是一样的，都是为了向法院表述个人的不满意见。这种个人意见是否被采纳，关键看法院的判断。而法院此时的判断不仅要考虑当事人合法权益的保障问题，而且要考虑国家法律的统一适用以及国家利益、社会利益与个人利益的平衡问题。这就导致了当事人申请再审权的空洞化，并由此导致了它与申诉权的同构化”①，所以申请再审权应该归入诉讼权利中的程序异议权。由此可见，诉权化改造理论从原初起点就存在错误，直接造成了其内生性悖论的出现。

四　优化再审制度的对策与建议

（一）再审发回重审和改判事由类型化

《民事诉讼法》、《审监解释》以及《最高人民法院关于民事审判监督程序严格依法适用指令再审和发回重审若干问题的规定》（以下简称《发回重审规定》）都对民事再审发回重审或者改判进行了规定。在再审事由法定化的基础上，根据原审法院在审理过程中所出现的瑕疵事项性质的不同，可以将其大致分为实体性事由与程序性事由两类。以类型化方法对再审审理构建“理想类型”的裁判标准，予以解决审判监督程序存在多年的顽疾。

① 汤维建：《我国民事再审制度的模式变迁》，载《法商研究》2006年第4期，第33页。

1. 实体性事由

实体性事由是与案件审理过程中的实体性事项有关的事由，大致可以分为事实出现瑕疵与法律适用错误两种。

（1）事实瑕疵事由。事实瑕疵事由大致可以分为案件基本事实不清和案件事实认定错误两类。然而无论是案件基本事实不清还是案件事实认定错误，一般情况下，都没有发回重审的必要。因为我国的二审程序既可以对事实问题进行审查，也可以对法律适用问题进行审查，在以二审程序进行审理的再审案件中，法官完全可以对事实进行认定。并且即使是二审法院，也同样可以受理一审案件，因此二审法院的法官也应当同样具备查明案件事实的素质。在二审法院有权力并且有能力去查明案件事实的情况下，若继续以案件基本事实不清或者案件适用法律错误为由，将案件发回重审，则会导致案件诉讼程序的重新启动，拖慢了诉讼进程，很有可能将当事人再次置于讼累之中。

（2）法律适用错误事由。二审法院的审理既可以为事实审也可以为法律审。当原审法院没有出现事实方面和程序方面的瑕疵时，二审法院的任务便只在于审查原审法院的法律适用是否有错误。对于法律适用出现错误的，可直接在再审中对法律适用不妥当之处进行纠正，即直接对原判决进行改判，没有必要将其发回重审。

法律适用错误既包括错误适用民事实体法的情况，也包括错误适用民事程序法的情况。具体表现情形有多种，最高人民法院在《审监解释》第13条中对于属于“法律适用错误”的6种情形进行了规定，对法官审理案件起到一定的指导作用。

2. 程序性事由

程序性事由是原审法院在审理过程中出现程序瑕疵的事由。依程序瑕疵的严重性不同，又可将程序性事由分为严重违反法定程序的事由和一般违反法定程序的事由。

（1）严重违反法定程序的事由。2012年民事诉讼法第170条第4款明确规定，原判决遗漏当事人或者违法缺席判决等严重违反法定程序的，应当撤销原判，发回重审。在此，《民事诉讼法》对严重违反法定程序的部分情形进行了列举，即原判决遗漏当事人或者违法缺席判决这两种情况，并且又使用了兜底条款，以应对司法实践中所出现的具体情况。发回重审制度会使得整个诉讼程序重新开始，不仅会导致诉讼拖延，还是对原裁判既判力的挑战。因此在《民事诉讼法》第 170 条第 4 款中对于发回重审的程序性事由以“严重”二字加以限定是非常必要的。为了能够在司法实践中正确适用该条文，首先要对该兜底条款中“严重”二字有着正确的理解。“严重”二字意味对于法定程序的违反可能会导致对当事人权利的严重侵害，并且这种严重侵害当事人权利的情形可能直接使当事人丧失其对法律的信任感，因此不能够简单地通过再审改判进行救济，而是必须通过重新启动诉讼程序来进行。

（2）一般违反法定程序的事由。一般违反法定程序的事由是指虽然原审法院审理案件时在审判程序上出现了瑕疵，但是该瑕疵较轻微，不至于严重侵害当事人的辩论权以及破坏民事诉讼结构本身。因此一般违反法定程序的事由在再审的过程中便可以进行纠正，并不需要发回重审才能够使当事人获得救济，发回重审反而是对司法资源的浪费。

在对发回重审和改判的事由进行类型化分析后，最终所得出的结论是，出现实体性事由因法官可在再审中对事实进行查明而没有发回重审的必要，因此在再审查明案件事实后，对该案件直接进行改判即可。而出现程序性事由时对案件的处理方式则要视违反程序的严重性而定。当原审法院在审理过程中严重违反法定程序侵犯当事人权利时，则应当发回重审。而在仅仅出现了轻微的程序瑕疵时，并没有发回重审的必要，而是直接在再审过程中进行纠正即可。

（二）优化再审程序的辅助性对策

1. 高级法院发布审判指南统一裁判尺度

2012 年民事诉讼法第 170 条第 3 款的规定并未完全对因基本事实认定不清而发回重审的情况进行限制。因此当原审法院出现基本事实认定不清的情况时，再审法院对案件进行处理仍然会出现案件的发回重审率高于改判率的情况。建议高级人民法院发布针对再审发回重审和改判事由的审判指南，具体指导各辖区内法官对再审案件的处理方式。审判指南的优势在于其对规范并统一辖区内的法院审判活动起着一定的作用，并且可以针对该辖区审判活动中所出现的具体问题进行有针对性的应对。不过该审判指南的制定应当在《民事诉讼法》以及最高人民法院发布的有关民事再审规定的指导下进行，并且对于在何种类型事由下应当将案件发回重审或者改判进行明确规定，尤其明确当原审法院出现案件基本事实认定不清的情况时，法官应以何种方式处理。并且高院在制定审判指南前，应首先对于本辖区内的再审案件进行一个细致梳理，对于各法院在处理再审案件时出现频率较高、较具有代表性的问题进行总结，以便在制定审判指南时使规定更为细化、更有针对性，从而能够更加妥善地应对辖区法院所出现的具体问题。

2. 法官改判时应当审慎行使自由裁量权

再审案件的处理方式，无论是发回重审还是改判，都离不开法官自由裁量权的行使。尤其在可能需要对案件进行改判的情形下，法官需要首先对整个案件有正确的认识，再综合考虑各种因素做出是否改判或者如何进行改判的决定。法官在行使自由裁量权时是否审慎、是否全面考虑各种因素，直接决定了案件处理结果是否公正，是否能够带来良好的社会影响。法官行使自由裁量权时应综合考虑多种因素。再审案件不同于一般的民事案件，最终启动再审程序的案件往往都是疑难复杂案件，或者双方当事人之间矛盾较深，当事人对于原审判决不满情绪较为强烈，有些还是较为重大、社会关注度较高的案件。因此法官在行使自由裁量权对案件做出处理时，务必对判决可能带来的社会影响进行考虑，并且在对原审判决进行纠错与维护原审判决既判力之间进行一种权衡，原审判决的错误达到必须牺牲法的安定性来对其纠错的程度才应予以改判。因为再审制度的设计目的不仅是简单地纠错，更深层次的目的是化解原审未能化解的矛盾，甚至对原审裁判的既判力进行维护，最终尽可能地维护社会稳定。

3. 建立宏观层面沟通协调机制

为了使法律规定的发回重审及改判事由在司法实践中得到良好适用，仅仅依靠高院发布审判指南以将事由的具体情形细化或者依靠法官对自由裁量权的审慎行使，都是不够的。因为无法忽略的是在司法实践中“发改率”这一指标对于案件承办法官的影响。无论是原审法院法官还是再审法院法官，都不希望“发改率”过高。于原审法官而言，“发改率”高可能意味着自己的办案能力差，间接影响自身的职业前景。对于再审法官而言，发回重审可以提高自己的结案率，但发回重审则可能会影响自身与原审法院的良好关系，改判也是如此。因此上下级法院之间应当建立良好的沟通机制，这种沟通并不是指下级法院法官在审理疑难案件时，向上级法院进行请示，这种做法是对我国民事诉讼审级制度的侵害，可能会使得再审制度形同虚设。因此上下级法院所采用的沟通方式可以是上级法院定期举办案件研讨会，找出典型案件分析其发回重审以及改判的原因。同时对于下级法院法官审理过程中容易发生法律理解错误的情形进行分析，传达新的审判精神。上级法院也应认真听取下级法院对于案件事实以及法律适用方面的理解，以达到上下级法院之间的良好交流。[1]

① 李杰：《博弈下的合作——民事二审发回重审与改判的实证研究》，《法律适用》2013 年第 191 期。

B.20

贵阳市观山湖区人民法院绿色金融法庭调研报告

贵阳市观山湖区人民法院课题组*

摘　要： 绿色金融是当前我国金融体系建设的重要方向，贵阳市观山湖区人民法院在全国首个设置绿色金融法庭，具有创新和示范效应。近年来，该法庭通过大胆探索与实践，引导金融服务实体经济、服务人民，防范化解金融风险，维护金融秩序。同时，以大数据网络空间思维，结合标化案件事实要素进行集约化审理，构建公正与效率兼顾的“标化速裁模式”，促进了民事诉讼相关制度的发展。

关键词： 人民法院　绿色金融法庭　贵阳市观山湖区

前　言

习近平总书记指出：“金融是国家重要的核心竞争力，金融安全是国家安全的重要组成部分。金融活，经济活。金融稳，经济稳。”党中央在十九大明确提出坚决打好精准扶贫、污染防治和防范化解包括金融风险在内的重大风险三大攻坚战。2017 年 8 月 4 日，最高人民法院印发《关于进一步加

* 徐涛，贵阳市观山湖区人民法院党组书记、院长；黄余，贵州省修文县人民法院党组成员、副院长；徐力，贵州省修文县人民法院研究室主任；任光焰，贵阳市中级人民法院民三庭副庭长；张可，贵州省社会科学院法律研究所副研究员。执笔人：黄余、任光焰、张可。

强金融审判工作的若干意见》，提出建立专业化金融审判机构。此时又恰逢贵州被国务院确定为全国首批五个绿色金融先行试验区之一的大好机遇，以及中国工商银行贵州分行等18家银行、中国人寿等8家保险公司、中天证券等8家证券公司和其他300多家金融企业相继入驻贵州金融城，观山湖区正逐渐成为全省金融中心。有鉴于此，2017年10月16日，贵州省高级人民法院、贵阳市中级人民法院决定在贵阳市观山湖区贵州金融城设立全国首家绿色金融法庭，专业探索金融司法规律，总结司法经验，为维护金融安全提供强有力的司法保障。

绿色金融法庭成立两年多以来，通过大胆探索与实践，创造性地运用习近平总书记关于“金融本质与规律”的论述，引导金融服务实体经济、服务人民，防范化解金融风险，维护金融秩序。同时，以大数据网络空间思维，赋予当事人实名制移动电话号码拟制身份进行送达，结合标化案件事实要素进行集约化审理，构建公正与效率兼具的“标化速裁模式”。绿色金融法庭自成立以来，3名员额法官共收案6014件，结案5997件，涉案标的额21.27亿余元。在案件质效上，绿色金融法庭结案率、息诉服判率、人均结案数、平均结案周期等多项质效指标均居全省第一。而且，赋予当事人实名制移动电话号码拟制身份进行送达的思维及实践，促进了民事诉讼相关制度的发展。

一　绿色金融法庭“标化速裁模式”及其优势

绿色金融法庭“标化速裁模式”是指对同类型批量（3件以上）案件，以案件事实要素为核心、以立案到归档的审判流程为脉络，将案件事实要素标化为若干要点及时间节点分配到审判流程的每一个岗位，通过当事人实名制移动电话号码送达、科学合理分配举证责任、法官助理庭前会议、要素式裁判及当庭宣判四位一体的流程设置加速案件进程，在程序上实现时间届满、要点明确、事实清楚、岗位递进的流水线集约化审判模式。

该审判模式将审理流程细化为收案、登记、扫描、立案、电话通知、邮寄送达、调查、排期、庭前会议、开庭、当庭宣判、送达、报结、上诉、归档等要点及完成的时间节点，据此明确法官、助理、外包人员的岗位职责及工作流程，确保各岗位既分工明确又协作有序。如果把卷宗比喻为诉讼产品，那么要素就是产品零件，审理流程就是流水生产线，各岗位人员就是流水线上的生产工人。卷宗在不同的人员之间流动，就像产品在生产线各个环节之间输送一样。这种司法流水作业对金融借款、信用卡同类型批量案件具有特别的优势，它可以对数十个、上百个案件，同时作业，做到批量审理、批量宣判、批量送达。

两年多的司法实践证明，该审判模式能有效地解决推行员额法官司法改革人案矛盾突出的问题，拥有办案质量优、办案效率高、社会效果好的优势。

（一）办案质量优

当事人服判率是检验办案质量的重要标准，两者成正比，即服判率高，案件质量优。2018 年绿色金融法庭服判率为 91.59%（审结 2105 件，仅上诉 177 件），观山湖区人民法院服判率 74.97%，全市基层法院服判率为 83.31%。2019 年绿色金融法庭服判率为 88.87%（审结 3351 件，仅上诉案件 373 件），观山湖区人民法院为 80.95%，全市基层法院为 83.90%（见图 1）。

二审法院对一审改判发回重审率，也是认定办案质量的重要标志。改判率低，则案件质量高。2018 年绿色金融法庭发改率为 0.75%（改判和发回重审共 8 件），观山湖区人民法院为 2.64%，全市基层法院为 2.54%。2019 年绿色金融法庭发改率为 1.02%（被改判和发回重审共 16 件），观山湖区人民法院为 2.07%，全市基层法院为 2%（见图 2）。

绿色金融法庭的服判率高于所在法院和全市法院平均值，改判率却低于所在法院和全市法院平均值，充分说明绿色金融法庭的办案质量优异。

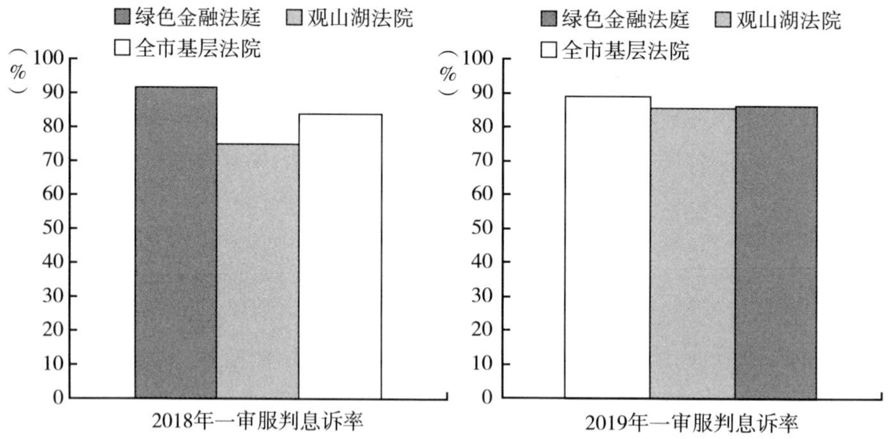

图 1　2018～2019 年绿色金融法庭一审服判息诉率与观山湖法院、全市基层法院的比较

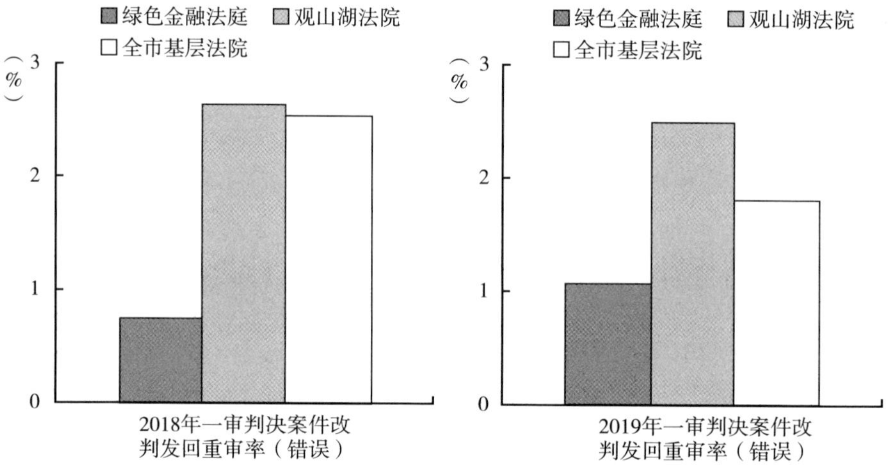

图 2　2018～2019 年绿色金融法庭一审判决案件改判发回重审率与观山湖法院、全市基层法院的比较

（二）办案效率高

2017 年绿色金融法庭收案 119 件，2018 年收案 2135 件，2019 年收案 3416 件，收案数变化情况如图 3 所示。

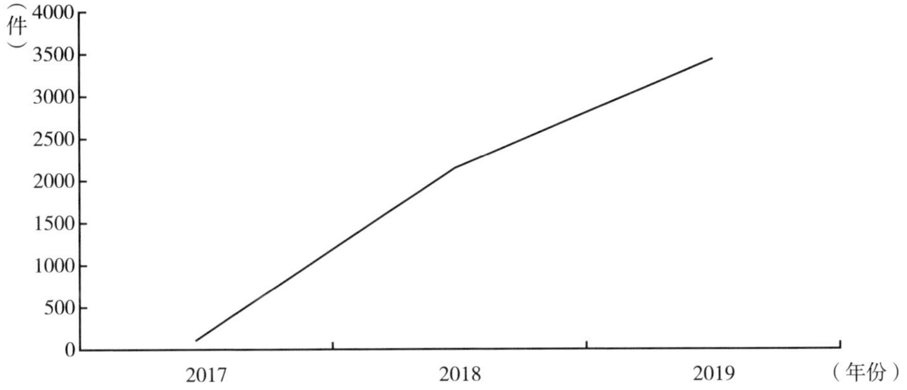

图3　2017～2019年年收案数变化趋势

绿色金融法庭收案数增幅远远大于法庭所在的观山湖区人民法院和全市基层法院，但法庭在案件增多而员额法官不增加的情况下，并未出现办案质效下滑现象。相反，2017～2019年的结案数同步成比例增长，分别为：114件、2105件和3351件。员额法官人均结案数也随之大幅上升：2018年和2019年分别为：701件和1136.67件，而同时期观山湖区人民法院分别为412.07件和566.62件，全市基层法院分别为305.17件和425.50件（见图4）。

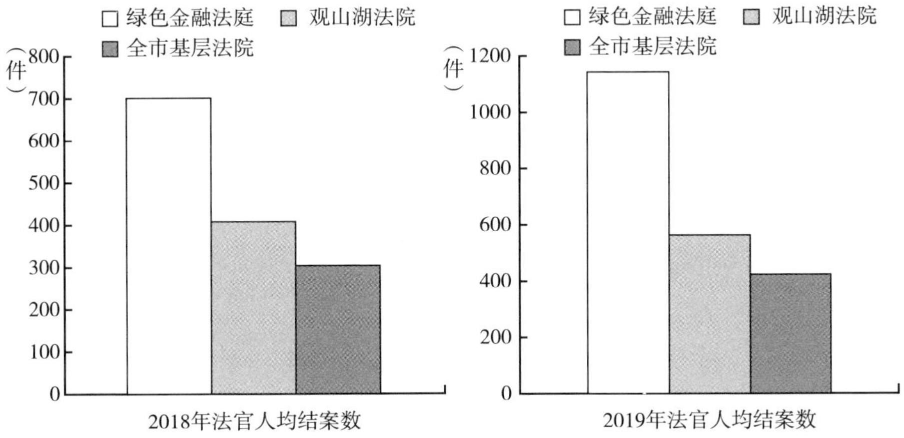

图4　2018～2019年绿色金融法庭的人均结案数与观山湖法院、全市基层法院比较

而2018年和2019年绿色金融法庭的结案率分别为98.59%和98.82%，同时期观山湖区人民法院分别为82.99%和78.1%，全市基层法院分别为94.11%和92.45%（见图5）。

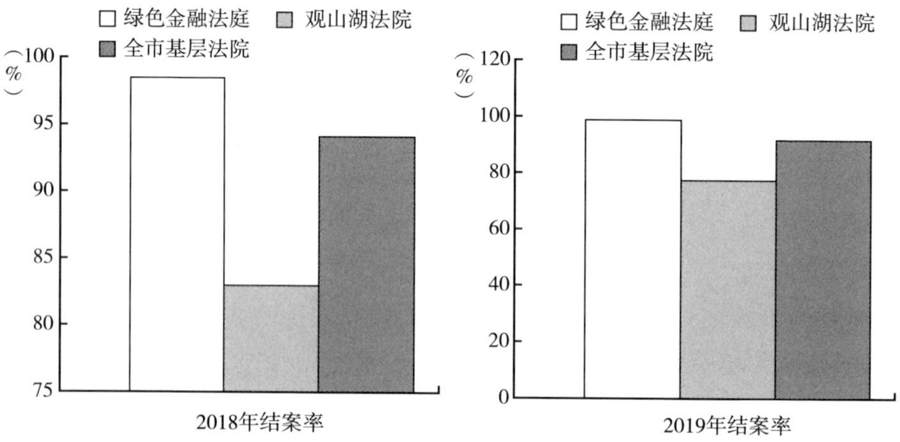

图5　2018～2019年绿色金融法庭、观山湖法院、全市基层法院结案率比较

绿色金融法庭不仅结案多，而且周期短。2018年绿色金融法庭平均审理时间为30.47天，观山湖区人民法院68.99天，全市基层法院为62.59天。2019年绿色金融法庭平均审理时间为39.12天，观山湖区人民法院60.88天，全市基层法院为63.36天。其审理周期比其他审判部门几乎少一半（见图6）。

其中的重要原因是送达效率高和当庭宣判率高。以当庭宣判为例，对2018年至2019年绿色金融法庭和观山湖法院每月的当庭宣判率进行比较，绿色金融法庭的当庭宣判率居高不下，最高达到93%，而观山湖区人民法院最高达到40%左右（见图7）。

当庭宣判，减少了从开庭到宣判之间的时间，节约了审理时间。再通过绿色金融法庭、观山湖区法院及全市基层法院的当庭宣判率比较，可以看到，2018～2019年，绿色金融法庭的当庭宣判率独占鳌头。2018年和2019年绿色金融法庭当庭宣判率为69.22%和88.88%，同期观山湖区人民法院

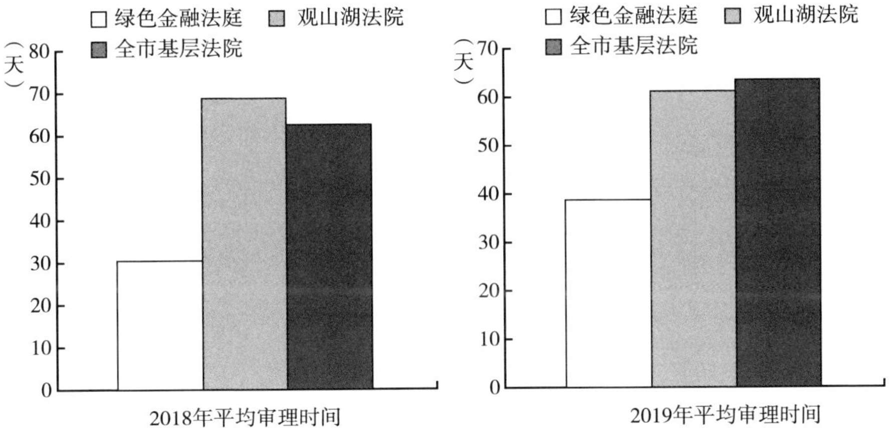

图6　2018～2019年绿色金融法庭、观山湖法院、全市基层法院平均审理时间比较

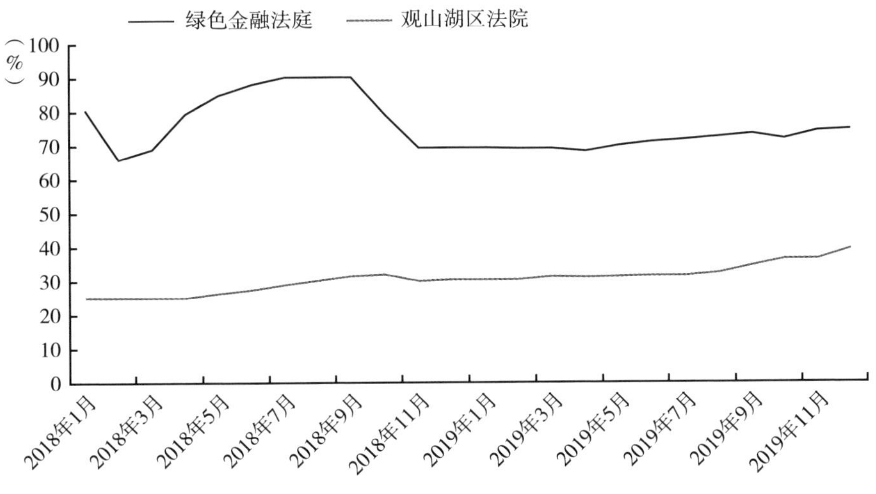

图7　2018～2019年绿色金融法庭与观山湖区法院当庭宣判率比较

为35.21%和42.2%，全市基层法院为35.4%和50.51%，且绿色金融法庭当庭宣判率呈较大上升趋势（见图8）。

（三）社会效果好

该审判模式在实体裁判中坚持以习近平总书记关于金融为实体经济、为

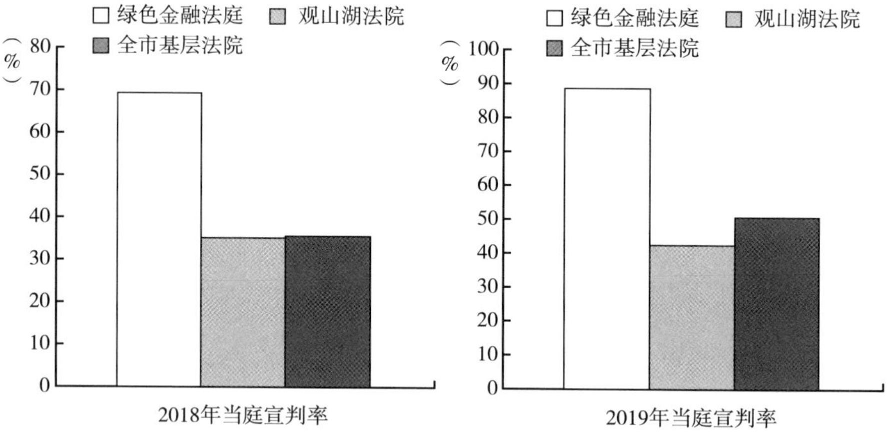

图 8　2018～2019 年绿色金融法庭与观山湖法院、全市基层法院当庭宣判率比较

人民服务的本质理论为指导，创造性地依职权主动调整金融企业的罚息利率标准，降低了实体经济的融资成本，借款人不仅不上诉，还积极主动履行判决结果，导致金融企业资金回收率极大提高，促进金融融资速度提升，利润不降反升，金融企业也不上诉，逐步形成胜败皆服的良好局面。以观山湖富民村镇银行为例，作为股份制村镇银行，其注册资本 3000 万元。但由于各种原因，该银行在 2018～2019 年共产生 286 笔不良贷款，涉及贷款标的额 4447 万元，严重影响其正常经营。该银行向绿色金融法庭起诉后，由于绿色金融法庭采用“标化速裁模式”优质高效地进行审理，迅速对 249 笔贷款做出判决，并执行完毕其中的 168 笔，执行到位 1504 万元。2019 年作为上市公司的贵阳银行，起诉不良信用卡贷款 768 笔，涉及贷款 685.02 万元，绿色金融法庭已判决 655 笔，金额达 570.7 万元。取得上述效果的原因，主要在于绿色金融法庭对传统民事审判观念进行了突破。

二　绿色金融法庭在民事审判方面的突破

（一）送达观念的突破与实践

民事诉讼设置送达程序的立法本意是确保当事人的涉诉知情权，从而有效行使诉权。因此，人民法院传统的送达观念强调当面送达，然而当面送达难已成为民事案件审理周期长的主要原因。特别是近年来，人口流动性越来越大，只听当事人之声、不见当事人之身的情形增多。加之，部分当事人恶意躲避诉讼，案件送达不能已成为人民法院普遍面临的常见问题。对此，人民法院的常规做法是：一段时间的当面送达不能后，均以当事人下落不明为由采用登报公告送达。公告案件审理周期一般为 150 天左右，若有二审，则一年左右。虽然法院内部采用了审理期限监督、超审限管理，案件简繁分流等措施来提升司法效率，但仍不足以抵消公告案件增加的周期对司法效率的拉低。而且，从法理上讲，当事人现声不现身，不论其系恶意，抑或非恶意，均不属下落不明情形，公告送达于法无据。但不公告送达，案件要继续审理又别无良法。公告送达不得不成为“送达箩筐”而被合法滥用，其对司法效率的伤害成为难以治愈的重症顽疾。

时代在发展，观念需转变。绿色金融法庭与时俱进，在司法实践中以大数据思维方式，摸索出一套既确保当事人有效行使诉权，又不滥用公告送达的送达机制——实名制移动电话送达机制。

当今社会，大数据创建的网络空间，与人类形成的现实社会二维平行并存。自然人除了在现实社会中有一个物理意义上的现实身份以外，还有在大数据网络空间中诸如微博、微信、QQ、支付宝、抖音等多个虚拟身份。2014 年以来，中央文明委《关于推进诚信建设制度化的意见》逐步推进与落地，特别是由于 2019 年工信部《关于进一步做好电话用户实名制登记管理有关工作的通知》的实行，自然人的实名制移动电话号码与自然人的实体身份合而为一，实名制移动电话号码代表自然人在网络空间和现实社会中进行各种社会活动。大数据视野下，自然人使用实名制移动电话号码在网络空间与现实社会之间交错活动的行为模式，使实名制移动电话号码与自然人之间成立一一对应的函数关系。在大数据网络空间中确定了自然人的实名制移动电话号码，在现实社会中自然人的现实身份也就确定了。因此，实名制移动电话号码正在成为自然人的另一个身份号码和又一个虚拟身份代码。

绿色金融法庭创造性地将上述函数关系应用到司法实践中，赋予实名制移动电话号码身份属性，把它作为自然人拟制身份进行送达，并通过实践构建了实名制移动电话送达机制。这套送达机制将当事人的实名制移动电话号码拟制为当事人，人民法院向实名制移动电话号码的送达视为对当事人的当面送达。同时，根据当事人的反馈信息，判断当事人是否躲避诉讼。对于躲避诉讼的，根据2018年最高人民法院《关于进一步加强民事送达工作的若干意见》的规定进行邮寄送达，邮件退回之日，视为送达之日。

2018～2019年，绿色金融法庭受理各类案件5515件，实名制移动电话号码送达5239件，占送达方式的95%。因躲避诉讼而缺席判决的案件共5029件。如按常规做法，该5029件案件均需公告送达，以每个案子公告两次（120天）计算，加上正常审理所耗的时间（至少为45天），则平均审理周期至少为165天。绿色金融法庭若采用此方式审理，那么加上不需要公告的案件486件（绿色金融法庭平均审理周期34.8天），则2018～2019年总计5515件案件，平均每个案件审理周期应为153.52天。但是实际上绿色金融法庭两年来的平均审理周期为34.8天，为之前审理周期的约1/5时间（见图9）。

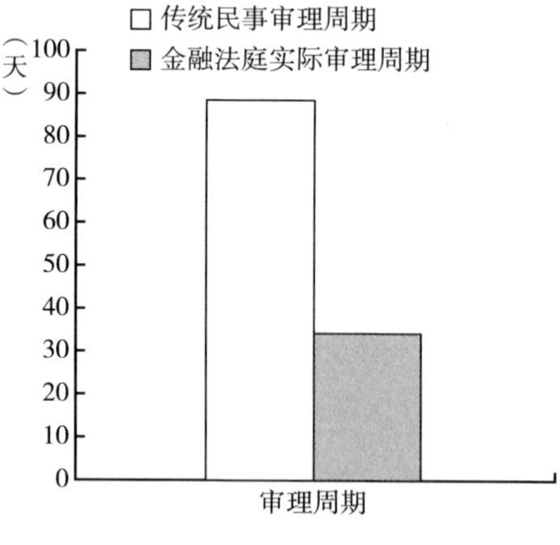

图9　2018～2019年绿色金融法庭与传统民事审理周期的比较

（二）民事审判观念的突破与实践

1. 不以当事人的抗辩为前提，依职权主动将金融企业的利罚息及违约金等总和年利率限定在18%以下

一直以来，人民法院对金融企业与借款人之间的利、罚息标准是不予主动干涉的，充分遵守当事人意思自治的民事基本原则。2017 年 8 月 4 日，最高人民法院印发《关于进一步加强金融审判工作的若干意见》，为规制金融企业高利贷，首次提出法院可依借款人的抗辩，对双方约定的利罚息及违约金等总和年利率超过 24% 的部分予以调整。

绿色金融法庭在司法实践中发现，相当一部分借款人缺席未抗辩，导致《关于进一步加强金融审判工作的若干意见》无法适用，形同虚设，初衷落空。法庭不忘“为金融发展与安全提供法律保障”的初心，2018 年伊始，绿色金融法庭在司法实践中再迈一步，不以当事人的抗辩为前提，主动将金融企业的利罚息及违约金等总和年利率限定在 18% 以下。

首先，金融企业是持牌的金融主体，是国家金融市场的主力军和定海石，其金融活动就是为实体经济和民众服务的，绝不等同于非持牌民间主体之间的临时的、偶尔的、互助的民间借贷活动，按照市场定位和风险与利益一致的市场法则，金融借贷利率不应高于民间借贷利率。其次，金融企业是特殊的民事主体，其民事权利能力与行为能力均由国家经济法律法规规章及金融政策设定。在经济转型的当下，中央出台一系列降低实体经济的融资成本、防范化解金融风险的金融政策，约束金融企业。再次，中国工商银行、中国建设银行、中国农业银行、中国银行近几年根据中国人民银行利率市场化的政策，按照全国银行间同业拆借中心公布的贷款市场报价利率，实际执行的贷款利息年利率普遍在 6% ~9%，罚息年利率在 15% 以内，其他金融企业也应当按市场利率标准执行。另外，考虑到信用卡无担保借款、市场风险较高的特点，罚息年利率可适当调高至 18%（合同借期内利率日万分之五）。

2. 创造性地引入举证责任倒置规则，科学合理地明确金融企业对借款人还款事实承担举证责任

适用举证责任倒置规则的案件由法律明确规定，在现行的法律规定中，金融借贷案件不适用举证责任倒置规则。因此，根据“谁主张谁举证”原则，借款人对还款事实承担举证责任。但在司法实践中，对还款凭证，借款人往往因保管不善无法举证，申请法院到金融企业调证；或者借款人缺席不能举证，法院为查明事实，主动到金融企业调证，这既浪费司法资源，又降低司法效率。

当今大数据信息化金融时代，金融企业信息系统保存的被告还款凭证信息客观全面，与借款人比较，其更有举证能力，且能节省司法资源、提高司法效率。因此，绿色金融法庭根据金融案件的规律和特点，创造性地将举证责任倒置规则引入金融司法领域，科学合理明确金融企业对借款人还款事实承担举证责任。

3. 依职权主动确认借款合同在金融企业核销呆账时也随之解除

根据现行合同解除理论，合同解除，不论是因约定，还是法定，合同均在一方当事人的解除通知到达另一方当事人时解除。因此，当金融企业按《金融企业呆账核销管理办法》将借款人在申请核销日前所负本息作为呆账进行核销时，由于金融企业在核销过程中未通知借款人解除合同，借款合同因缺少解除通知仍未解除。金融企业提起诉讼时，又均是基于继续履行合同而提出包括核销后合同约定利、罚息等诉请，一直以来，人民法院均做出支持诉请的判决。借款人丧失履约能力违约，仍判决继续履行，既不尊重客观事实，又因借款人根本不可能履行而毫无意义。

当事人从事民事活动，必须遵循诚信原则，金融企业也不能例外。2017年10月1日执行的《金融企业呆账核销管理办法》，明确规定呆账核销后金融企业追收的范围为“对于核销后的呆账或对于已核销的资产，金融企业要继续尽职追偿”，“本办法所称呆账是指金融企业承担风险和损失，符合本办法认定条件的债权和资产。本办法所称的核销是指金融企业将认定的

呆账，冲销已计提的资产减值准备或直接调整损益，并将资产减至资产负债表外的账务处理方式”。因此，核销后金融企业继续追收的呆账或资产是指借款人在核销申报日前所欠的本息，并不包括核销申报日后的利罚息，这就意味着金融企业在内部是按解除借款合同的方式进行处理的。金融企业在申请核销时不通知借款人，达到其继续按合同约定收取核销后的利、罚息及违约金的目的，加重借款人负担，有违诚信原则。人民法院做出既不尊重客观事实，又毫无意义的判决，本身已不诚信，对诚信社会的建设及社会主义核心价值观的弘扬有害无益。

为解决上述问题，绿色金融法庭在司法实践中提出依职权主动确认借款合同在金融企业核销呆账时也随之解除，在判令借款人承担相应的违约责任的同时，不再判令借款人支付核销后按合同约定计算的利、罚息的裁判观点，并适用之。该观点发展了《合同法》中关于解除合同必须通知对方当事人，且从通知到达后合同才予以解除的理论。

三　绿色金融法庭对金融秩序的实质维护与引导

（一）防止金融企业过高利率对实体经济的负面影响

金融企业是国家金融政策的执行者，通过货币的政策化和市场化运作，实现国家的经济政策和自身发展赢利，确保经济运行的平稳有序。因此，金融企业与借款人约定的合同利率，应当是根据货币的供应需求及其成本，能够获取利润的利率。金融企业，特别是银行企业不能追求高利率，过高利率会加重实体经济的负担，特别是中小企业的负担。2019 年中国人民银行取消了长期以来实行的贷款基准利率，改为全国银行间同业拆借中心公布的贷款市场报价利率，使得利率进一步市场化。据此，绿色金融法庭根据金融企业市场利率来调整当事人之间过高的利率，实际上是减轻已经不能偿还贷款的债务人的负担，降低融资成本。同时，有利于防止金融企业为追求高利率，搞不正当竞争，扰乱金融秩序。

（二）科学合理分配举证责任，实现司法公正，加速资金融通，促进金融良性发展

金融纠纷案件适用举证责任倒置规则，大大提高了息诉服判率及借款人主动履行率，使得金融企业的资金回笼速度加快，增加信贷供给，更好地服务实体经济，特别是小微企业，促进金融良性发展。该制度实施以来，有效地避免了银行金融机构随意自认或者不自认对方还款的情况，确保了法院对欠款数额的准确认定，所做出的判决，得到双方当事人的认可。

（三）依职权认定合同解除状态，有助于债务人资产重组或处置与止损

不良贷款的出现，反映了合同履行处于严重困难状态。人民法院依职权主动认定借款合同在金融企业核销呆账时也随之解除，一是引导金融企业诚信经营；二是及时通知债务人，有助于债务人根据债务情况，尽快资产重组或处置还债，防止损失扩大，使债务人处于僵尸形态。

（四）防范金融风险，主动提出司法建议，促进金融健康有序发展

绿色金融法庭发现金融企业存在诸多漏洞，比如未约定送达地址，部分合同没有与当事人面签，没有审查保证人的资信状况，没有及时催收债权导致超过债权诉讼时效，借新还旧没有重新办理抵押登记等，这些情况的存在导致部分债务人的还款责任免除，银行的权利受到严重的损害，造成了不必要的损失。为了确保金融企业的合法利益，绿色金融法庭以主动提出司法建议的方式，将权利的维护放在诉讼前。让金融企业在审核、放贷等环节就开始规范行为，减少纠纷发生后权利维护受到制约的情况。针对普遍存在的当事人送达难问题，绿色金融法庭向各大银行发出约定电子送达方式的司法建议 26 份，其中浦发银行将该建议吸收为其全国通用的格式范本，其他银行也一一做了改进并回复法院。此外绿色金融法庭还向省金融办、银监委等部门对银行监管方式、民间借贷的违法行为的监管和取缔，提出了司法建议，

向司法局对金融企业代理人专业性的要求发出了建议，均得到积极的回应和处理，很大程度地促进了金融企业经营及其诉讼环节的规范，受到一致的好评。此外，针对实名制查询障碍，绿色金融法庭还向贵州省移动公司发出司法建议，移动公司高度重视，向全省各级法院开放了实名制查询绿色通道，收到极好的社会效果。

法治指数篇

Index of the Rule of Law

B.21 2019年贵州省立法透明度指数报告

——以人大常委会网站立法公开为视角

贵州省社会科学院法治评估创新工程项目组*

摘　要： 本报告通过测评贵州省人大以及9个市州人大常委会门户网站有关立法工作、活动、过程、优化信息等立法公开情况，指出其在立法公开方面存在的不足，旨在推进依法立法、民主立法、科学立法。

关键词： 立法透明度　立法公开　贵州省

* 执笔人：饶良灿，贵州中医药大学第一附属医院院办副主任，讲师，公共管理硕士。胡月军，贵州省社会科学院法律研究所副所长、副研究员、法学博士。本报告评估指标体系采用了中国社会科学院法学研究所法治指数创新工程项目组“中国立法透明度指数报告”的相关内容，在此，对中国社会科学院国家法治指数研究中心主任田禾研究员及该项目组成员致谢。

为推进依法立法、民主立法、科学立法，中国社会科学院法学所法治指数创新工程项目组创设“中国立法透明度指数指标体系”。

一 测评指标与方法

官方网站是人大常委会公开其立法工作有关情况的有效载体，是保障公众对于人大立法工作享有知情权、参与权、表达权、监督权的有效途径。

根据相关法律规定，省级人大常委会依法有权根据本行政区域具体情况和实际需要，在遵守宪法、法律、行政法规的前提下制定地方性法规。立法后，通过立法后评估、执法检查、备案审查等机制优化立法。首先，通过立法后评估，检视地方性法规实施的法律效果、社会效果。其次，通过备案审查确保其不违背上位法有关规定。根据《立法法》，省级和较大的市的人民政府制定的规章、较大的市的人大及其常委会制定的地方性法规以及自治州、自治县制定的自治条例和单行条例应当报省人大常委会备案审查。再次，人大常委会适时开展有关法律法规实施情况执法检查。综上所述，立法透明度指数指标体系主要包括法律制定和优化，具体包括立法工作（权重20%）、立法活动（权重30%）、立法过程（权重30%）、立法优化（权重20%），具体指标体系设置参见表1。

表1 立法公开指标体系

立法工作(20%)	常委会机构领导信息(10%)
	常委会机构职能信息(20%)
	立法工作总结信息(30%)
	本级人大代表信息(20%)
	法规数据库(20%)
立法活动(30%)	立法程序(35%)
	立法计划(45%)
	立法前评估(20%)

续表

立法过程(30%)	立法草案(40%)
	立法征求公众意见平台(40%)
	立法听证(20%)
立法优化(20%)	规范性文件审查程序(25%)
	立法后评估(20%)
	执法检查(30%)
	备案审查(25%)

二 测评结果

(一)总体情况

2020 年 2 月初，项目组根据上述四大板块权重分配对贵州省人大及 9 个市州人大常委会立法公开情况进行测评，结果如表 2 所示。

表 2 贵州省、9 个市州人大常委会立法公开情况

人大常委会名称	得分(满分 100 分)
贵州省人大常委会	85.58
贵阳市人大常委会	77.5
黔南州人大常委会	73.5
遵义市人大常委会	67.5
黔西南州人大常委会	65.5
黔东南州人大常委会	61.5
铜仁市人大常委会	55.5
安顺市人大常委会	55.5
六盘水市人大常委会	45.5
毕节市人大常委会	41.5

注：本报告测评贵州省人大常委会 2019 年立法透明度指数得分 85.58，这与中国社会科学院法学所发布的《中国人大立法透明度指数报告（2019）》测评结果一致，该报告通过测评全国 31 个省级人大常委会立法公开情况，得出结论：贵州人大常委会总得分 85.58，在总分超过 60 分的 16 个省级人大常委会中名列第一，仍有 15 个省级人大常委会立法公开情况“不及格”，区域间立法透明度存在发展不平衡不充分的问题。

（二）立法公开的亮点

贵州省人大、贵阳市人大作为省级和省会城市人大在立法公开方面工作较好，其他8个市州人大在立法公开方面逊色一些。

第一，人大立法工作信息公开情况良好。贵州省及9个市州人大常委会大多在其官网公开了人大常委会领导信息、机构信息、本级人大代表信息。比如贵州省人大官网“主任之窗”页面“主任会议组成人员”公布9名领导（其中1名主任、7名副主任、1名秘书长）的个人简历、主任信箱①，贵州省第十三届人大常委会委员名单（50名）、贵州省第十三届人大代表名单（591名）、贵州省第十三届全国人大代表名单（71名）。在“工作动态”之“代表工作”板块公开“履职动态”“议案建议”“代表资格审查”“综合报道”等信息。

第二，人大立法计划公开良好。贵州省及9个市州人大常委会大多在其官网公开了2019年度立法计划。比如，2019年2月13日，贵州省人大常委会在其官网发布《贵州省人大常委会2019年立法计划》，其中涉及继续审议的法规草案8件、初次审议的法规项目13件（不含批准的法规，制定和修改的法规11件和打包修改的法规2件，适时安排审议批准市、自治州、自治县报批的法规）、调研项目21件。2019年1月18日，贵阳市人大常委会在其官网发布《贵阳市人大常委会2019年立法计划》，确定2019年立法工作法规项目包括审议类项目4项、调研类项目5项、生态环保地方性法规专项清理中打包修改和废止的报批项目8项、党和国家机构改革等涉及的法规修改项目。2019年3月19日，安顺市人大常委会在其官网公布了其2019年立法计划，其中包括：第一次审议立法项目1件、第二次审议立法项目2件、调研类立法项目2件。另外，个别人大常委会官网存在公开不及时的问题，比如，2019年2月28日，遵义市第五届人大常委会第十八次会议审议通过《遵义市人大常委会2019年立法公告》，但是，一直拖延到2019年6

① 2019年9月23日，“来信人”李欣颖“请求罢免王伟（贵州普定县人，贵州兴伟集团董事长）贵州省全国人大代表资格”。2019年9月24日，贵州省人大常委会办公厅已按规定转相关单位办理。

月17日，遵义市人大法工委才在其官网发布《遵义市人大常委会关于2019年立法计划的公告》，公告时间迟缓了近4个月。此外，项目组从六盘水市、铜仁市、黔西南州人大常委会官网没有检索到其2019年度立法计划。

（三）贵州省及9个市州人大常委会立法公开有差异

第一，各类立法信息公开情况有差异。贵州省及9个市州人大官网四大板块总体情况不均衡。在“立法工作”板块，“常委会机构领导信息”“常委会机构职能信息”“本级人大代表信息”“法规数据库”公开的内容比“立法工作总结信息”多，可能原因是“立法工作总结信息”需要汇总立法工作信息后精深加工而实际上没有做这方面的总结工作。在“立法活动”板块，“立法计划”公开的信息，明显比“立法程序”“立法前评估”多。在“立法过程”板块，“立法草案”公开信息明显比“立法听证”多。在“立法优化”板块，“执法检查”明显比“规范性文件审查程序”“备案审查”“立法后评估”信息多。这背后的原因可能是贵州省及9个市州人大常委会“立法工作总结”“立法程序”“立法前评估”“立法听证”“立法后评估”等方面工作开展不多。

第二，9个市州人大常委会立法工作开展频次存在差异，相应地，各官网立法公开不均衡，其中铜仁市、安顺市、六盘水市、毕节市人大常委会立法公开较为薄弱。

第三，立法听证和立法评估信息公开不佳。立法听证和立法前评估旨在保障科学立法、民主立法，提高立法质量。立法后评估则是针对已立之法在实施一段时间之后检视其法律效果和社会效果。

三　立法工作信息

本板块由“常委会机构领导信息”“常委会机构职能信息”“立法工作总结信息”[①]“本级人大代表信息”“法规数据库”组成。

---

① 由于贵州省9个市州人大常委会官网普遍缺失“立法工作总结信息”，故下文无法展开阐述。

（一）常委会机构领导成员信息公开较好

贵州省及9个市州人大常委会都在其官网公布了常委会领导名单，但详略存在差异。贵州省人大官网公布了“主任会议组成人员”9名领导同志个人工作履历及领导活动信息。六盘水市、铜仁市、黔南州人大常委会官网公布了其常委会领导成员内部工作分工及个人工作履历。黔西南州人大常委会官网提供了领导成员内部工作分工及具体联系工作点。安顺市人大常委会官网在“领导之窗”栏目公布了其常委会领导成员个人工作履历及内部工作分工。

（二）常委会机构职能信息公开良好，但常委会及其机构联系方式公开不佳

在机构职能信息公开方面，贵州省及9个市州人大常委会均在其官网公布了组织机构信息。贵阳市人大常委会在其官网“专委会工作”板块公布了其内部下设8个专委会。遵义市人大常委会官网公布了其内部下设14个工作机构。六盘水市人大常委会在其官网“常委会概览”板块里面以图表形式非常清晰地公布了其组织机构，同时还公布了“常委会议事规则”和“主任会议工作规则”。安顺市人大常委会在其官网“工作机构和办事机构”公布了下设6个专门委员会组成人员及其工作职责、研究室工作职责、办公室工作职责。

人大常委会及其组织机构联系方式公开不佳。贵州省人大常委会、黔东南州人大常委会、黔南州人大常委会官网都只提供了单位地址，没有联系电话。贵阳市人大常委会官网“联系我们”链接只有座机电话，没有单位地址。六盘水市、铜仁市、黔西南州人大常委会官网最下面提供了单位地址和联系电话。安顺市人大常委会官网最下面“联系我们”里面提供了单位地址、传真、电话、电子邮箱。

（三）本级人大代表信息公开较好，代表联系方式公开不佳

贵州省人大常委会在其官网“代表工作”栏目公布了现职代表名单，

并且可以分别查询到来自 9 个市州以及中国人民解放军驻黔部队代表团名册。2016 年 12 月 30 日，铜仁市人大常委会在其官网公布了铜仁市第二届人大代表名单含其下辖 11 个选区 401 名代表（含姓名、性别、民族）。其余市州人大常委会均未公布全部现职代表名单。贵州省及 9 个市州人大常委会官网都没有提供本级人大代表的联系方式（电话或邮箱）。

（四）网站法律法规数据库内容有待完善

在其官网公布地方性法规、自治区的自治条例和单行条例是贵州省及 9 个市州人大常委会法定职责，建立专门法律法规数据库是一条捷径。截至本次测评时间，贵州省人大官网“地方法规”栏目下“贵州省地方法规”248 部、“市州地方法规”84 部、“自治条例、单行条例”105 部。贵阳人大网“法律法规”包括“本市法规下载”（2012 年初以来 90 条信息）、“常用法律法规”6 部，“法规库”则汇总了前文的“本市法规下载”和“常用法律法规”。六盘水市人大常委会官网“法规数据库”直接链接到“中国人大网”之“中国法律法规信息库”页面。遵义市人大官网“法律法规”栏目包括《党政领导干部考核工作条例》《中华人民共和国外商投资法》等共 9 部法律；法规包括《遵义市湘江保护条例》《遵义市地方立法条例》等共 6 部。安顺市人大常委会官网在其“法律法规”栏目之下“常规法律”涉及《中华人民共和国野生动物保护法》《贵州省生态文明建设促进条例》《安顺市亚鲁王非物质文化遗产保护条例》等合计 19 部，规范性文件涉及《安顺市人民代表大会常务委员会规范性文件备案审查办法》1 部。黔东南州人大常委会官网在其“立法工作”下设“法律法规”，仅涉及《黔东南苗族侗族自治州人民代表大会代表议案处理办法》《黔东南苗族侗族自治州人民代表大会代表建议、批评和意见办理工作办法》《黔东南苗族侗族自治州人民代表大会常务委员会人事任免办法》《黔东南苗族侗族自治州人民代表大会常务委员会规范性文件备案审查办法》，合计 4 部。黔南州人大常委会在其官网“立法工作”下设“法规库”，涉及《黔南布依族苗族自治州自治条例》合计 17 部，该板块内容自 2017 年 12 月 25 日以来一直没有更新。黔西南布依族苗族自治州人大常委会官网“法律法规数据库”内容缺失。

四 立法活动信息

本板块测评立法程序、立法计划和立法前评估等信息公开情况。测评结果是，立法计划公开情况较好，立法程序、立法前评估信息公开缺失或较少。

（一）立法计划规划公开力度有待加大

贵州省人大官网公布了2008年以来贵州省十届、十一届、十二届、十三届人大常委会立法规划以及2006～2019年立法计划。贵阳市人大官网公布了《贵阳市人大常委会年度立法计划编制办法》、2017年以来年度立法计划。遵义市人大官网没有设置搜索引擎，查询其立法计划规划信息不方便，其“立法工作”板块信息发布自2018年12月8日以来停止了更新，经浏览其网页“公告”等板块信息，查询到其2017年以来年度立法计划，可见其同类信息没有陆续发布在同一栏目里面。六盘水市人大官网“立法工作”栏目公布了《六盘水市人大常委会2018年度立法计划》，该栏目自2019年6月5日以来没有发布新信息。安顺市人大官网“立法工作”下设“立法规划”，公开了其2017年以来年度立法计划项目。黔东南州人大官网“立法工作”下设“规划计划”，公开了其2017年以来年度立法计划项目、黔东南苗族侗族自治州十四届人大常委会立法规划。铜仁市人大官网“立法工作”下设“立法规划计划”，里面仅有2条信息（2016年6月24日，铜仁市人大立法工作起草小组办公室召开《铜仁市锦江河保护条例》立法框架研讨会；2018年12月28日，铜仁市人大常委会召开《铜仁市电动车管理条例》立法启动会）。黔南州人大官网“立法工作”下设“五年立法规划和年度立法计划”，公开了黔南州十三届人大常委会2012～2016年立法规划、十四届人大常委会立法规划（2017～2021年）、2014～2020年度立法计划。

黔西南州人大官网"立法工作"栏目里面缺失 2015 年、2017 年、2018 年立法工作信息，且在 2013 年 7 月 5 日发布《黔西南州七届人大常委会五年（2012～2016）立法规划》之外，缺失 2017 年以来年度立法计划公开信息。

（二）立法程序信息公开不佳

立法程序设定了人大及其常委会立法步骤。经测评，贵州省及 9 个市州人大常委会官网立法程序信息公开不佳。

（三）立法前评估信息公开情况不佳

贵州省及 9 个市州人大常委会官网立法前评估信息公开不佳。2015 年 1 月 4 日，贵州省人大出台《贵州省人民代表大会常务委员会立法前评估工作规定》。2015 年 1 月 6 日，贵州省人大首次召开《贵州省重大建设项目稽察办法》立法前评估。此后陆续开展了一些立法前评估。从贵阳等 9 个市州人大常委会网站没有检索到"立法前评估"相关信息。

五　立法过程信息

本板块主要测评立法草案、立法征求公众意见平台和立法听证等信息公开。

（一）立法草案公开存在差异

贵州省及 9 个市州人大常委会官网在立法草案公开方面存在差异。贵州省人大官网"立法聚焦"栏目里面经常可见"关于公开征求某条例（草案）修改意见的通知"。贵阳市人大官网公布了一些条例（草案）立法调研、立法研讨会、修改意见等信息，但没有公布相关条例（草案）完整内容。遵义市、六盘水市、毕节市人大官网没有"立法草案"相关信息。黔西南州人大官网"立法工作"栏目缺失 2015 年、2017 年、2018 年信息，自 2019 年 5 月 17 日以来陆续对《黔西南布依族苗族自治州新市民融合城市发展条例（草案）》《黔西南布依族苗族自治州马岭河峡谷风景名胜区保护条例（草案）》《黔西南布依族苗族自治州民族医药保护与发展条例（草案）》《黔西南布依族苗族自治州教育条例（草案）》公开征求意见。黔南州人大、黔东南州人大、铜仁市人大、安顺市人大官网“立法草案”信息鲜见。

（二）立法征求公众意见平台建设需加强

贵州省人大官网通过其“法规草案意见建议征集”栏目平台，自2013年8月9日以来对合计66部地方性法规在制定过程中征求公众意见。贵阳市人大官网没有专门的“立法征求公众意见平台”。遵义市人大官网在其“意见征集”栏目自2015年9月28日以来仅有2部地方性法规［《遵义市地方立法条例（草案）》和《遵义市中心城区集中式饮用水水源保护条例（草案）》］制定过程中征求公众意见。安顺市人大官网在其“意见征集”栏目里面自2016年8月9日以来仅有1部地方性法规即2019年7月8日《安顺市城镇绿化条例》（二审草案）征求公众意见。铜仁市人大官网“立法工作”下设的“法规征求意见”公开了2016年12月26日以来2部地方性法规制定过程征求公众意见，即2018年6月14日《铜仁市梵净山保护条例（草案）》和2019年10月21日《铜仁市中心城区燃放烟花爆竹管理条例（草案）》公开征求公众意见。黔东南州人大官网“立法工作”下设“立法公告”里面自2012年8月3日以来仅有6条信息，其中仅有1条立法征求公众意见信息，即2018年10月16日《黔东南苗族侗族自治州月亮山梯田保护条例（草案）》。黔南州人大官网“立法工作”下设的“立法意见建议征集”栏目里仅有1条信息，即2019年9月11日《黔南布依族苗族自治州非物质文化遗产保护条例（草案）》征求公众意见。黔西南州人大官网“立法工作”栏目里面自2013年7月5日以来仅有4部地方性法规制定征求公众意见。

（三）立法听证工作开展不多

在贵州省人大官网以“立法听证”关键词进行检索，结果仅有5条信息。在贵阳市人大官网以“立法听证”关键词进行检索，检索结果只有1条。六盘水市人大、安顺市人大、毕节市人大、铜仁市人大、黔东南州人大官网检索不到“立法听证”信息。黔南州人大、黔西南州人大官网分别都只有1条“立法听证”信息。由此可见，立法听证信息公开是贵州省及9个市州人大立法工作薄弱点。

六　立法优化信息

本板块测评“规范性文件审查程序”“立法后评估信息”“执法检查信息”“备案审查信息”。

（一）规范性文件审查程序公开和备案审查信息公开不佳

根据《立法法》有关规定，省级人大常委会应当对省政府制定的行政规章、设区的市和自治州的人大及其常委会制定的地方性法规等规范性文件进行备案审查。政府规章及相关规范性文件都应当做到有件必备，地方“两院”在实践中制定了一些带有立法性质的规范性文件，都应纳入人大常委会备案审查范围。

根据全国人大常委会办公厅《关于2018年推进备案审查信息平台建设工作的函》（常办秘字〔2018〕117号）文件要求，各省（区、市）在建成省级平台基础上，应当严格按照全国人大常委会提出的标准、网络、内容、数据“四统一”要求，将备案审查信息平台延伸到所有依法享有立法权的主体。

2018年1月10日，贵州在全国率先采用云平台模式完成省级备案审查信息平台建设并开始上线运行，截至2019年2月底，该平台已接收电子报备规范性文件104件。2019年2月，贵州省召开市州、自治县备案审查信息平台建设工作部署会并下发信息平台建设工作指导意见。

在贵州省人大官网检索“规范性文件审查程序”相关信息，检索结果是2017年等年度规范性文件备案审查工作情况报告等。在贵阳市人大官网检索“规范性文件审查程序”相关信息，检索结果是2017年5月19日修订版《贵阳市人民代表大会常务委员会规范性文件备案审查工作规定》，另外其“备案工作”栏目自2013年3月以来只有8条信息，且自2018年1月11日以来没有更新信息。在六盘水市人大官网只检索到1条相关信息。在安顺市人大官网检索“规范性文件审查程序”和“备案审查”结果只有1条。毕节市人大官网检索不到“规范性文件审查程序”信息，“备案审查”只检索到1条相关信息。在铜仁市人大官网检索“规范性文件审查程序”和“备案审查”结果也不理想。在黔东南州人大官网检索“规范性文件审查程序”和“备案审查”，结果是2012年6月27日黔东南州人大常委会通过《规范性文件备案审查办法》，黔东南州人民政府文件关于某规范性文件的备案审查报告、关于某规范性文件的说明、关于某规范性文件的备案审查意见书、关于某规范性文件的审查意见书等统一规范格式以及黔东南州人大常委会规范性文件备案审查工作流程图。黔东南州人大关于备案审查的规范性规定值得肯定，但检索不到2012年6月以来备案审查相关公开信息。在黔南州人大官网检索“规范性文件审查程序”和“备案审查”，结果是2009年3月19日黔南州人大常委会通过的《黔南布依族苗族自治州人民代表大会常务委员会规范性文件备案审查工作规定》。根据黔南州人大官网《彰显制度优势、追梦砥砺前行——黔南州人大常委会2019年工作综述》内容，2019年黔南州对75件规范性文件进行了备案审查。在黔西南州人大官网检索“规范性文件审查程序”和“备案审查”，结果是截至2019年10月11日共有备案审查相关信息20条。

（二）立法后评估信息公开不佳

立法后评估是在法律法规实施之后检视其法律效果、社会效果。2017年5月，贵州省人大常委会启动首次立法后评估，即《贵州省赤水河流域保护条例》立法后评估，目前仅有这1次。在贵阳市人大官网检索“立法后评估”，显示已对《贵阳市社区工作条例》等8部地方性法规进行了立法后评估，相关信息停留在2014年10月28日发布的“2012年12月11日贵阳市第十三届人大常委会第九次会议关于《贵阳市地方性法规立法后评估办法（草案）的起草说明》”。黔西南州人大官网仅检索到2条此方面信息。遵义市人大、六盘水市人大、安顺市人大、毕节市人大、铜仁市人大、黔东南州人大、黔南州人大官网都查询不到“立法后评估”信息。

（三）执法检查信息公开一般

贵州省人大在“执法检查”方面工作开展一般。贵阳市人大“执法检查”活动涉及全国性、全省性、贵阳市三个级别多项法律法规。遵义市人大官网“执法检查”栏目存在有些年份信息缺失等问题。其余几个市州人大官网“执法检查”公开情况也一般。

（四）备案审查

由于被测评对象普遍缺失“备案审查信息”，故在此无法展开阐述。

七　完善建议

建议遵义市人大、毕节市人大官网设置搜索引擎；建议贵州省及9个市州人大同时开通官方微博、微信，及时对外发布信息；建议贵州省及9个市州人大加强“智慧人大”建设。

B.22

2019年贵州省政务公开调研报告

——以政府门户网站为视角*

贵州省社会科学院法治评估创新工程项目组**

摘　要： 2019年4月修订的《政府信息公开条例》对政务公开工作提出了新的要求。本文以新修订的条例和相关文件为依据，对贵州省级、九个市（州）和贵安新区通过政府门户网站进行政务公开的情况进行调研。调研发现，随着政务公开工作的推进，政府门户网站作为政务公开第一阵地的作用愈加凸显。但政务公开工作仍面临提质、增效、提升规范性等问题。

关键词： 政务公开　政府门户网站　贵州省

一　贵州省政务公开工作的总体情况

《政府信息公开条例》和国务院《关于全面推进政务公开工作的意见》颁布实施以来，贵州省政务公开工作不断推进，各级政府政务公开力度、公开范围不断加大，主动公开、依申请公开信息数不断提高。特别是，将政府门户网站作为政务公开的第一平台，不断提高门户网站建设、运营水平，取

* 根据2016年国务院办公厅《关于全面推进政务公开工作的意见》，为适应政务公开工作的新趋势和新发展，将"政府信息公开调研"改为"政务公开调研"。本文得到2020年度"贵州省哲学社会科学创新工程"（项目编号：20CXGCZD09）资助。

** 执笔人：贾梦嫣，贵州省社会科学院法律研究所副研究员、贵州省法治研究与评估中心研究员。

得了成效（见图1）。

2019年4月，修订后的《政府信息公开条例》规定，“各级人民政府应当加强政府信息资源的规范化、标准化、信息化管理，加强互联网政府信息公开平台建设，推进政府信息公开平台与政务服务平台融合，提高政府信息公开在线办理水平”，对“互联网+政务公开/政务服务”工作提出了更高要求。为此，本报告将继续以政府门户网站为视角，对贵州省各家网站政务公开情况进行调研。

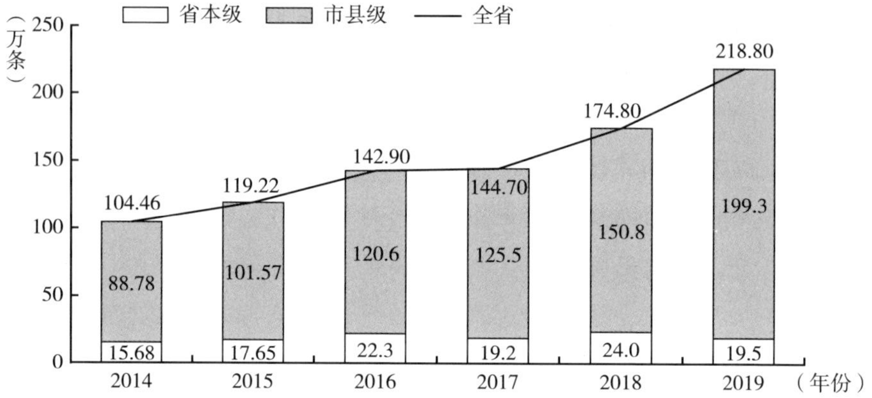

图1　2014～2019年贵州省通过门户网站公开信息数

资料来源：《贵州省人民政府2015年政府信息公开工作年度报告》《贵州省人民政府2017年政府信息公开工作年度报告》《贵州省人民政府2018年政府信息公开工作年度报告》《贵州省人民政府2019年政府信息公开工作年度报告》，贵州省人民政府网站。

截至本次测评，贵州省［尤其是省本级和市（州）政府一级］政务公开平台和公开机制基本成形；政务公开“提质”、门户网站平台优化和数据融合，以及推进基层政务公开工作，成为2019年及此后工作的重要方面。

根据国务院办公厅《2019年政务公开工作要点》和贵州省政府办公厅《2019年政务公开要点》要求，2019年，贵州省围绕“聚焦中心工作，加大政策解读和回应关切”“以公开促规范，深入推进决策和执行公开”“聚焦政策落地，深化重点领域信息公开”“加快平台建设，优化服务功能”“加大制度规范建设力度，提升政务公开工作质量”五个方面，开展政务公开工作（见图2）。

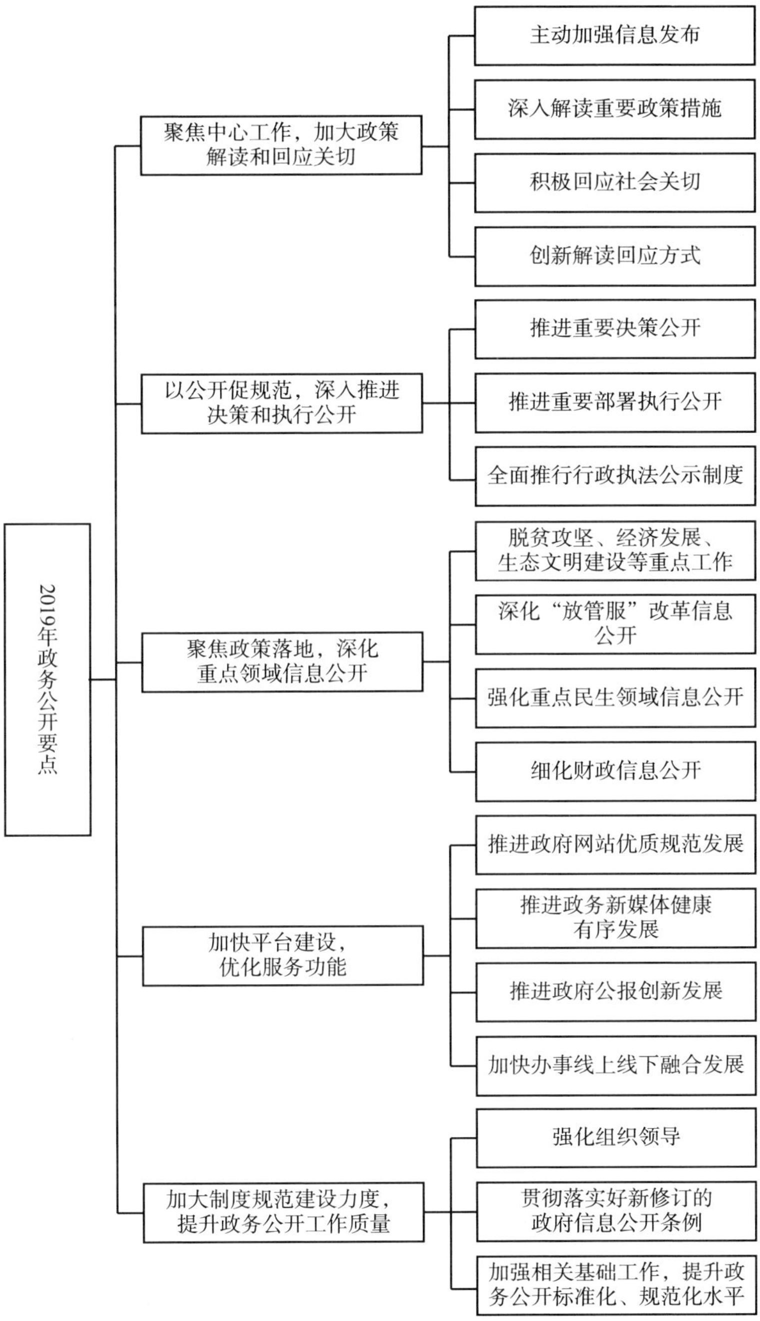

图2　2019年贵州省政务公开工作要点

在完善机制体制，提高政务公开工作规范化、标准化方面，贵州省特别印发了《政务公开标准规范（试行）》，梳理25项主动公开信息，明确事项名称、公开内容、主体、时限、渠道、依据等要素。在《政务公开标准规范（试行）》的基础上，贵州省委托第三方对全省9个市（州）人民政府、贵安新区管委会、88个县（市、区、特区）政府、41个省直部门机构、22个乡级政府等共161个评估对象开展政务公开评估，编制完成6套评估指标体系，首次实现省、市、县、乡四级评估全覆盖。

二　本次调研的主要内容

（一）调研对象

本次调研仍以贵州省人民政府门户网站以及9个市（州）人民政府和贵安新区门户网站的政务公开工作作为调研对象。

表1　本次调研门户网站

门户网站名称	网址
贵州省人民政府	http://www.guizhou.gov.cn/
贵阳市人民政府	http://www.guiyang.gov.cn/
遵义市人民政府	http://www.zunyi.gov.cn/
六盘水市人民政府	http://www.gzlps.gov.cn/
安顺市人民政府	http://www.anshun.gov.cn/
毕节市人民政府	http://www.bijie.gov.cn/
铜仁市人民政府	http://www.trs.gov.cn/
黔东南州人民政府	http://www.qdn.gov.cn/
黔南州人民政府	http://www.qiannan.gov.cn/
黔西南州人民政府	http://www.qxn.gov.cn/
贵安新区	http://www.gaxq.gov.cn/

（二）调研内容

本次调研从主动公开、依申请公开和信息公开年度报告三个方面着手，具体内容如表2所示。

表 2　本次调研主要内容

调研方向	具体内容
主动公开	(1)回应关切及政策解读情况
	(2)重点领域信息公开情况
依申请公开	(1)申请渠道便利性、有效性
	(2)根据《政府信息公开条例》的修订,及时更新依申请公开机制
	(3)政府信息公开复议、诉讼案件情况
信息公开	(1)年度报告发布平台建设及发布情况
	(2)年度报告内容
	(3)年度报告新颖性

三　主动公开情况调研

（一）政策解读及回应关切

加强回应关切和政策解读，不仅有助于政务公开“提质”，避免公开流于形式，而且对于加强政民互动也大有裨益。《贵州省2019年政务公开工作要点》明确要求：“对减税降费、金融安全、生态环境、脱贫攻坚、教育改革、食品药品、卫生健康、养老服务、公正监管、社会保障、社会治安等经济社会热点，以及市场主体和群众办事创业的痛点堵点，要加强舆情监测、研判、回应，及时释疑解惑”。2019年全年，贵州省本级累计公开各类文件184个，解读文件56个；省人民政府网“热点回应”栏目发布信息233条，对“十件民生实事”进展、减税降费、最低工资标准调整、高考加分、法定传染病疫情等事关人民群众切身利益的热点问题进行回应。①

1. 政策解读专栏设置较好，但解读规范化和及时性有待提升

虽各家网站设置的具体栏目不同，截至2020年2月1日，11个调研对

① 《贵州省人民政府（省人民政府办公厅）2019年政府信息公开工作年度报告》，贵州省人民政府网站。

象分别在不同的位置设置了“政策解读”栏目。比如，六盘水市、黔东南州、黔南州等政府网站按照发布层级将政策文件分为“国家”、“省级”和“市（州）级”，分级设置，更易查找。

而贵州省、贵阳市、遵义市、黔西南州等政府网站创新解读方式，以图解、视频等方式解读政策文件，使解读更易理解。

然而，调研对象虽然普遍设置了“政策解读”专栏，但个别网站专栏位置不明显，或未对解读文件进行分类放置，查找不便，规范性有待提高；个别网站2019年全年仅针对市（州）级政策发布了三份解读文件，解读内容相对简单，政策解读时效性不强。

2. 回应关切工作不理想

截至2020年2月1日，11个调研对象中仅有贵州省、贵阳市、黔南州、黔西南州、贵安新区等6家门户网站设置了“回应关切”栏目，并对社会热点进行回应。政府网站回应关切工作整体仍有待提升。

（二）重点领域信息公开专栏设置和信息发布情况总体较好

根据《贵州省2019年政务公开工作要点》要求，应当加强脱贫攻坚、经济发展、生态文明建设等重点工作相关信息公开，“放管服”改革信息公开、财政信息公开、民生领域信息公开。

调研显示，大部分调研对象结合本地实际设置了相应的重点领域信息公开专栏，并发布相关信息，情况总体较好。但对于一些具体的问题和类别，规范性仍有待提高。例如，针对财政预决算信息公开工作，除《国务院办公厅关于印发开展基层政务公开标准化规范化试点工作方案的通知》等政府信息公开的文件外，财政部还陆续印发了《地方预决算公开操作规程》《财政部关于印发〈地方政府债务信息公开办法（试行）〉的通知》《财政预决算领域基层政务公开标准目录》《财政预决算领域基层政务公开标准指引》等文件；对照上述文件，部分调研对象公开的财政相关信息规范性、完整性、及时性仍有待提高。

四　依申请公开情况调研

修订后的《政府信息公开条例》删除了原条例关于公民、法人或其他组织“根据自身生产、生活、科研等特殊需要”① 的限制要求，规定“除行政机关主动公开的政府信息外，公民、法人或者其他组织可以向地方各级人民政府、对外以自己名义履行行政管理职能的县级以上人民政府部门（含本条例第十条第二款规定的派出机构、内设机构）申请获取相关政府信息”②，进一步放宽了申请公开的范围和条件。基于此，《贵州省2019年政务公开工作要点》要求各地各部门应当加强业务培训，适时修订政务公开指南、流程和政策措施，切实保障公众的知情权、参与权、表达权、监督权（见图3）。

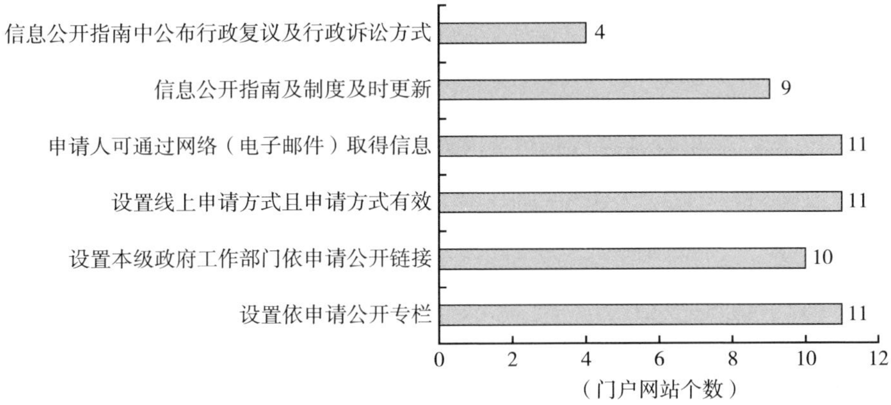

图3　调研对象依申请公开栏目及渠道设置情况

（一）普遍设置线上+线下申请和反馈系统，申请渠道较为畅通

申请渠道便利性、有效性情况总体较好。调研对象已经普遍建立线上+

① 原条例第十三条。

② 修订后的条例第二十七条。

线下的申请和反馈平台，申请人能够较为便利地进行信息公开申请并获取相关信息。大部分调研对象在平台或线上申请系统中设置了本级政府工作部门或下一级政府依申请公开链接，进一步提高了申请的便利性。

（二）大部分调研对象及时更新依申请公开工作机制

调研显示，在11个调研对象中，已有9个调研对象根据2019年4月修订的《政府信息公开条例》和贵州省政务公开工作要求，对依申请公开的流程、机制等进行了及时更新；1个调研对象公布的《政府信息公开指南》对依申请公开的申请人仍设置了“根据自身生产、生活、科研等特殊需要”的限制要求，1个调研对象虽更新了《政府信息公开指南》的相关内容，但在线上申请系统中仍要求申请人上传关于信息用途的资料，不必要地增加了申请人负担。

（三）依申请公开及相应行政复议、行政诉讼案件情况

2019年，贵州省各级行政机关共收到政府信息公开申请4384件（其中2019年新收4312件，2018年结转72件），当年办结4323件，结转2020年办理61件。全年收到信息公开引发的行政复议684件，经复议后维持具体行政行为313件，占比45.76%，政府信息公开引发行政诉讼481件。其中，372件未经行政复议，109件经行政复议后起诉。其中，维持原行政行为238件，占比49.48%。[①]

五　政府信息公开年度报告情况调研

根据《政府信息公开条例》关于“县级以上地方人民政府的政府信息公开工作主管部门应当在每年3月31日前向社会公布本级政府上一年度政府信息公开工作年度报告”的要求，各级政府应于2019年3月31日前公布

① 《贵州省2019年政府信息公开工作年度报告》。

本级政府2018年政府信息公开工作年度报告。故本次主要针对各调研对象公布的2018年年度报告开展调研（见图4）。

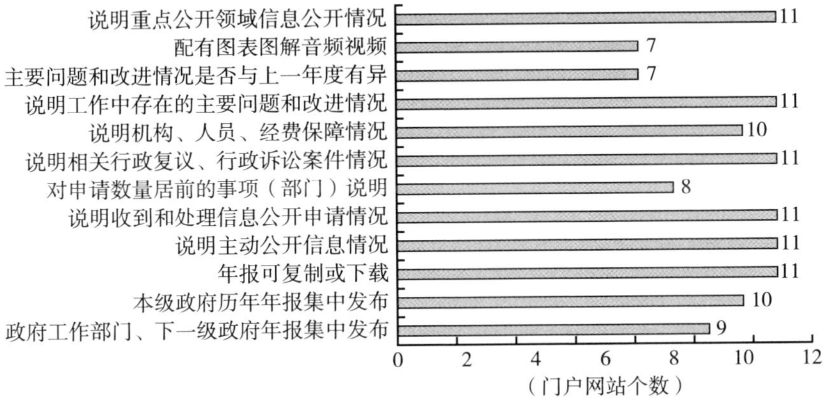

图4　2018年调研对象信息公开工作情况

（一）2018年度报告集中发布平台（专栏）设置总体情况较好

调研对象设置年度报告集中发布平台（专栏）的情况总体较好，通过集中发布，汇集本级政府、政府工作部门和下一级政府的年度报告，使公众能够较便捷地获取年报。但是，仍有少数调研对象未集中发布年报，或虽设置了集中发布平台（专栏），却未将有关工作部门集中纳入发布范围。

（二）部分调研对象信息发布规范性不理想

一是部分调研对象发布的报告名称五花八门，包括“工作年报”“工作报告”“年度工作报告”。二是个别调研对象虽建立了集中发布平台，但未对报告来源、类别进行分类，本级政府历年年报、政府工作部门年报和下一级政府年报混杂，加大公众查找报告难度。三是个别平台发布的年度报告不符合要求，某市公安局、文体广电旅游局、统计局分别于2019年12月20日、12月25日、12月26日提前发布2019年年度报告，报告内的统计数据显然不准确、不规范。

（三）年度报告内容普遍较完整，采取图表图解方式有利于公众更清晰地了解报告内容

各家年度报告内容普遍较完整，能够涵盖《政府信息公开条例》及相关文件规定的要素。其中部分报告采取图表、图解方式对报告数据进行解读，更易于读者理解。

（四）部分年度报告对申请公开居前的事项（部门）解读不到位

对申请公开居前的事项（部门）的解读分析，能够反映出公众对于哪些信息更为关注，有利于准确研判舆情。六盘水市建立依申请公开定期分析机制，每季度对全市依申请公开内容、申请方式及办理情况等信息进行分析，全年形成4期分析报告，并及时向社会公开；毕节市在分析申请公开信息的基础上，将依申请公开较为集中的土地征用、房屋拆迁、社会经济、政策文件、扶贫信息、环境保护等98条（市本级74条）依申请公开信息转为主动公开。

但是，部分年度报告对这一问题未进行解读分析或者解读分析不到位，也体现出信息公开工作中的短板。

（五）“主要问题和改进情况”“工作考核、社会评议和责任追究结果情况”分析不理想

虽然11份年度报告均完成了“政府信息公开工作存在的主要问题及改进情况”的规定动作，但有4份报告该部分内容完全照搬上一年度报告内容，而“工作考核、社会评议和责任追究结果情况”在各份报告中几无体现。

六　结论及建议

《政府信息公开条例》颁布实施以来，贵州省政务公开工作取得了长足

进步，公开平台、公开机制基本成形；特别是将政务公开与政务服务相结合，充分发挥政府门户网站作为信息公开第一阵地的作用。但随着工作的进一步推进，如何在政务公开工作中提高质量、增强实效、提升效率、促进规范、注重协同，仍是有待研究的课题。对此，提出以下建议。

一是强化政务公开的互动性。政务公开绝不是政府及部门“自说自话”，而是推动政民互动、舆情研判的重要推手。按照国务院办公厅《关于全面推进政务公开工作的意见》和《政府网站发展指引》要求，在政府门户网站中加强互动交流平台或栏目建设，强化政务公开的互动性。同时进一步推进依申请公开工作，除按照规范办理依申请公开事项外，还应当加强对申请事项的解读分析，对于公众关心、申请数量居前的事项（信息），及时将依申请公开转为主动公开，真正做到“以公开为原则，以不公开为例外”。

二是加强政务公开工作人员业务培训和问责。政务公开涉及的行业、领域纷繁复杂，专业性、规范性要求高，相关法规、规章规范性文件更新、修订频繁。应当加强对政务公开工作人员的业务培训，确保其能够充分适应政务公开工作的新趋势、新要求。同时，通过常态化的定期检查、督导，形成持续的压力机制；对违反相关规定的行为进行严肃问责。

三是加强政务公开规范化、标准化。按照《贵州省政务公开标准规范（试行）》要求，全面推行政务公开规范化、标准化，避免依申请公开事项办理的随意性等问题。

B.23

2019年贵州省司法透明度指数报告

——以法院网站信息公开为视角

贵州省社会科学院法治评估创新工程项目组*

摘　要：　本文以2019年全省10个高、中级人民法院网站信息公开为视角，对评估指标进行优化和调整，通过量化评分的方式对各法院在审务公开、审判公开、执行公开、数据公开和司法改革公开等环节司法透明度进行了评估，并得出总体评估结果及各板块评估结果。评估报告以评估结果和数据为基础，对发现的亮点和存在的问题进行了分析，并对下一步提升司法透明度提出了具体的意见与建议。

关键词：　司法透明度　信息公开　贵州省

人民法院深化司法体制改革的重要内涵和应有之义之一，就是司法公开。为加快司法公开，打造“阳光法院”，把人民法院的司法活动置于社会和广大人民群众的监督之下，最高人民法院于2018年11月20日发布了《关于进一步深化司法公开的意见》，要求全国各级人民法院进一步推进司法公开工作，构建开放、动态、透明、便民的阳光司法机制，并提出了若干

* 项目组成员由贵州省社会科学院法律研究所人员组成。本报告执笔人：张可，贵州省社会科学院法律研究所副研究员，法学博士。

具体的举措。[①] 法院网站作为人民法院宣传工作的重要平台载体，既反映了司法信息化建设的水平，也体现了司法公开建设的客观情况。在连续四年对贵州省高级人民法院（以下简称“贵州高院”）及全省各中级人民法院（以下简称“某某中院”）共计10家法院网站信息公开建设进行评估的基础上，贵州省社会科学院法治评估创新工程项目组（以下简称“项目组”）继续以上述法院互联网官方网站为视角，对2019年贵州省司法透明度指数进行评估。

一　评估指标体系设置

由于中国社会科学院国家法治指数研究中心、中国社会科学院法学研究所法治指数创新工程项目组已经持续多年对全国数十家高级、中级人民法院进行司法透明度评估，累积了非常丰富的评估经验，其评估结果具有较高的业内认同度与社会公信力，故本项目组参照《中国司法透明度指数报告（2018）》中设置的评估指标体系[②]，并结合贵州省法院系统司法公开建设的实际情况，来对本次司法透明度评估指标体系进行设置。

2019年，贵州省司法透明度指数评估的指标体系包括一级指标（共5个）和二级指标（共20个），具体设置见表1。

表1　2019年贵州省司法透明度指数评估指标体系及其权重

一级指标及权重	二级指标及权重
审务公开(30%)	网站平台建设(40%)
	机构设置和人员信息(30%)
	规范性文件(30%)

① 《最高人民法院出台进一步深化司法公开的意见》，《人民法院报》2018年11月23日，第1、4版。

② 中国社会科学院法学研究所法治指数创新工程项目组：《中国司法透明度指数报告（2018）》，载陈甦、田禾主编《中国法治发展报告No.17（2019）》，社会科学文献出版社，2019，第358页。

续表

一级指标及权重	二级指标及权重
审判公开(30%)	诉讼指南(20%)
	审判流程(30%)
	庭审活动(30%)
	裁判文书(15%)
	减刑、假释(5%)
执行公开(20%)	执行指南(20%)
	失信被执行人曝光(20%)
	执行拍卖(20%)
	执行惩戒(20%)
	终本案件信息(20%)
数据公开(10%)	财务数据(30%)
	司法业务数据(30%)
	工作报告(40%)
司法改革公开(10%)	司法改革专栏(30%)
	立案登记制(30%)
	员额制(20%)
	领导干部办案情况(20%)

(一)审务公开

审务公开主要是与法院司法审判活动有关的司法行政事务公开，其中网站平台建设是法院信息化建设的重要体现，也是人民群众和社会各界了解人民法院各项工作的重要窗口，因此将其作为重要的二级指标；同时，法院的机构设置和人员信息也是审务公开的重要内容，特别是人员信息；此外，鉴于规范性文件在法院工作中的实际和重要指导意义，也将其作为审务公开的重要组成部分。

(二)审判公开

审判是法院的基本职能和中心工作，人民法院的宪法地位就是审判机关。在最高人民法院近年来大力打造的“司法公开四大平台”中，审判公开独占其三，包括审判流程公开、庭审活动公开和裁判文书公开，因此本指标设置包括上述“三大公开”，此外，诉讼指南体现了司法便民的特性，减刑、假释信息公开可以有效避免“暗箱操作”，因此均作为审判公开项下的二级指标。

（三）执行公开

执行工作是法院的难点热点，也是人民群众多年来对法院的主要意见所在，“基本解决执行难”是司法公信力提升的重要体现。作为“司法公开四大平台”之一的执行公开，单独将其作为一级指标具有重要意义，在此项下设置包括执行拍卖、失信被执行人曝光、执行惩戒等在内的二级指标，以凸显其对解决“执行难”问题的实质性影响。

（四）数据公开

当今时代是大数据时代，通过数据积累整合可以进一步发现和探索司法规律，有效配置司法资源。本级指标项下在原有财务数据、司法业务数据基础上，调增法院工作报告作为二级指标。

（五）司法改革公开

司法改革是法院工作不断取得进步的源泉和动力。近年来，贵州省在司法改革方面取得了较为突出的成就，本级指标下设若干司法改革落实情况，以展现贵州司法改革的成果。

二　评估结果

（一）总体评估结果

2019 年，纳入评估范围的贵州省 10 家法院司法透明度指数的平均分数为 41.81 分，及格率为 20%，平均分数与上一年度相比略有上升（2018 年为 41.19 分）。各院总体分数按照由高到低的排名依次是：贵阳中院、贵州高院、安顺中院、黔西南中院、遵义中院、黔东南中院、六盘水中院、黔南中院、毕节中院、铜仁中院。与上一年度（2018 年）相比，前两名法院（贵阳中院、贵州高院）位次保持不变，其中安顺中院提升较为显著。具体评估结果见表 2。

表 2　贵州省法院司法透明度总体测评结果（满分：100 分）

单位：分

法院	得分	法院	得分
贵州高院	62	毕节中院	30.4
贵阳中院	65.8	铜仁中院	26.9
六盘水中院	32.5	黔南中院	32.5
遵义中院	37.6	黔东南中院	37.5
安顺中院	50.9	黔西南中院	42

（二）各板块评估结果

1. 审务公开

审务公开板块对网站平台建设、机构设置和人员信息、规范性文件等 3 个指标进行评估。具体评估结果见表 3。

表 3　贵州省法院审务公开板块得分情况（总分：100 分）

单位：分

法院	得分	法院	得分
贵州高院	74	毕节中院	34
贵阳中院	74	铜仁中院	33
六盘水中院	23	黔南中院	43
遵义中院	30	黔东南中院	20
安顺中院	54	黔西南中院	20

2. 审判公开

审判公开板块对诉讼指南、审判流程、庭审活动、裁判文书、减刑假释等 5 个指标进行评估。具体评估结果见表 4。

表4　贵州省法院审判公开板块得分情况（总分：100分）

单位：分

法院	得分	法院	得分
贵州高院	79	毕节中院	48
贵阳中院	81	铜仁中院	39
六盘水中院	51	黔南中院	48
遵义中院	70	黔东南中院	67
安顺中院	66	黔西南中院	70

3. 执行公开

执行公开板块对执行指南、失信被执行人曝光、执行拍卖、执行惩戒、终本案件信息等5个指标进行评估。具体评估结果见表5。

表5　贵州省法院执行公开板块得分情况（总分：100分）

单位：分

法院	得分	法院	得分
贵州高院	30	毕节中院	18
贵阳中院	52	铜仁中院	14
六盘水中院	18	黔南中院	10
遵义中院	20	黔东南中院	20
安顺中院	34	黔西南中院	34

4. 数据公开

数据公开板块对财务数据、司法业务数据、工作报告等3个指标进行评估。具体评估结果见表6。

表6　贵州省法院数据公开板块得分情况（总分：100分）

单位：分

法院	得分	法院	得分
贵州高院	72	毕节中院	12
贵阳中院	70	铜仁中院	15
六盘水中院	49	黔南中院	10
遵义中院	30	黔东南中院	47
安顺中院	62	黔西南中院	55

5. 司法改革公开

司法改革公开板块对司法改革专栏、立案登记制、员额制、领导干部办案情况等4个指标进行评估。具体评估结果见表7。

表7 贵州省法院司法改革公开板块得分情况（总分：100分）

单位：分

法院	得分	法院	得分
贵州高院	29	毕节中院	10
贵阳中院	19	铜仁中院	10
六盘水中院	18	黔南中院	22
遵义中院	6	黔东南中院	27
安顺中院	19	黔西南中院	27

三 发现的亮点与存在的问题

（一）发现的亮点

1. 整体司法透明度有所提高

2019年，贵州省10家法院的司法透明度指数平均分数为41.81分，及格率为20%，平均分数与上一年度相比略有上升（2018年为41.19分）。尽管该评估结果与全国法院整体相比较而言，还有一定差距（全国法院2018年平均分数为56.58分），但就贵州省法院系统而言，在司法透明度建设方面已经取得进步。需要特别说明的是，本次评估的及格率较上一年而言，实现了零的突破，总体及格率达到20%，这说明全省法院在整体司法透明度建设上确实下了功夫，取得了一定的成绩。

2. 贵州高院和贵阳中院继续保持领先

本次评估的前两名法院为贵州高院和贵阳中院，该两家法院的总体分数也均是超过60分。贵州高院作为省级高级人民法院，贵阳中院作为省会城市中级人民法院，在贵州省法院系统中具有非常重要的地位和带头示范作用。结合本次评估结果来看，两家法院在司法公开各个板块确实体现了上述作用。特别是贵阳中院，在日常繁忙的审判业务工作中对司法透明度建设抓得紧，成绩看得到，与其省会城市中级人民法院的地位相称。

3. 个别法院进展突出迅速

贵州省共有 9 家中级人民法院，在以往几年的司法透明度指数评估中，项目组发现总有一些法院进展迅速，名次不断交替更换，2019 年度取得显著进步的是安顺中院。安顺中院的名次从 2018 年第 7 名上升为第 3 名，仅次于长期领先的贵阳中院、贵州高院。安顺中院作为全省体量较小的中级人民法院，人财物均较为匮乏，但其对于司法透明度建设非常重视，特别是在审务公开、数据公开上取得了较大的进步与较好的成绩，充分说明了体量较小的法院也可以在司法透明度建设方面有所作为。

4. 审判公开板块普遍提高

审判是人民法院最主要的工作职能，审判公开因此也是司法公开最重要的组成部分。审判公开平台作为“司法公开四大平台”之一，在法院系统范围内自上而下受到高度重视。从本次评估可以看出，审判公开板块是 5 个一级指标中普遍成绩最好的，及格率达到 60%，甚至有优良等级的出现（如贵阳中院）。特别是对“诉讼指南”“庭审活动”“裁判文书”3 个二级指标，各家法院均较为重视，有所作为，一改以往较为落后的状态，极大方便了人民群众上网查询。同时，在庭审活动中加强庭审网上播放，也是对法治宣传的良好促进，拉近了人民群众与法院工作的距离。

（二）存在的问题

1. 有的法院名次长期落后

本项目组对贵州省法院系统司法透明度指数进行评估已经连续 5 年，如前文所述，项目组发现总有一些法院进展迅速，名次不断交替更换。但是，有的法院长期排名靠后、分数偏低，特别是一些较为偏远的法院，通过对其官方网站进行查询，可以发现其对司法公开、信息化和网站建设显得较为滞后。贵州省法院系统，不仅包括贵州高院、贵阳中院这样位于省会城市的较发达法院，更多的是地理位置较偏远的欠发达法院，这些法院司法透明度建设的长期滞后，将对法院的各项工作造成阻碍，甚至会削弱法院的社会公信力。

2. 执行公开板块得分普遍偏低

“执行难”一直是法院工作的难点热点。自2016年最高人民法院“用两到三年基本解决执行难”意见出台后，法院对执行工作不断加大力度，取得了显著成绩。执行公开作为司法透明度建设的重要板块，其重要性应得到进一步突显。但是，无论是与全国其他法院进行横向比较，还是与近年来全省法院评估的分数进行纵向比较，均反映出贵州省司法透明度的执行公开板块建设普遍滞后、得分普遍偏低。特别是在“执行惩戒”和“终本案件信息”等二级指标方面，几乎是空白。

3. 司法改革成效没有充分反映

司法改革是对法院工作可持续发展的重要动力和保障，也是全面深化改革和依法治国的重要组成部分。贵州作为全国首批司法改革试点省份之一，全省法院在员额制改革、信息化建设等方面取得了显著成绩，但这些改革成绩并没有充分反映到司法透明度建设中。各家法院的网站上，均没有或很少体现司法改革板块，这与贵州省作为全国司法改革试点的地位是不相匹配的，也没有实际反映出贵州省法院近年来在司法改革方面取得的成就。

4. 网站内容偏少，不够丰富

按照最高人民法院《关于进一步深化司法公开的意见》的要求，司法公开涉及人民法院工作的各个方面，包括审判、执行、诉讼服务、司法改革、司法行政事务、队伍建设等信息，除依照法律法规、司法解释不予公开以及其他不宜公开的外，均应当采取适当形式主动公开。[①] 然而，从本次评估情况来看，网站建设内容偏少、不够丰富的状况依然存在。有的法院网站很难打开，很多栏目形同虚设，打开后一片空白；有的栏目即使有内容，也

① 《最高人民法院关于进一步深化司法公开的意见》，《人民法院报》2019年1月17日，第1版。

是寥寥几条信息，缺乏新意，内容单薄；甚至还有的长期没有更新，信息已经严重过时。

四　下一步提升司法透明度的建议

（一）提高认识，领导重视

司法透明度建设作为人民法院工作的重要组成部分，既是对外宣传人民法院工作的窗口，也是促进司法公开与人民群众拉近距离的桥梁，具有极其重要的意义。因此，各级法院应当提高对司法公开的认识，对以网站为核心的司法透明度建设予以高度重视，通过制定考核机制、纳入考核范围、定期检查、不断整改等方式方法，加强和促进司法透明度建设，配备精兵强将，采取各种灵活方式，对司法透明度建设予以强有力的支持。此外，还要对司法透明度建设进行制度化、规范化，通过制度建设形成长效机制，从而达到良好稳定运行的效果。

（二）引入先进的网络软硬件设备

当今时代是网络时代，上互联网已经成为人们生活工作的日常状态。如果说，以往的司法公开需要投入大量人力物力甚至局限在一定的时空范围内进行，那么现在的司法公开则更多地是通过提供网络浏览、网站建设来实现。因此，法院网站建设与司法透明度息息相关，至为重要。网站建设的提升，很大程度上依靠软硬件设备，为此，各级法院应当加大信息化建设的投入，不仅仅对于内网建设，更要对官方网站、微博、微信公众号予以重视，这是反映法院各项工作的窗口，也是人民群众第一时间了解法院工作的渠道，意义重大。

（三）加强信息报送和网站内容建设

我国处于社会转型期，各级法院的案件数量不断增多，工作压力巨大，在加强审判业务工作时往往忽略信息化建设工作，从而导致法院网站内容建设不足与匮乏。对此，各级法院要予以纠正和重视，要加大信息和统计人员的投入，使各项司法公开信息能够及时上网发布，不至于使法院网站成为“僵尸”和“空白”网站，使其真正发挥窗口、桥梁的作用。对于栏目板块设计，要认真调研，勤于思考，找出符合自身特点和突出自身特色的优势内容，从而提升和促进法院网站建设的品位和实用性，使法院网站内容更加丰富多彩，具有影响力和关注度。

（四）切实加大执行公开建设力度

针对执行公开板块长期存在不规范、少内容的状况，必须切实加强执行公开建设力度。正是由于法院“执行难”问题的客观存在，某种程度上影响了执行公开板块的建设。要加强执行信息报送和录入，随时随地通过法院网站的执行公开板块，及时发布克服和解决“执行难”的信息，如悬赏公告、执行惩戒等。同时应当发布典型案例，对失信被执行人信息予以及时更新，还要对执行规范、执行拍卖等内容予以切实加强和体现，从多角度、多途径来破解“执行难”问题。

（五）从多条途径反映司法改革成效

“改革永远在路上”，司法改革是一项长期的工作，对于提升司法透明度具有强大的促进力。如何总结、巩固和创新司法改革，必须通过具体的载体如司法透明度建设予以体现。近年来，通过不断努力与大胆创新，贵州省法院系统的司法改革走在了全国前列，司法透明度建设也要同步跟上。为此，要在网站建设方面多角度、多渠道反映司法改革情况，既包括成就，也包括问题，不但要有法院内部人员参与，还要有外部机关单位、人民群众的互动，从而使司法改革内容丰富，多彩多姿，进而提升贵州省司法透明度建设的整体水平。

B.24

2019年贵州省检务透明度指数报告

——以检察院信息平台公开为视角

贵州省社会科学院法治评估创新工程项目组*

摘　要： 贵州省检察院系统已建成全省三级检察院门户网站矩阵，微信、微博等新媒体平台实现100%覆盖，检察院信息平台建设工作有了很大进步。但网站建设在某些方面依然存在问题，需要改进和完善，以进一步加大检务工作的透明度。

关键词： 检务透明度　信息公开　贵州省

2019年贵州省检察院三级门户网站已运行一年有余，为智慧检务和大数据检务提供了一定的技术支持。2019年贵州省检务透明度评估依然围绕着检察院门户网站和两微平台进行。门户网站评估截止时间为2019年12月31日，对两微客户端的评估部分资料来源于2020年1月。

---

* 项目组成员由贵州省社会科学院法律研究所科研人员组成。执笔人：孟庆艳，贵州省社会科学院法律研究所副研究员、贵州省法治研究与评估中心研究员。

一 评估对象及评估指标体系

（一）评估对象

2019 年项目组对包括省级检察院和 9 个市（州）级人民检察院在内的 10 个检察院进行了评估[①]。

（二）指标体系

该指标体系设计主要参考了中国社会科学院法学研究所法治指数创新工程项目组的“中国检务透明度指数报告”，并从贵州省实际情况出发，制定“贵州省检务透明度测评指标体系”，主要由四大板块构成：基本信息，检务指南，检察活动和统计数据。整个指标体系是在一级指标下面根据实际情况分设二级指标的，每一级指标都设置了各自的权重（见表 1）。比如，根据最高人民检察院出台的《人民检察院案件信息公开工作规定（试行）》（2014 年）、《关于全面推进检务公开工作的意见》（2015 年）等的规定：“各级人民检察院互联网网站应当与人民检察院案件信息公开系统建立链接；人民检察院应当及时向社会公开发布按规定需要发布的重要案件信息。”人民检察院案件信息公开系统现已基本被 12309 检察服务中心替代，因此此次的指标设定了“12309 接入”二级指标。根据对检察队伍信息公开的要求，此次增加了考察检察官名录公开情况。根据 2018 年 2 月最高人民法院、最高人民检察院联合出台的《关于检察公益诉讼案件适用法律若干问题的解释》，设置了“公益诉讼”二级指标，考察检察院信息公开平台是否按要求对检察机关拟提起的民事公益诉讼依法进行了公告。

---

① 这 10 个检察院包括贵州省人民检察院、贵阳市人民检察院、安顺市人民检察院、六盘水市人民检察院、遵义市人民检察院、铜仁市人民检察院、毕节市人民检察院、黔西南布依族苗族自治州人民检察院、黔东南苗族侗族自治州人民检察院和黔南布依族苗族自治州人民检察院。

2019 年贵州省检务透明度测评指标体系中，四大板块的权重分别是：基本信息占 20%，检务指南占 30%，检察活动占 30%，统计数据占 20%。

整个指标体系的设置基本上是围绕着《人民检察院案件信息公开工作规定（试行)》（2014 年)、《关于全面推进检务公开工作的意见》（2015 年）来开展的。同时也根据每年对检务公开工作的新要求做了必要的调整。

表 1　2019 年检务透明度测评指标体系

测评指标	具体内容所占比例
基本信息(20%)	①网站建设(20%)
	②微平台客户端(30%)
	③12309 接入(10%)
	④机构职能(20%)
	⑤人员信息公开(20%)
检务指南(30%)	①检务须知(50%)
	②工作流程(10%)
	③与检察机关办案相关的法规及解释(20%)
	④网上服务平台(20%)
检察活动(30%)	①新闻发布会(10%)
	②法律文书(60%)
	③重大案件发布(10%)
	④刑事申诉公开审查(10%)
	⑤公益诉讼(10%)
统计数据(20%)	①工作报告(40%)
	②财政经费信息(30%)
	③办案数据统计(30%)

二　总体测评情况

表 2　被测评各检察院得分情况

序号	检察院	分数	序号	检察院	分数
1	贵州省检察院	70. 50	6	铜仁市检察院	54. 50
2	贵阳市检察院	45. 50	7	黔西南州检察院	56. 00
3	六盘水市检察院	54. 00	8	毕节市检察院	59. 00
4	遵义市检察院	47. 50	9	黔东南州检察院	34. 00
5	安顺市检察院	50. 50	10	黔南州检察院	34. 00

根据评分结果，得分较高的是贵州高院，大部分检察院的得分比较接近。黔南中院的网站处于改版过程中，所以检务公开情况不是很理想。同样，黔东南中院的网页设计存在一些问题，涉及检察业务的内容比较少，没能达到预期目标。

检察院都建立了完善的微信、微博客户端，不管是在贵州省检察院的微博矩阵还是在各检察院的网站上，网民都能便捷轻松地找到两微进入接口，且微博微信的内容或多或少会对网站的内容有所补充和完善，更新也很及时。

对于机构职能和人员信息公开两个指标，被评估的检察院都做得比较好。需要注意的一点是，根据要求除公开机构职能和领导信息以外，检察官也是应该公开的内容之一，有一部分网站在人员信息公开栏目下没有公开本院检察官的信息，所以被扣分。

通过对比其他省市有关检务公开平台的内容来看，被评估检察院信息平台不论是在栏目设置和公开内容上，与《关于全面推进检务公开工作的意见》所提出的检务公开要求还有一定的差距。比如员额检察官名单、相关检察知识、工作流程及一些检务须知等都没有上平台公开。有这一现象的检察院占了很大的比例，也是今后完善平台建设需要引起重视的地方。

（一）检务公开的意识不断增强

在2016年评估结果中，只有5家检察院建立了门户网站，2019年贵州省检察院的矩阵网站充分体现了检察院系统对门户网站和两微建设的重视，检务公开的意识有了很大提升，网站建设质量也有一定提高。

表3　检察院检务公开工作开展历程

年份	检务公开主要工作内容
2014	贵州省检察院官方微博、微信正式开通运行
2015	贵州省检察院在全国检察机关中率先建成开通“贵州检察12309网上网下一体化服务平台”
2016	贵州三级检察机关集体入驻“今日头条”新闻客户端，实现了省市县三级检察院“两微一端”全覆盖
2017	全省三级检察院门户网站矩阵上线

2018 年和 2019 年，各级检察院在原有工作的基础上不断完善检务信息化系统，通过努力和坚持取得了巨大的成绩。

12309 检察服务中心以人民为中心，形成全省检察机关“一个窗口”对外、“一站式”服务的全新工作模式。基本建立了涵盖网站、移动客户端、微信公众号、电话等渠道的，集检察服务、检务公开、接受监督等功能于一体的统一对外的智能化检察为民综合服务网络平台，现已广泛运用于各检察院网站和检察业务服务工作。

很大一部分被评估的检察院在典型案例、理论研究等方面还是有不错的表现，能将案例与理论结合起来分析，说理又说法，从普及法律知识的社会效果来看还是不错的，但是从提高检务工作透明度的角度来说略显不足。

（二）被测评各板块中基本信息公开较好

在被测评的四个板块中，只有基本信息公开得分比较一致，各检察院的差距不大，基本达到检务公开工作对这个板块的要求。

表 4　基本信息板块得分情况

名称	得分(分)
贵州省检察院	17
贵阳市检察院	18
六盘水市检察院	19
遵义市检察院	17
安顺市检察院	16
铜仁市检察院	17
黔西南州检察院	16
毕节市检察院	19
黔东南州检察院	19
黔南州检察院	16

基本信息板块主要包括网站建设、微平台客户端、12309 接入、机构职能和人员信息公开等内容。这个板块是网站建设的基本要求，所以各检察院之间得分差距不大。

（三）贵州省内检察院微博微信影响力排名工作开展及时

2019 年度贵州省检察院关于全省检察机关微博微信影响力排名再度出炉。微博影响力排名结果主要是根据微博覆盖度、传播力和活跃度计算得出，然后对阅读量、微博数、粉丝活跃度、被评论被转发量、点赞数、原创微博数等数据进行赋值，经过严格计算得出分数。

微信影响力排名标准为“WCI”，即“微信传播指数”，根据粉丝活跃度、总阅读量、发布数、原创文章、最高阅读、头条阅读、点赞数等，然后同样经过系统计算得出分数。根据检察院发布的数据，排名前十的检察院统计情况如下。

表 5　2019 年贵州省检察机关微博十强

排名	检察院名称
1	黔南检察院
2	湄潭检察院
3	贞丰检察院
4	金州检察院
5	纳雍检察院
6	三都检察院
6	黎平检察院
8	都匀检察院
9	金沙检察院
10	正安县检察院

资料来源：贵州检察微信公众号，访问日期：2020 年 1 月 3 日。

表 6　2019 年贵州省检察机关微信十强

排名	检察院名称
1	大方县人民检察院
2	沿河检察院
3	桐梓微检院
4	铜仁检察院
5	金沙检察院

续表

排名	检察院名称
6	遵义市人民检察院
7	黔西南州人民检察院
8	七星关区人民检察院
9	黔南检察院
10	碧江检察院

资料来源：贵州检察微信公众号，访问日期：2020 年 1 月 3 日。

新媒体手段在检务公开工作中发挥着越来越重要的作用，特别是微信公众号的建立，使新闻随时更新成为可能。在法律工作者看来，公开的内容从政策法规的变化到相关热点问题的讨论，都能做到公开的及时和广泛的参与，极大地增加了检察院办案活动的透明度，同时也起到良好的法律宣传社会效果，促使公民的法治意识不断提高。

三 存在的问题

表 7 各板块得分情况

名称	基本信息	检务指南	检察活动	统计数据	总分
贵州省检察院	17	25	10.5	17	69.50
贵阳市检察院	18	4.5	6	17	45.50
六盘水市检察院	19	25	4	6	54.00
遵义市检察院	17	6	7.5	17	47.50
安顺市检察院	16	24.5	3	7	50.50
铜仁市检察院	17	24	7.5	6	54.50
黔西南州检察院	16	18	5	17	56.00
毕节市检察院	19	13	11	17	60.00
黔东南州检察院	19	5	0	10	34.00
黔南州检察院	16	8	6	4	34.00

从各板块得分情况来分析，存在的问题主要有以下几方面。

（一）员额检察官信息公示不到位

人员信息公开方面检察官信息公开是网站失分较多的一项。绝大多数网站在机构职能、主要领导信息公开方面做得近乎完美，但是有一部分检察院的网站没有公开检察官特别是员额检察官的信息，所以在测评时予以酌情扣分。

检察官要依法接受法律监督和人民群众监督，所以应将本院检察官的名字、所在部门及检察官级别予以公示公开，以便于更好地接受人民群众监督。

（二）工作流程和检务须知公开程度不够

位于第二板块的这两个指标，主要考察的是检察政务信息。它主要涉及检务工作流程、检务须知和与检察机关司法办案有关的法律法规、司法解释及其他规范性文件。工作流程考察的是程序性告知，检务须知考察的是实体性告知，而程序性告知的很多内容来自检察院内部。作为检察机关，需要对涉及检务工作的、较为专业的规定履行信息公开义务，但是根据测评结果，只有 4 个检察院的分数在 25 分左右，有一半以上的检察院要么没有设置相关栏目，要么有栏目但是没内容，所以失分很严重。

（三）法律文书等信息公开依附性强

人民检察院案件信息公开系统逐渐被“12309 检察服务中心”取代。各检察院网站法律文书、重大案件信息等检务信息公开也逐渐转向依赖12309。

第三板块属于检务公开的重要内容，占总分数的 30% 。但也是整体分数偏低的板块，在 10 分以内的居多，主要原因有两方面。

一是没有法律文书、重大案件发布等相关栏目。有的检察院整个网站找不到相关法律文书和重大案件发布的信息，既没有栏目设置，也没有以其他方式或是其他名称予以展现。

二是部分检察院网站设置了法律文书栏目，但只是接通了 12309 链接，链接进入以后仍然不是本检察院网站的案件信息，而是需要重新输入信息进行几轮筛选后才能查询到相关信息。因此，第三板块的整体评估情况并不乐观。

（四）检察工作中相关数据公开程度不充分

第四板块存在的问题主要是统计数据公开程度不够。这个板块主要涉及检察院工作报告、财政信息和办案数据统计等内容。大部分检察院设有年度工作报告栏并且也公开了，但是仍然有一部分检察院没有上传年度工作报告。办案数据也主要通过年度工作报告予以体现。但是没有工作报告的检察院就无法体现其办案数据及统计工作。

四　完善建议

（一）针对性地开展检务公开工作

按照 2015 年最高人民检察院出台的《关于全面推进检务公开工作的意见》要求，针对性地开展检务公开工作，进一步增强检务透明度。根据前述评估结果，主要不足还是与检察工作相关的内容公开得比较少，而且内容比较散乱，在今后平台完善方面，要尽可能集中整理公开与检察活动相关的实体性内容和程序性内容，便于使用者通过平台更直观地了解相关内容。同时要重视对员额检察官信息的公开透明，便于社会监督。对于与检察工作相关的热点话题、重大案件也要进一步依法加大公开力度。

（二）对网站建设加大财政支持

目前被测评检察院门户网站的页面结构、栏目设置各不相同，也基本涵盖了主要内容，每一个网站都有自己的特点和缺点，希望在页面设置上做到业务内容突出，基本检察业务全体现，人员培训、人员奖惩、财政经费、工作报告等重要内容全公开，围绕着“透明”二字做文章。建立一个稳定且常规运行的门户网站实属不易，但是今后的工作对网站、对新客户端等媒介的需求和依赖程度都会越来越高，在有条件的情况下，可以考虑将财政政策予以倾斜，用于技术人员的引进和培养方面，以壮大检察院信息技术的队伍。

（三）加强智慧检务建设

随着“互联网+”的飞速发展，各种新媒体公共平台不断涌现，客观上推动检察系统信息化技术不断进步。贵州省在大数据应用上走在全国前列，贵州省检察院充分认识到大数据、人工智能等应用在检务工作上的优势。根据贵州省检察院出台的《关于进一步深化大数据应用推进智慧检务建设实施意见》开发的大数据智能辅助办案“工具化”软件，大大提高了办案质量和办案效率。希望在推进检务工作进一步公开的计划中将智慧检务融入现有的各类平台，将检察院办案数据统计工作做到全国领先，体现大数据和智慧检务的完美结合。

B.25

2019年贵州省司法行政透明度指数报告

——以司法行政系统网站信息公开为视角

贵州省社会科学院法治评估创新工程项目组*

摘　要： 贵州省司法行政系统全面推进决策、执行、管理、服务公开，大力推进“互联网+政务服务”，解读回应“三位一体”公开体系建设，推进司法行政信息公开，完善政务公开平台建设，逐步建立健全司法行政公开体系。本文介绍了贵州省司法行政公开的现状和已经取得的成效，深入分析了贵州省司法行政公开发展中存在的问题及其成因，提出了深入推进贵州省司法行政信息公开工作的对策建议，对贵州省各级司法行政部门更好地推进司法行政信息公开工作具有一定借鉴意义。

关键词： 司法行政透明度　信息公开　贵州省

公开透明是现代法治的显著特征和本质要求。2008 年《政府信息公开条例》公布实施以来，贵州省相继出台了规范信息平台建设的政策文件，发布了落实政务公开工作要点的实施方案。在大数据战略的引领下，贵州省信息技术高速发展，贵州省政务公开工作无论在深度和广度上都迈上了新的台阶。贵州省司法行政系统加大政务公开力度，不断扩大司法行政公开范

* 执笔人：王向南，贵州省社会科学院法律研究所助理研究员，贵州省法治研究与评估中心助理研究员。

围，创新公开方式，全方位提升司法行政透明度。为了对贵州省司法行政透明度进行客观评估，贵州省社会科学院贵州省法治研究与评估中心、贵州法治建设评估与创新发展研究项目组（以下简称项目组）联合研发出评估指标体系，以贵州省司法行政系统网站信息公开为视角，选择一定层级的司法行政部门，对贵州省司法行政机关的透明度开展评估。

一 评估对象及评估指标体系

（一）评估对象

2019 年贵州省司法行政透明度测评的对象为 10 个。其中包括省级司法行政部门和 9 个市（州）司法行政部门，即评估对象为贵州省司法厅、贵阳市司法局、遵义市司法局、六盘水市司法局、安顺市司法局、铜仁市司法局、黔西南布依族苗族自治州司法局、毕节市司法局、黔东南苗族侗族自治州司法局和黔南布依族苗族自治州司法局。该指标体系主要参考各个司法行政部门官方网站司法行政工作政务公开情况。由于微博和微信客户端各部门也有开设，2019 年评估以各单位开设的网站为基础，进一步参考了各单位微信微博开通情况，作为综合评分的依据。项目组评估数据采集时间为 2019 年 12 月 1 日至 2020 年 2 月 1 日。

（二）指标体系主要内容

科学合理的指标体系的构建是指数评估的前提和关键。项目组梳理相关法律法规，结合我国政务公开精神和贵州省政务公开要点与贵州省司法厅工作要求，依据 2007 年 4 月 5 日公布、2019 年 4 月 3 日新修订的《中华人民共和国政府信息公开条例》的文件精神，结合贵州省人民政府办公厅于 2019 年 5 月 8 日发布的《关于印发贵州省 2019 年政务公开工作要点的通知》（黔府办函〔2019〕68 号）文件精神，以及 2019 年 7 月 4 日贵州省司法厅发布的《2019 年度政务公开工作要点（实施方案）》主要内容，深入调研贵州省各个司法行政机关政务公开具体实施情况，站在公众及当事人信息需求的角度，制定了“贵州省司法行政透明度测评指标体系”。

指标体系由两级指标体系构成。共涵盖四个一级指标：一是解读回应“三位一体”公开体系建设；二是决策和执行公开；三是司法行政信息公开；四是政务公开平台建设情况。四个一级指标下面又分别对应设置了二级指标，每个二级指标都结合实际情况设置有指标的权重。一级、二级指标及权重构成了整个司法行政的指标体系。

（三）指标体系的构建与解读

（1）一级指标“解读回应‘三位一体’公开体系建设”下设“重要信息发布”“重要政策文件解读”“回应社会关切”“创新解读回应方式”四个二级指标

重要信息发布主要考察司法行政部门有无围绕全省深化改革开放，全力打好三大攻坚战，加强推进大扶贫、大数据、大生态三大战略行动，深入落实“一个统筹四大职能”等方面取得的突出成效，及时通过新闻发布会、专题新闻报道等方式，主动向社会各界介绍各司法行政部门相关工作推进情况，为营造贵州全省上下“团结奋进、拼搏创新、苦干实干、后发赶超”的良好氛围贡献出司法行政力量。

重要政策文件解读是指司法行政机关通过部门网页、微博、微信等平台发布关于司法行政重要政策文件并加大解读力度，积极主动引导舆论。解读的方式主要包括举办新闻发布会、发布解读材料或召开政策吹风会等。注重政策解读的时效性，对于新出台的政策文件要同时出台政策解读文件。根据《贵州省司法厅2019年度政务公开工作要点（实施方案）》规定，“确有必要对政策文件进行解读完善的，最晚在文件发布后的5个工作日发布解读材料。”

回应社会关切主要考察司法行政部门对于关涉公众切身利益、易引发社会关注的政策文件做风险研判、处置预案的情况。对于社会关切重大的舆情回应要关注舆情回应的时效性，根据《贵州省司法厅2019年度政务公开工作要点（实施方案）》规定，“涉及特别重大突发事件的政务舆情，最迟在5小时内发布权威信息，在24小时内举行新闻发布会，其他政务舆情应在48小时内予以回应。”

创新解读回应方式是指司法行政部门通过在线访谈、网络问政等方式，通过微信、微博等新形式，对文件的背景、主要内容、目标任务进行解读说明，也可通过邀请相关专家开展解读，提升解读的准确性、贴近性和专业性。

（2）一级指标“决策和执行公开”下设“推进重要决策公开”“重要部署执行公开”“推行行政执法公示制度”三个二级指标

重要决策公开指的是司法行政部门在相关政策出台或有所调整时，向有关机构、部门开展意见征求工作，推进决策的预公开，如果是涉及公众权益或者公共利益的重大事项，除应依法保密的，还应主动通过门户网站、政务新媒体等途径向社会公布决策依据及决策草案。并通过召开听证会、开展网络意见咨询等咨询协商方式听取公众反馈意见，并及时公布相关意见的采纳情况及理由。

重要部署执行公开是指各司法行政部门要围绕贵州省政府工作报告、年度司法行政工作要点以及年度法治政府建设要点等重大决策事项，依照各部门职责分工，加大对本部门负责的各项工作的执行和落实情况的公开。加强对于督查和审计巡查发现的问题，以及对于相关问题整改落实情况的公开，对于问责情况应积极公开。对于重大决策要主动了解利益相关方和公众对于实施的意见建议，开展执行效果评估，及时对政策进行调整完善，并将有关情况向公众公开。

推行行政执法公示制度主要考察各司法行政部门依据机构改革后的新职能，明确行政执法的主体、权限、职责、依据，编制行政执法事项清单，探索建立群众意见反馈机制的情况，对于执法信息平台是否加强管理维护，是否加强对于行政执法的社会监督。对于执法信息的公示应当具有及时性，根据《贵州省司法厅2019年度政务公开工作要点（实施方案）》规定，“做出执法决定后，要在决定做出之日起20个工作日内，向社会公布执法机关、执法对象、执法类别、执法结论等信息；行政许可、行政处罚执法决定信息除法律、行政法规另有规定的外，要在执法决定做出之日起7个工作日内公开。已公开的行政执法决定被依法撤销、确认违法或者要求重新做出的，应当在3个工作日内从信息公示平台撤下原行政执法决定信息。”

（3）一级指标“司法行政信息公开”下设“重点领域信息公开”“‘放管服’改革信息公开”“民生领域信息公开”“财政资金信息公开”四个二级指标

重点领域信息公开是指司法行政部门对于加强脱贫攻坚、经济高质量发展、生态文明建设等重点领域的信息要加强公开力度。深入推进司法行政部门对于产业精准扶贫和法治扶贫领域信息公开，在司法行政部门门户网站上及时公开脱贫攻坚工作的具体举措、工作目标以及工作实施情况和取得成效等信息。围绕贵州省全力推动经济高质量发展，及时主动公开司法行政部门服务保障贵州省大数据与经济融合发展等方面的信息。

“放管服”改革信息公开是指司法行政部门应当尽快建立完善监督手段。统筹建立健全新型监管机制，将监督检查结果通过网站进行及时公开公示。各级司法行政部门要建立权责清单动态调整更新机制，对于国家法律法规及相关政策要求及时更新调整的，要依照有关规定及时调整并向社会公开。

民生领域信息公开，该指标是指司法行政机关应建立健全重点领域信息清单，将清单信息纳入主动公开目录，对于重点领域信息，应在门户网站上设置相应栏目进行归集公开。对于网民的咨询留言应当建立受理、转移办理和反馈机制，与群众建立良好的互动，为群众提供及时的服务。对于关系民生的重大司法行政事项要建立翔实细致的公示制度，主动接受公众监督。对于行政审批和公共服务事项的办理标准、办理流程、材料要求等事项，要进行规范，在1个工作日内应当通过相关网站对变更后的信息进行及时公开。

财政资金信息公开是指司法行政机关应进一步健全财政预决算等信息的公开制度。通过门户网站或省公共资源交易公共服务平台，及时公开各类公共资源交易信息，推进公共资源配置的流程透明化。

（4）一级指标“政务公开平台建设”下设“推进门户网站优质规范发展”“推进政务新媒体健康有序发展”“加快办事大厅线上线下融合发展”三个二级指标。

推进门户网站优质规范发展，推进实现政府法制和司法行政工作相关的数据、服务和应用相融通，实现司法行政部门门户网站统筹管理、数据共享、资源整合，达到服务更加便民高效的目标。落实互联网意识形态责任制，加强对于门户网站的建设和信息发布审核机制，对于发布信息内容的政策性、政治性进行严格把关。

推进政务新媒体健康有序发展，加强政务新媒体建设，统筹推进政务新媒体与司法行政机关门户网站建设的协同融合发展。充分发挥好新媒体灵活便捷的优势，通过微信、微博等新媒体手段加强推进政务公开、创新社会治理、优化政务服务。加强与中央和省级重点新闻媒体的沟通联系。对于与司法行政机关职能无关的信息不得发布，失当信息造成不良影响的要及时整改。

加快办事大厅线上线下融合发展，在司法政务网站上公开审批服务的事项、办事指南和流程，通过开设热线等方式，提高在线服务水平。

表1　2019年贵州省司法行政透明度指标体系

一级指标及权重	二级指标及权重
解读回应“三位一体”公开体系建设(25%)	重要信息发布(25%)
	重要政策文件解读(25%)
	回应社会关切(25%)
	创新解读回应方式(25%)
决策和执行公开(25%)	推进重要决策公开(40%)
	重要部署执行公开(30%)
	推行行政执法公示制度(30%)
司法行政信息公开(25%)	重点领域信息公开(25%)
	“放管服”改革信息公开(25%)
	民生领域信息公开(25%)
	财政资金信息公开(25%)

续表

一级指标及权重	二级指标及权重
政务公开平台建设(25%)	推进门户网站优质规范发展(40%)
	推进政务新媒体健康有序发展(30%)
	加快办事大厅线上线下融合发展(30%)

二　贵州省司法行政政务公开评估结果

2019年，对十家评估对象评分的平均得分为84.25分，十家评估对象全部得分为70分以上。由评估结果可见，十家评估单位全部达到合格分以上的成绩，平均得分达到八十多分，总的来讲，贵州省司法行政机关较为注重政务公开的建设工作，较好完成了政务公开工作的总体要求，贵州省司法行政公开工作取得了不俗的成绩。得分在90分以上的有贵州省司法厅、黔南州司法局、六盘水市司法局，这三家单位在信息公开的内容和形式方面都较为符合相关政务公开文件的要求，取得了很好的成绩。贵州省司法厅在政务公开工作中取得了最高分，为贵州省司法行政公开树立了标杆和典范。得分较低的司法局也完成了政务公开工作的绝大多数工作，个别领域还需进一步地公开和规范。

表2　2019年贵州省司法行政透明度评估结果

评估对象	解读回应“三位一体”公开体系建设(25%)	决策和执行公开(25%)	司法行政信息公开(25%)	政务公开平台建设(25%)	总分(满分100分)
贵州省司法厅	95	92	90	95	93
遵义市司法局	89	90	95	92	91.5
黔南州司法局	90	93	90	92	91.25
六盘水市司法局	90	90	89	95	91
安顺市司法局	88	88	90	86	88
黔东南州司法局	70	86	89	86	82.75

续表

评估对象	解读回应“三位一体”公开体系建设（25%）	决策和执行公开（25%）	司法行政信息公开（25%）	政务公开平台建设（25%）	总分（满分 100 分）
贵阳市司法局	80	88	75	85	82
铜仁市司法局	72	85	70	80	76.75
黔西南州司法局	65	86	68	76	73.75
毕节市司法局	68	82	70	70	72.5

三 贵州省司法行政政务公开评估的亮点

（一）构建常态化公示机制

作为公共服务的提供者，司法行政部门应当主动公开其部门职能、机构设置等基本信息。评估结果显示，贵州省司法行政机构的基本信息公开情况良好，10 家评估对象均对其基本信息进行了较为全面的公示。10 家评估对象均在其网页上设置有重要新闻信息发布栏目，对本部门的日常行政执法工作动态等重要信息进行了及时发布，新闻信息具有较好的丰富性和时效性。还有司法行政部门在做好本机关的工作信息发布的基础上，在网页上设置各区县司法局的动态发布，较好地推动了本市州司法行政系统的信息公示工作。10 家测评对象都设置有通知公告一栏。对于评奖评优、人事任免聘用、采购、业务办理、行政处罚决定等司法行政执法的重要事项进行告知，对本部门所作重要行政执法结果进行公开。

对于财务信息的公开也已经成为常态，有 9 家评估单位积极对年度预决算信息和“三公”经费信息进行了公开，也有部门对下辖机构的财务信息进行了公开。例如，六盘水市对于六盘水强制隔离戒毒所和六盘水市公证处的部门决算和“三公”经费预算进行了公开，并公开了六盘水市司法局车辆耗油一览表。

共有7家司法行政机构网站开设有专门的“政策解读”一栏，对贵州省主要经济社会发展的主要工作、上级司法行政部门发布的法律法规等重要政策文件，以及本部门的司法行政政策开展了积极的发布与解读。贵州省司法厅设置了“解读回应”一栏，下设“政策解读”“回应关切”“新闻发布会”“在线访谈”四个子栏目，对于涉及公众利益、公众需知晓参与的事项进行了公开。对上级司法机关发布的政策解读信息进行积极转载，有多家评估对象在门户网站上设置了上级司法行政部门和省内相关部门的网页链接，用户可直接点击进入相关网站，了解司法行政动态及大政方针等信息。

（二）强化公共服务，着力改善民生

10家评估对象中共有8家开设了公共服务栏目，其中有一家虽开设该栏目，但并未提供实质上的有效服务信息，故有7家评估对象设置了完善的网上办事通道。有的部门直接把公共服务的所需信息详实地列举在网页上，供公众查询。有的部门把办事通道链接到贵州政务服务网上，集中提供各类办事指引，进行集约化办公。其中，网上服务栏目设置较好的有黔南州司法局、六盘水市司法局和贵州省司法厅等。

黔南州司法局门户网站“公共服务”的“查询服务”一栏，有公证机构、公证员、律师、律师事务所、法律援助中心、法律援助工作者、司法鉴定机构、司法鉴定人员、基层法律服务所、基层司法所、专业调解人民委员会等信息列出，可供查询，内容更新较为及时，可供相应信息查询。“公共服务”下还设置“热点服务”，对群众关心的常见热点问题进行解答。六盘水市司法局门户网站“网上办事”一栏中设置了“表格下载”“部门办事”“常见问题”“行业知识”四个子栏目，其中“表格下载”一栏对于群众办理业务所需表格公布较全。“部门办事”一栏直接链接到贵州政务服务网上。“常见问题”一栏中对于群众所需咨询的问题做了具体罗列和解答。在“行业知识”一栏中对司法行政工作中相关的法律法规进行了公示。黔南州司法局和六盘水市司法局均为群众及时获得相关服务提供了较好的信息保障。

（三）创新举措加强信息公开

贵州省司法行政政务公开工作中，既注重对法律法规的解读和重要信息的解读，也注重解读方式的创新和对社会群众关切的回应。测评对象中均开设了部门门户网页和微博，其中有9个测评对象开设了部门微信公众号。贵州省司法行政部门通过多种渠道、多种手段加大司法行政信息的公开力度，对于司法政策的解读和司法信息的公开都产生了积极的影响。

在充分发挥门户网站政务公开优势的基础上，各司法行政部门加强政务新媒体建设，多渠道开展宣传和政务公开工作，丰富和创新了对法律法规政策的解读方式。其中，贵州省司法厅在政务新媒体建设中取得了较好的成绩，通过微博账号“贵州司法”对十余场重大会议进行了直播，全省律师工作会议的点击率高达70余万次。贵州省司法厅开设了“贵州司法”今日头条号，该账号被评为“全国最具影响力司法头条号”，开通了“黔微普法”的公众号，关注人数也达到140余万人次。在编制立法计划过程中，贵州省司法厅通过贵州日报、门户网站、微信公众号等平台邀请社会各界提出立法项目建议并对立法项目进行投票推选，共有10万余名公众关注支持，投票数达60万张。安顺市司法局开通了安顺普法手机报，并开设了“瀑乡”的抖音账号进行信息发布和解读。遵义市司法局开设了遵义司法今日头条，值得一提的是，遵义市司法局的微博拥有关注人数14万余人。以上举措均很好地拓展了政务信息的发布渠道，加大了对国家和省级层面法律政策等重要信息的解读力度，有效扩大了司法政务公开的覆盖面，增加了不同受众群体的司法政务信息知晓率。

四　问题与展望

贵州省司法政务公开目前存在的问题主要体现在门户网站功能设置上，栏目内容设置还需进一步优化，网上互动交流和办事服务能力还需进一步增强。贵州省司法政务系统还需不断扩大网络平台政务服务公开范围，细化公开内容，提升司法政务网络服务水平，推动建设人民群众满意的公共服务体系。不断增强司法行政工作的透明度和公信力，努力满足人民群众对司法行政信息公开的需求，为转变政府职能，提升服务效能，建设服务型、法治型政府机关，建设“法治贵州”发挥积极作用。

（一）完善栏目板块，健全信息公开机制

评估中有3家司法行政部门未依照行业业务服务范围设置网页板块，也有评估对象存在着更新信息不全面、更新信息不及时的问题，个别司法行政部门的部分栏目存在着信息发布时间较为集中、突击发布信息的情形。有的司法行政部门未发布年度工作总结、有的部门未公开财务信息，未完成条例政策要求的指定任务。总的来讲，一些司法行政部门对公开的范围和标准缺乏清晰的认识，导致公开范围与相关政务公开政策的规定和公民的公开需求之间还存在一定差距。认真对照条例规定的公开内容要求和贵州省发布的政务公开工作要点及其实施方案，可以将本部门的具体职能建立栏目板块，完善信息公开内容。司法行政部门要提高认识，加强业务培训，及时更新相关信息，注重司法行政信息更新的时效性。

（二）丰富信息公开载体形式

目前各评估单位注重对部门新闻动态和职能工作动态的公开，对于重要信息的解读发布和重要决策执行的公开形式有待进一步丰富。征集调查、新闻发布会、听证座谈等形式鲜有采用。对于涉及群众公共利益的，司法行政部门要广泛通过召开新闻发布会、专家论证咨询会、利益相关群众听证会等多种形式进行公开。要通过采用图标、图片、视频等方式对政策进行解读，重要部署执行进行公开。本着“应公开尽公开”的原则，对于需要公众广泛知晓、关涉公众利益或需要公众参与决策的应全面实施政务公开。《贵州省司法厅2019年度政务公开工作要点（实施方案）》规定：要通过召开新闻发布会、组织专题新闻报道等方式主动加强重要信息发布，对于重要决策的决策草案、决策依据和预期效果要及时公布，并通过网络

征集、听证座谈、媒体沟通、咨询协商等形式广泛听取公众意见并反馈意见采纳情况及理由。

（三）加强便民服务业务信息更新

统观评估对象，司法行政部门对于公众参与和办事服务等栏目的建设是较为薄弱的环节，公众参与和办事服务栏目往往会出现更新不及时的现象，门户网页除了对本部门开展工作进行业务宣传，也应注重办事大厅线上线下的融合，公开征求群众意见，主动了解群众需求，真正实现让数据多跑路，让群众少跑腿。根据《国务院办公厅关于印发〈政府网站集约化试点工作方案〉的通知》（国办函〔2018〕71 号）精神，国务院办公厅明确贵州省是政府网站集约化的试点省份。根据文件要求，贵州省实行全省政府网站100%的整合迁移上线，评估中司法行政系统门户网站均可直接链接到贵州政务服务网，公民申请的事项导办可以在政务服务网上办理。此举实现了信息资源共享集约，深入推进政务公开工作。但网上互动交流和办事服务功能还需进一步加大公开力度，为实现新时代治理能力提升提供司法行政信息化支撑和保障。

政策法治篇

Policy and the Rule of Law

B.26

贵州省优化营商环境政策法治研究*

王　飞**

摘　要： 2019年贵州省继续致力建设服务和效率高于周边、成本和负担低于周边的营商环境，以市场主体需求为导向，积极营造稳定、公平、透明、可预期的良好环境，丰富了优化营商环境的政策法治体系，推进了优化营商环境行政服务，加强了营商环境司法保护。下一步，贵州省将更加制度化地优化营商环境，加大产业大招商力度，提升民间投资便利化水平，强化营商环境整治，健全营商环境评价体系。

关键词： 营商环境　评价体系　贵州

---

* 本文得到2020年度“贵州省哲学社会科学创新工程”（项目编号：20CXGCZD09）和贵州省法治研究与评估中心项目资助。

** 王飞，贵州省社会科学院法律研究所研究员、贵州省法治研究与评估中心研究员。

2019 年贵州省继续致力建设服务和效率高于周边、成本和负担低于周边的营商环境，对标国际一流标准和国内先进经验，以深刻转变政府职能为核心，以市场主体需求为导向，积极营造稳定、公平、透明、可预期的良好环境，有力地助推贵州民营经济、民营企业发展。2019 年上半年，贵州全省民营经济占全省 GDP 比重达到 56%，增加值同比增长 9.5%，总计完成近 4050 亿元。截至 2019 年 11 月 30 日，贵州全省市场主体首次突破 300 万户，总量达到 300.23 万户。① 良好的营商环境是民营经济高质量发展的重要保障，本文从此切入考察 2019 年贵州省优化营商环境政策法治建设情况，并对 2020 年贵州省优化营商环境政策法治建设方向做出预判。

一 优化营商环境政策法治体系进一步丰富

（一）国家层面营商环境政策法治体系的完善

1. 中共中央、国务院出台《关于营造更好发展环境支持民营企业改革发展的意见》

2019 年 12 月，中共中央、国务院《关于营造更好发展环境支持民营企业改革发展的意见》提出“优化公平竞争的市场环境”“完善精准有效的政策环境”“健全平等保护的法治环境”“鼓励引导民营企业改革创新”“促进民营企业规范健康发展”“构建亲清政商关系”等 8 个方面政策内容，包括“进一步放开民营企业市场准入”“实施公平统一的市场监管制度”“强化公平竞争审查制度刚性约束”“破除招投标隐性壁垒”“进一步减轻企业

① 2019 年 1～11 月，贵州全省新设立市场主体 57.51 万户，平均每天新设立市场主体 1721 户，其中新设立企业 380 户。贵州民营市场主体注册资本 3.99 万亿元，同比增长 11.8%，占全省市场主体注册资本的 60.27%。全省规模以上民营工业企业主营业务收入 2305.8 亿元，同比增长 1.9%。全省民间固定资产投资（口径为计划总投资 500 万元及以上）同比增长 12.1%，同比提高 4.3 个百分点，占全省固定资产投资比重 37.5%，同比提高 4.5 个百分点。参见贵州省人民政府网在线访谈，《支持民营经济加快发展》，http：//www.ddcpc.cn/2019/first_ 0904/3620.html，最后检索日期：2020 年 1 月 3 日。

税费负担”“健全银行业金融机构服务民营企业体系”“完善民营企业直接融资支持制度”“健全民营企业融资增信支持体系”“建立清理和防止拖欠账款长效机制”“健全执法司法对民营企业的平等保护机制”“保护民营企业和企业家合法财产”等28条政策措施。《关于营造更好发展环境支持民营企业改革发展的意见》系中央首次专门就民营企业改革发展制定的纲领性文件。这份文件提出的政策措施可谓干货满满，含金量高，将进一步支持引导推动民营经济、民营企业高质量发展壮大。

2. 全国人大会议通过《外商投资法》

2019年3月，十三届全国人大二次会议通过《外商投资法》，自2020年1月1日起施行。《外商投资法》包括总则和附则共6章42条，对“投资促进”“投资保护”“投资管理”“法律责任”等内容进行了规范。《外商投资法》确立了新型外商投资法律制度的基本框架，重塑了外商投资法律体系，自《外商投资法》实施之日起，原有的《外资企业法》《中外合作经营企业法》《中外合资经营企业法》（俗称“外资三法”）废止。《外商投资法》对“外商外资”“外商投资企业”进行了界定，明确了外商投资促进、外商投资保护、外商投资管理等制度规范。《外商投资法》的实施，将为推进更高水平对外开放提供更强有力的法治保障。

3. 国务院公布《外商投资法实施条例》

2019年12月，国务院公布《外商投资法实施条例》，自2020年1月1日起施行。作为《外商投资法》的配套法规，《外商投资法实施条例》根据《外商投资法》的立法原则和宗旨，进一步细化《外商投资法》确定的制度规定，进一步强调鼓励和促进外商投资，细化外商投资促进具体措施，加强外商投资保护力度，规范外商投资管理。自《外商投资法实施条例》施行之日起，《中外合资经营企业法实施条例》《外资企业法实施细则》《中外合资经营企业合营期限暂行规定》《中外合作经营企业法实施细则》废止。《外商投资法实施条例》增强了《外商投资法》规定制度的可操作性，有利于进一步保障《外商投资法》的有效实施，进一步优化外商投资环境。

4. 国务院制定《优化营商环境条例》

2019 年 10 月，国务院公布《优化营商环境条例》，自 2020 年 1 月 1 日起施行。《优化营商环境条例》含总则和附则共 7 章 72 条，围绕“市场主体保护”“市场环境”“政务服务”“监管执法”“法治保障”5 个方面，对营商环境的痛点、难点、堵点等问题做出相应规定。该条例基于增强微观主体活力、持续深化改革、巩固改革成果的立法考虑，对“营商环境”的概念进行了界定并对健全公平开放透明的市场规则进行了制度设计，确立了对各类市场主体一视同仁的营商环境基本制度规范。根据该条例的有关规定，企业得到市场准入和退出更加容易、税费成本更低、融资更容易（尤其是小微企业）、办事更便捷、竞争更公平等发展利好。作为首部优化营商环境的专门性行政法规，该条例的颁行是我国深化“放管服”改革的必然要求，标志着我国营商环境建设全面进入法治化轨道，有利于对照国际标准推动我国的营商环境建设。

5. 中共中央办公厅、国务院办公厅出台《关于加强金融服务民营企业的若干意见》

2019 年 2 月，中共中央办公厅、国务院办公厅《关于加强金融服务民营企业的若干意见》提出“加大金融政策支持力度，着力提升对民营企业金融服务的针对性和有效性”“强化融资服务基础设施建设，着力破解民营企业信息不对称、信用不充分等问题”“完善绩效考核和激励机制，着力疏通民营企业融资堵点”“积极支持民营企业融资纾困，着力化解流动性风险并切实维护企业合法权益”等 5 方面政策内容，包括“实施差别化货币信贷支持政策”“加大直接融资支持力度”“提高金融机构服务实体经济能力”“采取多种方式健全地方征信体系”“抓紧建立‘敢贷、愿贷、能贷’长效机制”“有效提高民营企业融资可获得性”“提高贷款需求响应速度和审批时效”“增强金融服务民营企业的可持续性”等 18 条政策措施。这些政策措施的出台，有利于缓解民营企业特别是中小微企业融资难融资贵问题，推进民营经济民营企业高质量发展。

（二）贵州省营商环境政策法治体系的完善

2019 年 6 月，贵州省政府办公厅印发《贵州省营商环境优化提升工作方案》（黔府办发〔2019〕12 号）。该方案根据第三方对贵州营商环境评估所发现的问题，对“开办企业”“办理建筑许可”“获得用电用气用水”“登记财产”“获得信贷”“纳税”“跨境贸易”“政务服务”“市场监管”“保护中小投资者权益”“执行合同”“办理破产”“知识产权保护”“劳动力市场监管”“政府采购”“招投标”等方面提出 45 条措施。这些措施，对优化营商环境指标作了量化，在内容上涵盖企业创办、日常运营、融资支持、退出市场等生命周期的 5 个阶段，有利于进一步破除制约企业发展的机制体制障碍，激发市场活力和社会创造力，促进贵州省民营经济民营企业做大做强做优。

二　优化营商环境行政服务进一步推进

（一）贵州省政府工作报告提出明确目标

2019 年贵州省政府工作报告提出，全面落实“1 +6”政策文件，深入实施六大专项行动，坚决破除制约民营经济发展的各种壁垒，为民营企业打造公平竞争环境，解决好政府部门和国有大企业拖欠民营企业款项等问题，放宽民间投资准入，确保完成民间投资 6500 亿元，民营经济占地区生产总值比重提高到 57% 左右。

（二）持续开展服务民营企业、民营经济发展工作

2019 年贵州省深入实施服务民营经济六大专项行动，不断落实国家减税降费政策以及降成本措施，清理拖欠民营企业、中小企业账款，切实为企业减负，共计为实体经济企业降低用能、税费、融资、物流、制度性交易成本等 685 亿元。

1. 优化市场监管营商环境

围绕“放管服”改革要求，贵州省立足市场监管职能出台22条措施，建成全省企业开办“一网通办”平台，实现企业设立登记、印章刻制、申领发票等事项“一次提交、信息共享、同步办理、限时办结”，提前实现《贵州省政府工作报告》提出的“将企业开办时间压缩至3个工作日以内”目标①，市场准入进一步便利化，“双随机、一公开”监管力度进一步加大②，公平有序市场环境进一步优化。③

2. 降低企业社会保险费率

根据《国务院办公厅关于印发降低社会保险费率综合方案的通知》（国办发〔2019〕13号）、《贵州省政府办公厅关于印发贵州省降低社会保险费率综合方案的通知》（黔府办函〔2019〕62号）的规定和要求，贵州省社会保险费率调减主要涉及企业基本养老保险、失业保险、工伤保险三个方面，自2019年5月1日起，企业职工基本养老保险单位缴费费率在原来由

① 2019年贵州实现全省企业平均开办时间压缩至2.2天，较国家规定年内实现5天的目标少2.8天。企业网上注销专区上线运行，实现企业注销“一网”服务。有序推进食品经营许可改革，压减证明事项5项，许可时限缩短至12个工作日。进一步深化工业产品许可证改革，取消13类产品许可证管理，将2类许可压减合并统一管理，稳妥实施1类许可转强制认证，对77家许可证申报企业免予发证前产品检验，对39家新发证企业实施后置现场审查或例行检查。检验检测机构资质认定的审批承诺时限实现压缩1/4的预定目标，承诺时限低于12天，较国家规定时限少10天。参见贵州省人民政府网在线访谈，《加强市场监管确保放心消费》，http：//www.ddcpc.cn/2019/first_1206/3897.html，最后检索日期：2020年1月5日。

② 贵州省级34个部门、市县两级2823个单位，353.19万检查对象、6.98万执法人员全部被纳入省双随机一公开监管平台动态管理。2019年，贵州全省市场监管系统共进行双随机抽查任务2678次，抽取检查对象45473户，占全省存续企业6.46%，选派执法人员28950人次，已录入并公示抽查结果42367户。参见贵州省人民政府网在线访谈，《加强市场监管确保放心消费》，http：//www.ddcpc.cn/2019/first_1206/3897.html，最后检索日期：2020年1月5日。

③ 贵州省2019年清理存量市场监管政策措施13248件，其中调整304件、废止464件；增量政策审查15968件，调整出台174件；加强价格监督检查和反垄断执法，全年组织实施了不动产登记、物流、殡葬、涉企、教育、进出口环节收费和农民工培训、铁路货运、电网和转供电、环保电价、医疗服务价格以及不正当价格行为等价格（收费）专项检查。参见贵州省人民政府网在线访谈，《加强市场监管确保放心消费》，http：//www.ddcpc.cn/2019/first_1206/3897.html，最后检索日期：2020年1月5日。

20%降至19%的基础上，又降至16%；失业保险继续实施1%总费率（从2019年5月1日起至2020年4月30日止）；工伤保险继续以现行八类行业基准费率为基础下调20%，降费效果明显。[①]

3. 落实企业减税政策

贵州省开展税务系统“规范管理年”活动，大力服务民营企业发展。一是进一步降低企业的税费成本，2019年新出台政策减税109.38亿元，其中深化增值税改革减税74.39亿元（增值税减免67.30亿元，城建税及两个附加减免7.09亿元），小微企业普惠性政策新增减税27.09亿元，减税预期实现。[②] 二是进一步落实支持小微企业发展的普惠性税收减免措施，取得覆盖面广、减税额大[③]的较好效果。三是进一步推广银税贷，贵州省税务局与18家商业银行签订银税互动协议，基于纳税人纳税信用推出近30种银税贷

① 2019年1～9月，贵州省共减轻企业社保缴费负担32.85亿元，其中，减少企业职工基本养老保险20.01亿元、失业保险10.91亿元、工伤保险1.93亿元。在企业职工基本养老保险方面，按费率从19%降至16%计算，300人以上大型或较大企业减轻社保缴费负担10.47亿元，300人以下中小微企业减轻社保缴费负担9.54亿元。在失业保险方面，按原始费率从3%降至1%计算，300人以上大型或较大企业减轻社保缴费负担5.58亿元，300人以下中小微企业减轻社保缴费负担5.33亿元。在工伤保险方面，按现行八类行业基准费率下调20%计算，300人以上大型或较大企业减轻社保缴费负担1.18亿元，300人以下中小微企业减轻社保缴费负担0.75亿元。参见贵州省人民政府网在线访谈，《社保降费减负政策全面实施社会效益逐步显现》，http://www.ddcpc.cn/2019/first_1112/3799.html，最后检索日期：2020年1月8日。

② 截至2019年10月征期结束，贵州省增值税减税规模达94.84亿元，占全部新增减税的50.6%，占比较1～5月累计提高7.9个百分点。民营企业和个体经营者合计减税21.74亿元，占小微企业普惠性减免政策全部减税额的80.25%。参见贵州省人民政府网在线访谈，《减轻企业税收负担促进国民经济健康发展》，http://www.ddcpc.cn/2019/first_1205/3885.html，最后检索日期：2020年1月9日。

③ 贵州省增值税小规模纳税人免税标准从月销售3万元提升至10万元后，享受免税优惠的小规模纳税人达到6.07万户；小型微利企业标准放宽后，实际享受到企业所得税减免优惠的纳税人达到4.23万户，享受六税两费减征政策的纳税人累计达78.35万户。贵州省增值税小规模纳税人免税标准从月销售3万元提升至10万元后，户均累计减免增值税13546元；小型微利企业所得税优惠提标扩围后，实际享受的小型微利企业，户均累计减免所得税19506元，享受六税两费减征政策的纳税人户均累计新增减税1356元。参见贵州省人民政府网在线访谈，《减轻企业税收负担促进国民经济健康发展》，http://www.ddcpc.cn/2019/first_1205/3885.html，最后检索日期：2020年1月9日。

产品，实现信用贷款的“秒批”“秒贷”。①

4. 清理拖欠民营企业中小企业账款

贵州省重视清理拖欠民营企业中小企业账款工作，召开了全省清理拖欠民营企业中小企业账款工作电视电话会议，细化安排清欠工作任务，制定了《清理拖欠民营企业中小企业账款工作实施方案》和《清偿拖欠民营企业中小企业账款工作实施方案》，将“服务民营企业省长直通车”平台作为受理拖欠民营企业中小企业账款问题的投诉电话、网络平台面向社会公布，定期组建工作组到各地开展专项督查和审计，督促地方政府履行协议和合同，杜绝边清边欠，清了又欠和“新官不理旧账”等现象。

（三）推进营商环境监督整治工作

贵州省继续推进营商环境监督整治。依托“服务民营企业省长直通车”，及时回应民营企业诉求。截至2019年8月底，“服务民营企业省长直通车”累计接到全省民营企业、中小企业相关人员有效来电来信648件，办结回复率保持在80%左右，对企业反映的省内有关地方不履行招商引资承诺等26个重点问题进行现场核实、重点督办。继续按照世界银行营商环境评估标准对全省88个区县营商环境进行第三方评估、排名和公开发布。聘请403名媒体和企业一线人员担任义务监督员，对全省营商环境情况进行监督。加大对破坏营商环境案件的查处力度，2019年贵州省共查处前述案件46件，问责处理66人，通过媒体曝光典型案件32件。

三　营商环境司法保护进一步加强

（一）国家层面的营商环境司法保护

2019年12月，最高人民法院发布《关于适用〈中华人民共和国外商投

① 截至2019年9月，贵州省有19405户中小微企业和个体工商户凭借税务信用获批贷款272.3亿元。参见贵州省人民政府网在线访谈，《减轻企业税收负担　促进国民经济健康发展》，http://www.ddcpc.cn/2019/first_1205/3885.html，最后检索日期：2020年1月9日。

资法〉若干问题的解释》（法释〔2019〕20号），对外商“投资合同”进行了界定，并区分了不同“投资合同”的效力认定，还对港澳台投资者以及定居在国外的中国公民在大陆投资产生的相关纠纷案件的法律适用问题做出了规定。该司法解释的出台，强化了平等保护中外投资者合法权益的司法手段。2019年12月，最高人民法院发布《关于在执行工作中进一步强化善意文明执行理念的意见》（法发〔2019〕35号），提出“严禁超标的查封和乱查封”“依法适当采取财产变价措施”“充分用好执行和解及破产重整等制度”“严格规范纳入失信名单和限制消费措施”“加大案款发放工作力度”等善意文明执行措施和要求，为经济社会发展提供更加优质的司法服务和保障。2019年11月，最高人民法院发布《关于审理行政协议案件若干问题的规定》（法释〔2019〕17号），对“行政协议”进行了界定，并对公民、法人或者其他组织就行政协议提起行政诉讼的处置进行了规定。最高人民法院还发布了《行政协议案件典型案例》，公布了包括某纸业有限公司诉某县人民政府不履行行政协议案、蒋某某诉某高新区管理委员会等行政协议纠纷案、成都某科技有限公司乐山某科技有限公司诉某区人民政府解除投资协议并赔偿经济损失案、某燃气有限公司诉某市人民政府等特许经营协议纠纷案、王某某诉某旅游度假区管理办公室房屋搬迁协议案、崔某某诉某县人民政府招商引资案、某商贸有限公司诉某区人民政府拆迁行政合同案、某金属精密铸造厂诉某县人民政府搬迁行政协议案、某燃气有限公司诉某市人民政府解除特许经营协议案、徐某某诉某市人民政府房屋补偿安置协议案等10个涉及行政协议纠纷的参考案例，为同类型行政协议案提供可借鉴的审判思路，推进优化法治化营商环境。

2019年1月，最高人民检察院发布《首批涉民营企业司法保护典型案例》，公布了包括黄某、段某职务侵占案，A国际贸易有限公司、刘某拒不支付劳动报酬案，吴某、黄某等虚开增值税专用发票案，江苏A建设有限公司等七家公司及其经营者虚开发票系列案等典型案例，体现了依法保护民营企业财产权、依法及时变更强制措施帮助民营企业恢复生产经营、依法保护劳动者合法权益与促进民营企业守法经营结合、对处于从属地位且被动实施犯罪的民营企业依法从宽处理等营造良好营商环境的司法理念。

（二）贵州省加强营商环境司法保护

2019 年 4 月，贵州省高级人民法院公开发布《贵州法院知识产权司法保护典型案例（2018 年）》和《贵州法院知识产权司法保护状况（2018 年）》白皮书，公布了深圳某文创股份有限公司与贵州某餐饮管理有限公司著作权侵权纠纷案，某管业（上海）有限公司、贵州某管业有限公司诉某管业（深圳）有限公司商业诋毁纠纷案，香港某珠宝公司诉六盘水工商局商标行政管理纠纷案，陈某、吴某龙、吴某友等人犯假冒注册商标罪案。公布的白皮书和典型案例显示，贵州法院不断优化鼓励创新的法治环境，为推进民营经济发展提供强有力的司法保障。

2019 年 9 月，贵州省人民检察院和贵州省工商联联合召开“服务保障民营经济发展检察长·董事长座谈会”。贵州省检察院负责人在会上提出，重点围绕民营企业反映强烈的执法司法突出问题，减少对企业正常经营的不当影响，推动民营企业规范管理依法经营。会议还通报了贵州省检察机关依法保护企业家合法权益工作情况。2019 年 12 月，贵州省高级人民法院、贵州省人民检察院、贵州省公安厅、贵州省工商联联合召开“服务保障民营经济高质量发展座谈会”，研究和商议优化法治化营商环境的具体举措和办法。会议听取了民营企业等提出的意见建议，通报了贵州省工商联与贵州省公检法三家机关联系协作机制的运行情况。

四 贵州省优化营商环境政策法治建设展望

2020 年是贵州省脱贫攻坚决胜之年。2020 年贵州省政府工作报告提出：“着力打造服务和效率高于周边、成本和负担低于周边的营商环境新高地”“全面落实放宽民营企业市场准入的政策措施”“建立清理和防止拖欠民营企业中小企业账款长效机制”“深入实施服务民营企业六大专项行动”，实现民间投资5200亿元左右。这是贵州省下一步优化营商环境政策法治工作重点。因此，有必要从以下几方面拓展相应政策法治建设内容，力争取得更好的政策法治效果。

一是进一步推进《关于营造更好发展环境支持民营企业改革发展的意见》《外商投资法》《外商投资法实施条例》《优化营商环境条例》等法律法规规范性文件贯彻落实，强化宣传、学习、培训工作，推动相应配套细则措施出台落地，进一步制度化地优化提升贵州营商环境。

二是进一步加大产业大招商力度。紧紧围绕“强基固本、重心下沉、手臂外伸、服务上门”16个字谋划和推进贵州省产业大招商的工作。进一步从主要依赖政府投资向社会产业型投资转轨变型。围绕产业园区大招商，大力开展产业大招商，大力发展产业型经济。加强产业招商的精准性，通过产业链招商让企业有更好的生存环境，形成对应的产业链条。

三是进一步完善招商引资标准化流程和体系，提升民间投资便利化水平。围绕畅通政企对接渠道、提升投资意愿响应和项目落地效率，建立一套详细的招商引资项目投资流程，进一步在全省形成一个电话诉求、一个专班响应、一套办理流程的规范化、标准化项目落地响应工作体系。

四是进一步加大营商环境整治力度，厚植营商环境“土壤”。继续狠抓政府诚信建设，将优化营商环境工作纳入年度目标责任考核体系和营商环境建设工作纳入日常监督检查，建立督查制度，强化监督检查。继续加大对破坏营商环境行为的惩处和责任追究力度，对不作为乱作为、破坏营商环境的人和事实行“零容忍”，发现一起、查处一起、曝光一起。探索建立营商环境红黑榜，对支持贵州省营商环境建设的单位和个人进行表扬。

五是继续按照市场化、法治化、国际化要求，对标先进地区营商环境建设标准，建立大数据评价可视化系统和第三方数据核验机制，健全营商环境评价体系。继续委托第三方开展评估考核，评估结果能客观反映各区县市优化营商环境的工作成效。

B.27
贵州省防范化解金融风险政策法治研究*

课题组**

摘 要： 近年来贵州省在防范化解金融风险政策法治建设上突出维护地方金融安全稳定、提升金融监管能力等工作重点，加强清理整顿各类交易场所，防范化解非法集资风险，推动网贷机构分类处置和防范化解风险，地方金融监管取得了较好的成效。下一步，贵州省需要进一步促进地方金融监管体制改革的落地落实，抓紧推动《贵州省地方金融监督管理条例》的地方立法工作，通过地方性法规形式明确地方金融监管主体、对象、措施、责任等，实现地方金融监管工作有法可依。进一步强化落实属地管理，压实地方金融监管部门主体责任，建立健全地方金融监管和风险防范处置联动机制；压实地方金融机构的主体责任，提高地方金融机构风险管控能力和合规经营水平。

关键词： 防范化解 金融风险 贵州

贵州省在防范化解金融风险政策法治建设上，突出维护地方金融安全稳定、提升金融监管能力等工作重点，开展金融风险排查化解攻坚战，推动网

* 本文得到2020年度贵州省社会科学院“贵州省哲学社会科学创新工程”（项目编号：20CXGCZD09）和贵州省法治研究与评估中心项目资助。

** “贵州省防范化解金融风险政策法治研究”课题组，执笔人：王飞，贵州省社会科学院法律研究所研究员、贵州省法治研究与评估中心研究员。

贷机构分类处置和防范化解风险，加强小额贷款公司、融资担保公司、区域性股权市场等 8 类监管机构的市场准入、运营管理、高管管理、风险防控、市场退出等制度体制机制建设，地方金融监管取得了较好的成效。本文以防范化解金融风险为切入点，分析近年来贵州省防范化解金融风险政策法治建设情况，并预判贵州省下一步防范化解金融风险政策法治建设方向。

一　清理整顿各类交易场所

（一）近年来国家层面的清理整顿各类交易场所政策法治规定

2011 年 11 月，国务院发布《关于清理整顿各类交易场所切实防范金融风险的决定》（国发〔2011〕38 号），提出清理整顿各类交易场所，防范系统性、区域性金融风险。2012 年 1 月，国务院下发《关于同意建立清理整顿各类交易场所部际联席会议制度的批复》（国函〔2012〕3 号），明确建立清理整顿各类交易场所部际联席会议制度。2012 年 2 月，证监会牵头召集的清理整顿各类交易场所工作会议暨部际联席会议第一次会议召开，会议提出开展清理整顿工作的主要思路和启动实施清理整顿工作方案的具体安排。2012 年 7 月，国务院办公厅下发《关于清理整顿各类交易场所的实施意见》（国办发〔2012〕37 号），进一步限定本次清理整顿的范围，对权益类交易、大宗商品中远期交易以及其他标准化合约交易的概念和交易类型进行了界定，明确应予以清理整顿的交易场所及其分支机构情形。2012 年 7 月，证监会牵头召集的清理整顿各类交易场所工作会议暨部际联席会议第二次会议召开，会议就贯彻《关于清理整顿各类交易场所的实施意见》进行部署。2016 年 12 月，清理整顿各类交易场所部际联席会议办公室发出《关于地方交易场所涉嫌非法证券期货活动风险提示函》（清整联办〔2016〕12 号），指出“一些地方交易场所通过验收后违规行为‘死灰复燃’，有的还涉嫌非法证券期货活动”。建议各省（区、市）政府严格做好辖区内交易场所的清理整顿工作，加强对交易场所的日常监管。2017 年 1 月，证监会牵头召集的清理整顿各类交易场所部际联席会议第三次会议召开，会议研究清理整顿各类交易场所“回头看”工作，会议建议各省级政府要继续认真落实属地监管责任，坚决防止发生区域性金融风险。2019 年 7 月，证监会牵头召集的清理整顿各类交易场所部际联席会议第四次会议召开，会议提出切实减少交易场所数量，按类别有序整合合法合规但业务范围重叠的交易场所，原则上不得给未完成清理整顿各类交易场所工作任务的地区批设新的交易场所。

（二）贵州省落实权益类交易场所清理整顿政策法治情况

贵州省认真贯彻国务院文件和清理整顿各类交易场所部际联席会议要求，从四个方面加强权益类交易场所清理整顿：一是完善交易场所监管规章制度，出台《贵州省交易场所管理办法（试行）》《贵州省权益类交易场所监督管理实施细则》等规范性文件，进一步明确交易场所准入审批、风险管理、投资者保护等监管工作相关规则和程序，实现交易场所监管有法可依、有章可循。二是加强日常监管，强化风险排查。对各家权益类交易场所开展十余次现场检查，重点针对各交易场所业务合规性、风险度进行专项排查；对存量业务较大、风险隐患突出的权益类交易场所主要负责人进行 50 余次监管约谈，在业务优化、风险处置等方面提出监管要求；向相关权益类交易场所下达整改落实的监管意见书 30 余份。三是妥善化解个别交易场所风险隐患。按照“两切断、一保底、一稳定”的总体思路，一方面有效处置相关金交所股东关联业务，成功追回控股股东违规占用的资金；另一方面制定存量高风险业务压降方案，化解存量高风险业务涉及资金 176.6 亿元，督促指导相关金交所会同各业务相关方，通过保险理赔、资产处置、风险准备金代偿和增资扩股等多种方式筹措资金，成功处置逾期产品 5.23 亿元。四是建立全省统一的交易信息登记和资金结算系统。组建贵州登记结算有限公司，搭建起全省统一地方金融活动信息的登记、资金清（结）算、大数据监管平台，促进贵州省金融安全稳定运行。经过权益类交易场所清理整顿，贵州省市场秩序明显好转。截至 2019 年 7 月底，贵州省权益类交易场所 11 家，分别是区域性股权市场 1 家、金融资产类交易场所 6 家、其他权益类交易场所4家，区域性股权市场、金融资产类交易场所开展的各类融资业务余额606.98亿元。①

二　防范化解非法集资风险

（一）近年来国家层面的防范和处置非法集资政策法治规定

2015年10月，国务院出台《关于进一步做好防范和处置非法集资工作的意见》（国发〔2015〕59号），提出防范和处置非法集资是一项长期、复杂、艰巨的系统性工程，要进一步完善政策法规，把防范和处置非法集资工作纳入法治化轨道。该意见强调防范和处置非法集资要落实责任，强化机制；以防为主，及时化解；依法打击，稳妥处置；深化改革，疏堵并举。该意见还在附件部分列明防范和处置非法集资工作重点任务分工。2015年12月，银监会办公厅发出《关于进一步做好防范和处置非法集资工作的通知》（银监办发〔2015〕196号），要求把防范和处置非法集资作为维护金融社会稳定、防范银行业风险的大事抓紧抓好，加强银行内部管理，防范非法集资风险向银行业传递，发挥银行业金融机构监测防控作用，利用各种技术手段加强对涉嫌非法集资可疑资金的实时监测预警。同月，保监会发出《关于进一步做好保险业防范和处置非法集资工作的通知》（保监稽查〔2015〕263号），要求各保监局综合采取现场检查和非现场检查等手段，加强对保险市场销售行为的监管；各保险机构将非法集资风险防控工作纳入全面风险管理体系，加强非法集资风险监测预警，建立常规排查与专项排查相结合的非法集资风险排查机制。2018年处置非法集资部际联席会议（扩大会议）强调，把做好防范和处置非法集资工作摆在防控金融风险、整顿金融秩序的重要位置，着力减少存量风险，遏制增量风险。2019年处置非法集资部际联

① 参见贵州省人民政府网在线访谈，《积极防范化解金融风险》，http：//www.ddcpc.cn/2019/first_ 1120/3840.html，最后检索日期：2020年1月16日。

席会议（扩大会议）强调，当前非法集资形势依然严峻，要推动处置非法集资工作由点及面、从端到链，对非法集资活动进行全社会、全行业、全生态链防控打击；加快推动出台《处置非法集资条例》，建立健全相关法律制度。

（二）贵州省落实防范和处置非法集资政策法治情况

贵州省深入贯彻落实国务院部署的防范和处置非法集资工作。一是完善防范和处置非法集资制度和机制。出台《贵州省进一步做好防范和处置非法集资工作方案》《贵州省非法集资举报奖励细则》《贵州省开展防范和处置非法集资工作专项检查实施方案》等政策文件，构建省市县“三级联动”的组织体系，健全组织协调、监测预警、宣传教育和综治考评“四位一体”的全流程工作机制。二是加强线上线下监督。注重线上情报的监测分析，通过购买服务的方式对全省权益类交易场所、网络借贷、小贷担保、投资理财等114家类金融机构（企业）进行风险监测并出具监测报告、及时提示风险。强化现场风险的排查整治，开展涉嫌非法集资风险专项排查、广告资讯排查清理、涉金融领域失信问题专项治理、预付卡领域非法集资风险专项排查等现场风险排查整治活动。三是注重防范非法集资知识宣传。组建“贵州省防范和处置非法集资工作志愿服务总队”，推动防范和处置非法集资宣传教育进机关、进工厂、进学校等“六进”和电视上有影、广播上有声、报刊上有文等“六有”工作，扩大防范非法集资知识宣传覆盖面。四是按照处置非法集资部际联席会议要求，配合完成“戴高能”“兴邦”非法集资案件处置，完成省内黔南州“中鑫民行”案件涉案资金清退返还，推进“汇信行”“汇生行”等重大案件处置，e租宝信息核实登记有序开展。

三　整治网贷风险

（一）近年来国家层面的整治网贷风险政策法治规定

2015年7月，中国人民银行、工业和信息化部等10部门联合发布《关于促进互联网金融健康发展的指导意见》（银发〔2015〕221 号），明确对互联网支付、网络借贷、股权众筹融资、互联网基金销售、互联网保险、互联网信托和互联网消费金融的监管责任，提出健全客户资金第三方存管、信息披露、风险提示和合格投资者制度等。2016 年 4 月，国务院办公厅发出《关于印发互联网金融风险专项整治工作实施方案的通知》（国办发〔2016〕21 号），提出重点整治 P2P 网络借贷和股权众筹业务、通过互联网开展资产管理及跨界从事金融业务、第三方支付业务、互联网金融领域广告等领域的问题，强调严格准入管理、强化资金监测、建立举报和“重奖重罚”制度、加大整治不正当竞争工作力度、加强内控管理、用好互联网金融监管技术手段等，规范各类互联网金融业态，促进互联网金融健康可持续发展。2017 年 6 月，互联网金融风险专项整治工作领导小组办公室发出《关于对互联网平台与各类交易场所合作从事违法违规业务开展清理整顿的通知》（整治办函〔2017〕64 号），提出对相关互联网平台开展现场检查，核查互联网平台是否存在变相吸收公众存款等违法违规问题，并按相关法律法规进行处置。2017 年 12 月，互联网金融风险专项整治工作领导小组办公室发出《关于规范整顿“现金贷”业务的通知》（整治办函〔2017〕141 号），提出完善 P2P 网络借贷信息中介机构业务管理，清理整顿网络借贷信息中介机构“现金贷”业务。2019 年 12 月，银保监会出台《关于推动银行业和保险业高质量发展的指导意见》（银保监发〔2019〕52 号），要求大力整治违法违规金融活动，推动不合规网络借贷机构良性退出。

（二）贵州省落实整治网贷风险政策法治情况

近年来，贵州省会同贵州银保监局、中国人民银行贵阳中心支行一起有序推进网贷风险专项整治工作并取得阶段性成效，风险有效处置、网贷规模持续压降、风险不断出清，风险总体可控。一是健全整治网贷风险工作制度。印发《贵州省 P2P 网络借贷机构行政核查工作方案》《贵州省 P2P 网络借贷整治与规范工作手册》《关于做好贵州省网络借贷信息中介机构良性退出工作的通知》等工作文件，推进落实整治网贷风险工作。二是对网贷机构进行合规检查，有序推动网贷机构良性退出。统筹推进机构自查、自律检查、行政核查工作，组织对前期已注销、变更经营范围的机构开展“回头看”工作。截至2019年7月，基本完成27家网贷机构检查工作，退出市场16家，较2019年1月存在的63家退出比例达25.4%。[①] 三是逐一约谈在运营机构责任人，督促签订“三降”“六不”承诺书，按月调度，坚决压降存量，遏制增量。截至2019年7月，全省网贷机构借贷余额、出借人、网贷机构与年初相比分别下降32.6%、14.2%、46.7%。[②] 四是推动网贷机构运营数据实时接入，建立四级信访维稳工作机制，加强网贷机构运营实时监测，加大舆情管控和信访维稳工作，切实维护社会稳定。截至2019年7月，贵州省接入国家数据实时接入系统的机构18家，4家出险机构累计兑付金额5.5亿元。[③]

四 贵州省防范化解金融风险政策法治建设展望

从地方金融监管制度体制机制建设方向看，在新增融资政策受限、融资难度不断加大、地方政府债务还本付息压力逐步加大的背景下，当前和今后一段时期贵州省金融领域处在风险易发高发期，防范化解金融风险和促进金融高质量发展的任务繁重、压力空前。因此，贵州省防范化解金融风险政策法治建设，既要防止“黑天鹅”事件发生，也要防止“灰犀牛”风险发生，应通过全方位立体式地纵深推进金融风险防范，确保贵州省金融的“稳”和“活”。一是加快建立健全地方金融监管的制度体制机制。目前国家层面“一委一行两会”的金融监管架构已经形成，贵州省地方金融监督管理局也已经设置运行，今后需要进一步促进地方金融监管体制改革的落地落实，抓

① 参见贵州省人民政府网在线访谈，《积极防范化解金融风险》，http://www.ddcpc.cn/2019/first_1120/3840.html，最后检索日期：2020年1月16日。

② 参见贵州省人民政府网在线访谈，《积极防范化解金融风险》，http://www.ddcpc.cn/2019/first_1120/3840.html，最后检索日期：2020年1月16日。

③ 参见贵州省人民政府网在线访谈，《积极防范化解金融风险》，http://www.ddcpc.cn/2019/first_1120/3840.html，最后检索日期：2020年1月16日。

紧推动《贵州省地方金融监督管理条例》的地方立法工作，通过地方性法规形式明确地方金融监管主体、对象、措施、责任等，实现地方金融监管工作有法可依、执法有据。二是进一步压实地方金融监管部门、金融机构的主体责任，强化落实属地管理。习近平总书记在2017年7月全国金融工作会议上指出，“地方政府要在坚持金融管理主要是中央事权的前提下，按照中央统一规则，强化属地风险处置责任”。作为地方金融监管和风险处置的第一责任人，各级地方政府要进一步提高政治站位，认真贯彻落实党中央、国务院关于金融监管和风险防控各项决策部署，强化属地风险处置责任。要强化组织领导和统筹协调，建立健全地方金融监管和风险防范处置联动机制，明确部门职责分工，压实部门责任，定期或不定期组织开展风险排查、监测预警和处置化解等工作。要完善监管规则督促监管部门责任压实，遵循“谁审批、谁监管、谁负责”的原则，建立涵盖事前、事中、事后等环节的地方金融监管和风险防范化解的工作机制。要压实地方金融机构的主体责任，提升金融机构服务能力，引导地方金融机构处理好促发展和防风险的关系，加快建立完善风险管理框架，提高风险管控能力和合规经营水平。

从地方金融风险防范具体措施讲，当前贵州省地方金融风险隐患主要表现为以下几方面：一是在地方性交易场所风险方面，有些金融资产类交易场所业务不规范，个别金交所部分融资产品陆续发生违约，信用违约风险隐患大。二是在非法集资风险方面，非法集资案件具有处置周期长、处置难度大的特点，严重威胁政治、经济安全和老百姓的“钱袋子”安全，在存量风险爆发、内外风险交织叠加等方面需要严加防范。三是P2P网贷金融风险方面，部分P2P网贷机构平台由于借款人经营管理不善到期不能还款，甚至一些借款人存在恶意逃废债等行为，逾期风险突出。此外，在中小法人金融机构金融风险方面，高风险机构数量相对较多，占比较高。部分农村中小金融机构经营偏离市场定位，导致资产质量恶化，存量不良贷款余额高，处置难度大。个别高风险机构早些年违规开展非标业务、违规办理票据及委托业务等问题，导致重大损失，风险形势严峻。在此，以贵州省交易场所风险防范为例分析相应的对策措施。

全国清理整顿各类交易场所部际联席会议第四次会议提出清理整顿攻坚战总体目标，即2020年底前，各类交易场所存量风险基本化解完毕，交易场所撤并整合工作完成，新设和整合后的交易场所有效运转，交易场所监管机制有效建立。贵州省当前交易场所存在的突出问题是，金融资产类交易场所存量违规业务较多，部分交易场所“僵尸化”以及各类交易场所数量过多。为此，要坚持问题导向，聚焦贵州省交易场所的突出问题和主要矛盾，做到监管精准发力。一是加强监管制度、监管队伍、监管技术建设。结合部际联席会议最新政策要求，在市场准入、合格投资者适当性管理和信息披露等方面就现有的监管办法进行修订完善。根据辖内交易场所设立情况，明确责任单位，配齐监管力量，辖内设有交易场所的各市（州）金融办应有专人负责交易场所监管工作。进一步加快登记结算系统建设，尽快完善交易信息、资金实时监测分析和风险预警评估等功能。二是彻底化解金融资产类交易场所存量风险，推进同质同类交易场所整合重组，妥善处置“僵尸”交易场所。督导各金交所制定存量业务压降方案，明确压降目标、时间安排和具体措施，按照工作进度要求完成压降任务。按照“一省保留一家”原则，结合各家交易所业务性质和经营现状，分阶段、分批次推进金融资产类交易场所整合重组，“僵尸”交易场所全部撤销或转型。三是注重分类施策，做到标本兼治。贵州省内交易场所种类繁多，且交易结构各不相同，风控水平参差不齐，业务风险度和合规性差异较大。在清理整顿过程中，要结合各家交易所业务性质、经营实际和风险特征，仔细评估，按照“一所一策”的原则制定工作方案，不搞“一刀切”。交易场所存在的问题和风险复杂多样，既有迹象明显的苗头和隐患，也有体制性、源头性的痼疾和矛盾。在清理整顿过程中，一方面要在“治标”上下功夫，抓紧完成逾期风险处置、存量违规业务压降等眼前任务；另一方面要从“治本”上想办法，稳步推进整合重组、监管机制完善等长效工作，防止交易场所清理整顿的问题死灰复燃。

B.28

贵州旅游业发展政策法治研究*

孟庆艳**

摘　要： 近年来贵州省旅游业发展取得了令人瞩目的成绩，在大力发展旅游经济的同时不忘保护生态环境。贵州旅游业发展的政策法治体系基本形成。随着基础设施、大数据等相关产业的不断进步完善，旅游业将继续在全省国民经济发展中扮演重要角色，相应的政策法治体系也将不断完善。

关键词： 旅游业　政策法治　贵州

一　贵州旅游业发展概述

近年来，贵州省国民经济发展在全国取得了令人瞩目的成绩，作为贵州省三大发展战略之一的大旅游业发展强劲，大大提高了贵州省在国内外的知名度。2019 年贵州全省高速公路通车里程突破 7000 公里；成贵高铁已于 2019 年底全线开通，高铁运营里程达 1432 公里；全省民航旅客吞吐量也突破了 3000 万人次；县乡公路路面改善提升工程建成 4000 公里，开工 8000 公里。[①] 全省“米”字形高速铁路网正在逐步形成，基本建成了西南陆路交

* 本文得到 2020 年度“贵州省哲学社会科学创新工程”（项目编号：20CXGCZD09）资助。

** 孟庆艳，贵州省社会科学院法律研究所副研究员、贵州省法治研究与评估中心研究员。

① 2020 年 1 月 15 日，贵州省十三届人大三次会议开幕，省委副书记、省长谌贻琴作《政府工作报告》，看地图话黔途，http：//qiye. gog. cn/system/2020/01/21/017492298. shtml，访问时间：2020 年 1 月 21 日。

通枢纽，实现了从“黔驴技穷”、“夜郎自大”到“贵州模式”、“小省办大交通”的华丽转身。

2018 年贵州省贵阳市在中国十大避暑名城中位列第二，仅次于云南省昆明市，此外，入围前十的还有贵州省的“凉都”六盘水市，“爽爽的贵阳，避暑的天堂”“走遍大地神州，醉美多彩贵州”已经成为贵州旅游业发展的响亮名片。贵州省的旅游发展迎来了新的历史机遇。

（一）旅游接待能力大幅提升

表 1　2019 年国庆假期贵州省接待游客及旅游收入情况

游客数量(万人次)	同比增长(%)	旅游收入(亿元)	同比增长(%)
2855.77	23.91	434.05	30.69

资料来源：贵州省文化和旅游厅：《2019 国庆假日旅游接待情况综述》，http：//whhly.guizhou.gov.cn/xwzx/tt/201910/t20191007_ 6873865. html，访问时间：2019 年 12 月 11 日。

全省被纳入监测的60 个主要旅游景区（点）共计接待游客 840.98 万人次，门票收入累计 1.73 亿元。有 33 家景区在国庆七天假期中接待游客人数达 10 万人次以上。

表 2　2019 年贵州省国庆假期各种主要交通工具运输情况

航空(架次)	运送人数(万人次)	铁路(趟次)*	运送人数(万人次)	公路运输人数(万人次)
3348	45.54	2905	192.54	1320.5

说明：* 其中高铁累计进出 2219 趟次，运输人数 133.45 万人次。

资料来源：贵州省文化和旅游厅：《2019 国庆假日旅游接待情况综述》，http：//whhly.guizhou.gov.cn/xwzx/tt/201910/t20191007_ 6873865. html，访问时间：2019 年 12 月 11 日。

贵州省旅游业不管从客流量还是实现的旅游收入来看都呈现连续井喷式发展的趋势。

贵州省文化和旅游厅厅长张玉广在 2019 年第一次新闻发布会上指出：“贵州全省旅游产品供给结构更加丰富。新增国家 4A 级景区 18 家，省级旅游度假区 4 家。全省建成旅游厕所 1209 座，完成省民生实事旅游厕所目标任务的151.12%，完成年度目标任务的125.80%。景区停车场、标识标牌配套逐步完善，加强舆情监控，打造96972贵州文化旅游服务热线平台、推出‘云游贵州’App、‘行游贵州’微信小程序，有力提升旅游公共服务智能化水平。”①

（二）旅游收入不断创新高

对比周边广西壮族自治区、四川省和云南省2018年旅游情况，贵州省的旅客人数和旅游收入都相对较高。

在2018年12月贵州省庆祝改革开放40周年系列新闻发布会上，贵州省发改委副主任、新闻发言人张美钧介绍：旅游业产业化发展步伐加快，特别是近几年，通过打造全域旅游升级版，旅游业实现“井喷式”发展，2017年全省旅游总人数7.44亿人次，旅游总收入7116.81亿元，均为2015年的2.0倍。2015年，贵州省旅游总人数达3.76亿人次，旅游总收入3512亿元，旅游业增加值达到962.4亿元，占全省生产总值的比重达到9.2%，成为名副其实的支柱产业。贵州旅游规模从全国的第三梯队进入全国第二梯队。自2016年起，贵州旅游开始井喷式发展：贵州省当年共接待游客5.31亿人次，同比增长41.2%，旅游总收入达5027.54亿元，同比增长43.1%。入境游客第一次突破100万人次大关，达到110万人次，累计入黔游客达2.49亿人次，同比增长50.2%，游客平均消费增长到946元。②

表3　2018年四省区旅游人数及旅游收入对比

省（区）	旅游人数（亿人次）	同比增长（%）	旅游收入（亿元）	同比增长（%）
广西	6.83	30.6	7619	36.6
四川	7.06	4.9*	10112	13.3

① 《2018年贵州省接待游客9.69亿人次，实现旅游收入9400多亿元》，（贵州省文化和旅游厅2019年第一次新闻发布会）http：//www.sohu.com/a/291432778_99958617，访问时间：2019年11月10日。

② 《贵州旅游“井喷式”增长　去年旅游收入5027.54亿元》，http：//gz.sina.com.cn/news/city/2017-02-23/detail-ifyavvsk2764209.shtml，访问时间：2019年12月10日。

续表

省(区)	旅游人数(亿人次)	同比增长(%)	旅游收入(亿元)	同比增长(%)
云南	6.88	20	8991	30
贵州	9.69	30.2	9471	33

说明：广西壮族自治区接待入境且过夜游客562.33万人次，同比增长9.7%，消费（外汇）27.78亿美元，同比增长16.0%；接待国内游客6.78亿人次，同比增长30.8%，消费7436.08亿元，同比增长37.2%。

四川省旅游人数同比增长是以接待的国内游客人数来计算的。如果加上入境的369.82万人次，可能会略高于这个数值。

资料来源：《广西壮族自治区文旅厅网站2018年旅游主要指标数据通报》，http：//wlt.gxzf.gov.cn/zwgk/sjfb/20190115－661312.shtml，访问时间：2019年12月10日。

《2018年四川旅游总收入10112.75亿元，正式迈入“万亿级”产业集群》，http：//www.hyqcw.com/lvyou/gonglue/2019/0219/11692.html，访问时间：2019年12月10日。

《2018年云南省国内旅游数据统计：旅游业总收入8991亿元同比增长30%》，http：//finance.eastmoney.com/a/201904011085655746.html，访问时间：2019年12月10日。

表4　2015～2018年贵州省旅游人数及收入

年份	旅游人数(亿人次)	旅游收入(亿元)
2015	3.76	3512
2016	5.31	5027.54
2017	7.44	7116
2018	9.69	9471

资料来源：贵州省宏观经济数据库，http：//hgk.guizhou.gov.cn/index.vhtml#，访问时间：2019年12月12日。

表3反映了2018年贵州省与邻近省、自治区的横向比较，2018年贵州省在旅游人数接待方面遥遥领先于其他三省区，旅游收入也仅次于旅游资源大省四川省，其进步之大、发展之快有目共睹。2018年贵州省累计接待游客9.69亿人次、同比增长30.2%，实现旅游总收入9400多亿元、同比增长33.1%，由此带动30.3万贫困人口受益增收。[①] 表4是通过2015～2018年贵州省旅游人数和旅游收入的增长变化来展现贵州省旅游业的井喷式发展，足以证明贵州省奋起直追的决心和后发赶超所取得的惊人成果。

① 贵州省文化和旅游厅2019年第一次新闻发布会，http：//www.sohu.com/a/291432778_99958617，访问时间：2019年11月10日。

旅游业已成为贵州省国民经济发展重要的支柱型产业。贵州省今后的发展重点以民族特色文化为主，推动多彩贵州民族特色文化强省建设，加快国家全域旅游示范省创建，建设世界一流山地旅游目的地，继续保持旅游业持续井喷式的发展势头。

（三）旅游业发展与“大数据+新媒体”紧密结合

贵州省大力借助大数据资源和新媒体手段，对游客进行宣传引导，同时提供便捷的网上旅游资讯服务。贵州省文化和旅游厅的官方微信推出了“微矩阵”“云游贵州 App”“贵州自驾 36 计”等手机客户端服务。基于便捷的手机通信和漫游功能，入黔游客可随时随地掌握相关信息和动态，可为自己出游制定高效实用的计划。旅游业的发展离不开大数据，离不开新媒体的支撑，比如，在“微矩阵”下设有 44 个行政部门的微信接口，景区微信公众号 61 个，相关酒店、旅游企业 36 个，贵州旅游新媒体公众号 76 个，以上矩阵内容基本实现了贵州全省旅游信息和资源的全覆盖，可提供各地衣食住行的旅游攻略，满足游客的各项需求。因此，旅游行业要积极融入大数据发展大潮，充分利用大数据提供的数据资源，实现旅游数据共享的同时，也能分享大数据为其带来的相关红利。

贵州利用大数据技术可及时全面地掌握全省各州市旅游业发展的动态，通过分析比较，找出各地的优势与不足，从而有助于各地取长补短，形成各具特色的旅游发展模式。比如 2018 年 8 月，贵州省统计局对全省依托旅游业发展起来的消费产业聚集区做了大数据上的统计分析，得出如下结论：旅游消费聚集区分布较广；旅游消费聚集区以个体经营户为主；旅游消费聚集区平均规模较小（见表 5）。[①]

① 《贵州省旅游消费聚集情况调研报告》，贵州省统计局官网，http：//stjj. guizhou. gov. cn/tjsj_35719/tjfx_ 35729/201809/t20180913_ 3552223. html，访问时间：2019 年 11 月 10 日。

表5　2018年贵州省依托旅游业发展消费产业聚集区数据统计

单位：个

地区	聚集区数量	零售业	住宿业	餐饮业
贵阳市	31	10	9	12
六盘水市	59	20	19	20
遵义市	152	50	48	54
安顺市	140	51	36	53
毕节市	65	21	19	25
铜仁市	55	20	14	21
黔西南州	85	35	18	32
黔东南州	26	8	4	14
黔南州	35	9	9	17
贵安新区	6	1	1	4
全省合计	654	225	177	252

首先，贵州省产业聚集区分布广但不均衡，各地差异较大，比如遵义市与贵安新区相差悬殊。其次，根据大数据分析，住宿业、餐饮业虽然数量多，但鉴于其经营主体的个体性，往往规模小，收入低，规模经济的效益低，很难推动整个旅游产业跨越式发展。针对发现的问题，旅游行业可以更准确和快速地做出反应，并进行改进，从而弥补旅游业存在的短板。

（四）旅游业政策法规不断完善

随着旅游业发展的日趋成熟，相关政策法规也初步形成体系，主要体现在以下几个方面。

1. 法律

因应旅游业蓬勃发展的形势，我国相继出台了几部法律，如《旅游法》《合同法》《城乡规划法》《土地管理法》。

2. 国家政策、法规

除了制定上述法律推动旅游业发展，我国还颁布了一系列政策、法规，包括《国务院关于促进旅游业改革发展的若干意见》、《旅游资源保护暂行办法》、《文化和旅游规划管理办法》、国务院2016年中央一号文件《大力发展休闲农业和乡村旅游》、《“十三五”时期文化旅游提升工程实施方案》、《国务院办公厅关于进一步促进旅游投资和消费的若干意见》、《全国旅游标准化发展规划》，以及国土资源部、住房和城乡建设部、国家旅游局发布的《关于支持旅游业发展用地政策的意见》、《风景名胜区条例》。

3. 贵州省相关政策、法规

2018 年 7 月 2 日，铜仁梵净山成功列入世界自然遗产名录；2019 年 10 月 29 日，国家文化和旅游部正式授牌梵净山景区为国家 5A 级旅游景区；2020 年 1 月贵州省黔东南州镇远古城旅游景区申报国家 5A 级旅游景区成功。至此，贵州省共有 7 家国家 5A 级旅游景区；国家 4A 级景区也达到百余家。[①] 与之相适应，2018 年《贵州省旅游资源管理办法（试行）》实施，该《办法》对贵州省内各类各级旅游景区旅游资源开发、保护管理、旅游资源经营权出让、组织管理、监督管理进行明确规定。此外，2017 年贵州省制定实施了《贵州省乡村旅游村寨建设与管理标准》《贵州省乡村旅游经营户服务质量等级划分与评定标准》《贵州省乡村旅游客栈建设与管理标准》等 3 个地方标准和《贵州省乡村旅游村寨、经营户（农家乐）、客栈质量等级评定管理办法》等文件，还配套编印了贵州省乡村旅游厕所、厨房等系列读本，帮助指导乡村旅游发展的环境卫生、生态保护等工作，进一步提高乡村旅游工作品质。2018 年贵州省制定了《实施旅游“1 +5 个 100 工程”管理办法》《旅游厕所质量等级管理办法》《省人民政府办公厅关于加快温泉旅游产业发展的意见》等规范性文件，对贵州省旅游基础设施建设发展从制度上进行了规划管理，更希望在落实的过程中能加快步伐，不落后于人。

此外，贵州省高级人民法院除了在全省基层法院设置“旅游法庭”或“旅游审判庭”以外，还配套出台了《关于进一步加强民事审判工作，为我省大旅游战略提供司法保障的意见》，根据旅游争议纠纷的特殊性，结合地

① 贵州省文旅厅官网，http：//whhly. guizhou. gov. cn/ggfw/whlyml/lyjqml/201811/t20181101_6787043. html，访问日期：2019 年 12 月 20 日。

方具体情况，打造专业团队，增强服务大局意识，树立“依法治旅兴旅”观念，切实贯彻落实贵州省委关于发展大旅游的战略部署，充分发挥民事审判职能作用，维护旅游者和旅游经营者合法权益，更好地规范旅游市场秩序，保障和促进贵州旅游业发展。

二　贵州旅游行业存在的问题

（一）历史遗留问题亟待解决

贵州因地理位置的局限，在旅游经济发展方面较全国落后，旅游资源以自然资源、原生态资源为主，比如自然山水黄果树瀑布，荔波小七孔景区樟江自然保护区以及原生态少数民族村落西江苗寨等等，这些特色旅游景点支撑今天贵州旅游业发展，吸引着大批游客蜂拥而至。

但一些历史遗留问题却制约着景区的发展壮大。以黄果树瀑布景区为例，由于景区开发时间比较早，又地处自然村落之中，二十年前的规划已经不能适应井喷式增长的游客需求。景区目前面临着道路扩建、设施升级、规划修改以及增资融资等一系列问题。如何将黄果树瀑布景区这张名片的商业价值充分体现和加以利用是目前相关各方面临的新课题。而在此过程中，有许多历史遗留问题需要包括景区在内的多个主管部门形成统一认识，在政策应用上达成一致，在法律法规的红线内予以解决，让黄果树瀑布景区在贵州旅游业快速发展的轨道上焕发勃勃生机。

（二）旅游硬件设施有待进一步提高

虽然近年来贵州省交通条件、旅游景点设施有了很大改善，促进了旅游业发展，但我们应该看到仍有问题存在。比如部分景区内部路线规划缺乏科学性，景点与景点之间的服务站数量及酒店住房在高峰期无法满足游客需求，景点厕所的改造工作未完善等，这些硬件方面存在的问题在某种程度上制约着贵州旅游业进一步发展。

（三）旅游服务业整体素质参差不齐

随着旅游业发展，在景点、景区周围人流量和消费量不断聚集，旅游服务业应运而生。在这些服务提供者中，大部分是当地村民，其服务形式较为单一，提供的产品重复率高，管理又相对比较落后，难以形成一定的规模，多处于自发状态，给当地旅游服务业发展带来很大困扰。

（四）旅游资源政策法规保护有待进一步加强

贵州旅游资源主要集中在山水、岩洞等自然和原生态风光中。但是随着游客数量的不断攀升，景区也面临着人为破坏和环境污染的问题。2017 年，一名男性成年游客在游览贵州省铜仁潜龙洞景区钟乳洞时，竟对一根用了上亿年才形成的钟乳石石笋连踢 3 脚，导致一棵珍贵石笋直接被踹断。同时，部分地方政府急于发展当地旅游业，在旅游资源利用规划方面缺乏科学性、整体性和长期稳定性，给当地旅游业可持续发展带来负面影响。因此，贵州省应从生态资源保护、旅游规划等方面加强对资源的保护和对破坏行为的惩罚力度。

三　对策建议

贵州旅游蓬勃发展，可喜可贺，但我们应该清醒地看到：景区公共服务设施有很多不足之处，旅游从业企业和人员整体素质还有待提高，高科技互联网 + 手段还有很大运用空间。旅游经济发展得好与坏，很大程度上取决于游客旅游体验，随着生活水平提高，游客对旅游体验要求与日俱增，对贵州省旅游服务业整体水平提出了更高要求。

（一）加强诚信体系建设，提升旅游服务质量

作为旅游产品的提供者、服务者，应尽量站在游客角度考虑旅游产品的设计和布局，政府相关管理部门也应对旅游产品和旅游市场各主体进行规范

性管理。完善景区景点周边消费配套设施，确保公路、停车场、自来水、公厕、通信、网络等充分满足游客和市场经营主体运营需求，为游客消费提供基本保障，营造良好环境，为游客提供优质旅游体验。根据贵州省旅发委2018年12月提供的关于贵州省乡村旅游经营单位（户）厨房、卫生间达标情况统计结果，有些地方硬件设施还有待进一步改进和完善。

同时，进一步完善贵州旅游信用信息系统建设，对旅游企业、导游人员、旅游商品经营管理者的信用信息进行及时登录和管理、反馈，更好地约束和规范旅游市场主体的信用行为。

（二）利用大数据、互联网+等手段助力贵州旅游业发展

将“智慧”因素融入旅游业。大数据产业为贵州省发展旅游业提供了软实力方面的支持，通过对旅客流量、旅客消费偏好、旅客购买力、旅客来源地等分析可以进一步优化贵州省旅游产业布局；通过对旅客投诉内容分类分析，可以找出下一步发展和改善重点。总之，充分开发和利用大数据优势，助力贵州旅游业更好更快地发展。

（三）完善旅游政策服务保障体系

对于旅游市场主体，主要是规范旅游服务产品提供者的行业行为。对有必要设立市场准入制度的行业则必须建立准入机制；对于一般产品提供者，如景区周边当地摊贩，政府鼓励当地居民、村民通过劳动致富、诚信经营，这也是政府扶贫工作的重要组成部分。对此政府部门应该加强卫生、安全等管理，确保旅客吃住放心，不断提高服务者诚信意识，倡导文明经商、阳光消费，严厉打击欺瞒旅客行为，为旅客提供一个放心舒心的旅游体验环境。

贵州省首批12个旅游法庭自挂牌以来，在处理涉及游客人身财产损害、旅游服务、交通住宿等纠纷方面发挥了较大作用。法庭所在景区在贵州省有较高知名度、影响力，且旅客流量持续增加，发生矛盾纠纷的数量相对较多。而旅游法庭化解纠纷快、便民服务全、联动机制活等特征有助于解决纠纷，减少旅客因此而付出的时间和精力，从而不断提高其旅游体验的舒适度。

（四）开展法律知识培训，提高旅游从业者法治意识

针对《旅游法》《旅游行政处罚办法》《旅行社条例》《旅行社条例实施细则》《贵州省旅游条例》《导游人员管理条例》等法律法规，依托各种宣传媒介和手段，开发和利用各种便于学习的软件，使从业者可以灵活自主地学习相关法律知识，提高自身法治意识。

完善投诉处理机制，依法化解旅游矛盾纠纷。贵州省制定了《关于做好旅游投诉处理工作的意见》《关于开展旅游投诉处理工作督办追责工作的通知》等文件，对旅游投诉处理工作的目标、原则及要求做了规定，并按照及时办理、程序规范、游客满意、首问责任制原则严格投诉案件的受理、办理。对每一季度的投诉处理工作在省旅发委官网上进行公开曝光，根据被投诉次数、被投诉内容分别进行约谈整改，以此倒逼各旅游服务主体提升服务质量，提高游客满意度。

附　　录

Appendices

B.29
2019年贵州省法学学术会议

一、中国法学会网络与信息法学研究会第三届网络与信息法学青年沙龙暨“网络与数据治理立法研讨会”

5月25日，中国法学会网络与信息法学研究会第三届网络与信息法学青年沙龙暨“网络与数据治理立法研讨会”在贵州省社会科学院举办。会议由中国法学会网络与信息法学研究会、中共贵州省委网络安全和信息化委员会办公室、贵州省社会科学院、贵州省法学会主办，由中国社会科学院法学研究所、中国法学会法治研究所、贵州省大数据政策法律创新研究中心承办。中共贵州省委网络安全和信息化委员会办公室副主任罗玲龙、省人大常委会研究室副主任杜胜军、省法学会专职副会长兼秘书长徐文山、省社会科学院副院长李胜、省大数据发展管理局局长助理施开分出席会议。

二、“数据的确权、开放、共享、赋能——数据经济的制度构建”论坛

5月28日，“数据的确权、开放、共享、赋能——数据经济的制度构建”论坛在贵阳国际生态会议中心召开。该论坛由中国国际大数据产业博

览会组委会主办，中国人民大学、贵阳学院、中国电子质量管理协会数字科技产业工作委员会承办，中国人民大学法学院未来法治研究院、贵阳学院经济管理学院、贵州省大数据政策法律创新研究中心等部门协办。

三、新时代中国乡村治理与法治发展学术研讨会

7 月 11 日，由贵州省社会科学院、中共贵州省毕节市委政法委、江苏高校区域法治发展协同创新中心、南京师范大学中国法治现代化研究院联合主办，贵州省法学会应用法学研究会、贵州行泰律师事务所协办的“新时代中国乡村治理与法治发展学术研讨会”在贵阳市冠洲宾馆召开。来自清华大学法学院、中国社会科学院法学所、西北政法大学、宁夏社会科学院、郑州大学法学院、山东大学法学院、江苏师范大学法学院、江苏大学法学院、《法学杂志》编辑部、法律出版社、扬州大学法学院、江苏省社会科学院、西南政法大学、云南大学法学院以及贵州社会科学院、贵州民族大学法学院、贵州师范大学法学院、贵州财经大学法学院的领导专家约 50 人参加会议。

四、中国法学会检察学研究会未成年人检察专业委员会2019年年会暨“检察视角:《未成年人保护法》《预防未成年人犯罪法》的修改与完善”研讨会

8 月 8 日，中国法学会检察学研究会未成年人检察专业委员会 2019 年年会暨“检察视角:《未成年人保护法》《预防未成年人犯罪法》的修改与完善”研讨会在贵阳召开。会议由中国法学会检察学研究会未成年人检察专业委员会、中国刑事诉讼法学研究会少年司法专业委员会主办，贵州省人民检察院承办。与会代表以检察视角就《未成年人保护法》和《预防未成年人犯罪法》修改与完善进行了集中交流研讨。

五、第一届“阿里巴巴青年环境法学者论坛”暨中国法学会环境资源法学研究会教学研究专业委员会2019年年会

8 月 17 ~ 18 日，由中国法学会环境资源法学研究会主办、贵州大学法学院承办的第一届“阿里巴巴青年环境法学者论坛”暨中国法学会环境资源法学研究会教学研究专业委员会 2019 年年会在贵州贵阳召开，来自清华大学、北京大学、中国人民大学、武汉大学、中国政法大学、中南财经政法

大学、西南政法大学和天津大学等省内外高校60多名环境法学资深专家与青年学者参加了本次会议。

六、国际自然资源法治论坛暨2019年年会

9月2日，由贵州省法学会的矿产资源法学研究会、国际法学研究会、行政法学研究会联合贵州省政府法制研究中心、贵州省土地学会、贵州省企业联合会共同主办的国际自然资源法治论坛暨2019年年会于8月31日至9月1日在贵阳举行。贵州省社会科学院院长、省法学会副会长、省法学会学术委员会主任吴大华，省法学会副会长、贵州民族大学法学院院长宋强，省法院原专委张德昌，全国政协委员、贵州贵达律师事务所主任朱山，国际矿业工程公司首席顾问Edmundo等法学法律专家学者分别就国际自然资源法治问题进行了互动交流。

七、统一不良资产裁判思路暨《海南会议纪要》的适用问题研讨会

9月7日，由中国法学会银行法学研究会不良资产专业委员会、贵州省法学会金融法学研究会主办的“统一不良资产裁判思路暨《海南会议纪要》的适用问题研讨会”在贵阳举办。中国政法大学破产法研究中心主任王卫国、贵州省社会科学院院长吴大华、贵州省法学会专职副会长兼秘书长徐文山、中国信达资产管理股份有限公司法律合规部高级经理李志刚及来自贵州省内外高校、科研院所、法院、金融机构、律师事务所、企业的专家学者60余人出席了研讨会。

八、数字中国智库论坛暨数权法第四次研讨会

10月8日，数字中国智库论坛暨数权法第四次研讨会在贵阳市召开，会议由贵州大学贵阳创新驱动发展战略研究院、大数据战略重点试验室主办，中国政法大学数权法研究中心、贵阳智能大数据发展应用中心、浙江大学互联网金融研究院贵阳分院协办。

九、2019年贵州省检察理论研究年会

10月15日，2019年贵州省检察理论研究年会在黔南州都匀市举行，年会主题是学习贯彻执行修改后的“两法”，推动“四大检察”全面协调充分发展。省检察院党组书记、检察长傅信平出席会议并讲话，黔南州委副书

记、州委政法委书记罗桂荣在会上致辞，省检察院副检察长杨承志主持会议。

十、首届“新时代法治贵州论坛”

11 月 8 日，由贵州省法学会主办、贵州财经大学承办的首届“新时代法治贵州论坛”在贵阳举行。贵州省法学会专职副会长兼秘书长徐文山主持，贵州财经大学副校长葛建军到会致欢迎词。贵州省社会科学院院长、省法学会副会长、省法学会学术委员会主任吴大华和天津大学法学院教授、博士生导师焦艳鹏分别作主旨报告。贵州省社科联一级巡视员宋健、贵州省人民检察院副检察长杨承志、六盘水市人民检察院检察长姜正权，贵州省内法学法律专家学者、省法学会所属研究会和州（市）法学会负责人、获奖论文作者代表以及辽宁、重庆、甘肃、云南、广西法学会等省（区、市）法学会领导嘉宾出席论坛。

十一、贵州省法学会犯罪学研究会2019年年会

12 月 20 日，由贵州省法学会犯罪学研究会主办，贵州民族大学法学院、贵州唐德律师事务所承办的贵州省法学会犯罪学研究会 2019 年年会在贵州唐德律师事务所召开。

十二、贵州省法学会宪法法理学研究会2019年年会

12 月 21 日，近 60 名来自贵州大学、贵州省委党校等省内高校、科研院所的研究会顾问、领导和专家学者，参加在贵州警察学院召开的贵州省法学会宪法法理学研究会 2019 年年会。

十三、贵州省法学会刑法学研究会、公司法学研究会2019年年会暨学术研讨会

12 月 21 日，贵州省法学会刑法学研究会、公司法学研究会 2019 年年会暨学术研讨会隆重召开。贵州省法学会副会长、刑法学会会长刘鹏，贵阳市人民检察院原检察长张勇建，贵阳市云岩区人民检察院副检察长李祥，贵州师范大学法学院教授王军武，省法学会公司法学研究会会长徐永忠等领导及部分律师和省内高校学生共 50 余人参加了研讨会。

B.30
2019年贵州省法治发展大事记

一月

1月9日 贵州省人民检察院印发了《贵州省检察机关在刑事检察司法办案中服务和保障民营经济发展46条指导意见》，从10个方面对检察机关在刑事检察司法办案中保障和促进民营经济健康发展提出了明确要求。

1月18日 贵州3家法院7名同志获最高人民法院表彰。贵阳市南明区人民法院、盘州市人民法院、织金县人民法院3家法院被授予“全国优秀法院”称号，铜仁市中级人民法院民事审判第一庭庭长张永琴（女，土家族）、黔西南布依族苗族自治州中级人民法院刑事审判第二庭副庭长蒋文禄2名同志被授予“全国优秀法官”称号，福泉市人民法院执行局局长刘松（布依族）、黔东南苗族侗族自治州中级人民法院民事审判第三庭副庭长刘琴（女，侗族）、安顺市西秀区人民法院刑事审判庭审判员邱云、贵州省高级人民法院行政审判庭审判员柏松、遵义市中级人民法院立案一庭副庭长彭莉（女，仡佬族）5名同志被授予“全国法院办案标兵”称号。

1月30日 司法部召开全国司法行政系统表彰大会。贵州共有23个单位，3个先进集体和73个先进个人受到表彰奖励。其中：全国模范司法所（8个）、全国先进司法所（15个），全国模范司法所所长（22人），全国监狱工作先进集体（2个）和先进个人（41人），全国司法行政戒毒工作先进集体（1个）和先进个人（10人）。

二月

2月20日 贵州省首期“政法大讲堂”在贵阳举行。

2 月 20 日 贵州省公安厅召开全省公安机关电视电话会议，要求全省公安机关认真组织开展“净网 2019”专项行动，着力营造清朗的网络空间。

2 月 24 日 贵州省高级人民法院出台《关于进一步发挥审判职能推动扫黑除恶专项斗争向全面纵深发展的意见》（以下简称《意见》），从提升政治站位、坚持以审判为中心、完善工作机制、强化组织领导、做好宣传工作、严明政治纪律六个方面制定 39 条举措，要求全省法院充分发挥审判职能，全力以赴做好专项斗争各项工作。

2 月 26 日 中共贵州省委常委、省委政法委书记时光辉主持召开贵州省委政法委员会全体扩大会议，认真贯彻执行《中国共产党政法工作条例》，研究部署 2019 年政法重点工作，省法院院长韩德洋、省检察院检察长傅信平、省武警总队司令员华荣林参加会议。

2 月 28 日 中共贵州省委书记、贵州省人大常委会主任、省委全面依法治省委员会主任孙志刚主持召开贵州省委全面依法治省委员会第一次会议并讲话。他强调，要深入学习贯彻习近平总书记关于全面依法治国的重要论述，深刻理解把握“十个坚持”，坚定不移走中国特色社会主义法治道路，加强和改进对全面依法治省的领导，抓住重点环节，奋力开创新时代法治贵州建设新局面。

三月

3 月 5 日 贵阳市教育局第一强制隔离戒毒所文化教育学校在贵阳市第一强制隔离戒毒所正式挂牌，让戒毒学员在浓厚的文化氛围中接受更好的矫治。

3 月 8 日 贵州省高级人民法院为遵义市中级人民法院陶某涉嫌故意杀人案件合议庭和主审法官张海波分别记集体二等功和个人二等功。

3 月 12 日 贵州省法学会第七届理事会第三次全体会议在贵阳召开。会议选举中共贵州省委常委、省委政法委书记时光辉同志为贵州省法学会第七届理事会常务理事、会长。

3 月 18 日 最高人民检察院第五检察厅下发了《关于全国检察机关刑事执行检察优秀检察建议和纠正违法案例评选结果的通报》和《关于全国检察机关刑罚执行监督精品案件评选情况的通报》，贵州省 1 件检察建议被采纳和 1 件纠正违法案例入选全国优秀案例、2 件刑罚执行监督案件入选全国精品案件。

3 月 19 日 黔东南州检察院提起公诉的贵州省监察委员会移送首例职务犯罪案件一审公开宣判。

3 月 21 日 中共贵州省委政法委举办的首期“法治大讲台”在贵州省高级人民法院开讲。

四月

4 月 4 日 贵州省防范化解重大风险工作推进会议在贵阳召开。

4 月 24 日 中共贵州省委书记、贵州省人大常委会主任孙志刚深入遵义市桐梓县检查扫黑除恶专项斗争开展情况。

4 月 27 日 中央扫黑除恶第 19 督导组督导贵州省第二次工作对接会在贵阳召开。

五月

5 月 22 日 贵州省戒毒康复医院和贵阳市三江强制隔离戒毒所举行了“戒毒医疗共同体”签约仪式。

5 月 30 日 贵州省防范化解重大风险和“三个百日攻坚战”工作推进会在贵阳召开。

5 月 30 日 贵州省人民检察院举行新闻发布会，发布《贵州省未成年人检察工作白皮书（2016—2018）》，以及贵州省检察机关加强未成年人司法保护的典型案例。

六月

6月10日 中共贵州省委政法委举办的第二期“法治大讲台”在贵州省人民检察院举行，聚焦扫黑除恶专项斗争有关问题深入交流研讨。

6月13日 贵州省清镇市人民法院在贵州（清镇）职教城贵州水利水电职业技术学院宣判贵州省首例“套路贷”案件。

七月

7月1日 全新升级的12348贵州省公共法律服务热线正式上线试运行。

7月3日 贵州省人民检察院召开全省检察机关适用认罪认罚从宽制度座谈会。

7月11日 贵州省扫黑除恶督导整改工作推进会在贵阳举行。

7月11日 贵州省高级人民法院出台《关于充分发挥审判职能作用加强农村留守儿童合法权益保护的意见》。

7月15~19日 贵州省高级人民法院院长韩德祥率团参访了香港终审法院、澳门终审法院。

7月26日 贵州省检察机关服务保障打赢脱贫攻坚战专项工作会议在贵阳召开。

7月31日 贵州省委依法治省办印发《关于开展2019年法治政府建设示范创建活动具体实施方案》。

八月

8月1日 贵州省2019年法治政府建设示范创建活动正式启动。

8月1日 全国部分法院审判监督工作座谈会在贵阳召开，上海、广东等10个省（自治区、直辖市）法院相关负责人参会并作交流发言，最高人民法院党组成员、审判委员会委员孙华璞出席会议。

8月7日 贵州省法律援助精准扶贫培训班在贵州省司法警官学校开班。

8月12日 由贵州省委依法治省办、省委宣传部、贵州省司法厅、贵州省法治宣传教育工作领导小组办公室主办的贵州省首届“十大法治人物”宣传活动正式启动。

8月12日 贵州省监委、省法院、省检察院、省公安厅、省国安厅、省司法厅联合下发《关于贯彻执行刑事案件认罪认罚从宽制度的实施细则》。

8月21日 贵州省纪委监委召开全省纪检监察机关警示教育大会，通报贵州省各级纪检监察机关查处的部分纪检监察干部违纪违法典型案例，集中观看相关典型案例中被审查调查人的悔过、忏悔视频。

8月21日 在全国法院第六届微电影微视频评选活动中，贵州省高级人民法院获组织奖，遵义市中级人民法院《团聚篇》等7部参赛作品获优秀奖。

8月22日 中共贵州省委政法委举办的第三期“法治大讲台”在贵阳举行，围绕严格规范公正文明执法进行深入交流研讨。

8月22日 最高人民法院党组成员、政治部主任专程看望在贵州遵义市疗养的全国法院劳模专家代表。

8月28日 贵州省退役军人事务厅、省司法厅共同举行“省退役军人服务中心法律援助工作站”揭牌仪式，贵州省退役军人法律援助服务工作正式启动。

8月29日 最高人民法院民法典分编重点问题研讨会在贵阳召开，最高人民法院咨询委员会副主任、大法官杜万华出席会议。

8月29日 贵州省召开贯彻落实最高检“一号检察建议”工作推进会议，全面加强防治校园性侵害工作。

九月

9月6日 贵州省政协在贵阳召开专题协商会，邀请省检察院检察长与省政协委员围绕“发挥检察职能作用保护企业家合法权益”进行协商座谈，省政协主席刘晓凯出席会议。

9月16～20日 来自重庆市、辽宁省、贵州省的23名全国人大代表视察了贵州检察工作。

9月24日 中共贵州省委常委、省委政法委书记时光辉出席对黄赌毒和黑恶势力听之任之、失职失责甚至包庇纵容、充当“保护伞”问题专项整治工作推进会并讲话，副省长、省公安厅厅长郭瑞民主持会议，省检察院检察长傅信平参加会议。

9月24日 贵州省高级人民法院召开切实解决执行难“人民战争”之律师调查令座谈会。

十月

10月14日 贵州移动法院跨域立案应用功能正式上线运行。

10月18日 紫云县人民法院成功运用贵州移动微法院受理了贵州法院系统首例省际跨域立案案件，使立案方式进一步多元化、便捷化。

10月30日 贵州省高级人民法院发布“贵阳周德鹏等12人涉黑案”“遵义钟波等18人涉黑案”“六盘水周光宇等21人涉黑案”等9个涉黑涉恶典型案件。

10月31日 贵州省人民检察院举行新闻发布会，通报了全省检察机关开展扫黑除恶专项斗争取得阶段性的成果。贵州省检察机关对中央督导组督办的86件案件全部提起公诉。

十一月

11月1日 贵州省公安厅举行全省扫黑除恶专项斗争阶段性成效新闻发布会，通报“册亨县恶势力团伙‘套路贷’”“安顺‘村霸’欺压百姓，诈骗敲诈强揽工程”“威宁自治县赵全某开设赌场，煽动村民对抗基层组织”等5起扫黑除恶典型案例。

11月20日 中共贵州省委常委、省委政法委书记时光辉主持召开省司法改革工作领导小组会议，研究部署政法领域全面深化改革工作，要求切实提升政治站位、找准主攻方向、抓好统筹规划、履行主体责任，确保政法领域各项改革落地生根。副省长、省公安厅厅长郭瑞民，省法院院长韩德洋出席会议。

11月21日 最高人民法院第五巡回法庭在黔东南州中级人民法院设点挂牌。

11月25～26日 中共贵州省委书记、贵州省人大常委会主任孙志刚先后到贵州省高级人民法院、贵州省人民检察院调研。

11月25日 贵州省高级人民法院召开落实司法体制综合配套改革工作会议。

11月27日 由贵州省高级人民法院副院长余红梅担任审判长审理的省法院首例检察环境民事公益诉讼二审案在中国庭审公开网进行了全程庭审直播。

十二月

12月2日 贵州省首届“十大法治人物”颁奖礼在贵阳举行。

12月14日 中央依法治国办第五督察组赴贵州开展法治政府建设全面督察座谈会在贵阳召开。

12月23日 贵州省人民检察院召开新闻发布会，通报全省检察机关运用司法救助助力脱贫攻坚工作情况。

12月26日 贵州省法院“黔山雷暴之冬日阳光执行行动”正式启动，贵州省高级人民法院联合央视等几十家媒体对贵州省市多家法院的执行现场进行直播，展示了人民法院攻坚执行的力量。

B.31
2019年贵州省地方性法规、地方政府规章

一 地方性法规

1.《贵州省河道条例》

2019 年 1 月 17 日，贵州省第十三届人民代表大会常务委员会第八次会议通过，自 2019 年 5 月 1 日起施行。

2.《贵州省无线电管理条例》

2019 年 3 月 29 日，贵州省第十三届人民代表大会常务委员会第九次会议通过，自 2019 年 5 月 1 日起施行。

3.《贵州省组织实施宪法宣誓制度办法修正案》

2019 年 3 月 29 日，贵州省第十三届人民代表大会常务委员会第九次会议通过，自公布之日起施行。

4. 关于修改《贵州省林地管理条例》等地方性法规个别条款的决定

2019 年 3 月 29 日，贵州省第十三届人民代表大会常务委员会第九次会议通过，自公布之日起施行。

5.《贵州省生态环境保护条例》

2019 年 5 月 31 日，贵州省第十三届人民代表大会常务委员会第十次会议通过，自 2019 年 8 月 1 日起施行。

6.《贵州省全民阅读促进条例》

2019 年 5 月 31 日，贵州省第十三届人民代表大会常务委员会第十次会议通过，自 2019 年 8 月 1 日起施行。

7.《贵州省大数据安全保障条例》

2019 年 8 月 1 日，贵州省第十三届人民代表大会常务委员会第十一次会议通过，自 2019 年 10 月 1 日起施行。

8.《贵州省宗教事务条例》

2019 年 8 月 1 日，贵州省第十三届人民代表大会常务委员会第十一次会议通过，自 2019 年 11 月 1 日起施行。

9.《贵州省城镇燃气管理条例》

2019 年 9 月 27 日，贵州省第十三届人民代表大会常务委员会第十二次会议通过，自 2020 年 1 月 1 日起施行。

10.《贵州省电梯条例》

2019 年 9 月 27 日，贵州省第十三届人民代表大会常务委员会第十二次会议通过，自 2020 年 1 月 1 日起施行。

11.《贵州省农作物种子条例》

2019 年 9 月 27 日，贵州省第十三届人民代表大会常务委员会第十二次会议通过，自 2020 年 1 月 1 日起施行。

12.《贵州省古树名木大树保护条例》

2019 年 12 月 1 日，贵州省第十三届人民代表大会常务委员会第十三次会议通过，自 2020 年 2 月 1 日起施行。

13.《贵州省反家庭暴力条例》

2019 年 12 月 1 日，贵州省第十三届人民代表大会常务委员会第十三次会议通过，自 2020 年 3 月 1 日起施行。

14.《毕节市城乡规划条例》

2018 年 12 月 21 日，毕节市第二届人民代表大会常务委员会第十五次会议通过，2019 年 3 月 29 日经贵州省第十三届人民代表大会常务委员会第九次会议批准，自 2019 年 7 月 1 日起施行。

15.《黔东南苗族侗族自治州月亮山梯田保护条例》

2018 年 10 月 30 日经黔东南苗族侗族自治州第十四届人大常委会第十三次会议通过，2019 年 3 月 29 日经贵州省第十三届人民代表大会常务委员会第九次会议批准，自 2019 年 7 月 1 日起施行。

16.《关于修改〈贵阳市建设生态文明城市条例〉等地方性法规个别条款的决定》

2019 年 5 月 31 日，贵州省第十三届人民代表大会常务委员会第十次会议批准。

17.《毕节市饮用水水源保护条例修正案》

2019 年 4 月 30 日经毕节市第二届人民代表大会常务委员会第十九次会议通过，2019 年 5 月 31 日经贵州省第十三届人民代表大会常务委员会第十次会议批准，自公布之日起施行。

18.《关于修改〈黔东南苗族侗族自治州㵲阳河风景名胜区管理条例〉的决定》

2019 年 5 月 31 日贵州省第十三届人民代表大会常务委员会第十次会议批准。

19.《关于修改〈黔南布依族苗族自治州500米口径球面射电望远镜电磁波宁静区环境保护条例〉的决定》

2019 年 5 月 31 日经贵州省第十三届人民代表大会常务委员会第十次会议批准。

20.《贵阳市青岩古镇保护条例》

2019 年 4 月 26 日经贵阳市第十四届人民代表大会常务委员会第二十一次会议通过，2019 年 8 月 1 日经贵州省第十三届人民代表大会常务委员会第十一次会议批准，自 2019 年 10 月 1 日起施行。

21.《遵义市城市文明建设若干规定》

2019 年 6 月 28 日经遵义市第五届人民代表大会常务委员会第二十一次会议通过，2019 年 8 月 1 日经贵州省第十三届人民代表大会常务委员会第十一次会议批准，自 2019 年 11 月 1 日起施行。

22.《铜仁市农村饮用水管理条例》

2019 年 6 月 27 日经铜仁市第二届人民代表大会常务委员会第十九次会议通过，2019 年 8 月 1 日经贵州省第十三届人民代表大会常务委员会第十一次会议批准，自 2020 年 1 月 1 日起施行。

23.《黔西南布依族苗族自治州草地生态畜牧业发展条例》

2019 年 1 月 12 日经黔西南布依族苗族自治州第八届人民代表大会第三次会议通过，2019 年 8 月 1 日经贵州省第十三届人民代表大会常务委员会第十一次会议批准，自 2019 年 10 月 1 日起施行。

24.《六盘水市城市地下综合管廊管理条例》

2019 年 6 月 27 日经六盘水市第八届人民代表大会常务委员会第二十二次会议通过，2019 年 9 月 27 日经贵州省第十三届人民代表大会常务委员会第十二次会议批准，自 2020 年 1 月 1 日起施行。

25.《安顺市城镇绿化条例》

2019 年 8 月 27 日经安顺市第四届人民代表大会常务委员会第二十次会议审议通过，2019 年 9 月 27 日经贵州省第十三届人民代表大会常务委员会第十二次会议批准，自 2020 年 1 月 1 日起施行。

26.《毕节市织金古城保护条例》

2019 年 8 月 29 日经毕节市第二届人民代表大会常务委员会第二十一次会议通过，2019 年 9 月 27 日经贵州省第十三届人民代表大会常务委员会第十二次会议批准，自 2020 年 1 月 1 日起施行。

27.《贵阳市绿化条例》

2019 年 6 月 26 日经贵阳市第十四届人民代表大会常务委员会第二十二次会议修订，2019 年 12 月 1 日经贵州省第十三届人民代表大会常务委员会第十三次会议批准，自 2020 年 3 月 1 日起施行。

28.《铜仁市中心城区燃放烟花爆竹管理条例》

2019 年 10 月 30 日经铜仁市第二届人民代表大会常务委员会第二十一次会议通过，2019 年 12 月 1 日经贵州省第十三届人民代表大会常务委员会第十三次会议批准，自 2020 年 1 月 10 日起施行。

29.《黔东南苗族侗族自治州濞阳河流域保护条例》

2019 年 4 月 26 日经黔东南苗族侗族自治州第十四届人大常委会第十八次会议通过，2019 年 12 月 1 日经贵州省第十三届人民代表大会常务委员会第十三次会议批准，自 2020 年 3 月 1 日起施行。

30.《黔南布依族苗族自治州涟江流域保护条例》

2019 年 6 月 20 日经黔南布依族苗族自治州第十四届人大常委会第十六次会议通过，2019 年 12 月 1 日经贵州省第十三届人民代表大会常务委员会第十三次会议批准。

31.《关于修改〈威宁彝族回族苗族自治县草海保护条例〉〈威宁彝族回族苗族自治县水资源保护管理条例〉的决定》

2019 年 5 月 31 日经贵州省第十三届人民代表大会常务委员会第十次会议批准。

32.《松桃苗族自治县松江流域保护条例》

2019 年 2 月 27 日经松桃苗族自治县第十六届人民代表大会第三次会议通过，2019 年 5 月 31 日经贵州省第十三届人民代表大会常务委员会第十次会议批准，自 2019 年 10 月 1 日起施行。

33.《沿河土家族自治县乌江沿岸生态环境保护条例》

2019 年 1 月 16 日经沿河土家族自治县第八届人民代表大会第三次会议通过，2019 年 5 月 31 日经贵州省第十三届人民代表大会常务委员会第十次会议批准，自 2019 年 7 月 1 日起施行。

34.《关岭布依族苗族自治县关岭牛保护和发展条例》

2019 年 2 月 14 日经关岭自治县第十届人民代表大会第四次会议审议通过，2019 年 8 月 1 日经贵州省第十三届人民代表大会第十一次会议批准，自 2019 年 10 月 1 日起实施。

35.《威宁彝族回族苗族自治县城乡规划建设管理条例》

2019 年 1 月 17 日经威宁彝族回族苗族自治县第十七届人民代表大会第三次会议通过，2019 年 8 月 1 日经贵州省第十三届人民代表大会常务委员会第十一次会议批准。

36.《务川仡佬族苗族自治县洪渡河生态环境保护条例修正案》

2019 年 9 月 27 日经贵州省第十三届人民代表大会常务委员会第十二次会议批准。

二 地方政府规章

1.《贵州省500米口径球面射电望远镜电磁波宁静区保护办法》

2019 年 1 月 3 日经贵州省人民政府第 22 次常务会议通过，自 2019 年 4 月 1 日起施行。

2.《贵州省城市养犬管理规定》

2019 年 1 月 3 日经贵州省人民政府第 22 次常务会议通过，自 2019 年 3 月 1 日起施行。

3.《贵州省停车场管理办法》

2019 年 1 月 3 日经贵州省人民政府第 22 次常务会议通过，自 2019 年 3 月 1 日起施行。

4.《贵州省人民政府关于修改部分省政府规章的决定》

2019 年 1 月 15 日经贵州省人民政府第 23 次常务会议审议通过，自公布之日起施行。

5.《贵州省行政规范性文件制定和监督管理规定》

2019 年 5 月 13 日经贵州省人民政府第 31 次常务会议审议通过，自 2019 年 7 月 1 日起施行。

6.《贵州省人民政府关于调整行政许可等事项的决定》

2019 年 6 月 5 日经贵州省人民政府第 33 次常务会议审议通过，自公布之日起施行。

7.《贵州省人民政府关于修改和废止部分省政府规章的决定》

2019 年 11 月 2 日经贵州省人民政府第 44 次常务会议审议通过，自公布之日起施行。

S 基本子库
UB DATABASE

中国社会发展数据库（下设 12 个子库）

整合国内外中国社会发展研究成果，汇聚独家统计数据、深度分析报告，涉及社会、人口、政治、教育、法律等 12 个领域，为了解中国社会发展动态、跟踪社会核心热点、分析社会发展趋势提供一站式资源搜索和数据服务。

中国经济发展数据库（下设 12 个子库）

围绕国内外中国经济发展主题研究报告、学术资讯、基础数据等资料构建，内容涵盖宏观经济、农业经济、工业经济、产业经济等 12 个重点经济领域，为实时掌控经济运行态势、把握经济发展规律、洞察经济形势、进行经济决策提供参考和依据。

中国行业发展数据库（下设 17 个子库）

以中国国民经济行业分类为依据，覆盖金融业、旅游、医疗卫生、交通运输、能源矿产等 100 多个行业，跟踪分析国民经济相关行业市场运行状况和政策导向，汇集行业发展前沿资讯，为投资、从业及各种经济决策提供理论基础和实践指导。

中国区域发展数据库（下设 6 个子库）

对中国特定区域内的经济、社会、文化等领域现状与发展情况进行深度分析和预测，研究层级至县及县以下行政区，涉及地区、区域经济体、城市、农村等不同维度，为地方经济社会宏观态势研究、发展经验研究、案例分析提供数据服务。

中国文化传媒数据库（下设 18 个子库）

汇聚文化传媒领域专家观点、热点资讯，梳理国内外中国文化发展相关学术研究成果、一手统计数据，涵盖文化产业、新闻传播、电影娱乐、文学艺术、群众文化等 18 个重点研究领域。为文化传媒研究提供相关数据、研究报告和综合分析服务。

世界经济与国际关系数据库（下设 6 个子库）

立足“皮书系列”世界经济、国际关系相关学术资源，整合世界经济、国际政治、世界文化与科技、全球性问题、国际组织与国际法、区域研究 6 大领域研究成果，为世界经济与国际关系研究提供全方位数据分析，为决策和形势研判提供参考。